U0617452

BLUE BOOK

智库成果出版与传播平台

法治蓝皮书

BLUE BOOK OF
RULE OF LAW

中国司法制度发展报告 *No.1*
（2019）

ANNUAL REPORT ON CHINA'S JUDICIAL SYSTEM
No.1（2019）

中国社会科学院法学研究所

主　　编／陈　甦　田　禾

执行主编／吕艳滨

社会科学文献出版社
SOCIAL SCIENCES ACADEMIC PRESS（CHINA）

图书在版编目（CIP）数据

中国司法制度发展报告 . No.1，2019／陈甦，田禾
主编 . ‒‒北京：社会科学文献出版社，2020.1
（法治蓝皮书）
ISBN 978 ‒ 7 ‒ 5201 ‒ 5931 ‒ 9

Ⅰ. ①中…　Ⅱ. ①陈…②田…　Ⅲ. ①司法制度 ‒ 研
究报告 ‒ 中国 ‒ 2019　Ⅳ. ①D926

中国版本图书馆 CIP 数据核字（2020）第 004667 号

法治蓝皮书
中国司法制度发展报告 No.1（2019）

主　　编／陈　甦　田　禾
执行主编／吕艳滨

出 版 人／谢寿光
责任编辑／曹长香
文稿编辑／周永霞

出　　版／社会科学文献出版社·社会政法分社 （010）59367156
　　　　　地址：北京市北三环中路甲 29 号院华龙大厦　邮编：100029
　　　　　网址：www. ssap. com. cn
发　　行／市场营销中心 （010）59367081　59367083
印　　装／天津千鹤文化传播有限公司

规　　格／开　本：787mm×1092mm　1/16
　　　　　印　张：26.75　字　数：400 千字
版　　次／2020 年 1 月第 1 版　2020 年 1 月第 1 次印刷
书　　号／ISBN 978 ‒ 7 ‒ 5201 ‒ 5931 ‒ 9
定　　价／128.00 元

《中国司法制度发展报告》编委会

汤志勇	孙　心	杜豫苏	李　哲	李丰波
李占国	李红权	李忠义	李春阳	李洪涛
李章军	李章明	杨　艳	杨俊琦	吴　柯
吴延学	吴江龙	吴筱萍	何育凯	余智明
应旭君	汪　益	汪德峰	沈　东	沈燕虹
宋邦永	宋克福	张　华	陈卫国	陈文通
陈志林	陈佳强	陈育锦	陈建峰	陈晓欢
陈富申	陈新雄	武熙春	范元亮	金平强
周冠宇	屈林英	赵九重	赵永正	赵卓君
赵海生	赵淑雯	赵新华	荣延平	胡志光
胡志清	胡昌明	饶　群	姜雪梅	洪　梅
都龙元	聂　纵	栗燕杰	徐　晶	徐清宇
高　伟	高　杰	高　倩	高　楠	郭文利
唐国林	黄　健	黄丽云	黄辉灿	曹玉乾
章青山	梁　林	董明海	程　薇	傅国云
蒙丽华	裘茂金	裘滢珠	薛忠勋	糜方强

官方微博 @法治蓝皮书（新浪）

官方微信

法治蓝皮书（lawbluebook）　　　法治指数（lawindex）　　　法治指数小程序

主要编撰者简介

主 编 陈甦

中国社会科学院学部委员、法学研究所所长，研究员。

主要研究领域：经济法基础理论、商法基础理论、物权法、公司法与证券法。

主 编 田禾

中国社会科学院国家法治指数研究中心主任、法学研究所研究员。

主要研究领域：刑法学、司法制度。

执行主编 吕艳滨

中国社会科学院法学研究所研究员、法治国情调研室主任。

主要研究领域：行政法、信息法。

摘　要

党的十八大之后，司法体制改革全面深入推进，在重要领域和关键环节取得突破性进展。在此基础上，党的十九大报告在推进司法体制改革方面又提出了一系列新任务，作出深化司法体制综合配套改革、全面落实司法责任制的重要战略部署。2018 年以来，司法工作在党的绝对领导下，围绕落实党的十九大报告精神、落实司法体制综合配套改革措施进行了卓有成效的尝试，在各方面取得明显进展。在机制体制方面，组建了中央全面依法治国委员会，加强了对依法治国的统一领导，组建了国家监察委员会，体现了中国共产党加强对反腐败工作集中统一领导的决心；在制度落实方面，完善了与司法体制相关的《监察法》、司法机关组织法和《刑事诉讼法》等；在司法体制综合配套改革方面，继续深化司法责任制改革、加强司法人财物保障、规范司法权力运行、深化司法内设机构改革，以审判为中心的改革稳步推进，继续推进司法公开、检务公开和狱务公开工作；在诉权保障方面，大力解决执行难顽疾，加大了保障律师权利的力度，加强对企业家人身权、财产权的刑事司法保护，打击滥用诉权的虚假诉讼；在社会治理方面，司法机关积极构建多元纠纷化解机制，扫黑除恶专项斗争取得斐然成绩。今后，中国司法体制改革将向深度、广度和制度化方向进一步发展，中国的司法将更加公平、高效、公开、智慧。

法治蓝皮书《中国司法制度发展报告 No. 1（2019）》从司法体制改革、基本解决执行难、司法参与社会治理以及多元化纠纷解决司法为民等方面对中国司法最新的发展状况进行全面回顾，对全国审判、检察以及司法行政工作取得的经验和成绩加以总结，并对 2020 年全国司法制度的发展进行了展望。

关键词： 全面依法治国　司法制度　司法体制改革　社会治理

目　录

Ⅰ　总报告

B.1 中国司法发展状况：现状、成效与展望（2019）
………… 中国社会科学院法学研究所法治指数创新工程项目组 / 001
　　一　完善顶层设计 ……………………………………… / 002
　　二　健全机构设置 ……………………………………… / 005
　　三　深化司法责任制改革 ……………………………… / 009
　　四　强化检察监督职能 ………………………………… / 010
　　五　加强司法民主与监督 ……………………………… / 012
　　六　提升人权保障水平 ………………………………… / 014
　　七　拓展司法公开范围 ………………………………… / 018
　　八　释放纠纷多元化解效能 …………………………… / 021
　　九　破解"执行难"顽疾 ……………………………… / 024
　　十　提升信息化智能化水平 …………………………… / 026
　　十一　中国司法制度发展展望 ………………………… / 027

Ⅱ　司法体制改革

B.2 司法责任制改革背景下院庭长履行监督管理职责调研报告
……………………………… 苏州市中级人民法院课题组 / 033

B.3 审判效能的提升：审判辅助事务改革的探索与实践

　　——以黔南法院为样本············· 田　军　宋邦永　蒙丽华 / 049

B.4 以法官为中心的审判团队构建与配置

　　——以中级法院为视角············· 李丰波　刘圣林 / 062

B.5 西安市法院审判人力资源配置调研报告

　　··········· 陕西省西安市中级人民法院课题组 / 076

B.6 基层检察院行政检察案件办案模式探索

　　············· 吴　柯　毛守锐　李章明 / 093

B.7 基层法院应对"案多人少"改革路径探析

　　——以推行繁简分流改革为视角

　　··········· 濮阳市华龙区人民法院课题组 / 112

B.8 司法公开的中国实践与制度完善············· 李忠义　王淑媛 / 131

B.9 广州法院司法公开工作调研报告

　　··········· 广州市中级人民法院司法公开课题组 / 147

B.10 五大改造背景下深化监狱体制改革研究

　　··········· 四川省司法厅课题组 / 160

Ⅲ　基本解决执行难

B.11 解决执行难的中国经验

　　——以两到三年基本解决执行难实践为例

　　··········· 解决执行难的中国经验课题组 / 177

B.12 执行工作"三统一"管理机制的实践探索

　　——以江西省基本解决执行难工作为例

　　··········· 江西省高级人民法院执行局课题组 / 198

Ⅳ　司法参与社会治理

B.13 浙江检察公益诉讼工作情况调研报告

　　··········· 浙江省人民检察院课题组 / 215

B.14 中国普法实践与话语转化的思考 ……………………… 黄丽云 / 232

B.15 以基层政府为被告的行政诉讼案件调研报告 ………… 尹婷婷 / 244

B.16 基层法院参与基层社会治理调研报告

　　　　——以北京门头沟区法院 2016～2018 年行政审判

　　　　实践为样本 …………………………… 闫洪升　王　晶 / 261

B.17 法院附设、紧密型诉调对接机制调研报告

　　　　…………………………… 北京市高级人民法院课题组 / 274

B.18 矛盾纠纷多元化解的深圳经验 ……………… 胡志光　唐国林 / 286

B.19 "枫桥经验"在浙江海事审判中的创新与发展

　　　　…………………………… 宁波海事法院课题组 / 302

B.20 "枫桥经验"在湖州多元化纠纷化解机制构建中的续造

　　　　…………………………… 李章军　徐　晶 / 315

B.21 人民调解制度与法治中国话语的思考 ……… 沈　东　叶　晨 / 333

B.22 城市社区多元纠纷化解机制调研报告

　　　　………………… 苏州工业园区人民法院多元解纷课题组 / 345

B.23 律师参与化解涉法涉诉信访案件的实践探索 ………… 吕海庆 / 362

B.24 中国 ODR 平台评估指标体系的构建

　　　　…………………… 中国 ODR 运行机制研究课题组 / 375

Contents ………………………………………………………… 390

皮书数据库阅读**使用指南**

总 报 告

General Report

B.1

中国司法发展状况：
现状、成效与展望（2019）

中国社会科学院法学研究所法治指数创新工程项目组[*]

摘　要：　党的十九大以来，以习近平同志为核心的党中央在推进全面
　　　　　依法治国、深化司法体制改革等方面作出了一系列重大部署。
　　　　　中国司法全面落实各项部署任务，各方面取得显著进步，进
　　　　　入了全新的发展阶段。在立法设计方面，制定、修订《人民
　　　　　陪审员法》《人民法院组织法》《人民检察院组织法》《法官
　　　　　法》《检察官法》等法律法规，中国特色社会主义司法领域
　　　　　的法律法规体系更加完备。在机构改革方面，重新组建司法
　　　　　行政部门，增设专门审判机构和检察机关专职部门，有序推

---

[*] 项目组负责人：田禾，中国社会科学院国家法治指数研究中心主任、法学研究所研究员；吕
艳滨，中国社会科学院法学研究所研究员、法治国情调研室主任。项目组成员：王小梅、王
祎茗、刘雁鹏、周冠宇、胡昌明、栗燕杰（按照姓氏笔画排序）。

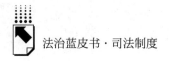

进司法系统其他内设机构改革，机构设置更加科学健全。在机制改革方面，持续深化权力运行机制改革，强化对权力的监督制约，加强对权力相对人的服务保障。站在新的历史起点，中国司法将向更加公平公正、更加透明高效、更加智慧智能的方向努力，为依法保障人权、维护经济社会持续健康发展发挥更大作用。

关键词： 全面依法治国　司法体制改革　司法制度

党的十八大之后，司法体制改革全面深入推进，在重要领域和关键环节取得突破性进展。在此基础上，党的十九大报告在推进司法体制改革方面提出了一系列新任务，作出深化司法体制综合配套改革、全面落实司法责任制等重要部署。2018 年以来，司法工作在党的正确领导下，在顶层设计、机构改革、制度机制改革等方面进行了卓有成效的探索，在各方面取得明显进展。

一　完善顶层设计

司法是维护社会公平正义的最后一道防线。司法体制是国家政治体制的重要组成部分，是维护国家政治稳定、保障公平正义的重要方面。司法体制改革是中国政治体制改革的重要突破口之一，是以法治思维和法治方式完善中国政治体制的重要路径。党的十八届三中全会将法治中国建设和司法改革作为重要的改革任务。党的十八届四中全会将建设中国特色社会主义法治体系、建设社会主义法治国家确立为全面推进依法治国的总目标，从科学立法、严格执法、公正司法、全民守法等方面提出了一系列重大改革举措。司法改革成为中国全面深化改革的重要组成部分，被纳入国家整体发展战略。

中央全面深化改革委员会通过了关于推进政法领域改革、建立"一带一路"争端解决机制和机构、统筹推进知识产权保护、加强人民调解员队伍建设、设立上海金融法院、增设北京互联网法院和广州互联网法院、设立最高人民检察院公益诉讼检察厅、公安机关职务序列改革等文件，涉及司法制度的多个方面，推进司法体制改革持续深入开展。2019年10月31日，党的十九届四中全会通过的《中共中央关于坚持和完善中国特色社会主义制度　推进国家治理体系和治理能力现代化若干重大问题的决定》再次强调，进行司法体制综合配套改革，健全社会公平正义法治保障制度。

为更好落实中央全面深化司法体制改革的各项部署，最高人民法院、最高人民检察院、司法部等相继出台本系统的改革方案。2019年初，最高人民法院、最高人民检察院（以下简称"两高"）分别发布了《人民法院第五个五年改革纲要（2019～2023）》（以下简称《五五改革纲要》）和《2018～2022年检察改革工作规划》（以下简称《检察改革规划》），对未来五年人民法院和人民检察院改革的主要指导思想、目标、原则和任务进行规划。《五五改革纲要》通过10个方面65项措施，精准对接党中央部署的各项司法体制改革任务，明确健全以司法责任制为核心的权力运行体系，首次提出明确院庭长的权力清单和监督管理职责，健全履职指引和案件监管全程留痕制度，谋划了未来五年的改革创新举措。《检察改革规划》重点部署了检察机关的46项重要改革举措，重点包括检察人员分类管理、检察官办案责任制不断完善，检察官单独职务序列及工资制度逐步健全，检察人员职业保障政策基本落实等内容。

司法部正式印发《关于加快推进司法行政改革的意见》（司发〔2018〕1号）（以下简称《改革意见》），对司法行政改革工作作出了总体设计，明确了司法行政改革的时间表和目标任务。《改革意见》以建设公共法律服务体系为总抓手，重点确立了健全完善司法行政执行体制，建设完备的公共法律服务体系，完善司法行政保障机制，健全完善司法行政队伍正规化、专业化、职业化建设长效机制以及探索优化司法行政职权配置五项内容。

各项司法改革方案和成果还相继通过立法修法获得法律确认，以做到依法推进改革、确保改革于法有据。2018年以来，前一阶段司法体制改革所取得的成果，陆续在总结经验的基础上上升为立法，《监察法》《人民法院组织法》《人民检察院组织法》《法官法》《检察官法》《刑事诉讼法》等多部法律完成制定和修改工作。

健全完善监察法律体系。经过一年多的试点，2018年3月初，全国四级检察院反贪反渎和预防腐败部门机构的44151名检察人员已全部按时完成转隶。十三届全国人大一次会议通过《宪法修正案》，增加有关监察委员会的规定；选举产生国家监察委员会主任；会议还审议通过《监察法》，规定各级监察委员会对所有行使公权力的公职人员进行监察，调查职务违法和职务犯罪，开展廉政建设和反腐败工作；表决任命国家监察委员会副主任、委员。国家监察体制改革初步完成。

修改完善司法机关组织法。2018年，《人民法院组织法》《人民检察院组织法》完成修订，员额制改革、法官检察官遴选制、人员分类管理、司法责任制、防范领导干部干预司法活动、审判委员会之检察长列席权、指导性案例、业务机构改革/辅助机构改革/行政管理机构改革、经费编制任职保障、信息化建设等近年来司法体制改革的重大成果，在法律上得到确认。修法进一步明确了人民法院、人民检察院的设置及其职权，为深化司法责任制改革提供了坚实的制度保障。

全面修订《法官法》《检察官法》。2019年修订的《法官法》《检察官法》吸收了司法体制改革的最新成果，遵循司法规律、借鉴国外先进经验，对法官、检察官的权利义务、遴选、任免、管理、考核奖励以及职业保障等作了较为全面的修改完善。两部法律严格了法官、检察官的遴选条件，明确了遴选程序和方法；落实了司法人员分类管理的要求，明确了法官和检察官实行员额制和单独职务序列管理；落实了司法责任制，要求设立法官、检察官的惩戒委员会，明确惩戒委员会的职能和组成人员；完善了法官、检察官履职保障的内容，单独设立"职业保障"一章，加大了对法官、检察官履职的保障力度。

进一步完善《刑事诉讼法》。2018 年 10 月通过的《刑事诉讼法修正案》主要涉及以下内容：一是将人民检察院职务犯罪侦查权转给国家监察委员会，保留人民检察院对司法工作人员利用职权实施的侵犯公民权利、损害司法公正的案件的侦查权，完善监察案件与刑事诉讼的衔接等，以顺应国家监察体制改革；二是建立刑事缺席审判制度，适用于犯罪嫌疑人、被告人在境外的贪污贿赂犯罪案件和部分危害国家安全犯罪、恐怖活动犯罪案件，以加强反腐败国际追逃追赃等的力度；三是创设认罪认罚从宽原则，增设与其配套的速裁程序、值班律师、强制措施等新条文。本次修法对国家监察体制改革、反腐败追逃追赃以及进一步完善中国特色刑事诉讼制度具有十分重大的意义。

二　健全机构设置

2018 年以来，中国从专业化审判机构设置、内设机构改革等方面进行了司法资源的合理配置。

（一）设立专业化审判机构

党的十八大后，最高人民法院先后在深圳、沈阳、重庆、西安、南京、郑州设立六个巡回法庭，覆盖中国东北、华中、华南、西北、西南、华东六大区域。《最高人民法院关于巡回法庭审理案件若干问题的规定》对各个巡回法庭的巡回区进行了明确。最高审判机关重心进一步下移，巡回法庭贴近基层一线、就近化解纠纷，被群众称为"家门口的最高人民法院"。

2018 年，最高人民法院设立国际商事法庭，牵头组建国际商事专家委员会，支持"一带一路"国际商事纠纷通过调解、仲裁等方式解决，推动健全诉讼与调解、仲裁有效衔接的多元化纠纷解决机制。其第一国际商事法庭设立在广东省深圳市，第二国际商事法庭设立在陕西省西安市，最高人民法院民事审判第四庭负责协调并指导两个国际商事法庭工作。2019 年 5 月，第二国际商事法庭和第一国际商事法庭相继公开开庭审理各自的首个案件，截至 2019 年 10 月 31 日，已相继公开 3 个案件的裁判文书。

2019 年 1 月 1 日，最高人民法院知识产权法庭正式成立，体现了中国进一步加强知识产权司法保护、平等保护中外市场主体知识产权的决心，标志着中国知识产权审判工作迈上了新台阶，开启了中国知识产权司法保护的新篇章；3 月末，该法庭首次公开开庭审理了第一件案件并当庭宣判；7 月 4 日，该法庭首次在庭审中采用远程示证方式勘验证据实物。

2018 年 8 月，根据中央全面深化改革委员会部署，上海金融法院成立，进一步健全公正高效权威的金融审判体系，提高金融审判专业化水平，助力优化法治化金融环境。截至 2019 年 8 月，建院 1 年间，上海金融法院共受理案件 6600 余件，标的总额超过 1100 亿元。该院制定发布《关于服务保障设立科创板并试点注册制改革的实施意见》等文件，积极回应上海国际金融中心建设的司法新需求；建立金融风险防范、识别、处置、化解机制，采用审判白皮书、司法建议、数据专题分析等形式强化金融风险司法预警。

继杭州互联网法院之后，2018 年 9 月，北京互联网法院、广州互联网法院相继挂牌成立，形成了与中国互联网产业发展水平相适应的互联网司法体系。北京互联网法院首批员额法官 38 名，广州互联网法院首批员额法官 13 名。同月，最高人民法院出台《关于互联网法院审理案件若干问题的规定》，在总结杭州互联网法院试点经验基础上，确立了互联网法院的管辖范围、明确了互联网法院的证据认定规则、开庭方式，健全了网上诉讼规则体系。3 家互联网法院的相继建立成为构建统一网络诉讼平台、推动网络空间治理法治化的重要举措。2018 年 9 月 9 日至 2019 年 8 月 31 日，北京互联网法院收案 34263 件，结案 25333 件；当事人立案申请 100% 在线提交，在线庭审率 99.1%，裁判文书电子送达率 95.6%，全案在线审理结案率 92.2%，电子卷宗随案生成率 100%，上诉案件电子卷宗线上移转率 100%；一审服判息诉率 98.3%，裁判自动履行率 98%，庭审平均时长 37 分钟，平均审理周期 40 天。2018 年 9 月 28 日至 2019 年 9 月 27 日，广州互联网法院立案 37688 件，审结 27956 件；在线立案率 99.98%，在线交费适用率 100%，电子送达 100465 次，电子送达覆盖率 99.97%，电子送达成功率 98%；一审服判率息诉率 98.98%，案件自动履行率 69.55%，庭审平均时长 25 分钟，案件平均审理周期 36 天。2019 年 10 月 13 日，在中国社会科学院法学研究所主办的"全面依法治国论坛（2019）"上，三家互联网法院院长首次同台对话，共同探讨互联网司法的理念、模式、趋势。

2019 年初，深圳、北京、上海相继成立独立运作的破产法庭，集中管辖辖区内符合条件的破产案件。通过高效集约的审理模式，清理"僵尸企业"、救治市场主体，促进市场资源优化配置，更好地服务保障供给侧结构性改革。

2018 年 7 月，中央全面深化改革委员会通过方案，要求设立最高人民检察院公益诉讼检察厅，推动构建配置科学、运行高效的公益诉讼检察机构，为更好地履行检察公益诉讼职责提供组织保障。

（二）深化内设机构改革

内设机构改革是人民法院、人民检察院等深化司法体制配套改革的重点内容之一。

2016 年 8 月，中央编制委员会办公室、最高人民法院联合印发方案，对审判业务机构、非审判业务机构的规模、设置和整合研究提出了初步试点方案。2018 年 5 月，在试点基础上，中央机构编制委员会办公室、最高人民法院发布《关于积极推进省以下人民法院内设机构改革工作的通知》，明确了法院内设机构数量、设置规范、领导职数，同时对审判业务机构、非审判业务、审判团队组建以及专业化审判组织建设作出了规定。通知不仅强调内设机构整合后相关领导职数不核减，还要求落实法官助理、书记员职务序列改革，拓宽审判辅助人员、司法行政人员的职业发展空间。此外，通知对不同编制人数的法院规定了不同的机构数量，规定高级、中级人民法院可以根据审级、职能等情况对机构数量进行适当调整，体现了规范统一和因地制宜相统一的原则。

检察机关着力推进内设机构系统性、重构性改革。一是针对批捕、起诉职能关联性强，将捕诉分离改为捕诉一体，同一案件批捕、起诉由同一办案组织、同一检察官负责到底；二是针对民事、行政申诉，分别设立民事、行政检察机构；三是针对检察机关公益诉讼职能的强化，设立检察机关公益诉讼专门机构①。此外，最高人民检察院业务部门重组，将民事、行政、公益诉讼、未成年人犯罪检察工作、监察委员会案件办理部门分立出来。由此，一是检察机关在民事、刑事、行政诉讼监督三大职能基础上增加了公益诉讼监督职能；二是未成年人检察工作迅速推进并进一步专门化，未成年人司法保护力度进一步加强。

根据 2018 年 3 月出台的党和国家机构改革方案，司法行政部门进行了重组。截至 2018 年 9 月，根据中央的"三定"规定，司法部完成了内设厅局机构的整合、职责的融合和人员的安排到位。重新组建的司法部负责有关法律和行政法规草案起草，负责立法协调和备案审查、解释，综合协调行政执法，指导行政复议应诉，负责普法宣传，负责监狱、戒毒、社区矫正管理，负责律师公证和司法鉴定仲裁管理，承担国家司法协助等。随后，各地司法部门的机构改革陆续展开，省、市、县各级主要机构设置同中央和国家机关机构对应。通过改革，司法行政系统职能得到进一步加强，为司法行政工作发展提供了保障，法制办职能整合进司法行政部门，有利于解决依法治理职能交叉问题，对全面依法治国、法治政府建设意义重大。

公安机关内设机构改革稳步推进。2019 年，公安部内设机构改革注重数据融合共享，建设智慧公安的"大脑"注重重塑警务组织形态、流程形态和配置形态，提升基层战斗力，多个非办案部门进行了合并整合，进一步做强了负责办案的业务部门。按照中央《行业公安机关管理体制调整工作方案》，2019 年 9 月 27 日，中共中央办公厅、国务院办公厅印发了《铁路、交通、港航森林、民航、公安机关和海关缉私部门管理体制，调整工作实施方案的通知》，将铁路公安、森林公安、交通公安调整为直接归属公安部领导；海关缉私公安和民航公安实行双重领导，以公安部领导为主。铁路公安

---

① 张军：《最高人民检察院工作报告——2019 年 3 月 12 日在第十三届全国人民代表大会第二次会议上》。

和海关缉私公安实行垂直领导，交通领域的长江航运和民航领域的首都机场公安直接归属公安部领导，余下交给地方公安。改革有助于进一步理顺公安机关管理体制，对维护国家安全、社会稳定和公安力量体系进行调整和完善，有利于整合警务资源，优化机构职能配置，提升警务效能，构建符合新时代要求的现代警务管理体制，更好地履行党和人民赋予的重大职责使命。

三　深化司法责任制改革

落实司法责任制是本轮司法体制改革的"牛鼻子"，也是深化司法体制综合配套改革的重点和难点。最高人民法院2018年12月印发的《关于进一步全面落实司法责任制的实施意见》成为落实法院司法责任制改革最新、最详细的一份指导性文件。该意见围绕"让审理者裁判、由裁判者负责"，要求加强基层人民法院审判团队建设，落实院长、庭长审判监督管理权责清单；统筹推进法官员额合理配置，针对审判绩效不达标、辞职、辞退、被开除、违纪违法等不同情形来规范员额退出程序。2018年11月27日，山东省法官检察官遴选委员会发布了一份《首批员额法官检察官退出备案公告》该退出备案公告显示，从2016年山东省法官检察官员额制管理实施以来，全省各级法院检察院部分员额法官检察官因辞去公职、退休、调离、违纪等原因，退出员额制管理，其中含员额法官116名；2019年3月21日，经甘肃省法院党组会研究决定，按照《甘肃省员额法官退出办法》，马驰等94名员额法官因退休、自愿退出、调出、辞职等原因退出法官员额；2018年全年辽宁省三级法院退出员额的法官达225人。进一步完善法官初任和逐级遴选制度，完善司法人员业绩考核制度，将客观量化和主观评价相结合，以量化考核为主，特别强调了推进院长、庭长办案常态化，健全专业法官会议制度和审判委员会制度、案件质量评查制度，以及涉群体性纠纷、可能影响社会稳定等四类案件的识别监管等。意见对解决当前部分地区改革落实不到位、配套不完善、推进不系统等突出问题、促进司法效能和司法公信力整体提升具有重要意义。

此外，为全面落实司法责任制，进一步促进法律的正确统一适用，提高司法裁判质量，加强对审判权力运行的监督，最高人民法院还相继出台了一系列配套文件：《关于健全完善人民法院主审法官会议工作机制的指导意见（试行）》明确了专业法官会议的职能定位、召开程序、议事规则；《进一步加强最高人民法院审判监督管理工作的意见（试行）》以问题为导向，就分案规则、重大疑难复杂案件的监督管理、类案及关联案件强制检索等问题提出了具体要求；《关于健全完善人民法院审判委员会工作机制的意见》详细规定了审判委员会的组织构成、职能定位、运行机制、保障监督等；《关于建立法律适用分歧解决机制实施办法》规定了存在法律适用分歧时的分歧解决机制。

2018年1月，最高人民检察院印发《关于贯彻落实党的十九大精神深入推进检察改革的工作意见》，要求全国检察机关进一步深化司法体制综合配套改革，全面落实司法责任制、健全检察监督体系、完善和发展中国特色社会主义检察制度。指出当前的工作重点是：一要打造一支正规化专业化职业化的检察官队伍；二要全面推行检察官办案责任制，落实"谁办案谁负责，谁决定谁负责"；三要深化诉讼制度改革以实现司法公正等①。2019年4月，最高人民检察院下发了《关于检察长、副检察长、检察委员会专职委员办理案件有关问题的意见》，要求切实发挥检察长、副检察长、检察委员会专职委员在司法办案中的带头、示范、引领作用，全面落实司法责任制。

四　强化检察监督职能

2018年以来，检察机关的检察监督明显加强。

一是加强对人民法院审判委员的监督。2018年6月，最高人民检察院

---

① 祁建建：《2018年深化司法体制综合配套改革的新进展》，陈甦、田禾主编：《中国法治发展报告 No.17》（2019），社会科学文献出版社，2019。

检察长与分管民事行政检察工作的副检察长一同列席最高人民法院审判委员会会议，参与讨论一起民事抗诉案件并发表意见。2019 年以来，各级检察院检察长、副检察长列席审判委员会会议讨论民事案件 385 件次①。

二是加强民事诉讼监督。2018 年，人民检察院对明显超标的执行、消极执行、选择性执行、违法处置被执行财产等违法情形提出检察建议，部署开展民事非诉执行监督专项活动，重点监督民事非诉法律文书执行中的违法情形，促进仲裁、公证规范化。2018 年 7 月，最高人民检察院聘请 103 名专家组建民事行政诉讼监督案件专家委员会，在两次论证会中对 8 起民事申请监督案件提出专家意见。

三是强化对刑事诉讼的监督。2018 年检察机关加强对公诉举证、在押人员合法权益、强制医疗、刑事申诉等的监督。2018 年，全国检察机关对涉嫌犯罪但无须逮捕的，决定不批捕 116452 人，对犯罪情节轻微、依法可不判处刑罚的，决定不起诉 102572 人，同比分别上升 4.5 个百分点和 25.5 个百分点。对不构成犯罪或证据不足的，决定不批捕 168458 人、不起诉 34398 人，同比分别上升 15.9 个百分点和 14.1 个百分点。对认为确有错误的刑事裁判提出抗诉 8504 件，法院已改判、发回重审 5244 件，同比分别上升 7.2 个百分点和 8.4 个百分点。在加强刑事执行监督方面，监督纠正减刑、假释、暂予监外执行不当 39287 人次，同比上升 38.9 个百分点②。

四是加强检察机关公益诉讼。2018 年 3 月，最高人民检察院与最高人民法院发布《关于检察公益诉讼案件适用法律若干问题的解释》，明确了检察机关以"公益诉讼起诉人"的身份提起公益诉讼，同时细化了检察公益诉讼案件的受理程序等问题。最高人民检察院与生态环境部等九部委联合印发《关于在检察公益诉讼中加强协作配合依法打好污染防治攻坚战的意

---

① 张军：《今年以来各级检察长列席审委会讨论案件 385 件次》，最高人民检察院网，http://www.spp.gov.cn/spp/zdgz/201810/t20181024_396399.shtml，最后访问日期：2019 年 9 月 2 日。

② 张军：《最高人民检察院工作报告——2019 年 3 月 12 日在第十三届全国人民代表大会第二次会议上》。

见》，就在检察公益诉讼中加强协作配合，合力打好污染防治攻坚战，共同推进生态文明建设形成协作意见。据最高人民检察院公布的数据，2019 年 1~9 月，全国检察机关公益诉讼立案 91967 件，同比上升 68.2%。采取诉前程序 72505 件，同比上升 57.5%，其中生态环境和资源保护领域 41097 件，占 56.7%；食品药品安全领域 20622 件，占 28.4%；国有财产保护领域 6202 件，占 8.6%；国有土地使用权出让领域 873 件，占 1.2%；英雄烈士名誉荣誉保护领域 24 件。提起公益诉讼 2706 件，同比上升 62.5%。

五是加强检察建议工作。2019 年，最高人民检察院发布新修订的《人民检察院检察建议工作规定》，明确了检察建议的性质是人民检察院依法履行法律监督职责，参与社会治理，维护司法公正，促进依法行政，预防和减少违法犯罪，保护国家利益和社会公共利益，维护个人和组织合法权益，保障法律统一正确实施的重要方式。该规定对检察建议作了类型划分，分为再审检察建议、纠正违法检察建议、公益诉讼检察建议、社会治理检察建议和其他检察建议。2018 年 10 月，最高人民法院向教育部发出检察建议书，就校园安全管理规定执行不严格等问题提出三项具体建议，这是最高人民检察院首次直接向国务院组成部门发出检察建议。

五　加强司法民主与监督

人民陪审制是社会主义民主政治在司法领域的具体体现，是中国特色社会主义司法制度的重要内容，在推进司法民主、促进司法公正、提高司法公信力等方面具有重要作用①。为解决陪审员陪而不审、作用发挥不充分等问题，十三届全国人大常委会第二次会议通过的《人民陪审员法》对人民陪审员选任、事实审和法律审区分、参审范围、退出和惩戒机制、履职保障等作出了规定，再次明确人民陪审员与法官有同等权利。该法就人民陪审员参

① 祁建建：《2018 年深化司法体制综合配套改革的新进展》，陈甦、田禾主编《中国法治发展报告 No.17 (2019)》，社会科学文献出版社，2019。

加审判活动和人民陪审员的培训、管理、保障等作出了相应规定。2018年8月，司法部、最高人民法院、公安部联合印发了《人民陪审员选任办法》，进一步细化选任程序，增强选任工作的可操作性，推动建设一支代表广泛、群众基础扎实的高素质人民陪审员队伍。为落实《人民陪审员法》，最高人民法院印发了《最高人民法院关于适用〈中华人民共和国人民陪审员法〉若干问题的解释》《人民陪审员培训、考核、奖惩工作办法》。截至目前，全国共新选出人民陪审员近12万人，加上原来选任、尚未到期的人民陪审员共计30余万人。

自觉接受人大监督、政协民主监督，积极回应人民群众关切，是促进司法为民、公正司法的重要保障。全国法院攻坚"基本解决执行难"过程中，最高人民法院专门在第十三届全国人民代表大会常务委员会第六次会议上报告人民法院解决执行难工作情况。各级法院主动将人大代表、政协委员联络工作精准聚焦执行，增进代表委员对"基本解决执行难"工作的了解，积极向人大报告工作，配合开展执法检查，邀请代表委员视察调研、见证执行。2019年，最高人民法院承办十三届全国人大二次会议代表建议事项355件，议案18件；承办全国政协十三届二次会议政协提案事项173件，截至2019年9月份，已经全部办理完毕。2018年，最高人民检察院精心办理124件代表建议事项，全面梳理全国人大代表审议报告、视察、座谈时提出的3293条意见建议，认真研究落实，聘请98名全国人大代表担任特约监督员，邀请365名代表视察、参与案件公开审查，零距离接受监督。2019年，32位全国人大代表提出的11件关注公益诉讼的建议被全国人大常委会办公厅确定为重点督办建议。

为了进一步规范人民检察院接受人民监督员的监督，最高人民检察院2019年印发实施《人民检察院办案活动接受人民监督员监督的规定》，对人民监督员监督检察办案活动作出全面调整和完善。规定明确，人民检察院应当认真研究人民监督员的监督意见，依法作出处理。监督意见的采纳情况应当及时告知人民监督员。人民检察院经研究未采纳监督意见的，应当向人民监督员作出解释说明。人民监督员对于解释说明仍有异议的，相关部门或者检察官办案组、独任检察官应当报请检察长决定。据统计，2003 年以来，检察机关、司法行政部门先后共选任人民监督员 70000 余人次，目前在任20000 余人，监督案件 60000 余件。

六　提升人权保障水平

2018 年以来，随着司法体制改革的不断深化，司法人权保障水平继续提升，多领域多层次进步显著。

（一）推进以审判为中心的刑事诉讼制度改革

2016 年 10 月，最高人民法院、最高人民检察院等五部门印发《关于推进以审判为中心的刑事诉讼制度改革的意见》，落实中央关于"推进以审判为中心的诉讼制度改革，确保侦查、审查起诉的案件事实证据经得起法律的检验"的工作要求。在此基础上，最高人民法院出台实施意见，制定关于庭前会议、排除非法证据、法庭调查的三项操作规程，确保有罪的人受到公正惩罚、无罪的人不受刑事追究[①]。2013～2017 年 9 月，人民法院共依法宣告 4032 名被告人无罪。此外，最高人民法院还先后在 18 个地区开展刑事速裁和认罪认罚从宽制度改革试点，推进简案快审、难案精审、宽严得当。

（二）推进刑事案件律师辩护全覆盖

推进刑事案件律师辩护全覆盖，让每一件刑事案件都有律师辩护和提供法律帮助，通过律师发挥辩护职责维护当事人合法权益、促进司法公正，是落实全面依法治国的一项重要举措，是保障司法人权、促进司法公正的重要方面。2017 年 10 月以来，按照《最高人民法院　司法部关于开展刑事案件律师辩护全覆盖试点工作的办法》，北京、上海、浙江、安徽、河南、广

---

① 周强：《最高人民法院关于人民法院全面深化司法改革情况的报告——2017 年 11 月 1 日在第十二届全国人民代表大会常务委员会第三十次会议上》。

东、四川和陕西 8 个省（直辖市）积极探索开展刑事案件律师辩护全覆盖试点工作，取得了良好成效。2019 年初，《最高人民法院 司法部关于扩大刑事案件律师辩护全覆盖试点范围的通知》决定将试点期限延长，工作范围扩大到全国 31 个省（自治区、直辖市）和新疆生产建设兵团。

（三）增加公共法律服务供给

公共法律服务是政府公共职能的重要组成部分，是保障和改善民生的重要举措，是全面依法治国的基础性、服务性和保障性工作，对于更好满足人民群众日益增长的司法需求、提高国家治理体系和治理能力现代化水平具有重要意义。中共中央办公厅、国务院办公厅《关于加快推进公共法律服务体系建设的意见》提出，到 2022 年，基本形成覆盖城乡、便捷高效、均等普惠的现代公共法律服务体系；到 2035 年，基本形成与法治国家、法治政府、法治社会基本建成目标相适应的公共法律服务体系。

2019 年 9 月，司法部制定了《公共法律服务事项清单》，提出加快推进公共法律服务体系建设，以"知晓率、首选率、满意率"为评价指标，加强公共法律服务实体平台、热线平台、网络平台等三大平台建设，整合法律服务资源，加快构建覆盖全业务、全时空的法律服务网络；不断增加公共法律服务供给，简化优化办事流程，创新服务模式，不断提升服务质量和水平，推进基本公共法律服务均等化，更好地满足新时代人民群众的法律服务需求，让人民群众有更多的法治获得感。10 月，司法部印发《关于促进律师参与公益法律服务的意见》，就组织、引导、支持广大律师积极参与公益法律服务，大力发展公益法律服务事业，推动律师公益法律服务制度化、规范化，构建覆盖城乡、高效便捷、均等普惠的公共法律服务体系和全业务、全时空的法律服务网络。

（四）加强对财产权的刑事司法保护

2018 年 1 月，最高人民法院公布《关于充分发挥审判职能作用 为企业家创新创业营造良好法治环境的通知》，要求防止随意扩大非法经营罪、合同诈骗罪构成要件，切实纠正涉企业家产权的冤错案件。同时发布了 7 件保护产权和企业家合法权益的典型案例。5 月，最高人民法院对张文中案改判无罪，这是人民法院落实党中央产权保护和企业家合法权益保护政策的标志性案件。6 月，最高人民检察院发出《关于充分发挥民事行政诉讼监督职能　推动解决刑事案件牵连产权保护问题的通知》，重点审查办理刑事被告所涉股权转让、民间借贷等民事申诉案件，纠正错误民事生效裁判①。这些文件确立了保护民营企业产权及企业家合法权益的刑事司法政策。

2018 年 11 月，最高人民法院、最高人民检察院党组召开会议，传达学习民营企业座谈会上的重要讲话精神并部署落实。要求坚决防止将经济纠纷当作犯罪处理；要依法慎用强制措施，禁止超标、超范围查封、扣押、冻结涉案财物，不该封的账号、财产一律不能封；要进一步加大涉产权冤错案件依法甄别纠正力度②。

2019 年 11 月 11 日，最高人民检察院举办"检查护航民企发展"主题检察开放日活动，并与全国工商联共同举办服务保障民营经济发展座谈会。

（五）加强未成年人权利司法保障

为加强对未成年人刑事法律援助工作，司法部发布的刑事法律援助服务行业标准《全国刑事法律援助服务规范》设专章规定了律师承办未成年人刑事法律援助案件的服务标准。该规范要求承办律师根据未成年人的身心特点，耐心听取其陈述或者辩解，通过调查，全面了解其成长经历、犯罪原因、监护教育等情况，为辩护提供依据；对于检察机关决定附条件不起诉或酌定不起诉的案件，承办律师应向未成年人及其法定代理人或者其他成年家属解释清楚该项决定的法律意义，并告知其应遵守的法律义务及其责任；法庭审理过程中，

① 祁建建：《2018 年深化司法体制综合配套改革的新进展》，陈甦、田禾主编《中国法治发展报告 No.17（2019）》，社会科学文献出版社，2019。
② 《最高人民法院党组召开会议学习贯彻习近平总书记重要讲话》，《人民法院报》2018 年 11 月 6 日，第 1 版；姜洪：《最高检党组会传达贯彻习近平总书记在民营企业座谈会上的重要讲话精神》，《检察日报》2018 年 11 月 7 日，第 1 版。

对于语言表达方式明显不适合本案未成年被告人智力发育程度或心理状态，或者存在诱供、训斥、讽刺或者威胁等情形的，承办律师应及时提请审判长予以制止，以切实保障未成年人人权；承办律师发现相关办案人员或者其他诉讼参与人违法披露未成年被告人的姓名、住所、照片以及可能推断出该未成年人身份的其他资料，公开或者传播案卷材料，应向有关部门提出意见并要求纠正。

2019 年，最高人民法院在全国首次发布"保护未成年人权益十大优秀案例"，包括全国首例撤销监护人资格案、全国首例保护未成年人的"人身安全保护令"案、全国首例跨省救助未成年被害人案等，相关案例对推动完善中国特色社会主义少年司法制度发挥了重要作用。

根据最高人民检察院公布的数据，2019 年 1~9 月，全国检察机关对侵害未成年人权益犯罪，批准逮捕 37514 人，提起公诉 43640 人，同比分别上升 23.2%、27.6%；对贫困户、刑事被害人的未成年近亲属、残疾人、军人军属等其他当事人，共开展救助 1101 人，同比上升 6.9%。全国检察机关坚持惩防结合、刑民并用，推动健全完善侵害未成年人权益惩防工作机制，2018~2019 年 5 月，全国检察机关共批准逮捕侵害未成年人犯罪 5.42 万人，起诉 6.76 万人，成功指控了米脂砍杀学生案，携程亲子园、红黄蓝幼儿园虐童案等一批社会高度关注的侵害未成年人犯罪案件，使犯罪分子得到应有的制裁。全国检察机关充分发挥检察职能作用，积极参与平安校园、法治校园建设，2018~2019 年 5 月，共批准逮捕校园欺凌犯罪案件 3407 人，起诉 5750 人，发出关于校园安全建设的检察建议 3472 份，有效震慑了校园欺凌犯罪，有力推动健全完善了校园安全管理机制①。

（六）保障律师权利，规范律师行为

党的十八大后，司法机关高度重视律师在促进司法公正中的重要作用。2015 年 9 月，最高人民法院、最高人民检察院、公安部、国家安全部、司

---

① 《2019 年 1 至 9 月全国检察机关主要办案数据》，最高人民检察院网站，https：//www.spp.gov.cn/spp/xwfbh/wsfbt/201910/t20191030_ 436761.shtml#2，最后访问日期：2019 年 11 月 19 日。

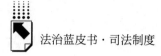

法部发布《关于依法保障律师执业权利的规定》。全国检察机关自 2019 年 7 月至 2020 年 1 月开展保障律师执业权利专项监督活动，以保障律师的会见权、通信权，阅卷权，调查取证权，人身权利，以及其他妨碍律师依法履行辩护、代理职责的情形等五个方面的执业权利作为监督重点。

2018 年 4 月，最高人民法院、司法部发布《关于依法保障律师诉讼权利和规范律师参与庭审活动的通知》。通知重点对庭审阶段的律师权利保障和执业行为规范进行了规定，使律师参与庭审活动更加有章可循，律师保护有了首部规范性文件。与此同时，该通知也对律师参与庭审活动的行为规范作了规定，明确了律师和法官涉嫌违法违规行为的处理程序。

（七）对部分服刑罪犯进行特赦

国家主席习近平 2019 年 6 月 29 日签署发布特赦令，根据十三届全国人大常委会第十一次会议通过的《全国人大常委会关于在中华人民共和国成立七十周年之际对部分服刑罪犯予以特赦的决定》，对九类服刑罪犯实行特赦。这是新中国成立后第九次特赦。截至 2019 年 9 月 12 日，全国法院共裁定特赦 15858 名罪犯。

（八）打击滥用诉权的虚假诉讼

2018 年 9 月，最高人民法院、最高人民检察院公布《关于办理虚假诉讼刑事案件适用法律若干问题的解释》，从虚假诉讼犯罪行为的界定、定罪量刑标准等方面作出规定。对无中生有，采取伪造证据、虚假陈述等手段捏造民事法律关系、虚构民事纠纷的六种典型虚假诉讼行为予以严厉打击，将起刑点确定为民事立案后人民法院采取保全措施、开庭审理或者作出裁判文书等程序节点，形成民事、刑事制裁手段的层次递进关系。

七 拓展司法公开范围

阳光是最好的防腐剂。党的十八大提出的"构建开放、动态、透明、便民的阳光司法机制"是实现司法公正的必然要求。党的十八届四中全会提出，司法公开包括推进审判公开、检务公开、警务公开、狱务公开，要求依法及时公开执法司法依据、程序、流程、结果和生效法律文书，杜绝暗箱操作，加强法律文书释法说理，建立生效法律文书统一上网和公开查询制度等。

近年来，最高人民法院更加注重司法公开工作的顶层设计，出台了多部关于推进司法公开、规范司法公开工作的规范性文件。2018 年 2 月，最高人民法院出台《关于人民法院通过互联网公开审判流程信息的规定》，这是首部关于通过互联网公开法院审判流程信息的规定。该规定要求，审判流程公开应当依法、规范、及时、便民，并要求全国法院的审判流程信息应当统一在中国审判流程信息公开网公开。这为提升案件审理过程的透明度提供了明确的规范和指引。2018 年 9 月 1 日起，全国 31 个省（自治区、直辖市）法院和新疆生产建设兵团法院全部开始通过统一平台向当事人、代理人公开新收案件的审批流程信息。长期以来当事人托关系打听案件进展的现象得以改观，有效提升了案件审理过程的透明度，对于提升司法公信力意义重大。

2018 年 11 月发布的《最高人民法院关于进一步深化司法公开的意见》从进一步深化司法公开的内容和范围、完善和规范司法公开程序、加强司法公开平台载体建设管理、强化组织保障等方面，对深化司法公开工作作出了新部署。该意见把司法公开提升到加强对权力运行的制约，保障人民群众的知情权、参与权、表达权和监督权，以及弘扬社会主义核心价值观，促进增强全民法治意识的高度。

2018 年，最高人民法院首次委托中国社会科学院作为独立第三方对全国法院司法公开进行评估。中国社会科学院法学研究所通过观察人民法院官方网站、调取法院内部数据以及案卷评查等方式，对人民法院向社会公开公共审务信息、向案件当事人及诉讼代理人公开案件流程信息等情况进行全面评估，并于 12 月发布评估报告。

截至目前，最高人民法院已建成中国裁判文书网、中国审判流程信息公开网、中国庭审公开网、中国执行信息公开网等公开平台，定期发布《最高人民法院公报》《最高人民法院工作报告》《人民法院工作年度报告（中英文）》，发布各类审判白皮书、改革白皮书等，大力建设政务网站、政务微信微博等，推动司法公开水平进一步提高。

最高人民检察院强调深化检务公开，接受社会监督。《2018～2022年检察改革工作规划》提出，要完善法律文书和案件信息公开范围，发布典型案例，公开检察建议；深化人民监督员制度改革，探索拓宽人民监督员监督范围，完善人民监督员对检察机关办案活动的外部监督机制，拓宽人民群众有序参与和监督检察工作的渠道①。与此同时，检察机关还升级了12309检察服务中心，四级检察院同步完善实体、热线、网络三大平台，提供一站式服务。"检察开放日"实现常态化，仅2018年共有13.5万名各界人士走进各级检察院，了解监督检察工作②。

公安机关也逐步完善信息公开机制。2018年8月，公安部印发《公安机关执法公开规定》，要求公安机关：一是应主动向社会公开刑事等案件的受理程序、当事人权利义务和监督救济渠道；二是应向社会公开关注度高的重大案事件等调查进展和处理结果，以及打击违法犯罪活动的重大决策、行动；三是应通过提供查询的方式，向报案或者控告的被害人等公开刑事立案、撤案、强制措施等情况③。

从2001年开始，中国就正式推行狱务公开制度。党的十八大后，司法部在深入调研、总结试点经验的基础上，研究制定了《司法部关于进一步深化狱务公开的意见》。意见的颁布实施，是司法部贯彻落实党的十八大、十八届四中全会精神，实现依法治监、推动法治中国建设、平安中国建设的一项重要举措，对于进一步深化狱务公开工作，保障罪犯合法权益，规范监狱执法行为，提升监狱执法公信力，预防司法腐败，促进社会公平正义具有重要意义。

---

① 《2018～2022年检察改革工作规划》。
② 张军：《最高人民检察院工作报告——2019年3月12日在第十三届全国人民代表大会第二次会议上》。
③ 祁建建：《2018年深化司法体制综合配套改革的新进展》，陈甦、田禾主编《中国法治发展报告No.17（2019）》，社会科学文献出版社，2019。

八　释放纠纷多元化解效能

调解制度植根于我国的历史传统和司法实践，也与当前国际司法界多元化、多途径解决民事纠纷的发展潮流相吻合。为落实十八届四中全会精神，应对社会快速发展时期社会矛盾纠纷易发多发的状况，近年来，多元纠纷化解机制的构建备受瞩目。《中共中央关于全面推进依法治国若干重大问题的决定》对完善多元化纠纷解决机制改革提出了总体战略部署后，中央全面深化改革领导小组于2015年12月正式出台《关于完善矛盾纠纷多元化解机制的意见》，提出要着力完善制度、健全机制、搭建平台、强化保障，推动各种矛盾纠纷化解方式的衔接配合，为深化多元化纠纷解决机制改革指明了目标和方向。

一是将多元化纠纷解决机制作为社会治理的重要手段。2018年7月24日在深圳召开的全面深化司法体制改革推进会要求，要健全多元化纠纷解决体系，要坚持把"非诉讼"纠纷解决机制挺在前面，构建起分层递进、衔接配套的纠纷解决体系，从源头上减少诉讼增量。中央政法委负责同志在纪念毛泽东同志批示学习推广"枫桥经验"55周年暨习近平总书记指示坚持发展"枫桥经验"15周年大会上提出，坚持发展新时代"枫桥经验"，加快推进基层社会治理现代化，努力建设更高水平的平安中国，不断增强人民群众获得感、幸福感、安全感。中共中央办公厅、国务院办公厅2018年6月印发的《关于建立"一带一路"国际商事争端解决机制和机构的意见》提出，最高人民法院设立国际商事法庭，牵头组建国际商事专家委员会，支持"一带一路"国际商事纠纷通过调解、仲裁等方式解决，推动建立诉讼与调解、仲裁有效衔接的多元化纠纷解决机制，形成便利、快捷、低成本的"一站式"争端解决中心，为"一带一路"建设参与国当事人提供优质高效的法律服务。

二是日益重视发挥人民调解作用。2018年3月，中央政法委等六部门联合印发了《关于加强人民调解员队伍建设的意见》，这是继2010年《人民调解法》颁布之后，党和国家完善人民调解制度的又一重大举措。明确了以队伍建设为抓手，推动人民调解创新发展，既是对中国优秀法律文化传统的创造性转化，更是为世界各国纠纷解决贡献中国方案和中国智慧的良好契机，有助于重塑人民调解的法治中国话语体系①。2019 年 5 月司法部在海南省海口市召开全国调解工作会议，强调要强化人民调解基础性作用，加强行政调解、行业性专业性调解工作，加强各类调解衔接联动，积极主动防范风险、化解矛盾；要进一步加强调解组织建设，优化调解员队伍结构，大力加强专职人民调解员队伍建设；还要强化工作保障、信息化支撑和制度建设。据统计，截至 2018 年底，全国有人民调解委员会 75 万个，基本形成了覆盖城乡和重点行业、重点领域的组织网络；人民调解员达到 350 多万人，其中专职人民调解员达 42 万人②。

为应对日益增长的诉讼案件，人民法院将多元化纠纷解决机制作为裁判方式的一种重要补充。2018 年 2 月，最高人民法院开发建设的人民法院调解平台在全国法院试运行。当事人可以在人民法院调解平台上提出调解申请，法院也可以将类案推送给适合调解案件的当事人，引导当事人选择调解方式解决纠纷。最高人民法院为推动建立多元纠纷解决机制，还出台了一系列文件和制度，与中华全国归国华侨联合会联合印发《关于在部分地区开展涉侨纠纷多元化解试点工作的意见》，与中国证券监督管理委员会联合印发《关于全面推进证券期货纠纷多元化解机制建设的意见》。此外，《关于确定首批纳入"一站式"国际商事纠纷多元化解决机制的国际商事仲裁及调解机构的通知》的出台，标志着诉讼与仲裁、调解有机衔接的"一站式"国际商事纠纷多元化解决平台进入运行阶段。2019 年 8 月 1 日，最高人民法院对外发布了《最高人民法院关于建设一站式多元解纷机制 一站式诉讼服务中心的意见》将多元纠纷解决与一站式诉讼服务相衔接，提出到

---

① 廖永安：《新时代加强我国人民调解员队伍建设意义重大》，法制网，http：//www. legaldaily. com. cn/locality/content/2018 – 05/04/content_ 7540542. htm？node = 37232，最后访问日期：2019 年 9 月 16 日。

② 《合力构建调解仲裁诉讼多元化纠纷解决机制、拥抱国际商事纠纷解决新时代》，《法制日报》2019 年 10 月 26 日，第 4 版。

2020 年底，全国法院一站式多元解纷机制基本健全，一站式诉讼服务中心全面建成，普遍开通网上立案功能，全面推行跨域立案服务，将立案与诉讼服务以及纠纷解决有机结合起来。

三是更加重视完善仲裁制度。中共中央办公厅、国务院办公厅印发的《关于完善仲裁制度提高仲裁公信力的若干意见》提出，完善仲裁制度、提高仲裁公信力，坚定不移走中国特色社会主义仲裁发展道路。该意见强调，要从规范仲裁机构设立和换届有关工作、保障仲裁机构依法独立工作、落实当事人意思自治原则、纠正扰乱仲裁发展秩序的行为等方面严格贯彻落实仲裁法律制度，要明确仲裁委员会的公益性、非营利性，加强委员会建设，改革完善内部治理结构和管理机制，改进仲裁员选聘和管理，推进仲裁秘书职业化和专业化建设；要加快推进仲裁制度改革创新，支持仲裁融入基层社会治理，积极发展互联网仲裁，推进行业协作和仲裁区域化发展；要服务国家全面开放和发展战略，提升仲裁委员会的国际竞争力，加强对外交流合作，深化与港澳台仲裁机构合作；要加强党的领导，加大政府对仲裁工作的支持与监督力度，健全行业自律，完善司法支持监督机制，发挥社会监督作用。

面对案多人少的压力，司法机关从源头入手，深化多元化纠纷解决机制改革。坚持在党委和政府领导下开展诉源治理，加强一体化矛盾纠纷调处中心建设，按照自愿、合法原则，探索开展立案前先行调解，完善委派调解工作机制，从源头减少进入法院的案件①。目前一些地方的试点取得了明显成效。例如，北京法院深入推进"多元调解 + 速裁"——法院附设、紧密型诉调对接机制建设，2019 年 1~6 月，通过该对接机制办结了 148433 件纠纷，平均审理天数为 36 天，比后端民事案件审理天数缩短 25 天。2019 年 1~7 月，全国法院收案数量前列的北京市朝阳区人民法院民商事新收案件同比减少 9.1%，在连续 7 年持续上升后出现拐点，首次呈现下降趋势，诉源治理成效初显。

---

① 《谱写政法领域全面深化改革新篇章》，《法制日报》2019 年 7 月 20 日，第 1 版。

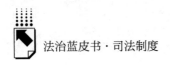

九 破解"执行难"顽疾

法院执行工作是维护人民群众合法权益、实现社会公平正义的关键环节。近年来，中央高度重视解决"执行难"工作，中央全面深化改革领导小组审议通过的《关于加快推进失信被执行人信用监督、警示和惩戒机制建设的意见》就进一步提高人民法院执行工作能力、维护司法权威提出明确要求。全国人大、全国政协调研组多次在全国调研"执行难"问题，了解法院执行工作存在的问题和困难。

在最高人民法院承诺用两到三年时间"基本解决执行难"之后，"基本解决执行难"不仅成为全国法院全面深化改革的主要任务，也是地方各级政法部门的头等大事之一。全国法院掀起"决胜执行难"的执行风暴，加大执行力度，充分利用信息化手段，解决制约法院执行的体制机制障碍。

一是健全执行工作制度体系。最高人民法院在 2018 年出台了《关于执行担保若干问题的规定》《关于人民法院确定财产处置参考价若干问题的规定》等 12 部专门调整执行程序的司法解释或司法解释性质的规范性文件。为健全基本解决执行难长效机制，十三届全国人大常委会将民事强制执行法列入立法规划中的第二类项目。

二是解决执行难成为全社会的共识。2018 年 3 月，国家发展改革委、最高人民法院、国土资源部发布《关于对失信被执行人实施限制不动产交易惩戒措施的通知》，共同对失信被执行人采取限制不动产交易的惩戒措施。8 月，最高人民法院与十二家互联网金融企业共建对失信被执行人联合惩戒机制。7 月，国家发展改革委办公厅、最高人民法院办公厅、民航局综合司、铁路总公司办公厅发布《关于落实在一定期限内适当限制特定严重失信人乘坐火车、民用航空器有关工作的通知》，就失信人名单信息的采集、执行、移除等予以规定。

三是向全国人大专题报告解决"执行难"工作进展，深入分析问题成因。2018 年 10 月 24 日，最高人民法院在十三届全国人大常委会第六次会议上作《最高人民法院关于人民法院解决"执行难"工作情况的报告》，对"基本解决执行难"工作的由来和任务目标、"基本解决执行难"工作取得的进展及成效、当前推进"基本解决执行难"工作存在的问题和困难向全国人大常委会做了全面报告，指出执行难主要表现为查人找物难、财产变现难、排除非法干预难、清理历史欠账难。

四是开展基本解决执行难的第三方评估。最高人民法院引入第三方评估机制，由中国社会科学院牵头，中国法学会、中华全国律师协会、中国人民大学诉讼制度及司法改革研究中心及《人民日报》、新华社、中央电视台等 13 家新闻媒体作为参与单位，并邀请 15 位知名学者作为特聘专家对人民法院基本解决执行难情况开展评估。2018 年下半年起，评估组对全国包括 31 家高级法院和新疆生产建设兵团分院在内的 600 余家法院执行工作进行了全面评估。全国四级法院首次对学术研究机构敞开大门，由中立的第三方主导评估法院基本解决执行难工作，主动接受学术研究机构的评价、监督，在中国司法史上具有里程碑式的意义。

2019 年 3 月 12 日，在十三届全国人大二次会议上，最高人民法院院长宣布，三年来，人民法院全力攻坚，解决了一批群众反映强烈的突出问题，基本形成中国特色执行制度、机制和模式，促进了法治建设和社会诚信建设，"基本解决执行难"这一阶段性目标如期实现①。

2019 年 7 月 14 日，中央全面依法治国委员会印发了《关于加强综合治理从源头切实解决执行难问题的意见》，提出"做好执行工作、切实解决长期存在的执行难问题，事关全面依法治国基本方略实施，事关社会公平正义实现，具有十分重要的意义"②。要求各地加强推进执行联动机制建设、加强和改进人民法院执行工作、强化执行难源头治理制度建设、全面加强组织保障和工作保障，从健全网络执行查控系统、完善失信被执行人联合惩戒机

---

① 周强：《最高人民法院工作报告——2019 年 3 月 12 日在第十三届全国人民代表大会第二次会议上》。
② 《关于加强综合治理从源头切实解决执行难问题的意见》。

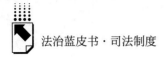

制、提升执行规范化水平、加快社会信用体系建设等方面入手确保切实解决执行难目标实现。

十 提升信息化智能化水平

党的十八大报告指出，提高社会管理科学化水平，必须加强社会管理法律、体制机制、能力、人才队伍和信息化建设。党的十九大贯彻并发展了党的十八大关于信息化的论述，在不同领域的多项任务中都提及信息化建设的重要性。司法信息化智能化是确保司法公开透明、公正高效的强有力手段，是推进司法为民的重要途径，也是让人民群众在每一个司法案件中感受到公平正义的重要保障。

2016 年以来，"智慧法院"建设纳入国家信息化发展战略和规划，并在各级法院积极响应、开拓创新的实践中取得显著成效，法院专网全覆盖为全业务网上办理奠定了坚实基础，司法公开和诉讼服务平台建设加速推进全流程审判执行要素依法公开，面向法官、诉讼参与人、社会公众和政务部门提供智能化服务初见成效，信息化使人民法院工作呈现服务便捷化、审判智能化、执行高效率、公开常态化、管理科学化、决策精准化等趋势和特征。截至 2018 年底，在全国各级法院的共同努力下，人民法院信息化 3.0 版的主体框架已经确立，智慧法院的全业务网上办理基本格局已经形成，全流程依法公开基本实现，全方位智能服务的方向已经明确并展现广阔前景，先进信息技术推动法院审判执行方式发生了全局性变革，有力促进了审判体系和审判能力现代化。

最高人民检察院印发的《关于深化智慧检务建设的意见》提出，到 2020 年底，充分运用新一代信息技术，推进检察工作由信息化向智能化跃升，研发智慧检务的重点应用；到 2025 年底，全面实现智慧检务的发展目标，以机器换人力，以智能增效能，打造新型检察工作方式和管理方式。《全国检察机关智慧检务行动指南（2018～2020 年）》强调，2020 年底全面构建新时代智慧检务生态：一是全面构建以办案为中心的智慧检务应用层生态，二是全面构建以安全可靠为基础的智慧检务支撑层生态，三是全面构建以开放共享为导向的智慧检务数据层生态。

2018年7月，司法部召开全系统网络安全和信息化工作电视电话会议，研究部署"数字法治、智慧司法"建设等网络安全和信息化工作，要求以融合为主题，最大限度整合资源，发挥整体合力，彻底释放信息技术的战斗力；要以服务为宗旨，通过信息化手段优化资源配置，创新政务服务、法律服务模式，让人民群众在共享科技信息化发展成果上有更多获得感幸福感安全感。

近些年，在中国公安部以及社会各界的共同努力下，公安信息化建设成果丰硕。首先，高精尖的科研创新屡屡突破，2012年至今，公安机关已有16个科研项目荣获国家科学技术进步奖，225个项目荣获公安部科学技术进步奖，703个项目荣获基层技术革新奖。其次，技防创新不断推广，一类点摄像机联网率达92.5%，为全国范围内实现视频图像跨地区、跨部门共享奠定了坚实基础。最后，移动警务创新再次抵达新的深度，全国累计配发移动终端54.3万部，26个省份的96个地市报送了移动应用266个。各地纷纷开启"智慧公安"建设，广东省着力打造公安信息化建设的升级版——智慧新警务，打造了全省统一的"云平台"和新型"移动警务终端"；山东公安机关统筹整合全省信息化资源，全力建设"三个一"（一个云计算平台、一个大数据中心、一个基层警务门户），目前已建成警信、身份核查等80余个App，供全省5万个警务终端随需下载、即时运行；苏州公安率先部署了集人像分析预警、语音声纹识别、人员轨迹刻画等多项实战功能于一体的人工智能运算集群服务器，打造了全国公安系统首个AI赋能平台。

十一　中国司法制度发展展望

党的十九大以来，中国司法沿着习近平总书记提出的"努力让人民群众在每一个司法案件中感受到公平正义"的总目标不断探索完善，取得了突出成绩。但也要看到，司法制度发展仍然面临一些需要解决的问题。

首先，在立法保障司法制度改革取得重大成果的同时，相关配套制度仍亟待细化落实。监察机关与司法机关的职能分工合作与程序衔接仍待明确。例如，如何协调好监察机关案件按照与身份级别相适应的属人管辖与司法机关按照《刑事诉讼法》规定的地域管辖为主的关系，如何妥善处理好监察机关办理监察案件的追诉时效、律师介入等问题。《法官法》《检察官法》以及相关组织法修订完成后，具体的操作办法和实施保障仍未制定，各项措施仍有待进一步落实和细化。

其次，司法人财物改革仍面临现实困难。中国经济社会发展不平衡，不同地方司法保障水平差别大，部分地区实行财物省级统一管理确实存在困难①。地方法院检察院人财物统一管理改革如何更加符合各地实际情况，应当加强评估和制度调适。司法机关内设机构改革也应根据各地司法机关的办案数量、编制情况和实际需要，不宜"一刀切"。

再次，司法责任制的落实仍然面临重大挑战。一是领导干部办案制度需要落到实处。一方面领导干部办案数量比例远低于其他入额法官、检察官，而且存在办理简易案件、挂名办案现象；另一方面，领导干部承担大量的行政事务，再让其承担大量案件审理本身并不现实。二是取消案件审批后对如何监督办案提出更高要求，而且对审判权检察权的监督可能会出现一定的空档期，"同案同判"工作面临新挑战，案件质量存在隐忧。

最后，如何切实化解纠纷、提升司法公信力仍然是未来一段时间面临的重大课题。各级司法机关面临着案多人少的矛盾，如何切实畅通纠纷化解渠道、完善多元化解纷机制、切实解决执行难仍面临不少挑战。司法公开缺乏统一标准和要求，内容和形式不统一、不规范、随意性大，各个政法机关公开仍然各自为政，司法公开的精细化、规范化、信息化水平仍有待进一步提升。在解决执行难方面，虽然经历了两到三年基本解决执行难攻坚，但如何构建切实解决执行难的长效机制仍然是摆在司法机关面前的头等大事。在司

---

① 祁建建：《2016年司法改革的新进展》，载李林、田禾主编《中国法治发展报告 No.15（2017）》，社会科学文献出版社，2017。

法信息化建设日新月异的同时，智慧司法还存在"重建设轻应用、重技术轻效果、重系统轻协调、重整体轻细节、重研发轻安全、重知识轻人才、重速度轻论证"① 等问题，特别是司法机关与行政机关、司法机关之间存在比较严重的数据壁垒，制约智慧司法建设持续深入发展。

中国共产党第十九届中央委员会第四次全体会议提出，必须坚定不移走中国特色社会主义法治道路，全面推进依法治国，坚持依法治国、依法执政、依法行政共同推进，坚持法治国家、法治政府、法治社会一体建设；要健全保证宪法全面实施的体制机制，完善立法体制机制，健全社会公平正义法治保障制度，加强对法律实施的监督。为此，未来中国司法制度的发展还需要着重做好以下工作。

（一）坚持正确的政治方向

党的领导是社会主义法治的根本保证。2019 年 7 月 19 日，政法领域全面深化改革推进会在四川成都召开。这次会议不仅总结了一年以来政法领域改革的推进情况，也落实部署了年初习近平总书记在中央政法工作会议上的讲话精神。会议要求，"准确领会习近平总书记关于政法领域全面深化改革的新理念新思想新战略，以更高的站位推进改革"②。坚持正确的政治方向，一是坚持党对司法工作的绝对领导，充分履行好宪法和法律赋予司法机关的审判执行和法律监督职责；二是严格落实党管干部原则，坚持把政治标准作为第一标准，在法官检察官遴选任命、考核评价、监督管理、培养锻炼、奖励惩戒等工作中全面加强政治把关；三是完善党的政治建设工作机制，坚持以社会主义核心价值观引领司法文化建设，健全司法职业精神培育机制；四是加强司法机关的党风廉政建设。坚持全面从严治党，持之以恒正风肃纪，坚定不移推进反腐败斗争。

---

① 中国社会科学院法学研究所法治指数创新工程项目组：《2018 年中国信息化发展与 2019 年展望》，载陈甦，田禾主编《中国法院信息化发展报告 No. 3（2019）》，社会科学文献出版社，2019。
② 《谱写政法领域全面深化改革新篇章》，《法制日报》2019 年 7 月 20 日，第 1 版。

（二）服务国家发展大局

首先，助力国家治理现代化。司法权力运行必须服务于国家治理现代化的重大部署。司法机关在推进国家治理体系和治理能力现代化中肩负着特殊的职责，司法制度本身就是国家治理体系的重要组成部分，也对促进国家治理体系和治理能力现代化发挥着重要的保障作用。未来，应继续深化司法体制改革，加强司法信息化建设，提升司法权力运行规范化水平，维护司法公正，提升司法公信力；既要加强司法在有效化解纠纷方面发挥的不可或缺的作用，又要借助多元纠纷化解机制、人工智能与大数据应用等，发挥司法活动在防范风险、提升社会治理精细化方面的积极作用。

其次，助力优化营商环境。法治是最好的营商环境。司法的便利性和公正性是良好营商环境的重要内涵。司法机关应依法严惩侵犯知识产权、制售伪劣商品、非法集资、虚开发票骗税等严重破坏市场经济秩序犯罪，加强涉外商事海事审判，健全"一带一路"国际商事争端解决机制，加大产权司法保护力度，依法平等保护国有、民营、中小微企业等各类市场主体合法权益，让法治成为最好的营商环境。

再次，助力落实国家重要战略部署。各级司法机关还需要致力于依法保障"一带一路"建设、京津冀协同发展、长江三角洲区域一体化发展、粤港澳大湾区建设等，这些国家重大战略的实施都需要依靠法治、依赖司法的有效保障。

（三）进一步完善司法体制综合配套改革

2019年初的中央全面深化改革委员会第六次会议审议通过了《关于政法领域全面深化改革的实施意见》，明确要继续深化司法体制改革。今后一个阶段，实施司法体制综合配套改革，全面落实司法责任制，深化诉讼制度改革，仍然是司法体制改革的重点。一是全面落实司法责任。本轮司法改革以"谁办案、谁负责"作为改革的基本目标之一，因此，要全面落实司法责任制应当细化法官、检察官、助理、书记员职责清单，明确司法人员、司法辅助人员、司法行政人员的职责分工；完善相应的领导干部办案机制，将领导干部办理疑难复杂案件的要求落实督查到位。二是不断完善司法人员分类管理体系。司法人员员额制改革虽然已经顺利完成，而且这项改革随着《法官法》和《检察官法》的修改有了明确的法律依据。但是，员额制改革的配套制度还需要进一步细化落实，建立法官、检察官员额的动态管理机制，建立法官、检察官员额增补机制和退出机制，建立司法辅助人员的招录和培养机制以及法律人才的正常流动机制等。三是健全司法人员履职保障机制。法律的修订只是改革实践的一个标志，改革的成效还需要通过相关配套措施的制定与完善来保障。例如，《法官法》《检察官法》首次通过法律形式明确应当设立法官、检察官权益保障委员会，但是权益保障委员会的职责仍需细化，应明确权益保障委员会的人员组成，确定权益保障委员会的保护范围，明确司法人员权利救济的途径、条件和程序等，以便司法人员权益保障落到实处。

（四）建立执行工作长效机制

经过两到三年的努力，人民法院的执行工作取得长足进步，今后必须谋划建立执行工作的长效机制，把两到三年基本解决执行难工作成效固化并继续推进，以实现中央确定的切实解决执行难的改革目标。

《关于加强综合治理　从源头切实解决执行难问题的意见》为建立执行工作长效机制确立了总体目标和要求。今后，应当从以下几个方面继续努力，确保切实解决执行难目标的实现。一是应将规范化作为建设执行长效机制的核心。用明确的制度机制、完善闭环的信息系统、全方位的监督监控，管好执行权力，遏制乃至消灭消极执行、乱执行现象。二是将队伍建设作为构建长效机制的关键，在执行体制改革中应适度提升执行机构地位，适度提升执行机构的规格。以精兵强将继续充实执行队伍，为执行部门配齐人手，提升执行队伍整体素质。三是将信息化作为构建长效机制的有效保障，用信息铁笼管好执行权，提升执行工作管理水平；要向信息化要生产力，借助信息化提升查人找物能力、提升办案效率、解决人案矛盾，实现智慧执行。四是将加快强制执行立法作为构建长效机制的重要保障，推动民事强制执行法和个人破产制度适时出台，并完善拒执罪的制度设计。五是将推动健全完善综合治理执行难工作大格局作为构建长效机制的重要依靠。持续健全完善"党委领导、政法委协调、人大监督、政府支持、法院主办、部门联动、社会参与"的综合治理执行难工作大格局。将各地党委人大政府支持和配合解决执行难纳入对其综治、平安、社会治理能力、营商环境建设等的考核评价体系，确保各部门支持法院解决执行难持续发力、措施跟进。

（五）稳步提升司法质效

当前，面对持续增长的诉讼案件，司法质效不高仍是提升司法公信力和人民群众满意度的重要掣肘。一方面，要加大诉源治理，健全多元化纠纷解决机制，提升多元化纠纷解决机制的专业性、权威性，高效便捷地化解纠纷。另一方面，应当大力加强智慧司法建设。进一步加强司法信息化顶层设计，统筹规划各类信息系统，打通不同公检法司部门之间及其与其他各类部门之间的信息数据壁垒，并积极探索运用人工智能、大数据分析等，实现信息化服务办案、服务群众、服务管理、服务决策的目标。

司法体制改革

Reform of Judicial System

B.2

司法责任制改革背景下院庭长履行监督管理职责调研报告

苏州市中级人民法院课题组*

摘　要： 司法责任制改革过程中出现的“放权有余而控权不足”问题，使得院庭长对特定案件的监管显得尤为重要。但目前审判监督管理实践中还存在认识不统一、制度不健全、配套不到位等问题。因此，有必要在最高人民法院相关指导意见的基础上，对特定案件的类型进行细化，并从程序启动、识别主体、责任落实等方面完善相应的监管机制。

关键词： 司法责任制　审判管理　“四类案件”　院庭长职责

* 课题组负责人：徐清宇，江苏省苏州市中级人民法院党组书记、院长，一级高级法官。课题组成员：赵新华、王岑、赵海生、薛忠勋。执笔人：薛忠勋，江苏省苏州市中级人民法院一级法官。

司法责任制改革的基本逻辑是"让审理者裁判，由裁判者负责"。一方面，通过对传统审判管理机制的"去行政化"，将审判权向法定审判组织"下放"；另一方面，通过构建与司法责任制改革相适应的审判监督管理机制来加强对审判权运行的监督制约，做到放权不放任。但从当前实践情况来看，随着改革的不断深化，"放权有余而控权不足"的矛盾逐步凸显，审判权和监督管理权的配置不当，一定程度上造成了"权力在法官、压力在法院、责任在院长"的责任机制错位问题。鉴于此，推进司法责任制综合配套改革成为当前司法改革的重中之重，而在司法责任制综合配套改革中，院庭长对特定案件的监督管理无疑是一个重点和难点。说其是重点，在于具体案件的监督管理是审判监督管理最直接、最显见的部分；说其是难点，在于司法责任制改革后，在强调放权的大背景下，院庭长如何做到放权而不放任，如何实现对特定案件的有效监管，暂无现成经验可循，既要突破传统窠臼，又要进行全新探索。正是在这样的背景下，课题组选取"关于司法责任制改革背景下院庭长对特定案件①进行监管问题"作为调研选题。通过调查问卷、调阅卷宗和院庭长、员额法官访谈等形式，进行较为翔实的实证调研②，深入了解分析审判实践中院庭长个案监管中存在的问题及原因，在对监管的正当性和必要性充分论证的基础上，对监管机制及配套机制构建提出意见建议，以期对法院审判监督管理模式转型升级有所裨益。

一 背景分析：院庭长特定案件监管的必要性

当下，法院改革的方向以及法院建构与运行的基本模式，总体应该坚持以法官为主导的法院整体本位。对于特定个案而言，应吸收其他审判资源通

---

① 本文所称的"特定案件"是指，根据上级法院的有关文件应纳入院庭长监管范围的特定个案。特定案件监管的基本精神与最高人民法院相关文件中的"四类案件"一致。
② 课题组向中院及 10 家基层法院发放调查问卷 550 份，其中员额法官 460 份、院庭长 90 份，收回有效问卷员额法官 453 份、院庭长 88 份；共调阅应纳入监管范围案件 300 件（两家基层法院各 100 件以及中院 100 件）；对 35 位两级法院院庭长和员额法官进行访谈。

过恰当的方式和程序参与①。可以肯定的是，院庭长对特定案件的监督管理是司法责任制改革的题中应有之意。

（一）确保案件质效的需要

改革的推进不能以牺牲案件质量为代价。恰恰相反，改革的目标在于提质增效。实践证明，特定个案的裁判质量和效果往往直接影响司法公信和权威。近年来，司法审判领域出现了一些有负面影响的案件，究其原因，与监督管理不到位不无关系。当下，单纯依靠"问题—责任""倒逼"的事后监管模式无法满足案件质量的要求，因为再严格的结果追责也无法挽回已经造成的严重后果。所以，对于特定案件的事中监督必不可少，院庭长对于案件审理过程应当拥有充分的知晓权以及必要的纠偏职权。

（二）统一裁判尺度的需要

随着法官员额制改革中审判权向法官、合议庭下放，司法体制的"集体作业模式"在"去行政化"的要求下逐渐弱化，现有审判管理机制对裁判尺度统一的控制效果也随之下降。因此，对于可能发生裁判结果冲突的案件，需要院庭长在审判资源配置中发挥组织协调作用，在更高层面上统一裁判尺度，从而防控各种裁判风险。从根本上讲，院庭长对特定案件监管是在行使一种监督管理权，属于审判管理"内部管控型"的一种实现方式②，而《人民法院组织法》第 33 条也明确规定，"应加强内部监督"。

（三）实现规范司法的需要

"绝对权力导致绝对腐败"。司法改革的经验教训、与法治发达国家的比较借鉴都表明，监督管理是制约法官权力、实现司法公正的重要保障。

---

① 顾培东：《法官个体本位抑或法院整体本位——中国法院建构与运行的基本模式选择》，载《法学研究》2019 年第 1 期。

② 江必新：《国家权力科学管理视阈下的审判管理》，载《法律适用》2017 年第 5 期，第 5 页。

"让审理者裁判，由裁判者负责"的改革要求，是放权和监督的辩证统一关系，两者不可偏废，只讲监督不讲放权是走老路，而只讲放权不讲监督则是走歧路。就二者关系而言，不受制约的绝对放权和弱化院庭长监管的倾向其实都是对改革精神的误读。在对审判权进行监督的宏观、中观、微观三种审判管理形态中，庭长作为中间层次的中观管理是不可或缺的重要环节，起着将宏观管理目标具体化以及传递办案压力的重要作用。

（四）弥补能力不足的需要

案件裁判仍然是以法官的独立判断为基础，法官个体发挥主导性作用；院庭长的监督管理活动是通过制度化的规范和组织化的形式实施，而不是依赖于个人意志和行政压制。客观而言，部分员额法官特别是年轻法官在面对特殊案件时经验能力不足的短板不容回避。比如，对于有重大社会影响的疑难复杂案件需要借助集体智慧进行研判，对于可能影响地方稳定的群体性案件需要动员协调各方力量妥善化解，故院庭长的业务指导和决策辅助必不可少。院庭长要注重将实践中符合审判规律且行之有效的管理经验和方法加以提炼总结，融入相关监管制度。如果采取放任态度，法官会缺少必要的指导和辅助，反而不利于司法责任制和员额制的深入推进。

二 现实考察：当前特定案件监督管理中面临的问题及原因

（一）法院内部对院庭长个案监管的认识不统一

理念是行动的先导。对司法责任制改革中放权与监督关系以及院庭长对特定案件监管要求认识的深刻程度，直接决定了监管的实践效果。从调研情况看，尽管司法责任制改革推进已有一段时间，但目前法院内部还存在认识不统一问题。

一是法官层面不同年龄段法官对监管需求有所差异。调查问卷显示，仍有少数法官对监管必要性和具体要求的认识比较模糊，甚至有个别法官认为"与司法责任制改革相冲突""完全没有监管必要"。通过一线访谈进一步发现，不同年龄层次法官对特定案件监管的态度存在一定差异：一方面，年轻法官考虑到自身经验能力不足，普遍对院庭长监管持欢迎态度，主动汇报案件提请监管的情况较多；另一方面，少数年龄较大的法官片面地认为，既然改革已经放权就无须院庭长监管，如果再强调监管会导致"改革走回头路"，所以对于该提请监管的案件一般也不会主动提请，自信自己能够妥善处理案件。

二是院庭长层面监管意愿强烈但顾虑干预办案而担责。根据调查问卷，院庭长选择"监管很有必要""认识到对特定案件进行监管系其重要职责""对上级法院专门文件比较清楚"的比例均在94%以上，这显示了院庭长作为监管者的责任意识和担当意识。但通过当面访谈也感受到院庭长普遍的心理顾虑，即担心监管被误作干预而担责。特别是最高人民法院下发了《司法机关内部人员过问案件的记录和责任追究规定》及实施办法，防止随意干预法官独立办案，因而这种顾虑并非空穴来风。从实践来看，必要的监督管理或决策辅助与"干预案件"仍存在界限不清的问题。而对个案进行监督指导难免涉及"如何裁判"这一法官裁判权的核心领域，院庭长难免有把握不准界限被认为是干涉审判的顾忌。

三是其他职能部门存在"事不关己、高高挂起"的局限观念。事实上，案件监管是一项体系性工作，需要法院各部门共同推进落实。比如，对于特定案件的监管需要纪检监察、审判管理、宣传（舆情）、信访等非审判部门的识别和提醒。但课题组在调研中发现，个别部门还存在"属于业务部门和院庭长的事""不属于职责范围"的片面认识。

（二）新型院庭长监督管理机制尚未有效建立

对于特定案件的监管，司法改革的顶层设计一直予以高度关注。最高人民法院在《最高人民法院关于完善人民法院司法责任制的若干意见》（以下简称《若干意见》)① 和《最高人民法院关于落实司法责任制完善审判监督管理机制的意见（试行）》（以下简称《试行意见》)② 以及《关于进一步全面落实司法责任制的实施意见》（以下简称《实施意见》)③ 等文件中对"四类案件"的界定、识别、监管等均作出规定。但由于这些文件规定相对原则，实践中可操作性不强，导致个案监管规范性不足，问题具体表现如下。

一是监管模式失范。从调研来看，院庭长对于其未参与审理案件签发文书的情况不复存在。但这并不意味着"行政化"的传统监管手段完全成为

---

① 院庭长职责部分第 24 条对"四类案件"进行了界定。对于有下列情形之一的案件，院长、副院长、庭长有权要求独任法官或者合议庭报告案件进展和评议结果：(1) 涉及群体性纠纷，可能影响社会稳定的；(2) 疑难、复杂且在社会上有重大影响的；(3) 与本院或者上级法院的类案判决可能发生冲突的；(4) 有关单位或者个人反映法官有违法审判行为的。院长、副院长、庭长对上述案件的审理过程或者评议结果有异议的，不得直接改变合议庭的意见，但可以决定将案件提交专业法官会议、审判委员会进行讨论。院长、副院长、庭长针对上述案件监督建议的时间、内容、处理结果等应当在案卷和办公平台上全程留痕。

② 第五条进一步明确了"四类案件"监督管理方式对于符合《最高人民法院关于完善人民法院司法责任制的若干意见》第 24 条规定情形之一的案件，院庭长有权要求独任法官或者合议庭报告案件进展和评议结果。院庭长对相关案件审理过程或者评议结果有异议的，不得直接改变合议庭的意见，可以决定将案件提请专业法官会议、审判委员会进行讨论。独任法官或者合议庭在案件审理过程中发现符合上述个案监督情形的，应当主动按程序向院庭长报告，并在办公办案平台全程留痕。符合特定类型个案监督情形的案件，原则上应当适用普通程序审理。

③ 第 14 条进一步完善"四类案件"识别监管制度。各高级人民法院应当细化"四类案件"监管范围、发现机制、启动程序和监管方式。立案部门负责对涉及群体性纠纷、可能影响社会稳定等案件进行初步识别；承办法官在案件审理过程中发现属于"四类案件"范围的，应当主动向庭长、分管副院长报告；审判长认为案件属于"四类案件"范围的，应当提醒承办法官将案件主动纳入监督管理；审判管理机构、监察部门等经审查发现案件属于"四类案件"范围的，应当及时报告院长。探索"四类案件"自动化识别、智能化监管，对于法官应当报告而未报告的，院长、庭长要求提交专业法官会议、审判委员会讨论而未提交的，审判管理系统自动预警并提醒院长、庭长予以监督。院长、庭长对"四类案件"可以查阅卷宗、旁听庭审、查看案件流程情况，要求独任法官、合议庭在指定期限内报告案件进展情况和评议结果、提供类案裁判文书或者检索报告。院长、庭长行使上述审判监督管理权时，应当在办案平台标注、全程留痕，对独任法官、合议庭拟作出的裁判结果有异议的，可以决定将案件提交专业法官会议、审判委员会进行讨论，不得强令独任法官、合议庭接受自己意见或者直接改变独任法官、合议庭意见。

历史，通过"口头化""变通化""隐性化"方式盯案的状况还一定程度存在。比如，主动或者被动通过口头形式听取案件汇报并直接提出裁判要求。又比如，院庭长在业务探讨、学习交流、二次分案过程中直接对案件裁判发表倾向性意见，等等。对这些意见，法官或者"碍于面子"，或者受"尊重领导"、有"现成答案"等因素影响，往往都予以接受[①]。

二是监管实施松懈。调研发现，各法院、业务庭在案件流程乃至裁判结果的监管深度、广度、频度方面，往往会因院庭长个人意愿、理念、要求、能力、付出等因素而参差不齐，监管存在一定松懈现象。调查问卷显示，有21%的法官认为存在院庭长"不愿管、不会管、不敢管"的问题，有2%的法官甚至认为问题"比较严重"。

三是监管方法比较零乱。现有的监管模式某种程度上还停留在经验层面，不确定性较大。比如，对于特定案件的监管方式缺乏统一规范，调查问卷显示，"文书审批占14%、报备裁判结果占20%、法官会议讨论占55%、院庭长直接发表倾向性意见占11%"。同时，实践中普遍没有对院庭长和法官设定明确具体的义务要求和责任形式，调研中亦未发现因未及时报告或者监督管理不力而被追责的情形[②]。

四是监管留痕欠缺。监管痕迹是是否监管、监管过程以及监管效果的最直接体现。但从调研情况看，监管留痕要求的落实不尽理想，常态是口头汇报、讨论较多而不留痕；即使是有所谓留痕，具体形式只是在相关笔录上签个字，未采取专门形式。

（三）与监管运作对应的配套机制尚需完善

案件监管的全面落实有赖于相关配套制度协调配合。但在现阶段，与之

---

① 当然，这些情况的背后原因也很复杂，有的是对原先定案把关机制的路径依赖，有的是出于案件质量把控的"无奈之举"，也有的是在改革过渡时期不断摸索，等等。
② 在对个别长期未结案件进行阅卷中发现有"四无案件"（即无主动提请监督的手续、无提醒提交监督的手续、无法官会议讨论记录、无审理报告），这也暴露出监管薄弱现象仍然存在。

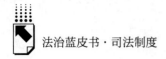

相匹配的合议制、法官会议机制、审判委员会制度尚不完善。

一是合议制功能发挥不充分。问题主要表现为：定案能力弱化，部分通过认真讨论完全可以定案的案件，合议庭只要稍感难办就提请监管；合议规则虚化，"合而不议"特别是人民陪审员"陪而不审"问题亟待改革；人员组成固化，有的合议庭法官长期未作交流，承办人担任审判长的案件往往是承办人发表主导意见，其他合议庭成员只是简单表达是否同意，成员之间缺乏有效的监督制约。

二是法官会议功能发挥不充分。问题主要表现为：规范性不强，个别业务庭还没有实现法官会议常态化，也存在虽有制度但不严格按照规定运作的情形；有效性不高，特别是对于疑难复杂案件，汇报人在材料提供方面准备不足，参与讨论人员也因吃不透案情"出工不出力"，影响了法官会议集体智慧的发挥；指引性不够，法官会议讨论内容侧重于个案讨论而忽视了对类案的横向比较和共性问题的梳理研究，对于类案、共性问题的讨论也未能及时提炼相应裁判规则。

三是审判委员会功能发挥不充分。问题主要表现为：上会"门槛"较低，缺少先行过滤筛选机制，导致少数无须审判委员会定案的个案充塞进来；宏观指导欠缺，审判委员会是最高审判决策组织，也是最高审判监督管理组织，但实践中存在"重定案轻监管"倾向，对于讨论研究的个案亦缺少形成类案指导规则机制。

（四）院庭长履行监督管理职责面临客观制约

调研发现，绝大多数案件都是由承办人主动提请监管，极少数案件由院庭长或审判长提请。究其原因，主观方面在于部分院庭长有"多一事不如少一事"和"吃力不讨好"的想法，因而尽量少管或者是干脆不管。同时，不容忽视的是，院庭长主动监管面临客观条件的制约。

一是综合事务繁杂性的制约。当前，法院案件数量仍呈急剧增长态势，特别是内设机构改革后部分基层法院业务庭案件规模更大，再加之院庭长非审判事务缠身的状况并未得到明显改观、信息化管理手段所提供的支撑不够，院庭长采用"人工"方式盯人盯案面临时间、精力不济的限制[1]。

二是案件识别滞后性的制约。在特定案件类型中，对于案件疑难、复杂性的判断标准比较模糊，对于可能发生裁判冲突的案件难以进行有效比对。同时，为避免忙闲不均而实行的跨庭分案也加剧了统一裁判尺度的难度。所以，院庭长在案件识别上比较滞后，如果不是法官主动提请监管就难以发现。

三是案件审理亲历性的制约。合理有效的司法判断需要裁判者亲身经历程序，直接审查证据事实、与当事人充分沟通，这也是"让审理者裁判"的基础。然而，院庭长并非审判法官或审判组织成员，其监督案件会遭遇亲历性不足的困境，为避免这一问题就需要监管时更多地介入案件审理，但在案件数量较多的情况下，院庭长显然力不从心。

（五）院庭长案件监管缺失增大了案件质量下滑风险

调查问卷显示，有53.41%的院庭长和22%的法官认为审判权力下放后案件质量出现下滑，这反映了一线法官特别是院庭长对于案件质量较为担忧。这一问题在审判质效数据上也有所反映。例如，2018年苏州中院共接收再审申请2200余件，同比上升20%；立申诉复查案件753件，同比上升77.59%。此外，个别法院、业务庭、法官长期未结案件得不到有效控制，发改率、信访投诉率不容乐观，甚至个别案件因为处置不当引发了负面舆情。还需要特别引起重视的是，员额制改革之后，法官裁判的理念、思路、方法乃至文书表达都会呈现"个性化"特征，"同案不同判"有扩大化趋势。这也成为当前社会公众诟病司法不公的原因之一。此外，由于对审判权的监管不力，司法规范化特别是司法廉洁方面"关系案、人情案、金钱案"风险加大。

---

[1] 例如，某基层法院民一庭庭长就提到，其对重点案件监管的方式就是在办案系统内对每天流入庭内的案件逐一浏览，对重点案件提醒承办人予以关注，但在案件数量越来越多且行政性事务繁杂的情况下，这套办法很难继续实施了。

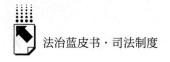

三　实现路径：构建与司法责任制相适应的
院庭长特定案件监管机制

（一）特定案件监管制度设计应坚持三个原则

一是坚持有据可循原则。对于特定案件的监管应保持谦抑性，防止特定案件"箩筐化"，以避免监管者的泛化适用和承办人借机逃避责任。目前，对于特定案件的范围界定主要有两种模式：一种模式是依照前述最高人民法院系列文件中"四类案件"的分类标准，逐类对各种案件类型进行细化补充解释，另一种模式是在"四类案件"的基础上又设定了其他情形。课题组认为，对特定案件的界定不宜扩大化，应在最高人民法院司法改革文件确定的"四类案件"框架下进行细化。

二是坚持权责统一原则。如前所述，对特定案件进行监管是法律赋予院庭长的重要权利，而明确的监管职责是监管效果的重要保障。因此，院庭长开展监督管理要有理有据、有度有序，特别是实践中存在的业务交流与监督管理混同问题，要严格把握权力界限，既要能发挥正向监管作用，又要避免潜在的权力滥用风险。最关键的就是要进行制度约束，通过专门性文件对监管实施和责任要求加以明确规范，确保监管真正落地见效。同时，还要强化审判管理服务审判的价值定位，在具体机制构建上要兼顾便于监管和服务办案。

三是坚持务求实效原则。要坚持问题导向，针对审判监督管理实践中存在的问题，明确特定案件的范围、识别主体、程序启动、监管实施、责任落实等。特定案件的监管不宜作"一刀切"要求，要坚持原则性和灵活性相结合，上级法院应赋予下级法院对"四类案件"进行细化的权力。各法院在遵循上级法院指导意见的基础上，可综合考量其所处的区域、法院层级、机构设置、案件规模、审判质效、法官素质等因素，建立符合自身实际的监管工作机制。因此，建议在案件类型上要具体明确，尽可能减少不确定性，在监管方式上要简便易行，在案件识别上要建立多层级的主体。

（二）科学界定案件范围

建议根据最高人民法院文件，明确院庭长对"四类案件"的事中监督职责，并可以参考以下标准对案件进行细化。

一是对于"涉及群体性纠纷，可能影响社会稳定的案件"，主要从当事人人数（一般认为达到 10 人以上即为群体性案件）同时具有一定社会影响（主要是对当地社会稳定的影响）的角度加以考量。

二是对于"疑难复杂且在社会上有重大影响的案件"，主要从法律关系和社会影响两个维度加以判断，对于法律界定较难特别是涉及裁判尺度统一具有较大社会影响的案件应予以监管，而对于法律界定相对简单但社会影响较大的一般也应纳入监管。具体考量依据为：从定案环节的角度看，一般合议庭意见有重大分歧无法形成决议或者独任法官、合议庭意见与法官会议意见不一致的案件可认定为疑难复杂案件。从审判效率的角度看，审限超过 12 个月长期未结（包括因客观事由扣除、暂停、中止审限的案件）一般属于案件事实认定和法律适用难度较大的案件。从社会监督的角度看，对于代表委员关注、检察院抗诉、重大舆情、上级交办督办、重大信访风险等案件，出于办案社会效果考虑也应纳入监管。

此外，还应根据案件类型加以明确。对于刑事案件，罪名方面如危害国家安全犯罪、影响恶劣的危害公共安全犯罪、涉众型经济犯罪、黑恶势力犯罪、重大职务犯罪案件等，程序方面如拟对被告人判处死刑、宣告无罪、免予刑事处罚或在法定刑以下判处刑罚的，拟对提起公诉时在押被告人和职务犯罪被告人判处非监禁刑的，拟对职务犯罪、破坏金融管理秩序和金融诈骗犯罪、黑社会性质组织犯罪罪犯减刑、假释和暂予监外执行的等。对于民商事案件，如重大集团诉讼、系列案件，涉及党政机关、军队等特殊主体案件，破产案件等。对于行政案件，如拟判决县区级及以上人民政府败诉的、行政协议等新类型案件，要求本院或者同级司法机关作为国家赔偿义务机关的案件等。

三是对于"本院或者上级法院的类案判决可能引发冲突的案件"，主要从法院内部、审级关系、再审监督三个层面加以考量，避免"同案不同判"问题。比如，拟作判决与本院或者上级法院已生效类案判决裁判尺度不一致或者可能发生冲突的，系列案件需要统一裁判标准的，被上级法院发回重审、指令审理或指令再审的，拟对生效裁判提起再审的，拟改判或发回重审的二审、再审案件（因出现新证据或者当事人放弃权利主张导致改判的除外）等等。

四是对于"有关单位或个人反映法官有违法审判行为的案件"，主要从是否有程序违法、司法廉洁方面加以考量。比如，当事人强烈反映案件超审限、久拖不决的，被实名举报和反映法官有办"关系案、人情案、金钱案"或者渎职嫌疑的，通过上级纪检监察部门交办线索或者本院审务督察等渠道发现法官可能存在违法审判行为等。对于当事人反映的案件实体审理异议应"一分为二"处理，对于确有明显违背司法公正的裁判应纳入监管，而属于正常法律认识差异的则不宜纳入监管。

（三）构建多层级识别机制

一是立案阶段识别。一般而言，对于"四类案件"中的第一类涉群体性案件，以及第二类中的涉外案件、特定罪名刑事案件、特定被告行政案件、特定主体（党政机关、军队）民事案件在立案阶段能够识别预警，立案部门负责识别并在立案移送材料或办案系统中予以标注，提醒办案部门决定是否启动监督管理程序。同时，对于群体性案件要提供批量案件或者关联案件的检索线索。调研发现，院庭长普遍反映立案阶段的提前介入非常重要，但也会面临规避随机分案的质疑。对此，课题组认为，在坚持"随机分案"的基础上，院庭长可以根据"让合适的人办合适的案件"这一思路适当进行"二次调整"。

二是审理阶段识别。案件进入审理阶段，由主审法官、审判长负责识别，主审法官发现的应主动提请院庭长监督管理，审判长发现的应当提醒主审法官将案件纳入监督管理。院庭长在日常审判管理工作中发现属于需要监管的案件，应当自行启动监管程序或者要求主审法官提请监管。院庭长应通过审判管理通报、主持法官会议、鉴定程序审批、"简转普"程序审批、审限变更延长审批、重大舆情处置、信访接待处置等发现案件线索，最大程度克服监管滞后性问题。

三是其他部门识别。对于特定案件识别，非审判业务部门要克服"部门主义"的观念局限，发挥自身优势成为重要的识别渠道。例如，纪检监察部门对于举报、信访件应进行初步审查核实，情况查实的可以直接报院长启动相关问责机制；审判管理部门应加强对审限的预警研判，对于"长期未结"风险系数较高的应当提醒庭长、分管副院长予以监管；新闻宣传部门要做好舆情监控，对于涉舆情案件及时启动"三同步"机制；综合办公室对于代表委员关注的案件，要协调好相关业务庭庭长及分管副院长做好沟通联络；等等。

（四）健全监督管理机制

一是监管启动规范化。监管程序的启动应根据上文提出的案件范围以及识别机制的相关规定进行，主要包括三种监管方式，即院庭长主动监管、法官和合议庭提请监管及其他有关部门建议监管。为防止监管程序拖沓，应设定各环节流转的时间，原则上按照庭长、分管副院长、院长的层级进行层报审批。建议明确庭长接到监督管理申请后，应在三日内决定是否启动监督管理程序并决定由自己监管；认为需要报请上级监督管理的，应在三日内报分管副院长审查决定；分管副院长接到监督管理申请后，应在三日内决定是否启动监督管理程序并决定由自己监管、指令庭长监管或者报请院长监管；院长可以直接决定将案件由自己监管或者指令分管副院长监管。

二是监管方式组织化。院庭长对案件的审理过程或者拟作裁判结果有异议的，不得直接改变独任法官或合议庭的意见，可以将案件提交法官会议这一组织化平台进行讨论。独任法官或合议庭未采纳法官会议形成的一致或多数意见的，院庭长可以按规定将案件提交审判委员会讨论。

三是监管实施高效化。课题组认为，应当赋予院庭长在不同意拟判意见情况下要求合议庭复议的权力，在合议庭不复议或者经复议仍坚持原合议意见的情况下，可将案件提交法官会议讨论。根据案件具体情况，院庭长认为有必要的，也可以不经法官会议讨论而直接提请审判委员会讨论。如此，可以凭借院庭长的经验能力，在合议庭与法官会议之间形成一道案件过滤关口，既可以"倒逼"合议庭强化定案功能，也可以保证确有必要的案件进入法官会议，最大程度避免案件不加区分就提交法官会议讨论带来的效率低下问题。

四是监管手段亲历化。院庭长既是管理者，又是独立的法官个体，其行使审判监督权最有效、最直接的方式就是参与案件审理。在阅卷调查中，课题组发现不少案件在法官主动提请监督后由院庭长担任审判长进行审理，这一举措取得较好效果，也得到一线法官的认可。因此，凡是纳入监管的案件，建议尽可能由院庭长担任审判长组成合议庭审理。同时，为保证院庭长对监管案件的亲历性，建议可以根据上级法院文件赋予院庭长一定的监管职权，即可以查阅卷宗、旁听庭审、查看案件流程情况，有权要求独任法官或者合议庭在指定期限内报告案件进展和评议结果、提供类案裁判文书或检索报告等。

五是监管留痕全程化。院庭长对"四类案件"监督管理的内容、处理结果等事项，应当通过专门形式予以记载，同时在网上办案平台作相应标注，做到全程留痕。

四　配套落实：确保院庭长特定案件监管的实效

（一）完善配套机制

一是强化合议制定案功能。优化合议庭组成结构及审判长产生方式，定期交流调整，加强专业化建设；合议庭成员应相互协作配合，相互监督制约，共同参与阅卷、庭审、评议等审判活动；确保能够定案的及时裁判，确属需要提请监管的，在充分合议的基础上及时提出，对于庭长提出的复议要求及时组织合议；合议庭成员均须实质性发表意见，不得拒绝陈述意见或仅作同意与否的简单表态；探索建立以合议庭为单元的审判业绩考核机制，通过抽查案卷、案件评查等方式，重点考核合议制落实情况。

二是完善法官会议机制。院庭长应通过召集、主持专业法官会议这一组织化平台，实现对个案质量的过程监督。完善法官会议议事规则，并严格规范会议启动、发言规则、表决顺序、表决结果等具体流程；对法官会议讨论的典型案例、审判经验应及时归纳总结，提炼裁判规则，为类案审理提供裁判指引；强化法官的有效性参与，因案情需要可组织法官会议成员旁听庭审之后再提供咨询意见，确保法官会议发挥应有作用。

三是强化审判委员会功能。强化审判委员会审判监督管理职能；进一步厘清审判委员会研究案件范围与纳入院庭长监管的案件范围之间的关系，完善院庭长监管与院长提交审判委员会讨论的切换衔接机制，强化审判委员会对案件监管的宏观指引功能。

（二）借力信息技术

近年来，苏州法院按照"电子卷宗＋全景语音＋智能服务"的总体思路，形成以"电子卷宗随案同步生成""材料流转云柜互联""庭审语音智能转写""电子质证随讲随翻""文书制作左看右写""案例文献自动推送""简易判决一键生成""同案同判数据监测"八大平台为支撑的智慧审判苏州模式；并在此基础上探索构建了以电子卷宗随案同步生成及深度应用为基础，以纸质卷宗智能中间库为关键，以辅助事务集约化管理和人员分类管理为保障的无纸化办案"千灯方案"。

智慧审判苏州模式及其"千灯方案"对院庭长进行特定案件监管的应用价值体现在三个方面：一是监管规范性方面，依托电子卷宗深度应用，全面推行网上办案，搭建无纸化办案集成平台，实现对办案流程的实时、动态监控，切实将审判权力关进"数据铁笼"，实现全程留痕可视化；二是监管便捷性方面，院庭长可以通过实时查阅电子卷宗，结合案件流程管理权限，有效落实案件监管职责；三是监管实效性方面，优化完善"类案智推"平台功能，对可能偏离裁判模型的案件予以提醒，促进裁判尺度的统一。

下一阶段的设想是，在现有信息化平台的基础上建立专门的案件监管模块，能够实现对"四类案件"的智能识别、标注、提醒、预警、流转、督办，监督全流程相应的时间节点和监管动作都能全程记录。同时，专门监督模块能够与审判管理办公室、院庭长、承办人办案模块之间实现信息互动。在信息化管理模块还没有完全实现的情况下，可暂时通过专门台账的方式进行监管，利用"一表到底"对整个监管过程进行记载。对于纳入监管范围的案件统一报审判管理部门备案，并明确专人（如审判委员会秘书）负责相关案件的统计分析、进度通报、督办催办等日常管理。

（三）严格责任落实

为解决法官报告不积极和院庭长履职不积极问题，必须要通过相关制度设定相应的责任。其一，对于独任法官、合议庭，因故意或者重大过失对应当报请监管的案件未予报请导致裁判错误并造成严重后果的，依照上级法院关于审判责任认定与追究的相关规定处理。其二，对于院庭长，因故意或者重大过失，怠于行使审判监督权、监督意见存在差错、监督方法不当甚至滥用审判监督权导致裁判错误并造成严重后果的，依照有关规定追究相应的监督管理责任。同时，严格区分院庭长履行监管职责与违规干预的界限，为院庭长充分履职解除后顾之忧。

五 结语

院庭长对特定个案的监管是本轮司法改革的核心问题之一，监管的成效反映了司法责任制改革充分有效放权与强化审判监督管理，以及审判权与审判监督管理权之间的平衡关系。实现院庭长审判监督管理的科学化，一方面，要对传统模式进行总结反思，取其精华，去其糟粕；另一方面，要从司法责任制改革的基本要求出发，加强制度构建及制度落实。同时，我们也要认识到，传统审判管理模式下的审判监督权力体系已运行多年，制度惯性的消解不可能一蹴而就，改革目标的达成需要一个渐进过程，需要理论研究和实践探索的不断努力。

B.3

审判效能的提升：审判辅助
事务改革的探索与实践

——以黔南法院为样本

田军　宋邦永　蒙丽华*

摘　要： 在法官员额制改革大背景下，与之配套的审判辅助事务改革
还存在"人不定、事不顺、责不清、利不明"四大问题。本
文在梳理与评述当前研究现状基础上，结合黔南中院及辖区
12个基层法院的最新改革实践，提出剥离人、事两条线的逻
辑起点，区分"人、事、责、利"四大模块，重点研讨法院
审判辅助事务采购社会化服务的事项和内容，强化审判辅助
事务外包的管理与监督，最大限度地释放审判效能，提升审
判质效。

关键词： 审判辅助事务　购买社会化服务　审判效能

随着人民法院司法体制改革顶层设计的"四梁八柱"基本搭建完成，
法官员额制改革已被2019年1月1日施行的《人民法院组织法》予以确
认。但与之配套的审判辅助事务改革，仍有"人不定、事不顺、责不清、
利不明"四个问题亟待规范与完善，应探索行之有效的措施，推进以司法

---

* 田军，贵州省黔南布依族苗族自治州中级人民法院党组副书记、常务副院长；宋邦永，贵州
省黔南布依族苗族自治州中级人民法院对外宣传科科长；蒙丽华，贵州省黔南布依族苗族自
治州中级人民法院研究室主任。

责任为核心、以法官为中心、以审判为重心、以效能为圆心的人员分类管理改革，就是要探索行之有效的解决办法。

一　审判辅助事务现状

（一）审判辅助事务的界定

中国审判辅助事务的顶层设计，最早见于《最高人民法院关于全面深化人民法院改革的意见——人民法院第四个五年改革纲要（2014～2018）》。该纲要在法院人员分类管理改革中提出："拓宽审判辅助人员的来源渠道，探索以购买社会化服务的方式，优化审判辅助人员结构。"① 结合"人、事、责、利"四大模块的区分，需要界定以下几个问题。

1. 何为审判辅助人员

所谓审判辅助人员，是指在人民法院辅助居于主导地位的法官查明和认定案件事实，为法官行使裁判权提供帮助的工作人员。该概念界定了两个问题，一是确认法官在审判权运行中的主导地位，除法官之外的人员居于辅助地位。以当前中国司法背景论，这里所述法官，即为员额法官，其居于主导地位。二是审判辅助人员具有法院身份属性，这里的法院身份属性有两种类别，第一类是"带编"人员，具有政法编制和事业编制的法院工作人员；第二类是"编外"人员，具有聘用性质或劳务派遣性质，在法院相关部门从事审判辅助事务，对外而言他们具有法院身份属性，代表人民法院从事公务活动，具有国家工作人员身份的外部表征。

2. 何为审判辅助事务

审判辅助人员不能行使案件事实查明认定权、法律适用裁判权和自由裁量权，这些权力属于审判的核心权力，是国家权力的一部分，具有公权力属性，即为狭义的"司法裁判权"。审判辅助事务制度改革的目标，正是要让法

---

① 《最高人民法院关于全面深化人民法院改革的意见》读本，人民法院出版社，2015，第254页。

官脱离事务性烦琐工作，专心从事"审"与"判"，从而提升裁判质效。所以，审判辅助事务是指为确保法官裁判权行使而开展的辅助性、事务性工作事项。

3. 何为审判辅助职责

所谓审判辅助职责，就是审判辅助人员该干什么。具体而言，在审判流程主要节点的辅助事务工作职责有：①在立案环节，接待来访人员、诉讼引导、法律宣传、登记立案、审查诉讼材料、查询咨询、诉讼费缴纳及退费等；②在审判环节，负责排期、送达、庭前准备，协助组织证据交换，协助组织庭前调解，协助办理委托鉴定、评估、审计工作，协助调取证据，准备与案件有关的参考资料，负责庭审记录、草拟法律文书等；③在判后环节，负责司法统计、信息录入、卷宗整理、案件归档、司法公开、司法宣传等；④在其他环节，负责审判管理与研究，对外委托鉴定、检验、评估、审计、拍卖等工作以及为审判执行活动提供技术支持与保障的工作事项等。

4. 如何保障审判辅助事务

就当前情况而言，审判辅助事务购买社会化服务的经费来源，主要有法院政法经费自行负担和政府专项经费支持两种方式。考虑到"法院的人财物受制于地方政府，法院系统对法官以及法官辅助人员的管理缺乏足够的话语权"[①]，员额制改革不仅会冲击现有的法院审判管理方式，而且会造成一系列的利益冲突[②]。

（二）改革遇到的新问题

黔南中院及 12 家基层法院在审判辅助事务改革中主要遇到如下新问题和新情况。

1. 法官助理境遇尴尬

关于法官助理的改革探索，最高人民法院发布了《关于在部分地方人民法院开展法官助理试点工作的意见》和《关于在西部地区部分基层人民

---

① 王禄生：《法院人员分类管理体制与机制转型研究》，载《比较法研究》2016 年第 1 期。
② 丰霖：《法官员额制的改革目标与策略》，载《当代法学》2015 年第 5 期，第 140～148 页。

法院开展法官助理制度改革试点、缓解法官短缺问题的意见》。从人民法院司法改革"四五改革纲要"的推行情况来看,法官助理是指专职从事审判辅助工作的国家公职人员,是培养法官的重要来源。但由于顶层设计对法官助理的配套制度迟迟未予施行,法官助理改革出现了定位不准和职业前景不明从而导致人心不稳的情况。

2. 书记员队伍不稳

黔南法院书记员主要通过购买社会服务方式,以聘任制形式招录书记员。一是门槛低,由于区域经济发展的限制,如对学历以及专业教育背景的要求,难以招到人员,招录书记员条件设置低,导致书记员队伍素质参差不齐。二是流动大,由于财政保障有限,人文关怀不足,大多数人把这份职业当作了"权宜之计",作为职业"跳板"过渡,每遇公务员招考、大型招聘会,书记员队伍都会出现较大的波动。

由于法官助理、书记员队伍存在人员不足、能力不够、培养滞后的问题,新型审判团队运行并未显现特别优势;相反,审判团队由于法官助理、书记员配备不足以及部分人员素养不够,法官还在受困于繁杂的审判辅助事务,不能专司案件裁判。

3. 辅助事务理不顺

存在审判辅助事务分类核心不准,从实践情况来看,未透彻理解审判辅助事务分离的核心价值在于服务于法官这个中心,服务审判工作重心的目的。审判辅助事务分类标准不明,从各审判辅助人员的岗位职责来看,用"以人定岗"的方式列举工作职责,难以实现辅助事务的分类管理。

4. 辅助事务外包存在困难

审判辅助事务外包对第三方服务水平有一定要求。首先,外包工作增加交接环节不畅、审判信息泄露、卷宗保管不当等潜在风险;其次,外包欠缺服务标准与服务范围,外包事项种类不明;再次,黔南属于内陆地区,新兴产业和服务业发展相对滞后,市场供给不足,暂时难以找到能够提供优质服务的第三方机构。

5. 信息技术运用有难题

由于区域社会经济文化发展不平衡不充分，在试用人工智能开展诉讼引导、费用缴纳的法院，出现当事人不会操作仍需工作人员指导等情况。此外，黔南属于少数民族地区，群众方言和民族语言较多，投用的语音识别庭审记录程序只能识别普通话，导致使用率很低。

二　黔南法院的实践探索

黔南法院司法体制改革起步于 2014 年，全州法院法官员额制改革于 2016 年初步完成。

（一）人员划分

黔南法院将法院工作人员大致划分为员额法官、审判辅助人员和司法行政人员三大类。其中，作为审判辅助事务执行者的审判辅助人员组成较为复杂。

1. 法官助理构成多样化

这支队伍由未入额法官转任、带编制的书记员和司法改革后任命的法官助理构成①。截至 2019 年 10 月 30 日，全州法院共有法官助理 238 人，其中，中级法院 46 人，基层法院 192 人。其中，新任法官助理 9 人，带编制书记员 75 人，未入额法官专任的有 154 人。

2. 书记员实行聘任制

司法改革后，书记员队伍由公务员身份转变为合同制的聘任人员。截至 2019 年 10 月 30 日，全州法院先后招录 461 名书记员，先后离职 207 人，其中上岗一个月内离职的有 17 人。现有书记员 254 人，其中大专学历以下的有 203 人。

---

① 未入额法官是指司法改革前具有审判员或助理审判员资格的人员；带编制的书记员是指有政法编制的书记员，新任法官助理是指司法改革后按照人员分类管理要求，按照法官助理任命条件任命的法官助理。

3. 其他审判辅助人员

审判辅助人员作为协助法官履行审判职责的工作人员，除法官助理、书记员外还包括执行员、司法警察、司法技术人员等①。在司法实践中，对非审判一线岗位人员的归类也是多样化的。审判管理与调研岗位、信息化建设技术岗位、对外委托以及司法协助等岗位，依据各法院的实际情况，将这些人员划分为司法行政人员或审判辅助人员。

（二）事务划分

黔南中院出台的《法院人员分类管理办法（试行）》罗列出法官助理、书记员、司法警察以及司法技术人员四类人员的工作职责，具体如下。

1. 法官助理职责

法官助理有 14 项工作职责，即审查诉讼材料，提出诉讼争议要点，归纳、摘录证据，确定举证期限；组织庭前证据交换；在法官的安排下，接待案件诉讼当事人、代理人、辩护人的来访，查阅案卷材料；准备与案件相关的法律法规、司法解释、指导案例等参考资料；协助法官进行调解；在法官的指导下，拟写阅卷笔录、庭审提纲、审理报告、裁判文书以及其他诉讼文书；办理指定辩护人或者指定法定代理人的有关事宜；在法官的授权下，依法调查、收集、核对有关证据；办理与相关机构对接事务，办理对外委托鉴定、评估、审计等事宜；办理司法统计工作；办理司法调研工作；办理排定开庭日期等案件管理的有关事务；指导、协调、监督其他审判辅助人员；办理其他与审判业务相关的辅助性工作。

2. 书记员职责

书记员有 9 项工作职责，即负责庭前准备的事务性工作；检查开庭时诉讼参与人的出庭情况，宣布法庭纪律；负责记录审判和执行活动；送达法律文书；配合法官助理进行调查、诉讼保全等；校对、印刷法律文书和诉讼材

---

① 最高人民法院司法改革领导小组办公室：《最高人民法院关于全面深化人民法院改革的意见》读本，第 255 页。

料；及时、准确、完整录入案件信息；整理、装订案卷和归档；完成法官或法官助理交办的其他工作。

3. 司法警察职责

司法警察有 8 项职责，包括维护审判秩序；对进入审判区域的人员进行安全检查；负责刑事审判中押解、看管被告人或者罪犯，在各类案件开庭时传带证人、鉴定人、翻译人员和传递证据；在生效法律文书的强制执行中，配合实施执行措施，必要时依法采取强制措施；执行死刑；协助保卫机关安全，协助涉诉信访应急处置工作；执行拘传、拘留等强制措施；法律、法规规定或应当完成的其他职责。

4. 司法技术人员的职责

司法技术人员有两类工作职责，即负责在诉讼活动中对鉴定文书、检验报告、勘验报告、勘验检查笔录、医疗会计资料等技术性证据提出咨询意见；负责对外委托鉴定、检验、评估、审计、拍卖等工作，为审判执行活动提供技术性支持与保障。

（三）机制运行

1. 组建审判团队

为优化审判业务庭室架构，根据案件类型和数量，全州法院组建了 76 个审判团队。审判力量按照"法官＋法官助理＋书记员"的"1：1：1"模式配置。然而，截至 2019 年 10 月 30 日，全州法院共有员额法官 330 人，法官助理 238 人，书记员 254 人，审判辅助人力资源缺口很大。

2. 外包审判辅助事务

有部分法院打破"人由自己养，事由自己做"的传统思路，将审判辅助事务外包，利用市场资源为法院减负。例如，黔南中院、龙里法院、三都法院、长顺法院将电子卷宗扫描、卷宗归档整理外包给第三方机构，龙里法院还尝试将送达工作外包给第三方机构。

3. 运用信息化技术

荔波法院、福泉法院利用人工智能辅助诉讼引导工作，都匀法院尝试用

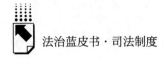

语音识别技术设备开展庭审记录工作，全州法院在信息化基础上开展跨域立案改革试点。

三 未来展望

黔南法院审判辅助事务改革对人员分类、事务划分以及机制运行进行探索，仅初步区分"哪些人"做"哪些事"，划分权责。但由于地方社会经济发展不平衡，市场主体供给不足，仍存在审判辅助事务分类与管理不够、聘任制辅助人员队伍不稳定、法官助理人才流失等困境。因此，西部地区法院开展审判辅助事务改革，不仅要考虑审判工作的实际需要，更要重视改革的经济基础，只有这样才能为审判辅助人员提供职业保障、培育审判辅助事务供应主体，最终解决审判辅助事务改革中"人不定、事不顺、责不清、利不明"的痛点。

（一）审判辅助事务精细化分类

实践证明，明确分配工作任务，在体现个人职业价值的同时进而提高工作效率。将审判辅助事务剥离，通过精细化分类，明确责权利，做到术业有专攻，有助于提高司法效率。对审判辅助事务进行分类，解决"买什么"的问题。

1. 归类审判辅助事务

按照对辅助审判中心工作需要的司法专业程度划分审判辅助事务。

第一类：具有专业性的辅助事务，这类事务与审判核心有紧密关系，完成这类辅助性事务需要具备相应的法律专业能力。例如，审查诉讼材料，协助法官进行庭前证据交换、调取证据、组织庭前会议、调解案件，草拟法律文书，收集并研究案件涉及的法律问题，类案检索辅助法官办案。

第二类：程式化的辅助事务，主要涉及与案件相关的程序事项，按照工作操作规范要求开展即可，工作人员不需要具备很强的法律专业能力。主要涉及诉讼引导、立案登记，庭审准备，核对诉讼参加人身份，宣布法庭纪律，案件调解、审判等记录，录入各项办案信息，校对、送达法律文书，整理、装订、归档案卷材料。

第三类：管理类的辅助事务，主要涉及审判管理、研究与司法委托，对裁判案件起到宏观指导作用或协助作用的事项。例如，审判委员会会务工作、法官工作业绩跟踪、研究、通报、考评，审判工作问题、难题研究，工作经验总结，决策咨询，对外委托评估、拍卖，司法鉴定等。

第四类：保障性的辅助事务，主要涉及保障审判工作的安全、正常开展。值庭、押解、看管等审判警务保障，执行死刑，配合民事、行政案件执行，协助机关安全保障以及进行办案办公软件开发，信息化软硬件运行维护，各类系统平台的维护。

2. 分流审判辅助事务

围绕法官的判断权与裁量权，以专业程度为依据对审判辅助事务进行对外分流。借助社会资源，剥离出非专业性审判辅助事务，以社会化、市场化的方式解决，减轻法院内部处理非审判专业事务工作的压力。

一是诉讼服务方面，可分流如诉讼、信访引导，立案信息录入，诉前调解，资料收转，上诉案件的接收、送达、案卷归档、移送，法官工作业绩跟踪、研究、通报，决策咨询类事项。

二是审判服务方面，可分流文书送达、案件审判信息录入、庭审记录或速录、司法统计、卷宗整理、装订、扫描、归档、司法委托等事项。

三是警务保障方面，可分流民事、行政类案件庭审值庭、机关安全保卫、执行案件保障等事项。

四是技术保障方面，可分流审判工作信息管理平台维护、司法公开平台维护、审判辅助系统开发等事项。

（二）审判辅助事务管理路径

审判辅助事务社会化改革是顶层设计的重要部署，寻求社会资源辅助是优化审判辅助事务的有效途径。深入推进司法体制综合配套改革，探索行之有效的审判辅助事务社会化和市场化工作体系，弄清楚"买什么"和"怎么买"，解决"责不清、利不明"问题，以规范、高效、安全的工作机制提升审判效能。

1. 明确购买服务范围

一是明确目录编制的主体。按照司法改革省级以下法院人财物统一管理改革的精神，从现阶段实践探索的经验来看，从省级层面统筹编制统一购买服务事项的指导性目录较为合适。各中、基层法院根据案件数量、审判工作量、干警数量、地方市场供给情况以及财政支撑等因素有针对性地选择适合本地实际的外包事项。

二是明确购买服务的内容。从上述对审判辅助事务的划分来看，对可以剥离的非审判专业事项以购买社会服务的方式予以解决。在购买服务时，基于与法院日常工作的密切度，可从"岗位购买"和"项目购买"设置购买内容。

"岗位购买"涉及与法官紧密配合开展审判执行工作，从现行法院设置岗位来看，书记员岗位、警务保障审判与执行岗位、审判管理与研究岗位，可通过签订劳动合同或劳务合同的形式，录用工作人员开展工作。"项目购买"事项可以相对剥离，通过签订承揽合同以整体外包的形式，减轻法院压力。例如，诉前委托调解、文书送达、诉讼费用收纳、司法鉴定、司法委托、重大审判研究决策咨询事项、诉讼资料打印、复印、传输、电子卷宗档案扫描等可以通过项目购买的形式解决。

需要特别关注的是，推进审判辅助事务外包改革应严格遵循法律和有关规定，对由法院依职权行使或涉及国家秘密、审判工作秘密的审判辅助事务作出禁止性规定，不得将该类事务外包给第三方机构。

三是明确购买服务的程序。法院购买社会化服务应当作为政府购买的一部分，因此法院在购买社会化服务时，应严格按照政府采购法的相关规定和法定程序组织实施。严格采用公开招投标、竞争性谈判、单一性来源等方式确定承接主体[1]。

---

[1] 深圳市中级人民法院课题组：《法院购买社会化服务问题研究》，载于《新时代深化司法体制综合配套改革前沿问题研究》，人民法院出版社，2018，第425页。

2. 规范工作流程与标准

一是流程衔接确保无缝对接。制定"岗位购买"和"项目购买"工作衔接的相关细则，将工作节点结果量化为按章操作的客观标准，做到工作流程指引清晰，确保工作事项流转动向透明化。

二是工作成果标准化。制订详尽的岗位职责清单和项目成果验收标准，以保障购买社会服务事项的服务质量。

三是信息化同步保障。充分利用信息化技术，加快研发相关跟踪管理软件，实现由人工看"面"到智能盯"点"的转变，及时纠正外包事务的偏差与错误。

3. 强化外包事务监督

一是外包事务对接上有部门。为防止购买社会服务事项出现"空转"、效率不高的问题，法院要转变过去"管人"的思路，将"管人"变为"管事"。将"岗位购买"和"项目购买"指定管理部门，按照合同约定充分运用信息化手段对外包事务进行管理和监督。

二是重要风险点管理不缺位。对审判工作流程节点实行碎片化监管，对重要审判工作节点设置预警提示，进行实时监控，工作流转实现留痕管理，确保审判工作的安全性。

三是建立外包事务质效考评机制。建立购买社会服务的绩效考评机制。以工作节点设立评估指标，设置加分点与扣分点，对"岗位购买"进行绩效考核，对"项目购买"进行成果验收，对未按合同和工作标准化要求完成事务的，予以处理。

（三）夯实审判辅助人才基础

1. 法官助理制度早日落地

中国法官助理制度经过近 20 年的探索实践，在司法实践中已形成了一套适合工作需要的经验与规则。在新阶段深入推进司法体制综合配套制度改革的大背景下，呼吁顶层设计尽快出台法官助理规范性文件，从法官助理的招录、职责定位以及建立单独序列管理制度层面巩固司法改革成果。

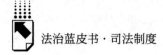

2. 聘任制书记员队伍规范化

人民法院"四五改革纲要"指出，要通过购买社会服务方式补充审判辅助力量不足的难题。当下，按照统一部署要求，法院书记员实行聘任制。聘任制书记员队伍普遍存在人员素质不强和流动性大的问题，影响审判工作的开展。

（1）改良招录方式

改变当下法院单独招聘或者进行劳务派遣式的招录书记员模式。基于当今职业教育发展情况，法院与检察院协作通过院校合作办学模式培养书记员。在职业学校开设司法人员培训班，选拔有意愿到司法系统工作的学生进行为期3个月的委托培养，定向就业。

具体操作流程：设置招考条件，在职业院校招考毕业生→对符合招考条件的学生进行委托培养（法院和检察院在培养期间给予学生生活补助）→签订司法机关、学校以及学生三方委托培养协议（培养协议内容应包括服务年限、违约赔偿条款）。

通过委托培养形式，让非法学教育背景的学生掌握庭审基本流程、专业术语、案件审理要素，法院工作纪律和制度，基本法律常识、司法礼仪、诉讼服务知识等与审判相关的知识。

（2）提供职业保障

一是设置技术岗位等级，为书记员预留职业空间。实行技术岗位等级考核与晋升机制，可考虑设置初级、中级、高级各三个等级的职务晋升体系，明确各等级的任职要求。二是明确薪酬保障。匹配与技术岗位等级相对应的薪酬制度，并实行业绩考核，业绩考评结果直接与薪酬奖惩和晋升制度挂钩。

（3）做好人文关怀

一是在人事部门明确聘任制书记员管理的科室，完善相应的管理与培训制度，抓好职业继续教育，营造职业归属感。二是发挥法院内群团组织作用，将聘任制书记员吸纳进工会、妇联、共青团组织，组织参与群团活动，营造身份归属感。

3. 建立法院人员内部交流机制

法官助理和书记员是审判业务工作的重要参与人，这支队伍的稳定性至关重要。一方面，打通司法行政人员和审判综合部门人员与法官助理交流通道，建立行政职级与法官助理等级对应的互通机制，在法院内部培养法官助理，储备法官后备人才。另一方面，建立法官助理补充机制，实务中书记员和法官助理部分工作有相似性，法院在招录法官助理时，主要从书记员队伍中招录，可采取加分项对从事过书记员工作的优秀人员在同等条件下优先录用，将优秀辅助人员留在法院，减少法院培养人才的压力。

综上所述，随着司法体制改革的深入推进，法官员额制改革已基本定型，但审判辅助事务改革仍有很多工作要做。就审判辅助事务改革，当务之急是分清"人、事、责、利"四大模块，解决"人不定、事不顺、责不清、利不明"四大难题，将法官从琐碎的辅助事务中解放出来，尽量专司案件判断与裁决，以最大限度地提升审判效能。

B.4
以法官为中心的审判团队构建与配置
——以中级法院为视角

李丰波　刘圣林*

摘　要： 审判团队是新生事物，如何科学构建审判团队，是直接关系司法体制改革能否落地生根的现实考验。本文分析了当前新型审判团队建设的现状，总结了中级法院在实践中对审判团队的多种探索路径，在借鉴外国立法例相关制度经验的基础上，对科学组建中级法院审判团队提出建议：一是立法规范"法官+法官助理+书记员"模式，二是明确审判团队不同成员的职责及配置比例，三是建立审判团队成员工作量测算及科学考核机制，四是建立以法官为核心的审判团队运行机制，五是建立审判团队成员等级晋升及培养成长机制。

关键词： 审判团队　司法责任制　员额制

前　言

当前，司法体制改革已经进入深水区。员额制改革作为司法体制改革中最难啃的骨头已经被成功地啃下，但这只是司法责任制改革中的第一步，接下来采取什么样的办案模式，审判团队如何科学组建，怎样最大限度挖掘办

---

* 李丰波，山东省青岛市中级人民法院研究室副主任、审判员；刘圣林，山东省青岛市中级人民法院审判员。

案潜力，如何实现改革前后的平稳过渡、各项工作的有效衔接，才是更大的挑战。

一 中级法院审判团队建设的实践探索

（一）审判团队尚无明确的法律界定

合议庭是法院审判案件的基本审判组织，其组成方式、行使职权方式等在人民法院组织法、三大诉讼法中都有明确规定，而新型审判团队建设则是伴随着司法责任制改革而产生的新事物，是司法改革中人们较为关注的热点问题，"组建模式上没有具体的法律障碍，以审判庭为基本单元的审判机构是传统模式，但并非唯一可选模式"①。尤其是在最高人民法院发布的《关于完善人民法院司法责任制的若干意见》（以下简称《责任制意见》）以后，其第四条明确提出了探索审判团队建设，《责任制意见》重点强调了基层法院可以依据独任制来组建以一名法官为核心的审判团队，对于案件数量较多的基层法院，可以组建相对固定的审判团队。而对于中级法院，因为新修订的《行政诉讼法》规定部分特定的一审行政案件可以适用简易程序，或除特定案件外，当事人各方同意的，也可以在第一审行政案件中适用简易程序，故中级法院在行政诉讼中也可采取独任审判。

从《责任制意见》来看，审判团队主要是适用于基层法院，是基层人民法院为缓解人案压力、弱化审批环节的创新举措，主要以独任法官为中心组建。而对于中级法院是否需要组建审判团队，最高人民法院司法改革领导小组办公室认为，"由于审级职能、案件类型不同，中级法院即使组建审判团队，更多是基于专业化审判的需要，如果入额法官素质、资历均衡，还是应以随机产生合议庭方式为主"②。

---

① 黄明春、陈希国：《审判团队配置模式的基本定位》，《人民法院报》2017 年 1 月 25 日。
② 最高人民法院司法改革领导小组办公室：《当前司法体制改革中 12 个重大疑难问题解答》，《人民法院报》2017 年 4 月 13 日。

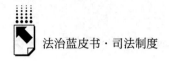

（二）实践中审判团队建设的多种探索路径

虽然对于中级法院是否应当组建审判团队，法律没有明确规定，顶层设计也没有提供更为明确的答案，但在实践中各中级法院结合自身情况都在积极探索。在传统的庭室架构下，中级法院办案更多的是围绕合议庭进行资源配置，有的是3个法官加1~2名书记员，有的为办案数量较多的法官配置专门书记员，由于书记员长期短缺，导致实践中法官在一些重复性劳动中耗费较多精力。员额制改革后，虽然法官人数更为精简优质，但司法辅助人员短缺问题无法在短时间内及时解决，也导致实践中审判团队建设在人员配置上的捉襟见肘。新型审判团队建设在实践中主要有以下四种探索。

1. 建立专业化合议庭

分别在刑事、民事、行政审判庭组建专业化合议庭，围绕专业化合议庭配置法官助理和书记员，"注重结合不同审判业务的专业化特点和规律，根据员额法官的司法技能、专业特长定岗定人"[①]。例如，北京第二中级人民法院建立相对固定的专业化审判团队，先后探索组建了医疗纠纷案件专业化审判团队及物业类纠纷案件快审速裁团队。应当说这种团队建设是一种循序渐进的方式，基于中院审判职能的特点，考虑到原有内设机构已经持续了很长时间，合议庭内部法官之间配合比较默契，如果突然全部打破原有架构，短期内会对司法工作的稳定性有一定影响。

2. "3 + N + N"团队模式

在保留中院业务庭基本设置的情况下，组建以三人合议庭为核心的"3 + N + N"团队模式。例如，上海法院司法体制改革试点工作实施方案显示，中级法院要求至少由三人组成的合议庭审理案件，因此方案规定一个合议庭中，应包括三名法官，配置的法官助理和书记员加起来也要有三名。在此基础上选出1名固定的团队负责人，团队负责人一般会从副庭长及其他优秀法官中选任，这种模式也是基于现有人员情况进行配置，考虑到立案登记制改

---

① 骆锦勇：《如何科学构建审判团队》，《人民法院报》2017年3月23日。

革后一些地方案件数量大幅增加的情况，1 名法官至少要配 1 名法官助理、1 名书记员，这里的"N"只有大于 3 才是最佳状态。

3. "N + N + N"团队模式

根据案件数量和专业特长组建"N + N + N"模式，团队中员额法官为 4 人以上，每个审判团队由 1 名副庭长、3 名以上入额法官以及其他审判辅助人员组成，这种方式有利于自由组建合议庭，不受固定 3 人限制。由于实践中政法专项编制增幅低于案件增速，法官员额数量并不能满足实际需要，特别是在中级法院，固定合议庭中的法官往往会因为各自承办的案件太多，导致排期开庭冲突，许多二审上诉案件都是由 1 名承办法官进行法庭调查后作出径行判决，不开庭审理。只有在案情复杂、有新事实新证据或者理由的情况下才组成合议庭，团队中有 4 名法官，可避免因法官排期冲突导致无法及时组成合议庭审理案件。

4. 以"1 名员额法官"为核心的团队模式

以员额法官为基础组建审判团队，这种模式在基层法院较多，是依据独任制来组建以一名法官为核心的审判团队，在中级法院，受限于人数和传统办案模式，这种分配形式不是很常见。例如，青岛市中级人民法院在组建审判团队过程中，考虑到各业务庭办案比较多的法官工作量较多，会专门给办案"状元"配置 1 名法官助理或 1 名书记员，这样在组成不同合议庭时，司法辅助人员会跟着员额法官加入不同的审判团队。

各地中院根据自身情况采取了不同的审判团队构建模式，但都是建立在员额法官的主体地位上的，突出了审判团队的"审判"和自我管理功能，围绕法官进行人员配置，避免行政化、层级化倾向。但也存在一些争议，如对于中级法院是否应当组建审判团队，审判团队如何科学构建，审判团队的未来将会怎样？这些问题需要我们进一步深入思考。

二　中级法院组建审判团队的必要性

尽管审判团队是司法改革的新生事物，但对法院来讲，团队化办案并不陌生。从概念上看，"审判团队是人民法院为了推进案件公正高效办理，促进人力资源优化配置，组建的由法官、审判辅助人员组成的审判、执行力量配置单元，具有相对固定、密切协作、自我管理等特点"①。将新型审判团队定位为审判单元，与传统团队化办案有如下不同：一是团队以员额法官为中心，签发由自己承办的案件文书，真正实现"让审理者裁判，由裁判者负责"；二是团队中的审判辅助人员出现"法官助理"这一改革新名词，由"法官＋法官助理＋书记员"新模式取代了原有的"庭长＋法官＋书记员"模式；三是团队建设是以案件公正高效办理为目标，具有高度的组织性和纪律性，而传统团队仍然是在庭室架构下较为松散的组织，或是为了办案而组建的临时组织。

中级法院是否应当组建审判团队，应当以是否符合司法改革精神和中级法院职能定位为判断的标准。中国实行的是二审终审制，也就意味着中级法院作为二审法院，承担着对上诉判决或裁定生效和责任追究的重任，审判团队作为公正高效办理案件的单元，对承担了80%案件任务的基层法院来讲必不可少，对案件日益增长、承担了大量上诉案件审判任务的中级法院来讲同样必不可少。

（一）审判团队建设是中级法院适应繁重办案任务的需要

员额制给法院带来的冲击和挑战是明显的，一方面是法官人数进行了精简；另一方面是案件数量持续增长，新类型案件层出不穷，矛盾纠纷化解工作难度加大。传统的审判权运行模式已经因为员额制改革和收回院长、庭长裁判文书签发权而被打破，要突出法官主体地位，遵循司法独特规律，实现资源优化配置，有效应对当前繁重的办案任务，新型审判团队建设是必然选择。

（二）审判团队建设是中级法院落实司法责任制改革目标的需要

无论是当前专业化法官工作室建设，还是专业化合议庭建设，都是为落

---

① 何帆：《"审判团队"会替代审判庭么？》，《法影斑斓》2016年9月10日。

实"让审理者裁判、由裁判者负责"的司法责任制改革目标。中级法院审判团队建设更多是围绕合议庭展开，审判团队相当于精良的办案系统，而合议庭就是这套系统的"大脑"，要让合议庭、法官切实负起责任，就要为"大脑"配置相应的手和脚，让大脑有效指挥四肢，协调一致完成任务。这里就是要强调每个审判团队对内法官之间与对外团队之间的平等性，管理实现扁平化，而院长、庭长的审判管理和监督活动要严格限制在其职责和权限范围内，违反审判规律、干涉司法等行为要受到严惩。

（三）审判团队建设是中级法院优化资源配置的需要

随着改革深入推进，审判长负责制已被合议庭负责制取代。传统合议庭突出的是审判人员，而审判团队更加强调各类人员的协同合作。员额制改革为后续的审判团队建设扫清了道路，选出了优秀的员额法官，如何配置才能发挥审判资源的最大效能，值得思考。正如组建一支足球队，每个球员的特点和位置不一样，成员之间技能互补、彼此相互配合才能达成共同目标。新型审判团队建设同样也是一个人员配置的问题，是中级法院在员额制改革后优化资源配置的必经之路。

（四）审判团队建设是中级法院进一步加强审判管理的需要

员额制改革后，要正确处理好充分放权与有效监管的关系，需要新型审判团队作为管理载体，将一部分原本是院长、庭长的管理权限让渡给审判团队中的员额法官。比如，除审判委员会讨论决定的案件外，院庭长对其未直接参加审理案件的裁判文书不再进行审核签发。案件分配机制也将逐渐转变为以随机分案为主、指定分案为辅，在审判团队内部实现随机分案。权力的让渡必须要有符合该权力运行的组织架构，审判团队建设也是迎合了这种权力变化的产物。以往以院长、庭长为中心的管理模式也将逐渐转变为以员额法官为中心的审判团队管理模式，这种管理也将吸收现代管理学的精华，充分利用有限的人力、物力、财力，优化资源配置，争取实现以最小的成本创造最大的效率和效益。

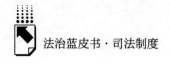

三　其他国家或地区的启示

（一）其他国家或地区相关制度情况

1. 美国相关制度借鉴

作为英美法系的典型代表，美国建立了完备的司法辅助人员制度，辅助人员种类较多，分工明确，帮助法官分担了大量非审判核心业务。"美国法院的辅助人员，主要是指直接为法官服务的书记员，以及在案件管理部门工作的书记员。法院书记员的职责是为当事人提供优质的司法服务，但提供法律建议是被禁止的。"① 除了书记员外，还有专职法律专家、法官助理等。法官与辅助人员的比例基本维持在1∶12以内。其中，专职法律专家要具有法律教育经历，协助法院而非具体法官来开展工作；法官助理分为短期助理和职业助理两种，短期法官助理要具有法律教育经历，法学院毕业就可以担任此职位，协助具体法官工作；职业法官助理属于长期受雇人员，可以从短期助理中选拔，协助具体法官工作；书记员主要负责记录和文书保存等工作，由法官根据自己的需求从法学院毕业生中挑选书记员。美国法官实行专业化审判，案件随机分给法官。其他司法辅助人员也有明确的职责范围，像美国联邦最高法院大法官配备法官助理，其主要工作是查阅卷宗、归纳争议焦点、提供法律依据、草拟判决书、编辑校对、保管物证和联络等工作。

2. 英国相关制度借鉴

英国法院也为法官配备助手，叫主事法官，其职权基本包括了法官在非公开开庭的时间内除审判权之外的所有权力。英国书记员负责对法官作提示，还可受法官之命进行必要的调查，但不能干预审理及参加案件评议。在经当事人同意情况下，书记员可以审理不超过200英镑诉讼标的的赔偿案

---

① 蒋丽萍编译《美国法院辅助人员"可为"与"不可为"的界限》，《人民法院报》2012 年 5 月 11 日。

件。还有英国治安法院书记官，有权在审判庭上就法律问题向治安法官作提示。

3. 德国相关制度借鉴

作为大陆法系的典型代表，德国州法院既是初级法院的上诉审法院，同时也审理一审刑事案件，级别相当于中级法院。德国法官制度从法官的选任管理、等级奖惩到薪酬待遇等都有完备制度。法官要在经历了正规大学学习、国家司法考试、见习期、专门考试、考察考核等诸多环节后，才有可能成为一名正式法官。法院为协助法官审理案件设立若干辅助部门，为法官审判服务。司法辅助人员包括司法公务员、书记员、执行官、法医、法警、司法行政人员等。德国法院司法辅助人员与法官的比例约为 2∶1～3∶1。德国法官晋升由其所在法院的工作经历和工作成绩决定，逐级缓慢晋升是其晋升的一般规律。

4. 日本相关制度借鉴

"日本的司法辅助人员大致可以划分为秘书官、调查官、书记官、速记官、执行官、庭吏、技术官、事务官等职员。法院工作人员与法官的比例高达 7.7∶1。"① 日本地方法院设裁判部，类似中国的审判庭，每个裁判部配备 3 名法官，可包括 1 名候补法官。年轻法官向年长法官学习事实认定和法律分析技巧，特别是在判决书写作中，一般先由最年轻的法官起草，然后根据合议意见，逐层修改。从理论意义上来讲，审判长与普通法官有平等的裁判案件的权力，但实际上，从合议庭中法官的年龄与经验层次来看，裁判长对案件的意见最为重要。书记员需要经过考试和 1～2 年的研修才能取得资格，属于国家公务员，具有职业稳定性。从法官晋升评价上看，裁判部部长对本裁判部法官操行业绩评价发挥作用，院长也会加上自己的意见，然后报高级法院。

5. 中国台湾地区相关制度借鉴

台湾地区法院法官有严格的员额编制，并设置了明确的法官助理职位。

---

① 高魁：《日本法官办案效率管窥》，《人民司法》2015 年第 1 期。

"台湾法官与书记官、法官助理的法定配比大致为1:1.5:1或约为1:1:1。"①法官助理和书记员直接协助法官开展工作，法官助理侧重于与实体审判密切相关的法律和程序问题，而书记官主要负责纯粹的程序性事务。法官助理属于聘用人员，没有公务员身份保障。法官与法官助理、书记官都有不同的选任渠道，法官不需要从书记员、法官助理或司法事务官做起，书记官、法官助理或司法事务官也无法通过在原有岗位的努力而晋升为法官。

（二）其他国家或地区相关制度启示

上述国家或地区给我们探索中级法院审判团队建设的有益启示和借鉴主要包括以下五点。

1. 司法辅助人员的专业化

法官都需要专业化人员的辅佐，不光是中国法官要面对日益严重的办案压力，其他国家和地区法院也面临类似情况，在需要专业化人员辅助法官办案问题上，已经形成共识。

2. 审判团队的搭配模式

审判团队人员都有固定的搭配模式，英美法系主要采取自主固定搭配模式，每一位法官都与一定种类和数量的辅助人员形成固定搭配，使得审判工作前后衔接。大陆法系国家的辅助人员大都是统一安排和管理，法官和辅助人员不是固定搭配，而是灵活和松散组合。

3. 审判团队的职责划分

审判团队成员都有明确的职责划分。在审判职位和辅助职位上都有清楚的划分界限，其中法官助理和书记员是审判团队中辅助法官工作的主要角色。当事人和律师主要是和司法辅助人员联络接触更多。

4. 司法辅助人员的招录和使用

司法辅助人员的招录和使用都有明确规定。各国基本都把复杂的司法事

---

① 薛永慧：《从台湾法官与司法辅助人员的关系看大陆法官员额制改革》，《台湾研究集刊》2015年第6期。

务分为两类，一类是诉讼裁判事务，另一类是诉讼辅助事务。组建审判团队，首先是确定人员搭配的模式，然后是安排团队人员的数额，对团队成员的招录和使用都有严格的规定，这与法官精英化原则相一致。

5. 法官对辅助人员具有一定的管理职责

在英美国家，法官助理和书记员工作上对法官个人负责，虽然工资由法院开支，但法官助理和书记员由法官个人录用，并由法官个人管理。在大陆法系国家，法官助理和书记员工作对法院负责，如德国的司法公务员按照公务员管理办法进行管理，由上级法院统一录用，工作上对法院负责。

四　科学构建审判团队的制度设计

（一）立法规范"法官 + 法官助理 + 书记员"模式

从目前各地中级法院改革情况来看，大多数法院是在庭室架构下，为原先的合议庭配置法官助理、书记员后，就直接成立相应的审判团队，也有通过双向选择的方式，由法官根据专业特长、人员熟悉程度等因素，自由组成合议庭，然后再配置司法辅助人员。实践中，还有个别法院，因为案件数量较少、人员较少等因素，直接打破庭室界限，成立若干审判团队。以上这几种模式都有其存在的特殊性和合理性，但对于中级法院审判团队的模式，应当在立法层面给予明确，方能保障其健康发展。"法官 + 法官助理 + 书记员"模式符合中国司法实际，另外，从国外相关经验来看，综合服务部门对审判团队的有效运转也具有重要意义。目前中级法院司法辅助工作主要是由个人与部门共同承担，个人即法官助理、书记员，部门即原有的司法行政装备处、司法技术管理处、法警支队等。应当在制度上对该模式予以认可，并强化综合服务部门的定位功能。在员额制改革顺利完成后，应尽快在法律层面统一中级法院审判团队模式，考虑到中国不同地区发展不平衡的情况，东部、中部、西部中级法院因为当地经济发展、机构编制、办案数量、人员情况不同，应容许体现个性化、差别化的特色，审判团队的组建模式应因地区而异、因院而异，但"法官＋法官助理＋书记员"模式是中级法院组建审判团队的基本框架，任何因地制宜的组建方法都应在此框架下完成，可以统一按照专业化审判的特点，按照民事、商事、刑事、行政、执行等分类，在每个类别下组建审判团队，彻底打破原有庭室界限，在每个大类上可以设置专门的负责人，取代原先在庭室架构下设立的庭长、副庭长职位，真正实现扁平化管理。

（二）明确审判团队不同成员的职责及配置比例

《责任制意见》对司法人员的职责和权限进行了明确，应当及时上升到法律层面予以规范，防止各地在探索过程中为了创新而创新，产生诸多不必要的管理乱象。明确职责有利于团队分工合作，有利于核算工作量，继而通过工作量的大小进行人员比例配置。这里要解决的一个核心问题，即究竟应为一名员额法官配置多少名审判辅助人员合适。

1. 抓住审判团队配置的重点

明确审判团队配置应考虑的重点因素，如司法辅助人员应以法官为中心进行各项工作准备，服从法官的管理，做好法官指派的各项工作，人员配置应有利于法官与司法辅助人员的相互配合、相互协作，为法官配置的审判辅助人员数量应满足其正常履职之需，有利于法官与审判辅助人员在不同渠道上的培养与进阶。

2. 限定审判团队总人数

高效的团队一般不会超过10人，从目前各地中院的具体实践来看，也鲜有超过10人的审判团队，因为司法审判是一项极为复杂、需要特殊技能的工作，人员过少或过多都不利于充分发挥审判资源的效能。

3. 确定最优的成员比例

中院的审判团队是围绕合议庭建立的，法官、法官助理和书记员比例至少是"3＋1＋1"，最多的比例为"3＋4＋3"或"3＋3＋4"。由于司法辅助人员较少，目前大多数中院使用的是最少模式"3＋1＋1"，甚至有的中院连这个比例也达不到，合议庭三名入额法官只配备一名书记员，考虑到案件受理数量逐年提升、中院法官压力增大和培养后备法官队伍的需要，应尽早适用"3 + 4 + 3"模式或"3 + 3 + 4"模式，即保证每一名法官配有一名法官助理和一名书记员。

（三）建立审判团队成员工作量测算及科学考核机制

近年来，"白加黑""五加二"高负荷的工作运转已经不再是基层法院法官的专利，许多中级法院法官也经常周末加班加点。既然案件数量是一个动态的变量，审判团队中人员数量也应随时变化。如何科学核算审判团队中各成员的工作量，不仅是简单的增减人员问题，也是我们优质高效完成审判任务的关键。美国全国州法院中心曾对各州上诉法院司法辅助人员的工作量进行过调查研究。比如，法官助理协助法官起草判词的时间和精力占总工作量的64% ~ 66%，书记官处理程序事务和案件管理占总工作量的38%，培训工作人员与法院行政事务管理占39%。计算团队成员的工作量，一直是困扰法院的难点问题，但通过一套科学合理的管理方式随时计算出一个时期内各人员的工作情况，从而采取有针对性的管理措施，则是完全能够实现的。

1. 建立工作日志制度

在法院审判管理系统中设立工作日志程序，团队成员应当定期记录每天的工作内容和工作时间，工作内容应包括案件案号、工作性质（诸如开庭、撰写文书、归档订卷）等，时间以小时计，包括八小时工作时间内做了哪些工作，加班多少小时，又做了哪些工作，等等。

2. 充分运用大数据测算分析

由审判管理部门根据审判团队的平均办案数和工作日志大数据，定期测算审判团队的总体工作量和个人工作量，对各项工作所占用的时间及比例进行科学测算，并根据案件数量的变化情况，动态调整团队不同职位的人员数量。

（四）建立以法官为核心的审判团队运行机制

"审判团队的设置是以法官为中心的结构设计，围绕法官配备法官助理、书记员等审判辅助人员。"①《责任制意见》规定，推进审判责任制改革应当坚持以审判权为核心，在审判团队建设中应建立以法官为中心的运行机制，这里主要包含以下两层意思。

1. 法官对审判团队其他人员负有领导和管理责任

值得注意的是，虽然职责已分，但在实践中，质疑团队中法官的领导和管理责任的情况仍然存在。比如，虽然明确了法官助理、书记员在法官的指导下进行工作，但指导非领导，指导不具有强制性，而且庭长、副庭长的管理权与法官的指导权在某些方面会重叠，导致实践中法官助理、书记员的使用不明确、管理不规范。应当把以审判权为中心的审判责任制改革精神贯穿于审判团队建设的全过程，明确赋予法官对团队其他成员的领导和管理职责，彻底解决对法官助理、书记员的双重管理问题，落实法官办案主体地位，进一步构建扁平化管理模式。

2. 法官对审判团队其他人员具有自主选择权

目前，各中院审判团队的组建主要采取了组织统一安排或者双向选择的方式。双向选择的方式符合当前法院实际，其"人合性"在讲究团队成员彼此信任合作的情况下具有一定优势。要实现以法官为中心的制度设计，就应当赋予法官对人员配置的自主选择权，由法官每年根据案件增减、人员流动等因素申报司法辅助人员需求数量，法院统一组织安排录取，然后由各审判团队或法官根据办案需要进行选择，逐渐形成法官与一定种类和数量的辅助人员固定搭配模式，法官助理、书记员在工作上对法官负责，并由法官进行日常管理，法官对辅助人员的年度考核评价要占较大比重，直接影响辅助人员的考核等次和职级晋升，这样有助于真正形成以法官为中心的团队制度。

（五）建立审判团队成员等级晋升及培养成长机制

审判团队的组建和运转应当借鉴现代团队管理理念，将团队的自我管理

---

① 马渊杰：《司法责任制下审判团队的制度功能及改革路径》，《法律适用》2016 年第 11 期。

与成员的个人成长有效统一起来。

1. 充分发挥法官作为团队核心的作用

法官是整个审判团队的中心，必须高度重视法官这一核心变量。要充分发挥激励作用，激励关键核心的 20%——员额法官，而不是平均分配。要完善法官晋升、薪酬待遇等配套机制，特别是薪酬改革，薪水是法官的主要生活来源。为鼓励法官清正廉洁，建议在给予明显高于相应级别公务员薪酬的同时，大力提高退休后的待遇，提升法官的职业尊荣感，消除法官的后顾之忧。

2. 完善不同人员的等级晋升制度

晋升制度要综合考虑不同职位的工作量、工作效率、案件指标以及院庭长、团队成员的主观评价等因素。鉴于中国不同地区发展的不平衡性，应当建立省级或全国范围的流动法官机制，即针对不同地区案件数量情况，鼓励法官支援落后地区的法院，流动到案件数量增长较多的法院办理案件，形成区域性审判资源的优化配置，缓解案多人少或落后地区人才流失等问题。

3. 明确法官助理、书记员的身份性质

"领导一个团队的关键在于，要帮助团队成员了解他们的角色，并使他们明白需要怎样有效地为团队工作，才能达到他们角色（以及他们个人利益）的要求。"[1] 目前，法官助理与书记员的身份不统一，行政编、事业编、合同派遣的都有。应当统一人员招录的身份性质，明确法官助理、书记员的不同成长渠道，有利于审判团队的规范有序运作和稳定健康发展。

4. 合理划分员额法官的办案责任

法官业绩考评时，除了法官个人承办案件的考核外，也必须考核法官在作为合议庭其他成员时阅卷、庭审、合议的工作量，可以探索在产生办案瑕疵责任时，合议庭审判长、承办法官、其他法官对办案质量负责的大体比例。

---

[1] 哈佛商学院出版公司编《团队管理》，商务印书馆，2009，第3页。

B.5
西安市法院审判人力资源配置调研报告

陕西省西安市中级人民法院课题组*

摘　要：　本报告立足审判人力资源配置与司法正义实现问题，采取实证研究和比较研究相结合的方法，通过对影响司法正义实现的审判人力成本投入及资源配置方式的分析研究，提出优化西部法院审判人力资源配置，解决审判人力资源与司法需求矛盾冲突的方法。以指定管辖建立符合城乡二元结构的审判人力资源配置制度；以院校合作等多种方式解决法官助理难题；以制度管理建设为着力点，建立审判人力资源配置效益制度，重构法院内设机构，设置大审判委员会、法院行政管理局、审判事务管理局、院长助理办公室，实施审判事务与司法行政事务分离、法官与司法行政人员分离制度，科学划分各类人员工作职责，实施法院人员分类管理；适当延长法官退休年龄，使资深法官资源得到更有效利用。

关键词：　审判改革　西部法院　审判人力资源配置

一　问题的提出

审判人力资源配置是实现法院科学发展、实现法院组织体系现代化的核

---

* 课题组成员：李洪涛，陕西省西安市中级人民法院党组书记、院长，一级高级法官；杜豫苏，陕西省西安市中级人民法院副院长，法学博士，二级高级法官；高伟，陕西省西安市中级人民法院研究室主任，二级高级法官；何育凯，陕西省西安市中级人民法院研究室调研科长，四级高级法官。执笔人：何育凯。

心工作，审判人力资源也是稀缺性的纠纷化解资源。面对市场经济背景下民众对司法正义生产[1]需求日益增长的挑战与压力，最高人民法院于20世纪末提出围绕法官职业化建设目标合理配置司法人力资源的改革任务[2]，在"二五"至"四五"改革纲要中进一步明确了司法改革的任务和目标："改革和完善审判组织和审判机构，实现审与判的有机统一；改革和完善司法审判管理和司法政务管理制度，为人民法院履行审判职责提供充分支持和服务；改革和完善司法人事管理制度，加强法官职业保障，推进法官职业化进程；不断改革人民法院体制和工作机制，建立符合社会主义法治国家的现代司法制度"，为审判人力资源配置从法院体制和机制改革上指明了方向。但在实践中效果不彰，尤其是在近年来全国司法考试通过不易、法官紧缺、案件增多、社会转型、纠纷复杂化的形势下，审判人力资源配置与审判实践需求之间的矛盾愈加突出。本轮中央领导的司法体制改革中，以法官员额制改革为核心的司法人员分类管理改革更是司法体制改革的四项基本改革任务之一，在中央强力推动和全国各级法院的积极贯彻落实下，司法人员分类管理改革取得了重大突破，也有力助推了司法公正的实现，但司法人员分类管理改革在深化推进过程中暴露出许多亟待研究解决的问题。本报告立足于审判人力资源配置与司法正义实现，通过对影响审判人力成本投入及其资源配置方式的法院审判体制和工作机制等诸多问题的分析研究，试图找出西安法院优化审判人力资源配置路径，有效解决审判人力资源与司法需求的矛盾冲突，实现审判资源配置与审判权运行机制改革衔接配合、相互促进的配置方法。

二 理论研究：审判人力成本与人力资源配置的切入点

（一）审判人力资源

审判人力资源是指可资人民法院开展审判工作的不同类型、结构和素质

---

[1] 〔日〕棚濑孝雄：《纠纷的解决与审判制度》，王亚新译，中国政法大学出版社，1994，第267页。
[2] 参见最高人民法院《人民法院五年改革纲要》。

的人员及其配置的总称。审判人力资源是法院解决纠纷的基础，也是影响法院审判功能能否充分发挥的关键因素。根据《人民法院组织法》《法官法》的规定，中国审判人力资源主要分为三大类。第一类是法官，包括各级法院院长、副院长、审判委员会委员、庭长、副庭长、审判员。同时，人民陪审员在具体案件审理中是其所参加合议庭的组成人员，与法官具有同等权利。第二类是审判辅助人员，包括法官助理、书记员、速录员等为法官审理案件提供直接帮助的人员。第三类是司法行政人员，指间接为法官办案提供服务的法院工作人员，包括行政管理、人事管理、纪检监察、宣传教育等部门人员和司法警察（如司法警察参与送达、执行则纳入审判辅助人员）等。

（二）审判人力成本

审判人力成本是指法院审理案件投入的各类审判人力资源所付出的劳动及其耗费的心智，亦即"生产正义的审判人力成本"[1]，可以分别用审判人力资源投入的劳动时间成本及劳动力成本衡量，前者指案件从受理至审理终结之日的整个审判周期中审判人员所耗费的时间，后者是指审判人员在审理案件中所耗费的劳动。审判人力成本问题是现代司法制度中不可忽视的重要方面，"面对现代社会中权利救济大众化要求的趋势，缺少成本意识的司法制度更容易产生功能不全的问题"[2]。

（三）诉讼效益及其审判人力资源配置的研究价值

成本、收益、效益等本来是经济学的基本用语。"效益就是指以最少的成本消耗取得同样多的效果，或者以同样的成本消耗取得最大的效果。"[3] 按照经济分析法学派观点，审判人力资源配置完全可以用人力成

---

① 此处借用波斯纳的"生产正义的成本"概念，参见〔美〕理查德·A. 波斯纳著《法律的经济分析》（上），蒋兆康译，中国大百科全书出版社，1997，第 8 页。

② 〔日〕棚濑孝雄：《纠纷的解决与审判制度》，王亚新译，中国政法大学出版社，1994，第 266 页。

③ 张文显：《法学的基本范畴》，中国政法大学出版社，1993，第 273 页。

本投入与司法正义产出等经济学范畴来加以评价，并根据效益分析方式确定其合理性。成本的投入量及其配置对效益起着决定作用，具体到审判人力资源配置上，诉讼效益描述的是一个特殊均衡点，即审判人力资源配置达到最优均衡，直接体现审判人力成本投入及其配置方式与司法正义实现之间的均衡度。简言之，就是审判人力成本投入与"正义生产"如何得到最优化配置。研究该问题的核心价值在于如何通过科学的审判人力资源配置，实现最少的审判人力成本投入、最大限度地满足民众对司法正义需求之目标。当然，与审判人力资源配置密切相关的还有财务成本，正如有研究量化的测算公式：案件审理成本 =（财务成本 + 时间成本 + 劳动力成本）×制度系数①，本文只探讨审判人力成本及其资源配置。

三 样本研究：西部法院审判人力成本与
人力资源配置现状

法院审判人力成本及人力资源配置状况是研究审判人力资源配置的基础。课题组以西安市两级法院②为样本，对审判人力成本投入及人力资源配置情况进行分析。

（一）审判人力资源的基本状况

1. 审判人力资源的构成结构

（1）总体构成

2018 年，两级法院共有人员（含司机、速录员等聘用人员）4944 人，其中员额法官 872 人，审判辅助人员 1972 人（其中法官助理 315 人，在编

① 江西宜春市中院课题组：《案件审理成本研究模式及实证调查》，载《人民司法》2006 年第 9 期。
② 西安市辖区面积 10752 平方公里，常住人口 1000 余万人，设一个中级人民法院，13 个基层人民法院。

书记员 51 人，临聘书记员 1335 人，司法警察 108 人，其他未入序列辅助人员 163 人），司法行政人员 270 人。

（2）法官结构

法官是审判人力资源的核心，可通过法官年龄结构与学历层次两方面考察。从法官年龄结构看，市中院 35 岁以下法官约占 29%，35 岁至 55 岁法官约占 65%，55 岁以上法官约占 6%，而基层法官 35 岁以下的占 20%，55 岁以上的占 19%，中间的占 61%。从法官学历层次看，大学以上学历的占 66% 以上（其中研究生占 12%）；中院法官均为大学以上学历，城区基层法官达到本科以上学历的占 89.6%，乡镇基层法官达到 76%。这些数据说明，法官在年龄上正趋于年轻化，知识层次上则趋于高学历；市中院法官的年龄结构较合理，而基层老年法官较多、年轻法官显现不足。

2. 审判人力资源的配置情况

审判人力资源的配置可从横向、纵向以及审判组织内部配置三个角度考察。

（1）横向配置，指不同类型审判人力资源的配置

样本法院表现出三个特点（见表1）。一是法官、辅助人员与行政人员比例不合理。中级法院法官与审判辅助人员的比例约为1∶1，与司法行政人员的比例约为6.7∶1；基层法官与辅助人员的比例约为1∶2.3，与司法行政人员的比例约为7∶1；二是资深法官多数属于管理人员，承担审理任务相对较轻，从两级法院来看，该类法官约占员额法官的 21%。上述数据表明，不同审级的法官、辅助人员与行政人员的配置不尽合理，基层法院从事审判的人员比例反而低。三是法官助理数额少。这使得大量审判辅助性工作需由法官亲自完成。深层原因在于法官助理来源缺乏。比如，碑林法院等区法院在法官助理的产生上曾尝试在原有人员内解决，让部分裁判能力较弱的法官担任法官助理，但运行中这部分法官助理因丧失审判权没有工作积极性等原因而效果不佳，西安市其他法院也存在同样难题。

（2）纵向配置，指法院不同部门审判人力资源的配置

以周至县法院为例，其设正副院长四名，审判庭及人民法庭 12 个，员

额法官35人，约占全院102人的三分之一；行政部门5个计41人，占全院人员一半以上。事实上，法院内设部门庞大、非审判人员比例较高并非个别法院现象，全市两级法院均存在类似情况。

表1 西安市两级法院2018年法官以及司法辅助人员数额统计情况 *

单位：人

法院		政法专项编制实有人数及单独职务序列配备完成情况						
		合计	员额法官	审判辅助人员				司法行政人员
				法官助理	书记员	临聘书记员	司法警察	其他未入序列辅助人员	
2018年	西安中院	402	177	65	12	202	32	44	72
	碑林法院	143	74	26	8	114	3	0	29
	雁塔法院	128	78	17	2	184	5	11	15
	莲湖法院	157	83	27	0	195	9	10	27
	新城法院	151	57	44	8	64	5	8	29
	未央法院	139	77	37	0	107	10	0	8
	灞桥法院	88	46	8	0	62	5	12	18
	临潼法院	94	40	9	0	58	6	12	27
	长安法院	139	65	22	16	110	4	17	15
	阎良法院	46	20	15	0	34	3	3	5
	鄠邑法院	95	56	16	2	73	5	12	4
	高陵法院	54	30	18	1	39	3	0	2
	蓝田法院	92	34	25	1	38	5	18	9
	周至法院	102	35	22	1	35	13	16	13

* 数字统计至2018年6月。统计表中"其他未入序列辅助人员"主要包括：执行员、司法技术人员以及审判执行部门和综合审判部门未进入单独职务序列的法官、法官助理、书记员。

（3）审判组织内部配置

在审判人力资源配置上，各法院做法不尽相同，实效亦不同。市中院前10年曾经采取根据案件性质及类型不同在12个审判庭设置不同专业化合议庭的配置方式，设置了53个专业化合议庭，并选任优秀法官担任审判长；鄠邑法院实行每个业务庭设一个合议庭并由庭长担任审判长；未央法院是以审判长为核心组建相对固定的合议庭，新城、雁塔法院试行了法官助理制度，采取一名审判长、三名法官、一名法官助理、一名书记员、一名速录员的配置方法①。从配置实践来看，中院实施专业化合议庭有利于类型化案件的公正高效审理以及法官资源的合理调配；有法官助理的法官在个案审判中工作量得到不同程度减少，法官可以集中更多时间研究审判核心事务，进而保证审判质量的提高。

（二）审判人力资源配置与诉讼效益情况

审判人力资源配置的诉讼效益可通过审判质量与效率、案件平均审理周期、法官个案审理时间成本及不同审判方式审判时间成本耗费等方面体现，下面以西安市部分法院 2017 年的结案数据为例予以说明。

1. 审判质量与效率

审判质量与效率直观反映审判人力资源成本投入与正义生产量的比例关系，能够体现法院全体法官与审判法官配置以及法官与司法行政人员配置的合理化程度。从样本来看，法官年结案率为 97.3%，发回及改判率为14.2%；基层员额法官年人均结案 244 件，中院员额法官年人均结案 118 件（见表 2）。虽然两级法院法官尚能较好完成当前审判任务，但不同法院审判人力资源耗费明显不同，人均结案量存在较大差异。长安法院审判人力成本耗费低于鄠邑法院、新城法院、雁塔法院和市中院。

表 2　法官及审判法官人均结案情况

单位：人，件

法院	员额法官数量	法官总数	总结案数	员额法官人均结案	法官人均结案
西安中院	177	286	20794	118	73
雁塔法院	78	106	21000	269	198
新城法院	57	109	12968	228	119
长安法院	65	104	19160	295	184
鄠邑法院	56	84	8992	159	106

① 新城法院属最高人民法院确定的全国法院首批法官助理制度试点法院之一，雁塔法院属所在陕西省高院 2007 年确定的法官助理试点单位，但由于法官助理配备不足，这种模式只是在案件比较复杂的商事审判庭运行。

2. 案件平均审理周期

同时，以该中院刑事、民商事一审、二审及再审案件和鄠邑法院、长安法院刑事、民商事案件为样本对案件平均审理周期进行分析（见表3、表4），①案件平均审理周期会因地区发案量、案件审级、审判组织等的不同呈现差别，在法官数额不变情况下，地区发案量高的法院案件平均审理周期短，发案量低的法院案件平均审理周期则相对长。这说明有必要通过科学的审判管理手段提高审判人力资源的配置效益。②适用简易程序的审理周期明显低于普通程序，简易程序使用率的提高意味着审判人力资源利用效能的提高。这说明科学配置审判人力资源过程中，诉讼制度及其运行制度、审判管理制度的影响巨大。近年来，该中级法院实施以"快立、快审、快调"等为核心的一系列加强审判绩效管理的制度，不仅提高了两级法院的审判效率、缩短了案件审理周期，而且有效提高了审判人力资源的利用效能，也证明必须重视审判管理手段在提高审判人力资源利用效能上的积极作用。

表3　西安中院刑事、民商事案件一审、二审及再审平均审理周期

	刑事（天）	民商事（天）		立案申诉（天）		审判监督（天）		
		一审	二审	民商事	刑事	民一审	民二审	刑二审
2017年	36	113	42	44	34	122	81	94

表4　两家基层法院刑事、民商事案件平均审理周期

法院	刑事案件（天）		民商事案件（天）	
	普通程序	简易程序	普通程序	简易程序
鄠邑法院	47	41	87	42
长安法院	34	21	69	32

3. 案件审理时间成本及劳动强度

从个案审理时间成本和不同审判方式的审判时间成本两个维度可以考察审理时间成本。①法官个案审理时间成本是反映案件审理人力成本投入和审判人力资源配置效益情况的重要参数。以该市两级法院2017年结案量为例，

按一年 250 个工作日计，基层员额法官平均 1.1 个工作日办结一件案件，中院法官平均 2.1 个工作日办结一件案件。②不同审判方式的审判时间成本耗费及法官劳动强度。从基层法院是否区分案件繁简并适用不同审判程序，可以考察其审判人力资源的配置效益和法官劳动强度。以该市鄠邑、长安、新城、雁塔四个基层法院为例分析，鄠邑法院的简易程序适用率是 85.6%，长安法院 82.4%，新城、雁塔法院则不足 50%。究其原因，鄠邑法院在立案程序中大力推行了案件繁简分流制度，长安法院在立案庭设立了速裁法庭，这也说明审判管理制度对审判人力资源合理调配有很大影响；同时说明新城、雁塔法院法官付出的劳动强度要大于鄠邑、长安法院，一是源于未区分案件繁简造成的付出，二是源于案件本身的难度，法官在普通程序付出的劳动要远大于简易程序。

（三）法官在案件审理各个程序阶段的参与情况

案件审判的不同阶段有些属于裁判性的、有些则属于事务性的。法官在不同审判程序阶段的参与情况可体现法院对法官以及审判辅助人员、司法行政人员等资源调配利用的科学化、合理化程度。调查发现，该市两级法院 78% 的法官都是全程参与各个审判流程阶段工作，书记员、速录员仅承担法庭记录、卷宗装订等事务性工作；同时，实施法官助理制度的法院，法官助理承担了大量审判事务性工作，法官的工作则集中在处理裁判性审判事务上。

四　比较分析：当前审判人力成本投入与人力资源配置存在的问题

通过调查研究发现，西部法院审判人力成本投入及人力资源配置既有配置方法方面的问题，也有法院体制、审判机制和管理制度上的问题，突出表现在以下方面。

（一）诉讼效益不高

如前所述，诉讼效益可以通过法官个案审理时间成本和劳动力成本来考察，其中劳动力成本是由法官审理个案的必要劳动时间和劳动强度决定的，即劳动力成本＝审理个案的必要劳动时间×劳动强度。然而，当审判人力资源配置方式及法院审判体制、管理机制发生变化后，诉讼效益就会发生较大变化。例如，样本中的西安中院在实行审判质量、效率管理机制改革以后，民商事一审、二审案件审理天数分别比法定审理期限缩短了92天和45天；推行法官助理制度改革的新城法院，2017年适用简易程序审理民事案件的审限也由2016年的61天缩短为34天。

北京市房山区法院实行三名法官、两名法官助理、一名书记员审判组织模式，2015年该院案件平均审理周期为24天，法官平均每天办结案件1.81件，人均年结案愈402件。与之相比，西安法院审判人力成本投入的诉讼效益不高。再同国外相比，美国加利福尼亚州1982年每名法官年均结案2982件。其主要原因是美国法院系统有一套完善的法官辅助人员制度①（见表5）。

表5　美国1982年法官与直接辅助人员比例、法官人数、法官人均结案数情况

单　位	直接辅助人员比例	法官人数（人）	年人均结案（件）
最高法院	1:5到1:6	7	579.4
上诉审法院	1:5到1:6	32	471.1
地方法院	1:4到1:5	627	1140.9
简易法院	1:2到1:3	495	5510.4

（二）内部机构设置不合理、法官角色混同

法院内部职能机构的设置情况对审判人力资源调配及人力成本控制有重

---

① 〔日〕棚濑孝雄：《纠纷的解决与审判制度》，王亚新译，中国政法大学出版社，1994，第271页。

要影响。《人民法院组织法》就法院组织机构规定了审判组织——审判委员会、合议庭、独任法官和管理组织——院长、副院长、各审判庭庭长。这种审判与行政混合的法院内部机构设置及其审判管理模式使各级法院的运作模式均侧重于权力集中控制的行政化管理模式①，其弊端体现在：一是法官职能泛化，行政化色彩突出，法院管理者均具有双重身份，既承担司法决策职能，也承担行政决策主体职能；二是法官与司法行政官员角色混同；三是内部机构设置以控权为指导思想，而非突出审判职能，导致机构设置大而全，不但未起到优化审判人力资源配置功能，反而增加了审判人力成本。

而反观域外，美国和加拿大法院都是将审判事务与内部司法行政事务进一步分离并实行司法行政管理专业化。审判类职责由法官完成，行政类职责由法院内部行政管理部门负责，审判与行政交叉类职责由法院内部其他辅助机构承担②。

（三）缺乏科学系统的分类管理制度

按照系统论的观点，对各类审判人力资源实行职能分工，明确职责，分类管理，有利于发挥各类审判人力资源的专业优势和分工作业的系统优势，提高人力资源的配置效益。《人民法院组织法》在法院审判人力资源的职能分工上规定，法官从事审判工作、书记员等审判辅助人员负责法庭记录及协助法官开展审判工作，但未从制度层面对各类人员的工作职责根据各诉讼程序阶段的具体工作特点进行科学划分、明确职责，导致各类人力资源利用不合理，法官从事了很多其他方面的工作，"从案件审理开始到终结，几乎80%的事务均须法官亲自完成"③。样本中的西安法院虽实行法官、书记员、司法警察单序列管理，但人力资源管理机构的设置未充分考虑法官等不同人

---

① 王丽、冯其江：《人民法院内设机构设置问题探讨》，中国法院网，http：//www.chinacourt.org，2005 年 11 月 7 日。
② 韩红、连丹波：《加拿大法院体系及法院人员管理制度概要》，载苏泽林主编《法官职业化建设指导与研究》，2004，人民法院出版社出版，第 56～57 页。
③ 韩红、连丹波：《加拿大法院体系及法院人员管理制度概要》，载苏泽林主编《法官职业化建设指导与研究》，2004，人民法院出版社出版，第 56 页。

员的工作特点，且管理方法缺乏制度规范，导致诉讼效益不高。

北京市海淀区法院在这方面的改革值得学习。海淀区法院设立了诉讼事务管理与服务机构"审判管理办公室"，将案件审理中收材料、送传票、公告、鉴定、诉讼保全、评估、拍卖、审限监督和移送上诉卷宗等日常性诉讼事务交由审判管理办公室集中办理，其由审判辅助性人员组成，极大地提升了法官办案的效率。

（四）缺乏资源配置效益意识，未建立审判人力资源合理配置制度

缺乏司法资源配置效益意识，未能建立起以法官为核心的审判人力资源配置制度，使法官资源的整体优势未得到充分发挥，是当前审判人力资源诉讼效益不高的直接原因，主要体现在三方面。一是未建立审判组织中法官的配置制度以及法官与审判辅助人员、司法行政人员的配置制度，二是未建立法院审判部门、行政部门等不同部门之间审判人力资源的配置制度，三是未建立司法行政部门中不同类别行政人员的配置比例制度。

（五）运用管理手段优化审判人力资源配置的作用发挥不充分

合理、科学的管理制度能够尽可能地避免审判人力资源的耗费，"司法的公正与高效，离开了对审判资源的管理，就不可能实现"[1]。法院管理制度可分为五类：一是行政管理制度，如目标责任管理制度等；二是审判绩效管理制度，如审判业绩考评奖惩制度、案件质量与效率考评制度等；三是审判流程管理制度；四是案件管理制度；五是法庭流程管理制度。上述管理制度相互协调、相互配合，方能有效优化审判人力资源配置，实现司法公正与高效。西安法院在运用管理制度优化审判人力资源配置方面开展了积极探索，也形成了诸如"十大管理机制"等管理经验，但综合运用管理制度科学配置审判人力资源、引导法官主动降低审判人力成本的局面尚未全面形成。

---

① 李玉杰：《审判管理学》，法律出版社，2003，第21页。

（六）法官资源浪费严重

法官是审判人力资源中最核心、最稀缺的资源。法官的培养除需经过长期系统的法律知识学习培训外，法官社会阅历以及审判经验、技巧的积累等也需要经过一个长期的"社会化过程"[①]。中国法官男 60 岁、女 55 岁退休，从研究样本的统计数据看，西安法院获得法官资格任命的平均年龄是 34.5 岁，那么法官的有效工作期是男 25.5 年、女 20.5 年，如果再除去其知识的"社会化过程"就更少。这种忽视法官职业特殊性的规定，使大量资深法官正逢社会阅历深厚、生活经验丰富、审判经验积淀较深的办案黄金年龄段却要退休，浪费了宝贵的审判资源。而世界上许多国家都规定了法官高龄退休制度，一些国家甚至确立了法官终身制度[②]。

五　渐进式改革：优化审判人力资源配置的构想

优化不同地区法院审判人力资源配置须根据该地区法院现有审判人力资源的基本状况及其不同地区间经济文化差异的现实，充分尊重审判工作规律，立足于各类审判人力资源不同工作职能的协调发挥，从改革完善法院现行机制及审判机制出发，开拓性、创造性地抓好制度设计，推进人力配置方式改革，构建符合审判要求和地区特点的审判人力资源配置制度，使审判人力资源围绕正义实现发挥出最佳工作效益。

[①]　最高人民法院司法改革小组编《美英德法四国司法制度概况》，韩苏琳编译，人民法院出版社，2002，第 65 页，"法官的社会化过程"。

[②]　英美法系英国法官、美国联邦法官与法国法官都确立了法官终身制度，大陆法系中的德国、日本、韩国与比利时等国也实行法官高龄退休制度，联邦德国最高法院法官退休年龄为 68 岁，比利时最高法院法官退休年龄为 70 岁，日本法官退休后还可以在简易法院任法官。参见赵小锁《中国法官制度构架》，人民法院出版社，2003，第 172～173 页。

（一）以指定管辖建立符合城乡二元结构的审判人力资源配置制度

中国城乡二元结构的特点在西部地区尤为突出，城区基层法院的收案数量远远高于农村基层法院。从表6可知，法官数量的配备规则是以当地人口数为基准，因此，农村基层法院的审判人力资源相对富余，同时其案件复杂程度也较城区法院低。因此，课题组认为，案多人少矛盾突出的城区法院可以根据指定管辖制度以及方便诉讼的原则，将某些类型案件请求上级法院指定由与其毗邻的乡镇基层法院管辖，这样既充分运用了乡镇基层法院的审判人力资源、减少了城区法院的办案压力，又增加了其诉讼费收入，更可以减少地方保护主义的干扰。

表6 西安市两级法院2016年辖区人口与法官数量比较

单位	辖区人口（万）	员额法官（人）	法官总数（人）	人口与辖区员额法官比（人）
两级法院	1200	872	1350	13761
雁塔法院	96	78	106	12307
新城法院	71	57	109	12561
长安法院	102	65	104	15692
鄠邑法院	64	56	101	11428

（二）以法院、院校合作等多种方式解决法官助理难题

2018年上半年，样本中的两级法院各类一审案件同比上升17.4%、二审上升14.5%。面对大量增加的案件，法官助理制度是实现审判工作科学分工、解决司法资源合理配置、促进公正与效率的有效方法[1]。法官助理的选配应坚持省法院在根据各级法院实际统一选聘和调配的基础上，根据法院自身审判人力资源现状，多措并举、有效利用。一是加大与组织人事部门的沟通协调，落实法官助理的职级晋升等问题，解除一些裁判能力较弱的审判

---

① 最高人民法院政治部法官管理部：《全国法院法官助理试点工作座谈会综述》，载苏泽林主编《法官职业化建设指导与研究》2004。

员及司法行政人员担任法官助理的后顾之忧。二是与政法院校合作，寻求法学研究生、青年教师等担任法官助理。如样本中的雁塔法院就与西北政法大学合作，选聘该校青年法学副教授担任法官助理一年，法官和教师均认为收获很大，相互促进，效果不错。

（三）以制度管理建设为着力点建立审判人力资源配置效益制度

制度是控制时间成本、节约劳动力成本的重要因素之一。在法院现有人力资源条件下，改革的重点是进一步抓好案件繁简分流制度、审判流程管理制度、法庭流程管理制度、人员分类管理及司法行政管理制度。通过实施案件繁简分流制度区分复杂案件和简单案件并合理分流，提高简易程序适用率，缩短诉讼周期，节约审判人力成本投入。通过实施审判流程管理制度，抓好各个流程阶段工作，科学设置审判各个流程阶段的小"审限"，实现诉讼节奏控制和效率提高。通过实施法庭流程管理制度，科学区分案件司法行政事务和司法专业事务、裁判性工作和一般事务性工作，合理调配法官资源和审判辅助人员、其他司法行政人员的审判投入，实现审判人力成本控制。通过实施人员分类管理制度，科学划分法官与审判辅助人员、司法行政人员的职责，分类管理。司法行政管理通过实施目标责任管理制度、审判业绩考评奖惩制度、案件质量评查制度、审判效率考评制度等制度，以科学的激励奖惩制度，引导法官和其他人员自觉降低审判成本，提高工作效率，引导高级别法官和法院资深法官主动办案。

（四）适当延长法官退休年龄，使资深法官资源得到更有效利用

《法官法》规定，根据审判工作特点，法官的退休制度由国家另行规定。因此，建议国家尽快完善立法，延长法官任职年限，将基层法官退休年龄延长到65岁，或规定高级别资深法官的退休年龄应延长5年或更长时间等。

（五）审判事务与司法行政事务相分离，重构法院内设机构

审判是法院的核心职能，法院其他工作均应服务于审判职能。法院内设

机构的重构必须有利于审判职能的充分发挥，并根据审判、司法行政、审判和司法行政交叉性工作等不同职能合理设置内设机构，使审判与司法行政工作彻底分离，从工作机制上解决困扰审判人力资源优化配置的问题。

1. 设置大审判委员会专司审判工作及法官管理

大审判委员会负责人为法院院长，成员为法官。按照将审判权完全交给审判组织原则，大审判委员会按照《人民法院组织法》设置，其组织机构如图1所示。

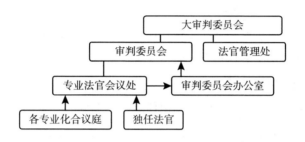

图1　大审判委员会组织机构示意

①审判委员会职权不变。②专业法官会议处职能。组织专业法官会议讨论合议庭提交的疑难复杂案件，提出倾向性参考意见，并在合议庭不接受倾向性意见时将案件提交审判委员会。③专业化合议庭是切合西部法官整体素质、兼顾审判质量和法官资源优化配置的最佳办法。专业化合议庭按案件类型设立，专业法官更精通业务，处理案件更迅速[①]。合议庭案件要提交审判委员会讨论，须经专业法官会议讨论后，由专业法官会议提出意见提交审判委员会办公室，取消未参加案件审理的院庭长签署裁判文书的权力，落实合议庭负责制。④审判委员会办公室职责。负责登记专业法官会议提交的案件，安排开会日期，召集、组织委员及相关人员召开会议以及其他日常工作。⑤法官管理处职责。根据该地区案件发案量评估法官及各类审判人力资

---

① 〔法〕让-马克·白休斯：《法官管理问题初探》，魏晓娜、张炜译，载苏泽林主编《法官职业化建设指导与研究》，人民法院出版社，2004，第115页。

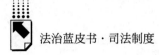

源的需求量，并根据评估编制法官部门调配表，科学调配法官资源；管理法官的思想政治及教育培训等工作。

2. 设立法院行政管理局专司行政工作

法院行政管理局的职责是负责司法行政、人事管理、纪检监察、外联、案件督查、法庭管理、审判流程管理、档案管理等法院纯行政性事务。人事管理部门负责法官助理、书记员等公务员及聘用人员的调配管理，撤销原内设行政机构。

3. 设立法院审判管理局

其职责是负责立案、案件流程管理、执行管理、法庭记录、草拟诉讼文书等庭审辅助事务及审判和行政交叉性工作以及审判工作中的事务性工作。

4. 设立院长助理办公室

设院长助理一名，由行政人员担任。院长助理办公室向院长负责，负责以上三机构的协调工作。

B.6
基层检察院行政检察案件办案模式探索

吴 柯 毛守锐 李章明*

摘 要： 贵州法院推行行政案件相对集中管辖后，由于非集中管辖法院不再审理一审普通行政案件，其对应检察院也没有一审普通行政案件可以监督，长此以往，对应检察院的行政检察必然职能弱化、人员流失、阵地不稳。通过加强市州院与基层院行政检察工作谋划、线索管理、案件办理、人员调配、业务培训、业绩考核等一体化建设，促进基层行政检察突破发展。

关键词： 集中管辖 办案模式 行政检察一体化

一 人民法院行政案件相对集中管辖

（一）行政案件相对集中管辖的设立目的及其概念

1989 年 4 月 4 日全国人大通过的《行政诉讼法》第 18 条规定了中国行政诉讼管辖的一般原则，行政案件由最初作出具体行政行为的行政机关所在地人民法院管辖，即被告所在地人民法院管辖。在中国现行体制下司法审判区与行政管理区高度重合，法院的人、财、物往往依附于地方，受制于地

---

* 吴柯，贵州省人民检察院第七检察部主任；毛守锐，贵州省人民检察院第七检察部员额检察官；李章明，贵州省人民检察院第七检察部员额检察官。

方，在以地方政府及其职能部门为被告的行政诉讼中，人民法院的司法审判容易受到当地行政机关的隐性影响和不当干预，导致行政诉讼"主客场"现象，"立案难、审理难、执行难"三难问题是长期困扰行政审判的顽疾。为有效发挥行政诉讼在维护公民、法人或者其他组织的合法权益，监督行政机关依法行政的作用，人民法院积极探索、试点，确立、推行行政案件相对集中管辖制度。

所谓行政案件相对集中管辖是指，通过上级法院指定管辖，将原本应由各法院受理、审理的一审行政案件集中到少数几个法院进行受理、审理的制度，通过实现司法审判区与行政管理区的有限分离，破除诉讼"主客场"问题，防止行政机关的不当干预、促进行政案件公平公正审理，增强司法公信。

（二）行政案件相对集中管辖的发展历程

行政案件相对集中管辖的确立经历了法院系统探索、试点，中央政策鼓励、支持，立法机关修法入律，法院系统全面推行的过程。2007 年 9 月 17 日浙江丽水中院制定实施《关于试行行政诉讼案件相对集中指定管辖制度的意见》，将全市 9 个基层法院的行政诉讼案件相对集中地指定由莲都、龙泉、松阳 3 个基层法院管辖，行政案件集中管辖的司法实践正式启程。经过试点，集中管辖发挥了以下作用：优化司法资源，改善司法环境；统一裁判尺度；提高队伍素质。丽水中院取得的突破性成果为行政诉讼管辖制度改革指明了方向，提供了路径①。

为全面推行集中管辖积累更多的经验，最高人民法院于 2013 年 1 月 4 日发布了《最高人民法院关于开展行政案件相对集中管辖试点通知》（法〔2013〕3 号）（以下简称《通知》），要求各高级人民法院开展集中管辖试点工作。《通知》要求各高级法院确定本辖区 1~2 个中级法院进行试点，试点中院确定 2~3 个基层法院为集中管辖法院，集中管辖中院辖区内其他

---

① 叶赞平：《中外法院制度散论》，法律出版社，2012，第 204~205 页。

基层人民法院管辖的行政诉讼案件；集中管辖法院不宜审理的本地行政机关为被告的案件，可以将原由其管辖的部分或者全部案件交由其他集中管辖法院审理。非集中管辖法院的行政审判庭予以保留，主要负责非诉行政案件等有关工作，同时协助、配合集中管辖法院做好本行政区域行政案件的协调、处理工作。集中管辖法院的选择，应当考虑司法环境较好、行政案件数量较多、行政审判力量较强、经济社会发展水平较高等因素，报高级法院决定。为保障集中管辖工作顺利开展，《通知》要求集中管辖法院要配强配齐行政审判人员，行政审判庭设置不少于两个合议庭，所需审判人员可以在所属中级法院辖区内择优调配，也可以其他方式选调充实，同时做好集中管辖法院行政审判庭的办公用房、办公设备、车辆等物资保障。为贯彻司法便民原则，《通知》强调试点中院辖区内各基层法院的立案窗口，要免费提供试点工作的宣传和释明材料，指导当事人正确行使诉讼权利，参与诉讼活动。当事人向非集中管辖法院提起诉讼的，应当告知其向管辖法院起诉，或者在收到起诉状后及时将相关材料移送集中管辖法院。要尽可能采取到当地调查取证、巡回审判等方式，减轻当事人诉讼负担。通过试点，集中管辖制度凸显出以下几方面的优势：①减少了行政干预，改善了司法环境；②增强了诉讼信心，提高了司法公信；③统一了裁判标准，维护了司法权威；④规范了行政行为，推进了依法行政①。

2013 年，党的十八届三中全会提出，"探索建立与行政区划适当分离的司法管辖制度，保证国家法律统一正确实施"。行政案件集中管辖制度就是通过实现司法管辖区与行政管理区的分离来保障人民法院依法独立公正行使审判权，确保法律的统一正确实施，这就意味着集中管辖制度获得了中央政策层面的肯定和鼓励，其进一步推行也获得了党中央层面的支持。

2014 年 11 月 1 日全国人大常委会修订通过的《行政诉讼法》第 18

---

① 郭修江：《行政诉讼集中管辖问题研究——〈关于开展行政案件相对集中管辖试点工作的通知〉的理解与实践》，《法律适用》2014 年第 5 期。

条第 2 款规定，"经最高人民法院批准，高级人民法院可以根据审判工作的实际情况，确定若干人民法院跨行政区域管辖行政案件"，为集中管辖正式确立了法律依据。行政案件相对集中管辖制度在法院系统全面推行。目前，法院系统行政案件集中管辖的模式主要有：普通法院集中管辖模式，即在中院辖区确立若干普通法院集中交叉审理一审行政案件，非集中法院不再审理一审普通行政案件，大多数地区实行这种模式；专门人民法院审理模式，主要是铁路运输法院专门审理模式，如广州铁路运输法院 2016 年 1 月 1 日起集中管辖广州地区一审行政案件和行政赔偿案件、非诉执行案件等。

（三）贵州法院行政案件相对集中管辖的主要做法

目前，贵州共有 25 家行政案件集中管辖法院。实行相对集中管辖的法院是基层人民法院，受理的案件是一审普通行政案件，不含涉及环保的行政案件、简易程序案件和非诉执行案件。集中管辖法院自身原管辖的行政诉讼案件同时交由其他集中管辖法院审理，不审理本审判管辖区内案件。非集中管辖法院主要受理其辖区内简易程序案件及非诉行政执行案件，同时协助、配合集中管辖法院做好本地区行政案件的文书送达、协调调解、巡回审理等工作，配合集中管辖法院做好案件的立案、受理、审理、执行等工作。各中院在辖区选定 2～4 家基层法院作为集中管辖法院，报省法院确定。集中管辖法院确保本院行政庭独立组成一个以上审判合议庭，并配置 1～2 名司法辅助人员。集中管辖法院的行政庭不再办理除行政案件以外的其他案件。当事人向非集中管辖法院起诉的，非集中法院要做好释明工作，引导其直接向集中管辖法院提起诉讼，或代收起诉状，并于 3 日内将相关材料移送集中管辖法院，并将情况告知当事人。

（四）行政案件集中管辖面临的困难和问题

行政案件集中管辖面临以下几个方面的问题。①实行跨区域管辖，增加了当事人的诉讼成本和法院的司法成本。②集中管辖法院与非集中管辖协作、配合机制不健全,便民、利民措施还未到位。③由于管辖法院与行政机关处于不同地区,协调、和解行政争议案件难度加大。④非集中管辖法院行政审判功能弱化、行政审判人员流失。⑤各集中管辖法院收案数量不均衡。⑥部分集中法院人、财、物未得到充分保障,工作负担重。

二 行政案件相对集中管辖推开后贵州省基层及市、州检察机关办理行政检察案件情况

(一)基层检察院办理行政案件情况

目前,贵州省有包括贵阳铁路运输检察院、贵阳筑城地区检察院在内的基层检察院90家,除贵阳铁路运输检察院、贵阳筑城地区检察院两家专门检察院外,均根据行政区划设置。根据最高人民检察院行政诉讼监督规则,基层检察院对同级法院所在地一审生效裁判及法院的审判活动和执行活动具有法律监督权。根据各地、市州检察院上报的数据,贵州省基层检察院在法院全面推行集中管辖以来的办案情况如下。

1. 2015年办案情况(见表1)

表1　2015年基层检察院办理行政检察案件情况

单位:件

序号	地区	检察院	生效裁判		审判违法行为		违法执行		是否集中管辖法院对应检察院
			收案	结案	收案	结案	收案	结案	
1	贵阳	观山湖	1	1					是
2	遵义	习水	1	1					是
3	铜仁	石阡	2	2			1	1	否
全省分类总计			4	4			1	1	
全省年度总计			受理5件,办结5件						

2.2016年办案情况（见表2）

表2　2016年基层检察院办理行政检察案件情况

单位：件

序号	地区	检察院	生效裁判		审判违法行为		违法执行		是否集中管辖法院对应检察院
			收案	结案	收案	结案	收案	结案	
1	贵阳	云岩	1	1					是
2		观山湖	2	2	1	1			是
3	遵义	湄潭					3	3	
4	铜仁	石阡					1	1	
5	黔东南	凯里			1	1	3	3	是
6		镇远			1	1			是
7		黄平					2	2	
8		雷山					4	4	
9	黔西南	望谟	1	1					
全省分类总计			4	4	3	3	13	13	
全省年度总计			受理20件，办理20件						

3.2017年办案情况（见表3）

表3　2017年基层检察院办理行政检察案件情况

单位：件

序号	地区	检察院	生效裁判		审判违法行为		违法执行		是否集中管辖法院对应检察院
			收案	结案	收案	结案	收案	结案	
1	贵阳	云岩	1	1					是
2		南明	1	1					是
3		观山湖	2	2	1	1			是
4	遵义	湄潭			5	5	5	5	
5	六盘水	钟山	1	1					是
6	安顺	关岭					3	3	
7		平坝					3	3	
8	铜仁	思南			1	1			是
9		石阡	1	1			1	1	
10		沿河	2	2					
11	黔东南	凯里	1	1	1	1			是
12		镇远			3	3			是
13		黎平			2	2			是

续表

| 序号 | 地区 | 检察院 | 生效裁判 | | 审判违法行为 | | 违法执行 | | 是否集中管辖法院 |
			收案	结案	收案	结案	收案	结案	对应检察院
	全省分类总计		9	9	13	13	12	12	
	全省年度总计		收案 34 件，结案 34 件						

4. 2018年办案情况（见表4）

表4　2018年基层检察院办理行政检察案件情况

单位：件

| 序号 | 地区 | 检察院 | 生效裁判 | | 审判违法行为 | | 违法执行 | | 是否集中管辖法院 |
			收案	结案	收案	结案	收案	结案	对应检察院
1	贵阳	云岩					1	0	是
2		南明			1	1			是
3	遵义	播州			2	2			是
4		凤冈			4	4	1	1	是
5		正安	1	0	2	0			是
6		湄潭			1	1	5	5	
7	六盘水	六枝					5	5	
8		盘县					26	26	
9	安顺	紫云					1	1	
10	毕节	大方					6	6	是
11		黔西			1	1			是
12		赫章					3	3	
13		纳雍					6	6	
14	铜仁	碧江			1	1			是
15		思南	1	1	1	1			是
16		石阡	3	3	3	3	3	3	
17		沿河	1	1					
18	黔东南	凯里					3	3	是
19		镇远			2	2			是
20		从江			20	20			
21		剑河					2	2	
22		雷山					2	2	
23	黔南	都匀	1	1					是

序号	地区	检察院	生效裁判		审判违法行为		违法执行		是否集中管辖法院对应检察院
			收案	结案	收案	结案	收案	结案	
24	黔西南	望谟	1	1					
全省分类总计			8	7	38	36	64	63	
全省年度总计			受理案件110件，共办结106件						

通过分析调研上报数据，基层检察院办理行政检察案件具有以下特点。

一是办理行政检察案件数量少、规模小。2015年基层检察院办理生效裁判案件4件，违法执行案件1件。2016年办理生效裁判案件4件，审判违法案件3件，违法执行案件13件。2017年办理生效裁判案件9件、审判违法案件13件，违法执行案件12件。2018年办理生效裁判案件7件，审判违法案件36件，违法执行案件63件。与其他检察业务相比，行政检察案件数量小、规模小。

二是办理过行政检察案件的检察院数量少。2015年有3个基层检察院办理行政检察案件，2016年9个，2017年13个，2018年24个。近四年来，有57个检察院没有办理过行政案件，有77个检察院没有办理过生效裁判监督案件。

三是办理过两年以上行政检察案件的检察院较少。近四年来，全省办理过行政检察案件的检察院只有31个，办理两年以上行政检察案件的只有12个。

四是办理过行政检察案件的检察院收案数量不稳定、规律性不明显，办案数量无法实现常态化。近四年来，没有一个检察院每年都办理过行政检察案件。仅有12个检察院两个年度以上办理过行政检察案件，19个检察院只有一个年度办理过行政检察案件，收案数量不稳定。就办理两个年度行政检察案件的检察院来讲，其每年度三类监督收案总量及分别收案量也不稳定。

五是集中管辖法院对应检察院办案优势并不明显。全省目前集中管辖基层法院有25家，对应基层检察院有25家。2015年基层检察院办理行政检察案件5件，其中集中管辖法院对应检察院办理案件2件；有3家基层检察院办理行政检察案件，其中，集中管辖法院对应检察院 2 家。2016 年基层检察院办理行政检察案件 20 件，其中集中管辖法院对应检察院办理案件 8 件；有 9 家基层检察院办理行政检察案件，其中，集中管辖法院对应检察院 4 家。2017 年基层检察院办理行政检察案件 34 件，其中集中管辖法院对应检察院办理案件 14 件；有 13 家基层检察院办理行政检察案件，其中，集中管辖法院对应检察院 8 家。2018 年基层检察院办理行政检察案件 106 件，其中集中管辖法院对应检察院办理案件 27 件；有 24 家基层检察院办理行政检察案件，其中，集中法院对应检察院 12 家。由此可以看出，除 2015 年外，每年集中管辖法院对应检察院办理案件数占所有基层检察院办案数的比例均未超过 50%，每年度集中管辖法院对应检察院有行政检察案件的院数占所有集中管辖法院对应检察院数并未过半，每年仍有不少集中管辖法院对应检察院无案可办。在每年度办理行政检察案件的基层检察院中，单个集中管辖法院对应检察院在受理行政检察案件数量上优势也不明显，除 2018 年大方法院 6 件，对应检察院受理案件数量 1～4 件，而且有 4 件的还是少数。在有两个以上年度办理行政检察案件的 12 个检察院中，集中管辖法院对应检察院有 7 家，还有 5 家是非集中管辖法院对应检察院。

六是全省基层检察院受理案件数量每年整体呈上升趋势，受理行政检察案件的基层检察院数整体呈上升趋势，集中管辖法院对应检察院与此趋势一致，受理行政检察案件数及收案检察院数也呈上升趋势。

（二）市、州院办理案件情况

市、州院办理行政检察案件具有几个特点。一是市、州院办理行政检察案件基本上是生效裁判案件，分别在 2016 年办理过 5 件、2017 年办理过 3 件违法执行案。二是每个市、州院每年都受理、办理行政检察案件。三是案件数量不稳定，规律性不明显，忽高忽低。市、州院中办案数量较多的是贵阳和遵义，贵阳 2018 年数据突出是因为受理、办理了系列案（见表 5）。

表5 各市、州院生效裁判监督案件办案数统计

单位：件

办案单位	2015 年		2016 年		2017 年		2018 年	
	收案	结案	收案	结案	收案	结案	收案	结案
贵阳市院	22	18	13	11	7	12	73	68
遵义市院	20	18	26	28	20	28	30	26
六盘水市院	3	3	1	1	17	17	13	13
安顺市院	3	3	27	27	17	17	21	19
毕节市院	3	3	27	27	17	17	21	19
铜仁市院	7	7	3	3	8	8	9	9
黔东南州院	8	8	20	20	19	19	10	10
黔南州院	11	11	16	16	18	18	13	13
黔西南州院	1	1	5	5	2	2	9	9

（三）集中管辖法院对应检察院行政检察案件数量较少原因探析

人民法院推行集中管辖后，集中管辖法院受理的一审普通行政案件数量大幅增加，非集中管辖法院没有一审普通行政案件可以办理。根据现行行政诉讼监督规则，必然造成对应检察院和非对应检察院在可监督的潜在案件上数量大为不同，但从基层检察院的办案数据来看，目前，集中管辖法院对应检察院的办案优势并不明显，人民法院集中管辖还未对贵州基层检察院办案格局产生太大影响。从生效裁判监督看，究其原因有二：一是人民法院实行二审终审制，集中管辖法院作出一审裁决后，相当一部分案件由于当事人上诉到二审法院，由二审法院作出最终裁决，此类案件不再由基层检察院监督；二是一审裁判生效的前提是当事人不上诉，但当事人不上诉意味着其对裁判结果的接受，其一般也不会再申请监督。因此，虽然审判环节集中管辖法院审理的行政案件大幅增加，但由于审判机制、监督机制等因素，进入监督环节的案件未必多。从审判人员违法监督、违法执行监督来讲，案件线索一般来自当事人的申请、检察院通过与法院相应的协作机制并在法院的积极配合下开展监督。审判人员违法行为和违法执行行为一般发生在诉讼程序中，如果当事人对裁判结果和执行结果没有意见，对程序中的事项一般不会

过分在意，即使发生违法行为也不会申请监督。而协作机制的建立往往是当地法检两家共同协商的结果，建立在法检两家良好的关系之上或者是上级部门指导安排，目前并不具有普遍性。大多数地方没有此机制，无法通过此机制发现案件线索。因此，对于这类监督案件，即使有违法行为发生，如果当事人不申请监督，又无相应协作机制，检察院很难发现案件线索。同时，监督案件特别是生效裁判监督案件往往具有一定的滞后性，监督案件的增长趋势与幅度未必与法院审理案件量同步。

三　集中管辖推行后对行政检察办案模式的思考

最高人民检察院新一届党组提出四大检察全面协调充分发展，做实行政检察工作、补强行政检察短板的要求，最高人民检察院专门成立了负责行政检察的机构，绝大多数省级检察院也成立了与最高人民检察院相对应的专门机构，市、州检察院有相应的机构或者办案组，基层检察院也有专人从事行政检察工作。行政检察工作站在了新的起点上，迎来了新的发展机遇。基层检察院作为数量最多、分布最广、人员最多，与人民群众距离最近的一级检察机关，在推进新时代行政检察工作中作用和地位不能忽视。随着不动产物权登记职权的转移和人民法院行政案件审级下沉的探索和推进，原属中级人民法院管辖的一些案件交由基层法院审理，基层法院受理、审理的行政案件类型和数量会越来越多，集中管辖法院的审判任务会越来越重，其对应检察院监督的潜在案件也会越来越多。虽然目前集中管辖对贵州省行政检察工作的影响还不是特别明显，但监督案件的滞后性、行政检察案件的增长趋势及行政检察覆盖法院的生效裁判、审判人员违法、违法执行监督三类监督，对应检察院的行政检察案件必然会越来越多。随着法院集中管辖的推进，其专业能力越来越强，人民检察院监督工作的难度越来越大。同时，由于非集中管辖法院不再审理一审普通行政案件，其对应检察院一审普通行政诉讼的监督案源必然会枯竭，非对应检察院的行政检察工作如何开展，也必须面对和考虑。

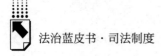

因此，根据做实新时代行政检察工作的要求，结合法院推行集中管辖后贵州基层检察院行政检察工作的办案现状及集中管辖推行对行政检察工作的长远影响，有必要对基层检察院办理行政检察案件的办案模式进行调整，以便充分发挥基层检察院的行政检察职能。

（一）确定办案模式需要考虑的几个维度

1. 尊重和认可人民法院行政案件相对集中管辖

党的十八届三中全会提出，"探索建立与行政区划适当分离的司法管辖制度"，行政案件集中管辖是对这一改革精神的落实，《行政诉讼法》第18条规定，"经最高人民法院批准，高级人民法院可以根据审判工作的实际情况，确定若干人民法院跨行政区域管辖行政案件"，此条为人民法院的行政诉讼集中管辖制度提供了直接法律基础。因此，行政案件集中管辖符合中央政策精神，已被立法正式确认，作为监督机关的人民检察院应予以尊重与认可。

2. 尊重现行监督规则

最高人民检察院现行的行政诉讼监督规则，是检察机关办理行政案件的总章程，其第八条规定，"当事人对已经发生法律效力的行政判决、裁定、调解书向人民检察院申请监督的，由作出生效判决、裁定、调解书的人民法院所在地同级人民检察院控告检察部门受理。当事人认为审判程序中审判人员存在违法行为或者执行活动存在违法情形，向人民检察院申请监督的，由审理、执行案件的人民法院所在地同级人民检察院控告检察部门受理"。这也与目前在人大主导下设置国家机关的原则相符，法院、检察院均由同级人大产生，受同级人大监督，没有特殊情况，人民法院、人民检察院行使职权的范围应与同级人大行使的地域范围相同。

3. 监督经济及便利当事人诉讼

在司法资源有限的情况下，开展行政检察工作必须考虑办案成本，做到司法经济；司法便民、利民是司法为民的重要体现，检察院在开展工作中必须予以落实。比如，违法行为的监督发生在法院诉讼过程中，由对应检察院进行监督，方便发现监督线索，方便监督履职中案件调卷、事实调查、与法院沟通、协调等。当事人对其所在地以外的法院审理的案件到当事人所在地检察院提出监督申请的，其所在地检察院应告知其向有管辖权的检察院提出申请，必要时代为收取申请材料，代为转交有管辖权的检察院。

4. 有利于提升专业能力

在监督中办案、在办案中监督，监督不是高人一等，而是要技高一筹，这都要求行政检察工作要有较高的专业化水平。在设计办案模式时，要考虑有利于提升行政检察人员的专业化水平和办案能力，促进行政检察质效的提升。

5. 发挥市、州检察院在基层检察院办理行政检察案件中的统筹作用

在目前基层检察院办理行政检察案件规模小、不均衡、专业能力不强的情况下，发挥人民检察院上下级领导关系的体制优势，依据《人民检察院组织法》第 24 条的规定，"上级人民检察院对下级人民检察院行使下列职权：（一）认为下级人民检察院的决定错误的，指令下级人民检察院纠正，或者依法撤销、变更；（二）可以对下级人民检察院管辖的案件指定管辖；（三）可以办理下级人民检察院管辖的案件；（四）可以统一调用辖区的检察人员办理案件。上级人民检察院的决定，应当以书面形式作出"，充分发挥市、州检察院在基层检察院行政检察工作中的统筹、领导、指挥、把关作用。

6. 吸收法院集中管辖经验

法院推行集中管辖以来，行政审判工作取得了一定成效，但也出现了一些问题，检察院在确立行政检察办案模式时要充分考虑，吸收好的经验和做法，避免出现一些问题。

（二）行政检察案件办案模式

1. 生效裁判监督案件统一由市、州检察院办理，审判人员违法行为、违法执行案件由受理该类案件法院对应的检察院监督

该模式是按监督案件类型确定监督检察院。对生效裁判监督案件，无论

是集中管辖法院审理还是非集中管辖法院审理，对其监督直接上提到市、州检察院。生效裁判监督案件涉及当事人实体权利的处理，监督方式有抗诉和提出再审检察建议等，监督的专业要求较高，监督的分量较重，为提升此类案件的监督效果，可由市、州检察院直接办理此类监督案件。对于审判人员违法和违法执行监督，主要是对案件程序中违法的审查监督，与民事案件审判人员监督和违法执行监督具有高度相似性，由于基层检察院办理此类案件较多，经验更为丰富，此类案件发生在基层，可由基层检察院监督。市、州检察院在办理监督案件过程中如果发现一审、二审法院存在审判人员违法行为及违法执行的，可以将此类案件移交基层检察院办理。此种监督模式的优点是：一是有利于生效裁判监督的标准统一和保障办案质量，二是行政检察一手拖两家、提级监督有利于增强监督的权威。缺点是：一是与现行行政诉讼监督规则不符，需要指定管辖；二是市、州检察院的工作量会加大；三是会弱化基层检察院的行政检察专业能力；四是可能存在同一法院因同一案件受两家检察院监督的情况，生效裁判案件由市、州检察院监督，违法行为和审判违法案件由基层检察院监督。

2. 监督与审判一一对应

该模式是按法院所在地确定监督检察院。根据行政检察的属地监督及同级监督规则，人民检察院对与其对应设置的法院的审判活动进行监督。因此，人民检察院的监督工作跟着法院审判工作走，法院审理哪些案件，检察院监督哪些案件。此种模式对集中管辖法院的监督工作由其对应检察院行使，非集中管辖法院的监督由其对应检察院行使。由于集中管辖法院对应检察院监督的潜在案件数量较多，集中管辖法院对应检察院行政检察的人员配备、专业能力建设、物资保障要加强。此种办案模式的优点：一是符合现行监督规则；二是跟着法院集中管辖走，法院比较容易接受，和法院的沟通协调比较顺畅。缺点是：一是由于非集中管辖法院对应检察院与集中管辖法院对应检察院的潜在案源存在劣势，可能会影响非集中管辖法院对应检察院工作的积极性；二是弱化非集中管辖法院对应检察院的专业能力。

3. 确定一家基层检察院专门办理集中管辖法院审理的行政检察案件

该模式是确定专门检察院监督法院集中管辖案件。各地州检察院选一家基层检察院专门负责对法院审理的集中管辖行政案件进行监督。由于目前集中管辖法院对应检察院案件量总体上不多，可从专业化建设的角度，各地州检察院辖区选择一家专业能力强、办案经验丰富、地域交通方便的基层检察院作为专门检察院统一负责法院集中管辖行政案件的监督，非集中管辖案件由于仍然实行普通管辖，且非集中管辖案件多是案件标的小、争议不大的简易程序案件及非诉执行案件，为保障非集中管辖法院对应检察院的行政检察职能和力量，可由审理此类案件法院所在地检察院监督。在此种监督模式下，专门检察院要成立专门的行政检察机构，调配专人专门负责办理行政检察案件，并且其岗位要保持相对稳定，上级检察院要加大对专门人员的业务培训和指导，提高其业务工作能力。优点在于：一是有利于专业化建设，与其散兵游勇、专业化不强，不如成立一个专门检察院专门负责集中管辖案件的监督；二是保障基层检察院这一层级较强的行政检察能力。缺点在于：一是需要指定管辖；二是集中管辖法院可能受两家检察院监督，即其审理的集中管辖案件由专门检察院监督，审理的非集中管辖案件由当地检察院监督；三是由于专门检察院对整个地、州的集中管辖案件进行监督，工作中需要其他基层检察院的协助与配合；四是其他检察院的行政检察能力可能会更弱；五是将其他检察院的监督案件拿走，可能会影响其他检察院的积极性。

4. 异地交叉管辖

该模式是以行政机关所在地交叉确定监督检察院。以行政机关所在地为依据确定行政检察管辖，考虑到排除地方干预，可确定交叉管辖，即行政检察不实行集中管辖，每个检察院都有同样的监督权，只是不管辖本地行政机关为被告的案件。该模式的优点在于，每个检察院都有同样的监督权力，有利于发挥每个检察院的积极性。其缺点在于，一是与现行监督规则不符，需要指定管辖；二是由于基层检察院整体监督案件少，案件受理常态化不明显，并不能保证每个检察院都有案件办；三是异地交叉管辖不利于和法院的沟通协调，无法取得当地人大、政法委的支持，影响非诉执行案件的监督效果；四是由于集中管辖法院审理几个地区的案件，集中管辖法院被不同的检察机关监督，需要协商法院。

（三）以监督与审判一一对应为模式基础，加强市、州检察院与基层检察院行政检察一体化机制建设

以上四种基本模式各有利弊，但基于检察院与法院对应设置属地管辖的体制逻辑，行政检察主要是通过对人民法院行政审判和执行的监督来开展和延伸工作的现状，现行行政诉讼监督规则确定的属地监督、同级监督一般管辖原则，方便和法院沟通协调，以及监督工作需要取得法院所在地党委、人大支持等方面考虑，监督与审判一一对应模式应为贵州基层检察院应对人民法院实行行政案件相对集中管辖机制的基本办案模式。此种模式可能带来集中管辖法院对应检察院与非对应检察院受理行政检察案件不平衡，非对应检察院没有生效裁判监督案件办理，及贵州基层检察院行政检察工作整体上拓展案源能力不足、案件规模小、受案不均衡不稳定，办案经验不足、专业能力弱。鉴于市、州级检察院具有层级高、专业能力相对较强、掌握资源多等优势，利用检察机关上下级领导关系的体制优势，通过加强市、州检察院与基层检察院一体化机制建设能够促进贵州省基层检察院行政检察工作长远发展。

1. 行政检察一体化机制的法律依据

检察一体化是指检察机关在行使检察权的过程中形成的整体统筹、上下一体，指挥灵敏、配合密切，统一行使检察权的运作体制①。上下级检察机关之间、上下级检察官之间成为一种相对"上命下从"的领导与被领导关系。《宪法》第137条规定，"最高人民检察院是最高检察机关。最高人民检察院领导地方各级人民检察院和专门检察院的工作，上级人民检察院领导下级人民检察院工作"。《人民检察院组织法》第24条规定，"上级人民检察院对下级人民检察院行使下列职权：（一）认为下级人民检察院的决定错

---

① 张智辉：《试论检察权一体化的基本特征》，《人民检察》2007年第8期。

误的，指令下级人民检察院纠正，或者依法撤销、变更；（二）可以对下级人民检察院管辖的案件指定管辖；（三）可以办理下级人民检察院管辖的案件；（四）可以统一调用辖区的检察人员办理案件。上级人民检察院的决定，应当以书面形式作出。"这些规定都是检察一体化精神的体现。

2. 行政检察一体化机制的必要性

相比刑事检察、民事检察、公益诉讼，行政检察加强一体化机制建设更有必要。第一，行政检察是四大检察中"短板中的短板，弱项中的弱项"，基层检察院行政检察又是四级检察院中最为薄弱的环节，空间最易受到挤压。行政检察一体化将市检察院与基层检察院的行政检察资源统筹考虑，发挥市检察院层级高、业务强及基层检察院人员足的各自优势，由市、州检察院统一掌控辖区两级检察院的办案资源，统一谋划工作，共同开展监督，发挥合力作用，推动生效裁判、审判违法、违法执行常规监督工作高质量发展，推动行政和解，实质化解行政争议等行政检察创新工作突破发展。第二，行政检察"一手托两家"，既监督人民法院公正司法，又促进行政机关依法行政，加强行政检察一体化建设，市、州检察院指导、参与基层检察院办理的对行政机关的监督案件，有利于提高监督的权威，促进监督的刚性。第三，由于基层检察院行政检察业务少，其行政检察业务能力普遍偏弱，市、州检察院通过交办、转办案件，抽调基层检察院人员参与办案、业务指导，统一业务培训等形式，锻炼行政检察队伍，特别是无案可办基层检察院的行政检察队伍，提升行政检察专业能力。第四，当前基层检察检察院间受理行政检察案件不平衡，不少检察院没有行政检察案件办理，市、州检察院根据全辖区办案情况，利用一体化的机制，积极为基层检察院开拓案源，交办案件和调配人员参与办案，保障每个基层检察院都有行政检察案件或参与办理行政检察案件。

3. 加强市、州检察院与基层检察院行政检察一体化机制建设的主要举措

第一，实现行政检察工作谋划一体化，市州检察院通过组织全辖区基层检察院定期召开行政检察工作联席会，上报行政检察工作情况，到基层检察院调研走访等形式，深入了解、全面掌握本辖区行政检察工作态势，集思广益，共同谋划本级和辖区基层检察院行政检察工作。第二，建立案件线索管

理一体化机制，辖区基层检察院受理生效裁判监督案件，发现的审判违法行为、违法执行监督案件线索，无论是否涉及本辖区法院及行政机关，要及时向市、州检察院报备，市、州检察院要对案件线索进行及时研判、汇总，根据工作需要，对案件进行指导、跟踪，如发现的案件线索涉及异地法院和行政机关的，可将案件交由法院和行政机关所在地检察院办理。第三，实现行政检察案件办理一体化，市、州检察院根据平衡工作量、锻炼行政检察队伍、保证办案质量等需要，把基层检察院办理的案件上提到本检察院进行办理，还可以把基层检察院办理的案件指定其他基层检察院办理。市、州检察院发现一审裁判行政检察案件线索的，应当将发现的案件线索交由与一审法院对应的检察院办理。基层检察院遇到疑难、复杂案件时，可以就有关问题予以请示、汇报，上级检察院应及时予以答复和解决。基层检察院办理行政检察案件中需要其他检察院协助、配合的，其他检察院应积极予以协助、配合。基层检察院在办理行政检察案件中需要向异地行政机关提出检察建议的，先与异地检察院协商，由异地检察机关发出该检察建议。同时，要向市、州检察院报告备案，由市、州检察院指导异地检察院开展监督工作。第四，实现行政检察办案人员调配一体化，市、州检察院在配强配齐本检察院行政检察人员的情况下，要求基层检察院配备行政检察专兼职人员并相对固定，市、州检察院全面掌握本辖区行政检察人员情况，根据工作需要和个人特点以联合办案组等形式统一调配人员参与办案，可以调配基层检察院人员参与办理本检察院案件；基层检察院办理本检察院案件时可以根据工作需要报市检察院安排、抽调其他检察院人员参与办案；在基层检察院办理疑难复杂行政案件时，市、州检察院根据工作需要可以派本检察院人员到基层检察院指导。第五，实现案件办理结果运用一体化，基层检察院办理的生效裁判监督案件不支持监督情况、审判人员违法、违法执行监督案件办案情况及制发检察建议、检察建议落实情况等要及时上报，以便发现问题、总结经验，促进今后工作开展。市、州检察院每年根据本检察院及辖区基层检察院行政检察工作开展情况，撰写全市、州行政检察年度分析报告，报告党委、人大，通报法院和相关行政机关。第六，实现培训指导、业务交流一体化，市、州检察院通过组织辖区两级检察院骨干授课、邀请专家授课、组织赴外培训，汇编典型案例集体学习，共同研讨疑难复杂案例、组织开展业务比赛等形式促进培训、业务交流的一体化。第七，实现考核机制一体化。考核机制的一体化是行政检察工作一体化开展的重要保障，切实发挥考核机制指挥棒的作用，深入研究论证，建立与一体化办案机制相匹配的考核机制。赋予对案件办理有贡献的案件线索报送、选派人员参与办案、协助调查取证、送达文书等环节一定的考核分值，提升基层检察院及其工作人员推动一体化工作的积极性。

B.7
基层法院应对"案多人少"
改革路径探析

——以推行繁简分流改革为视角

濮阳市华龙区人民法院课题组*

摘　要： 随着中国经济快速发展和社会结构不断转型升级，大量错综复杂的社会矛盾以诉讼的形式涌入法院。立案登记制的实施，带动诉讼案件数量大幅上升；法官员额制度的出台，让拥有审判资格的法官数量锐减，"一增一减"使得处于司法改革"阵痛期"的法院工作压力倍增。在既无法通过增加人员解决审判力量，又无法通过提高诉讼门槛降低案件数量的现实情况下，推行案件繁简分流改革是有效缓解当前法院"案多人少"压力的重要举措。本文通过梳理河南省濮阳市华龙区法院案件繁简分流举措，对比改革前后的审判质效变化趋势，深挖繁简分流工作中存在的问题，以期进一步探寻繁简分流的更优举措。

关键词： 司法改革　繁简分流　资源配置　司法质效

---

* 课题组负责人：荣延平，河南省濮阳市华龙区人民法院党组书记、院长。课题组成员：杨俊琦、冯东林、赵永正、袁春喜、姜雪梅、陈富申、王伟、董明海、王炜、李红权、屈林英、李春阳、武熙春、程文军、王晓萍、尹艳。执笔人：尹艳，河南省濮阳市华龙区人民法院研究室主任。

一 改革背景

（一）指导思想

习近平总书记指出，"司法是维护社会公平正义的最后一道防线……如果司法这道防线缺乏公信力，社会公正就会受到普遍质疑，社会和谐就难以保障"[1]。"当前，司法领域存在的主要问题是，司法不公、司法公信力不高问题十分突出……司法不公的深层次原因在于司法体制不完善、司法职权配置和权力运行机制不科学、人权司法保障制度不健全。"[2] 以上论述既阐明了司法在维护社会公平正义中的重要作用，又尖锐地指出当前司法领域存在的主要问题，并深刻剖析了导致问题发生的深层次原因，这些都是启动本轮司法体制改革的重要背景。繁简分流机制改革作为本轮司法体制机制改革的重要内容，就是对保障司法公正指导思想的深入解读与贯彻落实。

（二）目的性

"遇到关系复杂、牵涉面广、矛盾突出的改革……要从人民利益出发谋划思路、制定举措、推进落实。"[3] 习近平总书记在中央全面深化改革领导小组第二次会议上的讲话为实现人民利益、顺利推进改革提供了重要的方法论。随着经济社会的快速发展，各类矛盾纠纷大量涌入法院，群众既要求严格司法，实现公平正义，又要求快速裁判，提高审判效率。如何能够推动诉讼制度更加顺应经济社会发展需要，如何能够更好地满足人民群众对司法服务的现实需求，已经成为本轮司法改革关注的重点内容。

习近平总书记在中央政法工作会议上要求，"深化诉讼制度改革，推进案件繁简分流、轻重分离、快慢分道"[4]，为新时代诉讼制度的发展指明了

---

[1]　2014 年关于《中共中央关于全面推进依法治国若干重大问题的决定》的说明。
[2]　2014 年关于《中共中央关于全面推进依法治国若干重大问题的决定》的说明。
[3]　2018 年 1 月 23 日习近平总书记在中央全面深化改革领导小组第二次会议上的讲话。
[4]　2019 年习近平总书记在中央政法工作会议上的重要讲话。

方向，为司法工作提供了根本遵循。深化繁简分流改革的根本目的就是通过打造以司法资源配置为核心的案件办理格局，提升案件办理质量和效率，努力满足人民群众和经济社会发展对司法工作的需求，从而实现"努力让人民群众在每一个司法案件中感受到公平正义"的终极目标。

（三）必要性

繁简分流是在"保障诉讼公正的前提下，尽可能地节约当事人和国家的诉讼成本，使用于解决争议的程序与案件的价值、重要性和复杂性成合理比例"，① 这项改革是一个系统性工程，不仅需要通过优化诉讼制度体系来实现，更需要结合配套改革举措来完善。以河南省濮阳市华龙区人民法院（以下简称"华龙法院"）为例，该院是濮阳市唯一的城区基层法院，正式干警人数不到全市两级法院的 1/6，却承担着全市法院 1/3 强的案件量。2018 年该院受理各类案件 23853 件，结案 21634 件，法官人均结案 441.51 件，是全省法院人均结案的 1.85 倍，人案矛盾十分突出。在此情形下，只有通过制度性改革，才能突破根源性桎梏，进一步深化繁简分流改革势在必行。

二 设计理论

（一）改革思路

繁简分流改革是一项综合系统工程，需要框架内外同时发力：框架外，要充分发挥好繁简分流前的多元化解功能，坚持把非诉纠纷解决机制挺在诉讼化解之前，从源头上减少诉讼增量，为案件繁简分流夯实基础；框架内，要深化诉讼制度改革，结合人员、阶段、配套制度等层面，特别要做好专业化审判与繁简分流的有机结合，通过科学界定案件繁简，灵活适用轻重分

---

① 王福华：《民事案件制度评析》，《法学论坛》2008 年第 2 期。

离,并将信息化建设与司法工作深度融合,最终实现案件处理快慢分道,司法质效整体提升。

(二)立法渊源

法院繁简分流标准应在现有立法框架内构建,所以在探究具体的繁简分流标准前,必须先对繁简分流的法律依据进行系统梳理。

1. 初创时期

法院繁简分流的法律依据最早可追溯到 1982 年的《民事诉讼法(试行)》,该法确定基层人民法院和派出法庭可以适用简易程序审理简单民事案件 2003 年,《最高人民法院关于适用简易程序审理民事案件的若干规定》正式施行,对简易程序审理进行细化,并明确五种情况不适用简易程序审理①。

2. 实践探索时期

2011 年 5 月 1 日,最高人民法院率先在北京、天津、上海等 13 个省、自治区、直辖市启动基层人民法院小额速裁试点工作,并出台相关指导意见,对小额速裁程序的适用范围和排除条件作出了明确规定②。2012 年,《民事诉讼法》进行修改,增加了第 133 条,规定法院受理的案件,可区分督促程序、诉前调解、简易程序、普通程序等情形,分别处理;增加了第

---

① 《最高人民法院关于适用简易程序审理民事案件的若干规定》第一条规定:"基层人民法院根据《中华人民共和国民事诉讼法》第一百四十二条规定审理简单的民事案件,适用本规定,但有下列情形之一的案件除外:(一)起诉时被告下落不明的;(二)发回重审的;(三)共同诉讼中一方或者双方当事人人数众多的;(四)法律规定应当适用特别程序、审判监督程序、督促程序、公示催告程序和企业法人破产还债程序的;(五)人民法院认为不宜适用简易程序进行审理的。"

② 《关于部分基层人民法院开展小额速裁试点工作的指导意见》明确规定:"当事人起诉的案件法律关系单一,事实清楚,争议标的金额不足 1 万元的下列给付之诉的案件,可以适用小额速裁,但当事人提出异议的除外:(1)权利义务关系明确的借贷、买卖、租赁和借用纠纷案件;(2)身份关系清楚,仅在给付的数额、时间上存在争议的抚养费、赡养费、扶养费纠纷案件;(3)责任明确、损失金额确定的道路交通事故损害赔偿和其他人身损害赔偿纠纷案件;(4)权利义务关系明确的拖欠水、电、暖、天然气费及物业管理费纠纷案件;(5)其他可以适用小额速裁的案件。"

162 条,明确小标的额简单民事案件可实行一审终审。2015 年 2 月 4 日,《最高人民法院关于适用〈中华人民共和国民事诉讼法〉的解释》正式施行,该解释对小额诉讼程序审级制度、受案范围、举证期限等相关事项进行了规定,同时明确了五类纠纷不适用小额诉讼程序审理。

3. 深化与多元化纠纷解决阶段

2016 年 6 月 28 日,最高人民法院颁布《关于人民法院进一步深化多元化纠纷解决机制改革的意见》,明确提出依法在民事、刑事、行政等审判领域大力推行繁简分流。2016 年 9 月 13 日,最高人民法院发布《关于进一步推进案件繁简分流、优化司法资源配置的若干意见》。该意见重点围绕完善诉讼程序和优化资源配置两大问题,从立案环节甄选、送达环节辅助、审理程序创新、庭审方式改革、合理人案配置、积极借助外力等方面着手,对进一步推进案件繁简分流、优化司法资源配置进行了针对性、细致化的分析阐述,对当前乃至今后一个时期指导法院系统繁简分流改革具有纲领性作用。2017 年 5 月 8 日,最高人民法院印发《关于民商事案件繁简分流和调解速裁操作规程(试行)》。该规程在进一步细化民商事案件繁简分流程序的同时,围绕速裁组织、受案范围、庭审及裁判文书要求、审理期限等方面,较为详细地规定了速裁操作规程,明确了不适用速裁方式审理范围①。

通过梳理立法渊源可以看出,繁简分流工作是一整套审理机制,法律对于"繁"案的规定,对于"简"案的标准多为描述性表述,如事实清楚、权利义务关系明确、争议不大等,相关司法解释规定也较模糊,这就使法院在区分案件繁简时有了较大的裁量空间。

---

① 《最高人民法院关于民商事案件繁简分流和调解速裁操作规程(试行)》规定:"基层人民法院对于离婚后财产纠纷、买卖合同纠纷、商品房预售合同纠纷、金融借款合同纠纷、民间借贷纠纷、银行卡纠纷、租赁合同纠纷等事实清楚、权利义务关系明确、争议不大的金钱给付纠纷,可以采用速裁方式审理。但下列情形除外:(一)新类型案件;(二)重大疑难复杂案件;(三)上级人民法院发回重审、指令立案审理、指定审理、指定管辖,或者其他人民法院移送管辖的案件;(四)再审案件;(五)其他不宜速裁的案件。"

三 基层法院繁简分流举措

本文以华龙法院推行繁简分流改革工作为对象，结合人员、阶段、配套制度等不同层面，从多个角度分析基层法院繁简分流改革的具体举措。

（一）人员层面

由于审判人员素质、能力不尽相同，同样的岗位，使用不同的人，会收获不同的结果。目前，基层法院审判人员的素质和水平并不均衡，在繁简案件数量大比例不对称的情况下，让审理能力较强的人员负责较少的复杂案件，发挥其他人员的调解优势快速处理相对简单的案件，是合理配置有限审判力量的上佳选择。繁简分流可以让大量简单案件得到集中快速处理，既方便了当事人，降低了诉讼成本，又为繁案、难案的精细化审判排除了案件量的干扰，从而实现人员配备更优，攻坚力量更强，更有利于审理质效的整体提升。

目前，华龙法院在人员层面的分流上采取"分道"模式，即视具体情况区分人员类型，借力院庭长办案制度改革，将之前繁简案件混杂审理的"单车道"模式，升级为简单案件、普通案件和复杂案件分别交由普通法官、资深法官和院庭长审理的"三车道"模式，让不同能力的人员在不同"车道"上同时发力、各尽其能。基层法院院庭长大都是在业务岗位上历练多年后成长为审判委员会委员的业务熟手，带头审理发回重审等疑难复杂类案件；各团队中年资较长的资深法官都是团队中的骨干力量，对年轻法官有业务示范和"传帮带"作用，着重审理大案、难案；资历较浅的年轻法官学历高，理论功底厚，工作劲头足，办理速裁类案件成效好。

（二）阶段层面

纠纷解决存在多个阶段，特点各不相同，必须区分阶段、区别重点推进：在做好诉前多元化解工作基础上，把控好立、审、执三阶段节点。立案阶段着重引导当事人选择非诉讼方式解决纠纷，或者选择适用督促程序、实现担保物权、小额诉讼等程序，实现立案前引导分流；审理阶段着重从繁简角度掌握分流尺度，确保简案速裁、繁案精审；执行阶段着重从执行完结标准平衡繁简分流，确保集约化、流程化提速，个案化、精品化保质。

1. 诉前阶段进行多元化解

诉前阶段的多元化解是推进案件繁简分流的前提。从严格意义上来讲，这个阶段不属于案件繁简分流阶段，但是该阶段的工作对案件繁简分流起着重要作用，它是推进繁简分流的前期预备阶段，通过加大诉讼前的多元纠纷化解力度，努力降低进入法院的纠纷总量，可以为推进案件繁简分流整体减压。

进一步完善健全多元化解工作机制，要坚持关口前移，充分发挥诉讼服务中心职能，努力为当事人提供诉前调解、法律咨询等服务，促使矛盾纠纷充分过滤、合理分流。完善先行调解、委派调解工作机制，对法律关系简单且具备调解基础的案件，遵循自愿、合法原则，引导当事人尽量选择非诉纠纷解决方式。学习"枫桥经验"，结合自身实际，强化社会综合防控，推动多元纠纷化解体系建设。充分发挥矛盾调解中心和各类行业调解组织的积极作用，根据各类案件特点，不断扩增委派调解案件范围，推进专业审判团队与社会调解机构的"优势互补"，持续培植"第三方力量"长效运行机制，特别是要大力探索多元调解与诉讼内调解的无缝对接机制。

2. 立案阶段的繁简分流

（1）加强立案时的引导分流

立案时加大对当事人的诉讼指导力度，详细告知、提示当事人相关诉讼风险，释明诉前调解便捷高效、成本低廉、司法确认效力等同于裁判文书效力等优势，以及关于督促程序、小额诉讼程序等快捷程序的具体内容，引导当事人尽量选择非诉方式解决问题，或者选择快捷程序解决纠纷。

（2）组建独立的速裁机构

在诉讼服务中心成立速裁审判团队，结合专业化审判，对于争议不大或无争议，或是事实清楚、证据充分的案件，当事人不愿进行诉前调解的，在完成立案手续后，第一时间进入速裁团队，按照"进一个门、找一个人、全部办清"的标准，构建适用特别程序、督促程序、小额诉讼程序、简易程序和普通程序的"社区医院"式快速处理案件新格局，努力实现"以少数的人员力量处理大量的简单纠纷"的目标。

（3）完善立案繁简分流甄别机制

立案部门结合案件类型、标的金额、当事人状况、案件具体情况等因素，初步筛查案件繁简。同时完善审判流程管理系统中案件繁简自动甄别功能，可以通过"案由＋几项特定要素"选项，生成智能识别模式，自动进行繁简分流，确保简单案件在经过初次筛查和智能筛选后都能被流转至速裁团队。

3. 审理阶段的繁简分流

（1）依托专业化审判，做好类案分流

对于案件数量较为集中的类型化案件，区分不同团队审理，各团队内部依据案由明确审理细则和规范性意见，统一裁判尺度；结合类案特点，制定格式化庭审模板和文书模板，努力实现简单案件流水线作业，复杂案件精练化审理。此举可保证法官有时间、有精力研究类型案件的处理技巧和规则，且有利于实现"同案同判"，从而有效提升案件审判质效。当然，若类案审理能够辅以轮岗机制则更佳，既可突出专业性又能确保审判团队的整体建设。

（2）结合诉调对接机制，做好调诉分流

努力加强司法机关与行政机关、公证机构、仲裁机构以及各类调解组织的协调配合，大力推动程序安排、效力确认、法律指导等方面的有机衔接。对于诉讼中出现的可以调解且当事人同意调解的案件，及时引入调解机制，借助专业调解、行业调解、部门调解等外力提升调解成功率。同时加大线上对接人民法院在线调解平台力度，构建线上线下调解网络，助力审判质效提升。

（3）积极推进简案快办，做好速裁分流

推行"双项速裁"模式，一是在立案阶段成立独立的速裁团队，二是在各业务部门内部成立简审合议庭。经过独立速裁团队过滤后的案件，进入审判团队后，团队负责人进一步审查案件是否适用简易审理。适宜简易审理的流转至本团队简审合议庭，不适宜简易审理的流转至精审合议庭。对不适宜简易审理但已流转入简易程序的案件，经团队负责人审核，可回到普通程序。对于速裁案件推行简化的审理方式、审理程序、裁判方式和裁判文书形式等，让简单案件真正快起来。

4. 执行阶段的繁简分流

坚持团队化、流程化、集约化的执行工作模式，以执行指挥中心为基础，下设甄别组、送达组、查控组、速执组、终本组和精执组。

执行案件受理后，首先由查控组查控，送达组登记送达（上述工作三天内完成）。随后转入甄别组甄别案件有无财产，有财产的及时采取措施。根据案件繁简程度，简单案件流转至速执组，复杂案件流转至精执组，无财产案件流转至终本组（上述工作七天内完成）。最后案件进入执行，速执案件要求两个月内结案，确保执行提速；终本案件要求两个月内完成线下调查，有财产的案件迅速流转至精执组继续执行，无财产的案件三个月后终本。

（三）配套制度层面

在做好人员和阶段层面的保障后，繁简分流还需要通过制度建设进一步完善审理方式、审理程序、裁判文书、司法辅助工作等方面的机制保障。

1. 开展适用程序繁简分流

正确适用普通程序、简易程序、小额诉讼、督促程序等法定程序。鼓励当事人积极选择小额诉讼程序，对于超过法律规定数额但符合小额诉讼其他条件的简单民事案件，法官应主动向当事人释明小额诉讼相关规定及优势，取得当事人书面同意后，适用小额诉讼程序。大胆使用支付令程序，摒弃以往对使用支付令送达难、诉讼费用低等诸多顾虑，努力减少案件数量。

2. 推进庭审方式繁简分流

充分发挥庭前会议在归纳争议焦点、促进庭前和解等方面的作用。区分案件繁简程度，有针对性地采用差异化庭审方式：对于案情简单、事实清楚、法律关系较为明晰，或当事人争议较小的案件，通过门诊式庭审，简化程序，重点开展实质性审查；对于交通事故、婚姻家庭等类型化案件，可采取要素式庭审，重点审查双方当事人有争议的要素点；对于涉众型、群体性纠纷，适当选取代表意义突出、典型性较强的案件先予以审理，通过对个案的具体处理，摸索、归纳、总结此类案件普遍存在的事实问题和法律争议点，进而指导后续类案的审理；对于数量较为集中的类型化案件，明确专业化审判组织，固定专业法官进行专门审理，通过专业化、流水线模式提升案件质效。

3. 探索文书繁简分流

裁判文书制作是案件审理程序的重要环节，可视案件繁简程度，对裁判文书采取差异化方式撰写。对于繁难、复杂案件，裁判文书要围绕案件争议焦点，有针对性地逐条论述、辨析；对于虽不属于繁难、复杂但类案指导意义较高的案件，裁判文书要强调突出对指导意义的说理分析；对于案情简单、事实清楚、法律关系明确的简单案件，可创新文书样式，大胆使用令状式、要素式、表格式等简式裁判文书。

4. 通过信息化服务繁简分流

全面推行网上办案，依托法院审判流程管理系统，确保所有案件全程网上流转。在法院内部，扩大网上立案案件类型范围，做到能网上立案的全部网上立案；在法院外部，通过与律协合作、组织培训、发放宣传资料等方式，让更多的当事人、代理人接纳网上立案，主动选择网上立案。充分利用审判流程信息公开网，使用电子送达平台，通过信息化手段努力实现法院与当事人的"双赢"。

5. 以审判辅助事务集约化助力繁简分流

结合法院实际，努力推进审判辅助事务集中管理和集约化处置，安排专门机构、专人负责送达、鉴定、保全等审判辅助性事务。通过统一购买、政府采购等方式解决具有一定技术性的保障类辅助工作，如电子卷宗扫描、网站维护、邮件专递送达等。

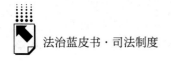
四　繁简分流成效

推进案件繁简分流机制改革是科学调配和高效运用审判资源、破解"案多人少"难题的有效途径，也是尊重群众差异化司法需求、减轻群众诉累的重要方式。近年来，华龙法院年收、结案件量均在 2 万件以上，位居全省前列。但是办案力量与案件量比例却严重失调，特别是法官员额制度改革后，虽然省法院给予了政策性照顾，但仍无法与实际办案量匹配。目前，该院共有正式干警 125 人，其中行政编制 88 人，员额法官 51 人。不仅总人数少，司法辅助人员也严重不足，办案法官压力巨大。多年来，为缓解工作压力，2012 年该院率先在民商事审判领域推行专业化审判，通过类案审理、流程化办公，在一定程度上提升了审判质效。2016 年司法改革启动后，该院又将专业化审判与繁简分流进行了深度融合，成效明显。

图 1 是 2012 年至 2018 年该院一线办案的法官人数情况，其中 2012 年至 2015 年一线法官数包括具有审判资格的院领导和事业编制助理审判员数。2016 年，因为人事调整、退休、调出等，一线法官数量略有下降。2017 年至 2018 年，法官员额制改革正式启动，该院 49 名法官入额。2019 年初，该院增补 3 名员额法官，退出 1 名员额法官，目前该院实有 51 名员额法官。总体而言，近年来，一线办案法官数呈下降趋势。

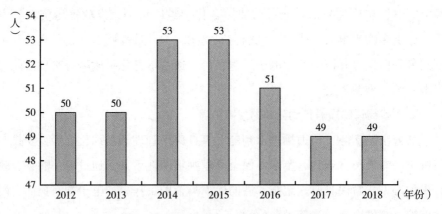

图 1　2012～2018 年一线办案法官人数

从图 2 和图 3 可以看出，2012～2016 年，华龙法院实行的专业化审判渐进性地拉升了审判质效。2017 年以来，该院推行的繁简分流改革跨越性地提升了审执整体质效。尤其是 2018 年的收案数，不仅没有延续以往的持续上升趋势，反而较上一年度略有下降。这个变化彰显了该院在专业化审判基础上，通过深度谋划繁简分流模式，灵活引入多元化解方式，成功地实现了"可诉可不诉"纠纷的诉外分流，矛盾纠纷进入司法程序的数量首次下降，为诉讼内繁简分流夯实了外部基础。

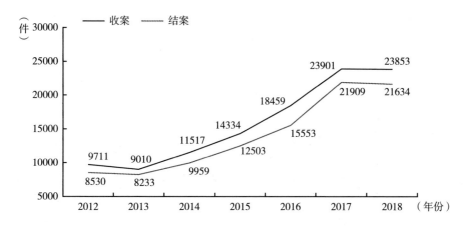

图 2　2012～2018 年法院收结案数对比

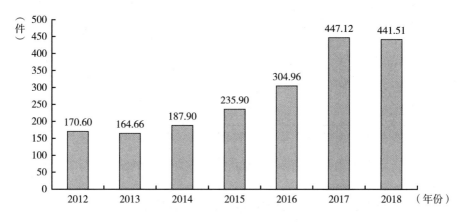

图 3　2012～2018 年法官人均结案对比

繁简分流的功效不仅体现在办案效率的提高上，更体现在案件质量的提升上，以华龙法院近五年来部分质效指标为例分析如下。

结案率（见图4）和服判息诉率（见图5）五年来总体呈大幅上升趋势，虽然2018年的结案率较2017年下降了2.18个百分点，但仍保持高位运行。

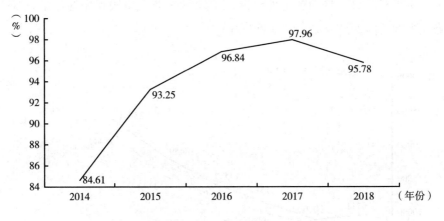

图4　近五年审理结案率情况（2014～2018）

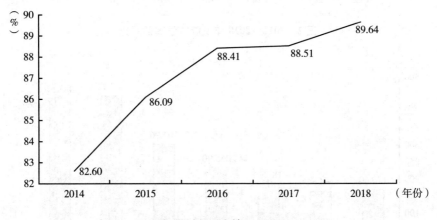

图5　近五年服判息诉率情况（2014～2018）

2014年至2016年推行类案审理模式期间，该院案件发改率呈上升趋势；2017年推行繁简分流以来，发改率呈下降趋势，且下降明显（见图6）。

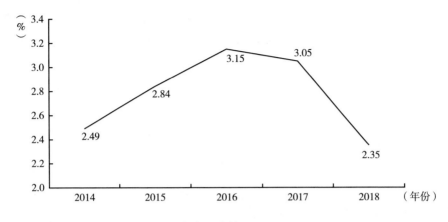

图 6　近五年发改率情况（2014～2018）

图 7 中民事案件平均审理天数的变化最为明显，从 2014 年的 81.3 天降至 2018 年的 38.1 天，充分证明了繁简分流改革在提升民事案件审判效率方面成效显著。

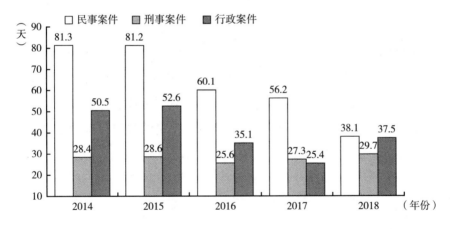

图 7　近五年三大类案件审判平均审理天数（2014～2018）

五　实践中存在的问题

改革过程也是探索未知领域的过程，虽然繁简分流改革是法院优化司法资源配置、提升司法质效的正确方向和必然路径，但是通过对华龙法院案件繁简分流情况的具体分析，课题组发现仍然存在一些制约繁简分流改革成效的问题与因素。

（一）概念不明晰

繁简分流与多元化解、诉调对接之间的关系，繁简分流机制与"分调裁审"机制的关系等，缺乏清晰化、条理化的界定。从理论层面分析，多元纠纷化解可以定性服务于案件繁简分流的诉源治理工作，与案件繁简分流关系紧密。从表面看具备"分流"特征，但是从严格意义上来讲又不属于案件繁简分流范畴，导致存在一些认识偏差，特别是基层法院，易将多元纠纷化解程序也纳入案件繁简分流范围。

（二）标准不具体

虽然最高人民法院在《关于进一步推进案件繁简分流 优化司法资源配置的若干意见》中明确："要将案件的事实繁简程度、社会影响大小、法律适用和裁判结果的指导意见等作为划分繁简案件的主要考虑因素"，但是该规定概括性较强，各院掌握时也存在标准不统一现象。目前，民商事案件中区别繁简较为普遍的做法是按照小额诉讼、简易程序、普通程序的分类方法实现分流，但由于《民事诉讼法》对简易程序的规定仅有"事实清楚、权利义务关系明确、争议不大"的认定标准，过于宽泛，而小额诉讼对案件标准的规定也略显粗糙，且立案时、开庭前仅凭当事人提交的诉状和证据，很难准确界定案件繁简程度，实现合理分流。

（三）程序不顺畅

以民商事案件为例，一般民商事案件区别小额诉讼程序、简易程序、普通程序被繁简分流至主审法官后，法官通过对案件进行初步了解与审核，如果发现存在需要转换程序的事由，就涉及审判组织如何对接、程序如何操作、审理期限如何计算等现实问题。目前，关于这些问题尚无统一规定，各个法院操作时差异较大，也容易因为流转不顺产生审理庭室、审判人员之间的推诿现象，且极易造成延长审理时间的问题。

（四）机制不健全

1. 多元纠纷解决机制还不完善

虽然多元纠纷解决机制并不隶属于繁简分流范畴，但它属于纠纷源头治理，对于减少纠纷流入法院起着至关重要的作用，对缓解法院"案多人少"矛盾不可或缺。目前，基层法院的多元纠纷化解工作普遍存在三个问题。一是由法院主导现象严重。多元纠纷化解机制的运行过多依赖法院的司法投入，依赖审判人员的指导调解，法院"减负"不明显。二是独立调解组织开展工作不规范。独立于法院之外的各类调解组织分别归口政府机关、行业协会等管理主体，囿于人员、经费、考核机制等因素，大多各自为政，与法院的司法调解对接也存在不完善、不规范的问题。三是盲目调解成风。因为划分机制不完善，出现纠纷在立案前不论大小、难易，先到调解组织走一圈的盲目调解现象，调解组织变成了诉讼案件的"蓄水池"，在一定程度上变相损害了当事人的诉讼权利，个别案件甚至引发当事人不满。

2. 繁简分流工作方式还比较原始

从华龙法院的繁简分流工作可以看出，目前，基层法院繁简分流尚无成熟的筛选机制，大多依赖于人工审查，人工分流和速裁团队手动分流现象较普遍，分流效率和准确度都不高，一部分貌似繁难、实则简单的案件进入精审合议庭，最终该简未简，影响效率提升。

3. 缺乏明确的庭审和裁判指引

最高人民法院《关于进一步推进案件繁简分流　优化司法资源配置的若干意见》提出，要推行裁判文书繁简分流，但是没有明确庭审和裁判文书的具体要求和简化标准。在适用标准不明的情况下，各法院认识和操作不尽相同，当事人和上级法院的接受程度也不尽相同。华龙法院就曾出现简审裁判中适用表格式文书后，当事人上诉至中院，无法从卷宗中查明庭审情况，二审法院认为一审认定事实不清，导致案件发回重审。

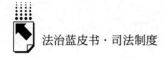

4. 繁简分流配套程序不完善

一是审判流程系统未囊括繁简分流配套机制建设。当前,法院所有案件都实现了审判流程全覆盖,但该流程系统没有充分考虑繁简分流机制的运行,没有嵌入相关配套选项,无法实现"智慧分流",信息化繁简分流通道急需搭建。二是督促程序作用不明显。《民事诉讼法》规定对债权、债务关系清楚的纠纷可以申请法院直接向义务人发出支付令,不必经过诉讼程序。但是,目前基层法院适用督促程序的案件比例不高,使得一些原本通过督促程序可以更快解决的纠纷,还是进入简易程序或者普通程序。三是送达机制不健全。简易程序在传唤当事人方面不受《民事诉讼法》有关期限和送达的严格限制,但是因为法律没有完善的制度保障,造成当事人不配合从而影响简易程序的适用率。

(五)考核不完善

对案件繁简分流工作成效进行科学评估,不仅可以监督繁简分流工作,还能通过具体的分析与反馈,进一步推进繁简分流向纵深发展。繁简分流改革重在提升审判质效、促进司法公正,但是,当前的绩效考核指标更多地体现为对办案效率的关注,如结案率、平均结案用时等;对于办案质量仅表现在发改率、服判息诉率等少量指标上;对于繁简分流比例、繁简结案比例则没有具体要求,很难直观地看出繁简分流工作开展情况和推进繁简分流后案件质效提升情况;对于督促程序等其他程序也没有明确规定,易造成对其他程序的消极适用,不利于程序分流作用的充分发挥。

六 深化繁简分流工作展望

案件繁简分流是个系统工程,必须充分考量全局、人员、案件、流程等综合因素,紧紧围绕实践探索中出现的各类问题,多层次、多角度、系统性开展才能顺利推进改革工作,确保改革成效最大化。

一是站位法律层面实现概念明晰化。从法律层面清晰界定繁简分流与多元化解、诉调对接和"分调裁审"机制在概念、阶段、内涵、意义等方面的显著区别与内在关联。根据其区别,明确各机制功能优势,准确定位繁简分流发力点、关键内容和延展方向;围绕其内在关联,充分发挥各机制的积极作用,通过侧重环节优势,努力强化职能互补,最终助力繁简分流在全社会纠纷化解大框架下持续纵深发展。

二是结合各地实际实现标准具体化。鉴于现行法律对案件繁简划分标准过于宽泛、类别线条较为粗犷、分流内容不够细化等现象,建议在全省、全市的特定框架内,制定出台符合具体省情、市情的案件繁简分流划分标准。在此基础上,可适度授予基层法院因地制宜、灵活制定操作细则的职能权限。基层法院结合本地区、本院实际情况,制定符合地区特色、法院特点的案件繁简分流实施细则,报上级法院审核、备案后,可依据实行。

三是围绕案件程序节点实现流程顺畅化。理顺立案、审理、执行等流程的分流重点:明晰立案关口初步筛分繁简机制和工作流程,完善对接审执关口具体环节与流转细节;审理中区分小额诉讼程序、简易程序、普通程序等类别,细化程序流转过程中的繁简分流标准,明确程序流转顺序和时间节点,特别要注重细化不同程序的逆向流转规程与节点;执行中区分不同工作模块,制定相关分流程序,严格执行流转过程中的时间节点管控,确保执行异议、执行回转等救济渠道顺畅无阻。

四是区分纠纷化解阶段实现机制健全化。诉讼前,充分调动全社会力量积极参与矛盾纠纷的源头治理,借鉴目前多元纠纷化解的成功经验,继续借助行业机构、职能部门等渠道深入探索社会力量参与矛盾纠纷源头治理的新机制、新方法,以实现从源头减少纠纷数量、降低诉讼案件增幅的效果。审理中,重点完善繁简分流工作方法,借助信息化平台和大数据推进,创新、完善较为成熟的案件繁简分流筛选机制,努力提高案件繁简筛选准确率。进一步完善庭审规则,明确裁判指导,对裁判文书、庭审方式等具体内容进行实质性细化,实现适用标准明确、操作统一规范。进一步完善审判流程系统,将繁简分流配套机制完全融入流程管理,借力信息化通道,实现"智慧分流"。进一步加强配套机制建设,完善特别程序相关规定,细化送达、

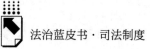

保全、鉴定等审判辅助事务机制建设。

五是紧盯改革目标实现考核完善化。推进案件繁简分流改革的终极目标，是最大限度地化解各类社会矛盾纠纷，以公正高效的司法服务尽可能地提升社会和谐度与群众满意度，而科学、完善的考核机制是确保目标实现的强大助力。结合当前考核指标设置现状，建议通过完善指标设置强化对案件繁简分流工作的突出引领，如增设案件繁简分流比例、繁简结案比例、繁简案件服判息诉率等繁简案件质效考核指标项，增设对督促程序等特殊程序的相关考核内容，通过侧重性地细化考核督促案件繁简分流工作实现科学化、合理化、务实化和持续化。

B.8
司法公开的中国实践与制度完善

李忠义　王淑媛*

摘　要： 党的十八大以来，作为全面深化司法改革的一项重要内容，
人民法院司法公开工作稳步推进，司法公开发展的理论探索
与实践都取得了一些可喜成绩，但也暴露出司法公开制度机
制不健全、司法公开平台建设不完善、司法公开格局未完全
形成等发展瓶颈。本文立足法院实践工作，在充分凝练司法
公开发展规律的基础上，分析现阶段司法公开工作的问题与
不足，并以此为抓手，健全司法公开制度机制体系，建立司
法公开内外服务体系，完善司法公开体系化建设，构筑司法
公开新格局，推动实现司法公开从快速发展向全面深化顺利
迈进。

关键词： 司法公开　司法改革　司法透明度

充分保障人民群众对法院工作的知情权、参与权和监督权是人民法院践
行司法为民宗旨的应有之意。人民法院必须主动敞开大门，直面群众，借助
信息技术，有效缩短时空距离，及时为当事人和公众提供服务，把司法过程
和结果向当事人和社会公众公开，接受当事人和社会公众的监督，让人民群
众看得见、摸得着、感受得到，对审判执行过程心中有数，主张和诉求得到

---

* 李忠义，吉林省高级人民法院审判管理办公室主任；王淑媛，吉林省高级人民法院审判管理
办公室副主任。

及时回应。"正义不仅要实现，而且要以看得见的方式实现。"① 司法公开已发展成为加强法院管理、提升司法公信力的重要载体和现实路径。2013 年以来，在最高人民法院的主导推动下，全国法院着力推动审判流程公开、庭审活动公开、裁判文书公开、执行信息公开四大平台建设，不断拓展司法公开的广度和深度，逐步构建"开放、动态、透明、便民"的阳光司法机制。

一　司法公开的理论基础

党的十八大以来，习近平总书记对司法改革作出了一系列立意高远、内涵丰富的重要论述，深刻阐释了司法改革的主要内容、重大理论和实践问题，为进一步推进司法公开提供了基本遵循，指明了方向。

（一）司法公开体现了"以人民为中心"的根本立场

2013 年习近平总书记在主持中央政治局全面推进依法治国第四次集体学习时指出，要努力让人民群众在每一个司法案件中感受到公平正义。只有司法公开才能让正义以看得见的方式实现，才能让人民群众实实在在地在每一个司法案件中都感受到公平正义；只有司法公开，了解司法是如何运行的，司法才能有密切联系群众的机会，才能发现司法行为中的问题；只有司法公开，才能实现司法案件让人民参与、人民监督、人民评判，提高司法公信力②。

（二）司法公开凝聚了"将全面深化改革进行到底"的根本动力

中国改革开放 40 多年来，社会经济发展取得了举世瞩目的成就，司法公开作为全面深化改革的重要内容，党和国家对司法公开和司法公正也提出了新的更高要求。党的十八大将司法公开作为健全权力运行的重要事项列入

---

① 〔英〕丹宁:《法律的正当程序》，李克强等译，法律出版社，2010，第 136 页。
② 高一飞:《阳光下的审判——司法公开实施机制研究》，法律出版社，2017，第 1 页。

报告，决定推进司法公开，"让人民监督权力，让权力在阳光下运行"。十八届三中全会进一步提出规范审判公开，对庭审的过程进行录音录像并保留庭审资料。十八届四中全会更是提出构建"开放、动态、透明、便民"阳光司法机制的要求。在习近平新时代中国特色社会主义思想理论体系中，阳光司法机制也有具体体现："增强主动公开、主动接受监督的意识，依法及时公开执法司法依据、程序、流程、结果和裁判文书。"①

（三）司法公开反映了"全面推进依法治国"的本质要求

《宪法》是司法公开的基础。《宪法》规定："人民法院审理案件，除法律规定的特别情况外，一律公开进行。"《宪法》确定了司法公开的基本原则："公开是原则，不公开是例外。"《民事诉讼法》《刑事诉讼法》和《行政诉讼法》分别对司法公开进行了规定。另外，《人民法院组织法》中也规定："人民法院审理案件，除涉及国家机密、个人隐私和未成年人犯罪案件外，一律公开进行。"司法公开在国家制度层面的体现，不仅是作为一项宪法原则纳入基本诉讼制度，更是作为促进司法民主、实现司法正义、树立司法公信的重要途径在依法治国方略中予以实施。

二 司法公开的宏观推进

党的十八届三中全会以来，最高人民法院将推进司法公开作为司法改革的重要改革举措，以制度建设为引领，以人民法院信息化建设为支撑，以建设审判流程公开、庭审活动公开、裁判文书公开、执行信息公开四大平台为载体，全面深化司法公开，着力构建"开放、动态、透明、便民"的阳光司法机制，成效明显。

一是加强司法公开制度指引。2013 年以来，最高人民法院先后出台

---

① 中共中央宣传部：《习近平新时代中国特色社会主义思想学习纲要》，人民出版社，2019，第 104 页。

《最高人民法院关于推进司法公开三大平台建设的若干意见》《最高人民法院关于人民法院在互联网公布裁判文书的规定》《最高人民法院关于人民法院庭审录音录像的若干规定》《最高人民法院关于人民法院通过互联网公开审判流程信息的规定》《关于人民法院执行流程公开的若干意见》《最高人民法院关于进一步深化司法公开的意见》等规范。

二是强化司法公开平台建设。2013 年 7 月，中国裁判文书网开通。当年 11 月，最高人民法院提出依托现代信息技术，建设审判流程信息公开、裁判文书公开、执行信息公开三大平台。2014 年 11 月，中国执行信息公开网、中国审判流程信息公开网相继开通。2016 年 9 月，中国庭审公开网开通，四大平台构建支撑起中国法院司法公开大厦的有效载体。自 2013 年起，最高人民法院先后开通新浪官方微博、腾讯微博、人民网微博，上线全国法院微博发布厅，全面进驻国内主流微博平台。"全国法院微博发布厅"成为首个国家级官方微博集群，涵盖全国 31 个省份和新疆生产建设兵团的微博发布厅，拓展了新媒体公开信息渠道。

三是切实更新司法公开理念。全国法院深刻理解习近平总书记提出的"让暗箱操作没有空间，让司法腐败无法藏身"的要求，充分认识推进司法公开的重大意义，按照最高人民法院关于"主动公开、依法公开、及时公开、全面公开、实质公开"的要求，努力使司法公开理念成为各级法院的一种思维方式、一种常态工作，成为每一个法院、每一位法官的自觉行动。各级人民法院以公开为原则、以不公开为例外，确保向社会公开一切依法应当公开的内容，最大限度保障人民群众的知情权、参与权、监督权，努力实现以公开促公正，以公开树公信。

四是不断加大司法公开力度。截至 2019 年 10 月 31 日，中国裁判文书网公开各级法院裁判文书 7953 万篇，访问总量超过 367 亿次，用户覆盖全球 210 多个国家和地区，成为全球最大的裁判文书公开平台；中国庭审公开网累计直播各类案件 535 万件，主网站及关联网站总观看量超过 200 亿次；中国审判流程信息公开网公开案件 2021 万件，公开率达 99.57%，有效公开案件 1566 万件，有效公开率达 77.49%，生成短信 1 亿条，公开文书

（含笔录）28 万篇，成功发送电子送达文书 5 万篇；中国执行信息公开网公布失信被执行人名单 1574 万例，限制乘坐飞机 3423 万人次，限制乘坐火车 628 万人次，网络拍卖总量 43 万件，溢价率 89.85%，总成交金额达 9383 亿元，为当事人节省佣金 290 亿元。

三　司法公开的微观实践

在最高人民法院的指导推动下，全国法院紧紧围绕"努力让人民群众在每一个司法案件中感受到公平正义"的目标，坚持司法为民、公正司法，以司法改革为动力，以人民法院信息化建设为支撑，全面深化司法公开。人民法院将司法公开工作作为整体性系统工程推动，逐步形成体系化发展趋势，可归纳、总结为司法公开六大体系，即司法公开组织体系、司法公开目标体系、司法公开制度机制体系、司法公开智能化体系、司法公开宣传体系和司法公开评价体系（见图 1）。

（一）司法公开组织体系：问题导向与目标导向相结合

一是统一思想认识。各级法院领导充分认识到司法公开在促进司法公正、保证司法廉洁方面的重要意义，深刻分析司法公开工作形势，统一思想认识。二是加强组织领导。将司法公开工作列入"一把手"工程，与审判执行工作同谋划、同部署、同落实、同检查，形成主要领导亲自抓，分管领导具体抓，一级抓一级，层层抓落实的有序局面。三是主动对标对表。对标《最高人民法院关于进一步深化司法公开的意见》要求、全国先进法院的经验做法以及司法公开单项工作第三方评估结果，各级法院深入检视审判流程信息公开、庭审活动公开、裁判文书公开、执行信息公开等领域存在的不足和问题，不断提升司法公开工作水平。四是"一盘棋"推动。以最高人民法院为统领，加强顶层设计，以上率下、统一标准、统一部署、统一检验，各省法院"一盘棋"，同步推进司法公开工作。

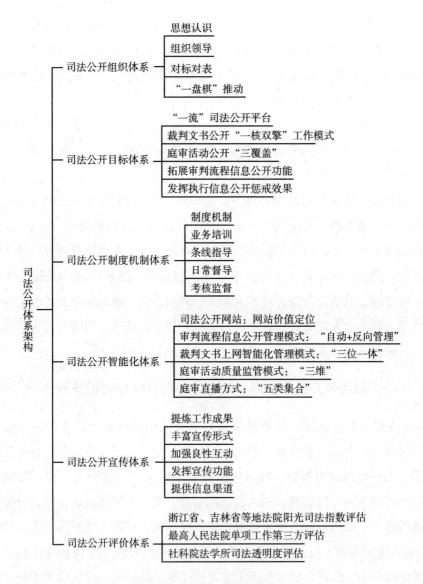

图1　司法公开体系架构

（二）司法公开目标体系：载体创新与内容创新相结合

一是创建"一流"司法公开平台。各省法院开始探索统一建设覆盖省级范围的司法公开网，实现司法公开信息从分散式公开到集合式公开的转变。例如，北京 22 家法院统一建立了北京法院审判信息网，吉林 93 家法院统一建立了吉林法院司法公开网，另外，北京法院、厦门法院的审务公开信息、诉讼服务信息分别提供中英文两种版本，杭州中院公开网提供视力保护选择。二是创新推进裁判文书反向公开工作模式。在常态化推进裁判文书公开的同时，各省法院开展反向公开的实践探索。例如，吉林高院探索裁判文书公开"一核双擎"工作模式，即以规范规定为核心，依托裁判文书上网率管控与"双百"核查检验，做到符合公开条件的裁判文书在中国裁判文书公开网上"100% 公开"，不符合公开条件的裁判文书在吉林司法公开网上"100% 公示"。三是加快推动庭审活动公开"三覆盖"。全国法院全部完成庭审直播平台建设及接入工作，在完成法院和案件类型庭审直播"全覆盖"的基础上，强化院庭长示范引领作用，推动实现法官庭审直播"全覆盖"。在庭审公开数量增加的同时，注重提高庭审质量，规范庭审流程，探索庭审标准化。四是拓展审判流程信息公开功能应用。厘清审判流程公开节点，按照最高人民法院司法解释的要求，探索梳理 3373 项公开节点，各级法院统一按此标准向案件当事人及诉讼代理人公开新收案件的审判流程信息。在 12 个重要审判流程节点向当事人及诉讼代理人推送提醒信息。同时，不断拓展审判流程信息公开功能应用，推进文书（含笔录）公开，并同步开展对案件当事人及诉讼代理人诉讼文书的电子送达工作。五是充分发挥执行信息公开惩戒效果。充分发挥执行信息公开提升执行工作透明度、曝光失信被执行人的重要作用，为"基本解决执行难"营造良好的法治环境。例如，吉林法院建成了具备公众查询、联合惩戒、举报老赖和吉林执行四大功能的失信被执行人曝光台，福建石狮法院通过手机 App 为当事人提供失信被执行人、限制高消费、限制招投标等信息的查询服务。

（三）司法公开制度机制体系：制度建设与机制建设相结合

一是完善配套制度。在最高人民法院四大公开制度体系下，各级法院逐步完善司法公开配套制度机制。例如，吉林高院制定了《吉林省高级人民法院关于全面深化司法公开的实施意见》《吉林省高级人民法院审判流程公开实施办法》《吉林省高级人民法院关于庭审网络直播的暂行规定》《吉林省高级人民法院执行信息公开操作规程》等配套制度，加强规范指引，确保司法公开各项工作有据可依、有的放矢。二是加强业务培训。定期组织召开司法公开业务培训班，邀请专家为司法公开管理人员授课，提高法院司法公开队伍的专业水平和应用能力。三是加强条线指导。借助新媒体技术，搭建条线指导平台，组建工作微信交流群。例如，吉林法院分别建立四大公开工作群，在微信群部署工作、答疑解惑已成为工作"新常态"。四是加强日常督导。按月督导审判流程信息公开、庭审直播、裁判文书公开的工作进度，对工作落后的法院采取调度、约谈等措施，督促立行整改。例如，吉林高院、青海高院不仅加强日常监督管理，还及时总结经验做法，编发《审判管理信息》《工作简讯》向辖区法院推广借鉴。五是加强考核监督。司法公开正在逐步纳入各省法院审判绩效考核范畴，对审判流程信息公开、庭审活动公开、裁判文书公开及司法透明度评测逐项赋予分值，逐年加大考核占比，切实发挥绩效考核"指挥棒"作用。

（四）司法公开智能化体系：司法公开信息化定位与智慧法院建设相结合

一是梳理网站功能定位，汇聚服务价值。部分法院建立独立的司法公开网站，充分梳理版面设计、功能定位，发挥网站服务执法办案、律师执业、法学研究、社会治理、审判管理等方面的社会价值。例如，北京法院建立审判信息网、吉林法院建立司法公开网，吉林法院、南京中院等公开审判态势分析情况，广州中院还提供司法信息公开申请渠道。二是加强审判流程信息公开信息管理。改善审判流程信息公开管理方式，细化管理策略，形成"自动公开＋反向管理"的智能化管理模式，推动审判流程信息公开向常态化发展。三是提升裁判文书上网智能化水平。为提升裁判文书上网智能化水平，正在探索建立裁判文书自动公开、裁判文书信息屏蔽、裁判文书公开统计"三位一体"的智能化应用管理模式。四是完善庭审活动质量监管模式。

将庭审质量管理功能与现有庭审系统功能集成一体，组织开发庭审公开绩效管理平台，形成包括庭审直播、庭审录音录像、庭审质量的"三维"管理模式。例如，河北法院通过智能巡查系统对庭审质量进行监测。五是积极拓展庭审直播方式。注重打造庭审标准化直播方式，探索运用音视频、录播、图文直播、文字加短视频、宣判公开"五类集合"的公开应用方式，并利用技术手段对当事人的隐私进行保护。

（五）司法公开宣传体系：司法公开与司法宣传相结合

一是总结提炼司法公开工作成果。司法公开已成为司法宣传的重要载体，人民法院开始注重总结工作成果，拓展司法公开效应。例如，为扩大司法公开"品牌"效应，吉林高院不断总结提炼，加强与科研机构的深度合作，实现理论研究和司法公开实践的有机融合。二是丰富司法公开宣传形式。借助公共媒体、出版物、政务网站、新闻发布会、听证会、论证会、新媒体、诉讼服务平台等公开渠道，加大司法公开宣传力度。例如，四川高院预决算信息以图表方式公开，宁波中院收结案情况可自定义查询，广东高院公开人员信息及联系方式，新疆法院提供汉语、维吾尔语和哈萨克语三种语言的裁判文书。三是加强与新闻媒体的良性互动。畅通与新闻媒体的合作渠道，充分运用新闻媒体资源，主动接受舆论监督。加强新闻发布工作，及时权威发布司法公开工作重大举措和社会关注热点案件等重要司法信息。例如，吉林高院、广州中院公开律师权益保护相关信息，北京法院公开司法辅助的评估、拍卖摇号结果。四是充分发挥自媒体司法公开宣传功能。加强自有传统媒体和新媒体平台的建设管理，促进传统媒体与新媒体融合发展，充分运用各类新媒体平台，拓宽司法公开渠道，提升司法公开效果。例如，上海高院、郑州中院、福州中院、厦门中院等在门户网站展示微博、微信、手机 App 的二维码，浙江法院开发微信小程序"浙江移动微法院"，甘肃高院设置甘肃省新媒体矩阵。五是提供法治宣传的信息渠道。加强司法公开工作宣传，引导当事人和社会公众正确认识司法公开，更好地掌握获取司法公开信息的途径方法，确保人民法院深化司法公开的政策、举措、成效为公众知悉、受公众检验、被公众认可。例如，吉林中院公开司法改革信息，海口中院公开司法体制综合配套改革，南京中院及时更新员额法官、离职法官、法官遴选委员会信息。

（六）司法公开评价体系：内部评价与外部评价相结合

一是建立阳光司法指数评估体系。立足实际创建阳光司法指数评估体系，细化公开项目，量化公开标准，切实提高人民法院司法公开标准化、规范化水平。例如，浙江法院从 2013 年开始、北京法院从 2014 年开始，分别委托中国社会科学院法学研究所对辖区法院司法公开工作进行测评。吉林法院从 2016 年开始，逐年开展阳光司法指数自我评估活动。二是积极参与最高人民法院司法公开各单项工作的第三方评估。从最高人民法院委托中国社会科学院法学研究所开展的全国法院审判流程信息公开、庭审公开、裁判文书第三方评估入手，全面系统查找公开各单项工作中存在的问题和薄弱环节，为进一步深化司法公开找准方向①。三是积极参与中国社科院法学所司法透明度评估。借助中国社会科学院法学研究所司法透明度年度评估，对司法公开工作状况进行全面"体检"，以点带面，推动司法公开整体提质增效，司法透明度评估结果持续提升。

四　司法公开发展遭遇瓶颈

人民法院司法公开工作已由快速发展阶段转向全面深化阶段，正处在转变发展方式、优化司法公开结构、转换增长动力的关键时期，在建设司法公开新格局过程中，逐渐暴露出司法公开配套机制不健全、司法公开平台建设不完善、司法公开格局未完全形成等发展问题。

---

① 赵颖：《司法公开第三方评估结果发布》，法制网，http：//www.legaldaily.com.cn/judicial/content/2018–12/10/content_7714937.html，最后访问时间：2019 年 6 月 30 日。

（一）司法公开配套机制不健全

首先，司法公开的责任主体未完全明确。司法公开工作及公开内容涉及多家人民法院、人民法院多个内设机构或者其他单位，但目前尚未建立较为完整、准确的权责清单，导致不同公开责任主体之间仍存在相互推诿、相互扯皮等问题，司法公开主体责任难以严格落实。其次，司法公开的程序机制不健全。司法公开的内容范围、标准、时间、载体等内容欠缺具体的操作规范，影响了对司法公开质效的评价与制约监督。再次，司法公开实施机制不完善。在实践中，司法公开中的审判流程信息公开、庭审活动公开、裁判文书公开及执行信息公开等，缺乏针对性的实施与管理机制，导致司法公开工作的深化落实遭遇瓶颈。最后，司法公开评价机制不合理。目前的司法公开评价机制虽然能够体现一定的社会公众参与度，但主要为较被动的形式，从社会公众与司法机关的关系来看，公众对司法公开的参与形式还停留在较低的"信息接收"和"被动的信息供给"层面，司法公开的评价反馈机制不能切实、及时、有效地跟进与回应人民群众的司法需求。

（二）司法公开平台建设不完善

近年来，法院为主动适应信息时代要求，积极着力打造自有媒体，通过建立门户网站、微信公众号、开通新浪官方微博等形式不断拓展司法公开新途径，对于当事人、利害关系人和社会公众更加全方位、多角度了解法院工作，不断扩大司法公开效果发挥了较为积极的作用。但从实践来看，不论是法院自主建立的门户网站，还是利用新媒体拓展的信息公开渠道，其能够实现的仅仅是单向的信息展示，往往缺乏有效的双向互动，公众的体验感较差，导致部分信息公开渠道和功能的社会关注度不足、参与度不高、使用率较低。因此，在确保信息安全和个人隐私权保护的前提下，可以充分运用信息化手段为公众获取司法信息提供便利，合理利用人工智能技术等，不断优化升级司法公开平台的功能设计，提高查询功能等公众能够主动获取信息的功能设计的智能化、人性化程度，不断提高公众获取司法信息的便利性、有效性。

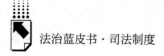

（三）司法公开格局未完全形成

随着审判流程信息公开、庭审活动公开、裁判文书公开、执行信息公开四大平台的建设和完善，法院司法公开平台体系初步建立。但从实践效果来看，法院司法公开平台建设缺乏系统性、整体性规划，协调统一、运转高效、规范有序的司法公开工作机制尚未确立，导致司法公开质效受到影响。而且，目前的司法公开平台建设主要局限于法院系统内部，与公安、检察、司法等其他部门的协同合作尚需加强，多渠道、全方位、多元化的司法公开工作新格局尚未完全形成。

五　司法公开前景展望

新时期人民法院司法公开工作应坚持以习近平新时代中国特色社会主义思想为指导，全面贯彻党的十九大和十九届一中、二中、三中、四中全会精神，紧紧围绕"努力让人民群众在每一个司法案件中感受到公平正义"的工作目标，健全完善司法公开制度机制体系，优化升级司法公开平台载体，推进建设"开放、动态、透明、便民"的阳光司法机制，形成全面深化司法公开新格局。

（一）完善配套机制，健全司法公开制度机制体系

一是明确司法公开责任主体。依据"属地管理、归口管理、分级负责"的基本原则，建立健全司法公开协调机制，协调公开内容涉及的不同法院之间、法院内设机构之间、法院与其他单位之间的关系，细化权责清单，明确负责办理和管理各项司法公开内容的机构和人员，以及司法公开平台载体的管理者、运营者以及其他相关责任主体，严格落实主体责任，使司法公开主体真正能为司法公开内容的合法性、完整性、准确性、时效性及安全性负责。

二是健全司法公开的程序机制。在遵循司法活动规律和审判活动特征的

前提下，明晰司法公开的内容范围、公开程度、公开的具体时间、公开的载体、公开的信息实效等，形成一套结构严谨、可行性强的司法公开程序。以向公众、当事人和特定民意代表等不同公开对象为落脚点，从诉讼结构内的司法公开行为和诉讼结构外的司法公开行为两个不同维度，完善司法信息公开申请制度，以严格规范司法公开行为，强化内部监督制约。

三是建立司法公开实施机制。针对司法公开的各项内容，建立并不断细化审判流程信息公开、庭审活动公开、裁判文书公开及执行信息公开的实施机制，以司法实践中出现的问题为抓手，完善工作流程和管理机制，规范有序推进司法公开工作。

四是完善司法公开评价机制。针对现有司法公开评价机制、评价指标设置不科学、社会公众参与性弱等问题，通过不断细化司法公开的评价指标、均衡评价指标比重等完善公开内容评价指标体系，通过建立健全公开重大敏感事项前的风险评估机制、社会关注热点的跟踪回应机制和社会公众的评估反馈机制等，提升公众在司法公开评价机制中的参与程度，切实回应社会关切和群众司法需求。

（二）优化平台载体，建立司法公开内外服务体系

一是构建"分级式"司法公开外部服务体系。首先，最高人民法院负责总体谋划，对现有的国家级层面具有司法公开性质的平台进行整合，并在"四大公开"平台原有运行、管理模式基础上，注重群众互动功能，提升社会公众"用户体验"。司法公开平台的形式不仅包括互联网平台，也包括手机平台；不仅包括网站，也包括手机 App、微信小程序，司法公开的平台体系建设模式适用于所有平台形式。其次，各地法院以高级人民法院为主导，自上而下层层落实。对司法公开平台、政务网站、诉讼服务平台进行整合，建立省级统一的司法服务平台，方便当事人及社会公众从统一入口登录即可了解、掌握人民法院的审务、审判流程、庭审、裁判文书、执行、诉讼服务、司法宣传等人民法院能够公开的全部司法信息。再次，对法院的官网、官方微博等信息发布平台进行规范管理，对发布的司法信息进行合理分类，

对栏目与板块进行科学合理设置，同时编制司法信息公开目录和指南，方便公众查阅浏览。最后，各省级平台要与最高人民法院平台的数据一致，各单项司法公开工作推进平台要与司法公开整体工作平台的数据一致，各司法公开应用平台要与司法公开管理平台的数据一致，并且公开的信息能够实现一处发布、多处共享。

二是"精细化"司法公开外部服务平台。首先，在审判流程信息公开服务平台中，不断丰富审判流程节点信息，制定系统、完整的个案公开标准，以尽快实现个案公开的标准化、规范化。同时，在实践中，充分利用现代信息技术，不断拓展审判流程信息公开渠道，形成线下线上全面覆盖的公开体系，推进网上办案数据自动采集，推动实现全国法院依托统一平台自动、同步向案件当事人和诉讼代理人公开审判流程信息。其次，在庭审活动公开服务平台中，加强庭审直播平台建设及接入工作，以确保庭审直播工作的常态化开展；建立庭审直播制度规范，明确庭审直播工作的开展流程、管理机制和考核标准，加强督导考核力度，全面检视庭审直播问题，规范庭审活动，不断推动庭审公开全面化、标准化、规范化。再次，在裁判文书公开服务平台中，针对实践中司法裁判文书公开质量问题，以规章制度为核心，一方面，加强裁判文书上网率管控，实现"无缝式"精细化管理，对符合公开条件的裁判文书在中国裁判文书网全面公开，借助信息化手段不断强化对裁判文书公开态势的分析研判；另一方面，强化裁判文书核查检验，建立相应的文书自动纠错系统，完善裁判文书质量的形式评查和实质评查机制，不断提高公开的裁判文书质量。最后，在执行信息公开服务平台中，通过健全完善审判执行信息公开制度规范，重点关注审判执行业务堵点、难点、痛点，聚力审判执行短板、弱项、瓶颈，明确建立统一的公开流程标准，加大执行信息公开力度，拓展执行信息公开范围，推动不断完善"一处失信、处处受限"信用惩戒大格局，促进信息化与审判执行业务的良性互动，强化公开、透明、规范执行，进而真正实现以司法公开反向促进执行工作的高水平运行。

三是构建"静默式"司法公开内部服务体系。近年来，随着最高人民法院的大力推进，司法公开对社会的服务优势逐渐凸显，但对人民法院内部服务审判执行、服务司法管理、服务廉洁司法的功能没有得到有效发挥，下一步应注重构建司法公开内部服务体系，提升法院人员"用户体验"。首先，将庭审质量管理前移，结合多年来科技法庭建设、庭审录音录像、庭审直播、庭审视频管理等经验，谋划搭建提升庭审质量的智能化庭审公开体系。其次，法院内部在裁判文书上网前通过软件对已作出的裁判文书进行质量检测，外部建立定期对已上网裁判文书进行质量筛查机制，双管齐下监管裁判文书质量。再次，全面提升法院数据质量，对司法数据进行全面梳理，按照结构化、半结构化、非结构化分类、分阶段进行规范管理，保证公开的数据对内为司法决策提供有效支持，对外为社会能够提供有效服务。

（三）完善司法公开体系化建设，构筑司法公开新格局

一是创建四级法院司法信息公开新格局。目前，在各级法院的共同努力下，司法公开平台建设已初具规模，司法信息公开工作已初见成效。但从内部结构和实际应用效果来看，司法信息公开的分散性、不同步性问题依旧突出，各级法院的司法公开平台体系建设还未真正打通，公开信息的功能不够规范和统一，常态化的司法公开平台使用机制尚未形成，也难以实现整体信息的整合利用。因此，为全面深化司法公开工作，必须将司法公开平台建设作为一项系统工程，进一步加强司法公开平台载体建设管理，打破四级法院信息公开壁垒，加强司法公开信息的互联互通，注重上下级法院之间的信息共享，实现司法信息的实质公开，创建四级法院司法信息公开新格局。

二是创建公检法司等跨部门司法公开协同新格局。长期以来，中国的公安、检察、法院、司法监狱等部门都各自有独立的信息处理与流转系统，彼此之间的信息互通共享程度较低，也难以真正实现司法活动全流程、全覆盖公开。近年来，国家大力推动无纸化办案，部分地区也在积极试点推动建立跨部门大数据协同平台，公检法司等不同部门之间的"信息孤岛"正逐步被打破。顺应时代发展，以电子卷宗等数据在各单位之间的资源共享为基

础，围绕以审判为中心的诉讼制度改革的核心要义，构建公检法司等跨部门协同司法公开平台，通过各部门在业务范围内依法对司法活动的"接力式"公开，不仅可以联通实现司法活动全流程的透明化，促进司法公开迈向更高层次，还可以通过对不同部门公开内容的互相检验，建立"反向倒逼"机制，不断促进司法公开信息的准确性、全面性和及时性，助推实现全面深化司法公开新格局。

结　语

中国的司法公开工作，既是一项系统性的伟大工程，也必将是一项日新月异的伟大事业。随着经济社会的不断发展、民主法治进程的加快和社会公众法治意识的提高，人民群众对于公平正义的需求必将与日俱增，对于司法公开的要求也将不断提高。因此，司法公开的制度建设任重道远，需要司法活动相关部门的协同努力。全面深化司法公开并不能一蹴而就，司法公开的愿景需要在深化司法改革中次渐实现。实践探索和理论创新永无止境，只要始终坚持以实践问题为抓手，在充分遵循司法规律的基础上，以有效满足人民群众的司法新需求为立足点，就能够推进司法公开工作不断向更深层次、更广范围、更高水平迈进。

B.9
广州法院司法公开工作调研报告

广州市中级人民法院司法公开课题组 *

摘　要：　司法公开是宪法和法律确立的一项基本原则，是人民群众参与司法、监督司法的重要手段。广州法院坚持以公开为原则、以不公开为例外，加强司法公开工作机制建设，以广州审判网、"广州微法院"等为主要载体，全面推进审务公开、审判公开、执行公开、改革公开、司法政务公开，构建了开放、动态、透明、便民的阳光司法机制，有力保障人民群众的知情权、参与权、表达权和监督权。广州法院公开工作存在缺乏公开目录指导、平台友好性便利性需进一步提升、内容形式需要创新等问题和不足，提出通过深化公开理念、推进司法公开规范化、加强信息化建设、打造更多司法公开亮点等措施，推动司法公开迈向更高层次。

关键词：　司法公开　工作机制　审判公开　执行公开　司法透明度

近年来，广州法院始终坚持以习近平新时代中国特色社会主义思想为指导，秉持"主动公开、依法公开、及时公开、全面公开、实质公开"理念，以广州智慧法院为支撑，突出移动互联时代新特点，以广州审判网、"广州

---

* 课题组负责人：王勇，广东省广州市中级人民法院党组书记、院长，一级高级法官。课题组成员：吴筱萍、黄健、都龙元、周冠宇、陈育锦、赵卓君、宋克福。执笔人：陈育锦，广东省广州市中级人民法院科技信息处综合管理科科长。

微法院"为主要载体，构建开放、动态、透明、便民的阳光司法机制，有力保障人民群众的知情权、参与权、表达权和监督权，以公开促公正、以公平树公信，取得明显成效。中国社会科学院发布的中国司法透明度指数评估结果显示，广州中院司法透明度指数连续四年排名全国法院第一，实现"四连冠"。

一　广州法院推进司法公开工作背景

（一）民众对司法知情权要求高

广州是中国南大门，历来领风气之先，民众思想十分活跃，对社会治理的参与程度高，对依法行政的监督力度较大。体现到司法领域，就是社会公众、当事人对司法裁判的公开公正要求高，并随着社会发展提出越来越高的要求。民众对司法知情权的要求经历了从简单到复杂、从形式到实质的发展过程，从内容来看，从最初的了解案件经办人、联系方式、开庭时间，到要求公开节点信息、庭审、裁判文书，再到要求详细公开裁判核心即法官的说理心证过程，是一步一步深入的。从方式来看，从传统的线下人工咨询、电话沟通，到通过法院官方网站查询，再到系统自动发送短信告知、刷二维码刷脸查询等，获取信息的方式越来越方便快捷。

（二）司法公开理念深入法官内心

广州法院始终坚持司法为民、公正司法，通过转化办案理念、规范办案过程、增强裁判说理、实施精品工程、招录高素质人才等措施，不断提升司法裁判质量。规范的流程、严格的审限、严肃的庭审、详细的说理，给当事人带来的是更为公开公平公正的司法体验，高质量的裁判是广州法院推行全面公开、实质公开的底气所在，司法公开体现了广州法院的自信。对法官来说，尽管司法公开会增加一部分工作量，但公开绝不是负担，而是将司法的全过程置于社会监督之下，倒逼法官办案过程更加规范严谨、事实认定和法律适用更加慎重，确保裁判经得起法律和历史检验，以公开促公正立公信的理念深入广州法院法官内心。

（三）司法公开动力充足

广州是千年商都，近年来随着改革逐步进入深水区，社会矛盾呈现高发、多样、复杂的态势，同时随着社会法治意识的提升，民众在处理矛盾纠纷时更倾向诉诸司法途径，导致进入法院的案件数量持续呈现较大幅度增长。1998 年，全市法院受理案件数首次突破 10 万件，2012 年突破 20 万件，2015 年突破 30 万件，2017 年突破 40 万件，2019 年 1～9 月全市法院受理近 53 万件，预计全年受理案件总数将突破 60 万件。庞大的案件数量背后是繁重的司法公开任务，按照以往当事人到法院咨询、致电法官询问案件的进展等传统模式被动公开，法院将不堪重负，对法官工作也会造成额外负担。借助信息化建设的成果，广州法院变被动公开为主动公开。一方面，主动向当事人公开相关情况，保障当事人有更多知情权；另一方面，当事人及时掌握案件情况后自然就不再向法院询问，消除了信息不对称的误解，反过来又减少了法院、法官的负担，由此看司法公开工作就有了源源不断的动力。

（四）信息化建设为司法公开奠定基础

广州中院的信息化建设从 2002 年就开始，是全国最早开展信息化建设的法院之一。广州中院敏锐捕捉互联网技术发展趋势，明确"向科技要生产力"思路，以互联网技术为核心，以搭建全市法院计算中心、高速通信网络为基础，大规模推动办公办案电子化自动化，重点推进审判执行、司法公开、诉讼服务等方面建设。先后在全国法院率先开通官方网站、启用综合审判业务系统、司法大数据分析平台、全国首家"一对一"服务的 12368 诉讼信息服务平台，建成"智审""智卷"系统，研发审务通 App、律师通 App、"广州微法院"小程序等手机移动服务平台。以万兆光纤网络、现代化云服务器、先进数据库、综合业务系统为软硬件基础，以广州审判网、系

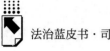

列移动服务平台、12368 诉讼信息服务平台为载体，构建了信息化、智能化、自动化的司法公开平台。

二　广州法院推进司法公开工作的具体实践

（一）建立健全司法公开工作机制

强化对司法公开工作的组织谋划、部署实施和督促问效，确保实现看得见的正义。

一是党组高度重视。院党组将深化司法公开作为提升司法公信力的重要抓手，多次专题研究并作为两级法院"一把手"工程抓紧抓实。每年制定全市法院重点工作，将司法公开作为重中之重推进。完善司法公开领导小组建设，由院长担任组长，所有班子成员任副组长，定期听取工作汇报、协调解决重大问题；各审判执行业务部门负责人为成员，在本部门指定专人落实工作，确保责任到位。

二是制度规范健全。紧紧围绕推进审判流程、庭审活动、裁判文书、执行信息四大公开平台建设，制定《广州市中级人民法院关于全面提升司法公开水平的工作方案》《广州市两级法院庭审网络直播规程》《广州市中级人民法院关于办理司法信息公开申请的实施办法（试行）》等 12 个规范性文件，提升公开工作规范化制度化水平。建立司法公开分工负责制，明确各项目负责部门、更新要求、验收标准。院司法公开办为司法公开日常工作机构，司法公开办设在科技信息处，从办公室、审管办、科技信息处及审判执行部门抽调骨干作为公开办成员，定期研究司法公开重点工作，安排专人负责日常工作的组织推进、督促落实。建立信息动态公开机制，主动更新变更事项信息，确保信息及时、准确。

三是监督考核常态化。建立日常通报机制，每月通过内网向全市法院通报各基层法院、广州中院各部门庭审直播、裁判文书上网情况，每年对两级法院司法公开情况进行量化测评。将司法公开工作纳入年度部门绩效考核，工作成效与绩效评价结果直接挂钩。不定期对官方网站栏目更新情况进行检查通报，检查结果作为年度考评参考。拓宽倒逼深化司法公开的外部监督渠道，在广州审判网及时公开代表委员联络动态信息和代表委员意见建议、提案办理情况，上传审判数据全力配合推进司法工作联网监督系统工程和"智慧人大"系统建设，支持配合第三方评估机构关于司法公开工作的评估，发挥外部监督体系作用。建立司法公开申请机制，社会公众、当事人提出司法公开申请后，由相关部门对申请进行审核并作出答复，同时建立投诉机制，社会公众、当事人认为法院不依法履行公开义务的，可以进行投诉。

四是建立司法公开保密审查机制。制定《信息公开保密审查实施办法》，成立院信息公开保密审查领导小组及其办公室，遵循"谁公开、谁审查、谁负责""先审查、后公开""一事一审、全面审查"的原则，规范和加强全市两级法院司法公开保密审查工作，确保国家秘密信息安全，维护国家安全和利益。

五是强化技术保障。依托智慧法院建设成果，实现审判数据由系统自动提取公开、一键庭审直播、一键文书上网，既有效减轻法官操作负担，又显著提升数据公开的及时性、完整性和准确性。围绕满足群众对司法公开的新需求，在工作中加强大数据、云计算、人工智能等新技术应用，持续优化升级司法公开平台，拓展司法数据应用广度和深度，为群众提供量广质优的司法信息。拓宽技术保障渠道，加大与腾讯、联通等互联网、移动通信领域知名企业的合作力度，通过合作研发、购买服务等举措，不断增强司法公开工作的科技支撑和保障能力。2019 年上半年，广州中院与相关通信公司签订战略合作协议，成立"广州 5G 智慧法院联合实验室"，推进 5G 智慧法院未来诉讼服务中心等建设，为深化广州司法公开工作提供新动力。

（二）深化审务公开

着力优化审务信息公开载体，主动拓宽信息公开渠道，努力提升群众的诉讼服务体验。

一是主动全面公开人员信息。在官网全面公开院领导基本履历、工作分工等信息，新增公开员额法官、人民陪审员、新型审判团队及组成人员、法官助理、书记员、审判执行部门负责人、综合行政部门负责人等人员信息，并率先在官网公开审委会组成人员信息。在全国率先公开任职回避情况，在公开任职不回避人员情况的同时，向其配偶所在律师事务所发出任职告知书，督促律师事务所及主要合伙人履行监督管理义务。

二是集中公开审判规范性文件。设立文件库专栏，集中公开审判执行规范性文件、审判指导参考等，设置搜索功能模块，为群众查阅提供便利。与中国法院网法律文库建立链接，为群众提供法律法规、中外条约、政策参考检索查阅服务。

三是审判数据开放共享。在广州审判网设置司法数据公众服务中心，实时公开5项审判执行动态数据和经济形势司法指数（涵盖民间借贷纠纷、金融纠纷、房地产纠纷、劳动纠纷、涉农案件、道路交通事故人身损害赔偿等案件数据）、治安形势司法指数（涵盖严重刑事案件、涉众型经济犯罪、"黄赌毒"案件、职务犯罪案件、危害食品/药品安全案件、危险驾驶案件等案件数据），按月公布司法统计报表和6类数据专题分析报告，为政府决策科学化、社会治理精准化和公共服务高效化提供高质量的司法数据支撑。定期发布法院年报、审判白皮书、司法建议书、典型案例，发挥司法的教育引导作用。2018年，全市法院公布典型案例1080个，发布劳动争议、产权司法保护等审判白皮书17个，发出司法建议331份。

四是拓宽信息公开载体。全市两级法院均建立门户网站，实现"一院一官网"。截至2019年9月底，广州审判网历史访问量超过2385万人次，成为全国访问量最大的法院门户网站之一。探索自助式信息查询模式，在全市法院部署公众服务一体机33台，提供阅卷、查询办案进展、缴费等32项智能服务，实现业务办理跨地域标准化。实行二维码查询机制，当事人扫描立案通知书上的二维码，即可查阅开庭时间、送达情况、办案日志等诉讼信息，并可调阅电子卷宗、提交材料、接收送达，实现全诉讼服务网上办理。开发"广州微法院"小程序，当事人直接"刷脸"即可查询案件进展、查阅电子卷宗。通过移动终端延伸公开载体，全市两级法院均开通官方微信，广州中院官方微信获第二届全国"新媒体学院奖"之"微信学院奖",获评全国法院优秀微信公众号、中国优秀政法新媒体。

(三)深化审判公开

主动公开审判信息,将公开范围覆盖诉讼全流程,确保审判权始终在阳光下运行。

一是精准推送审判流程信息。依托12368诉讼信息服务平台,通过中国审判流程信息公开网、广州审判网、"广州微法院"小程序、手机App、"两微一端"公开各类流程信息,实现流程信息从被动查询向全程跟踪、主动公开、单点推送转变。当事人绑定手机号码后,系统可自动推送立案通知、开庭提醒等六大类流程节点信息。2018年全市法院主动公开各类流程信息1260余万条。

二是庭审网络直播实现常态化。广州法院自1996年番禺"12·22"特大劫钞案开全国法院庭审直播先河以来,不断健全完善庭审网络直播工作机制,2016年在全国法院率先实现"法官人人有直播,法院天天有直播,案件件件可直播"。建成广州法院智慧庭审云集控平台,集中管控全市法院672个高清数字法庭和38个远程讯问、庭审室,每天提供255路直播信号,单案支持40000人同时在线观看。实行归口管理、直播预告、定期通报、质量评查、意见反馈制度,提升直播效果。2018年全市法院直播案件41601件,广州中院庭审直播数居全国各中院首位,广州中院、天河区法院、白云区法院获评优秀直播法院;全市法院13名法官获评优秀直播法官。2019年1~9月,全市法院共直播案件51876件,在国家智库报告《人民法院庭审公开第三方评估(2017)》中,广州中院的庭审公开工作在全国224家参与评估的法院中排名第一。

三是提升裁判文书实质公开水平。广州中院2004年起通过广州审判网公布生效裁判文书,是全国法院中最早实现文书上网的法院,全市法院所有生效裁判文书均通过广州审判网和中国裁判文书网"双平台"公布。制定实施《关于在互联网公布裁判文书的实施办法》等文件,明确文书上网的类别、期限、范围等。依托信息技术简化上网流程，案件提交结案时，系统自动进行文书隐名处理，法官、法官助理点击"发布"即可一键推送到裁判文书公开平台。推进裁判文书反向公开，公布不上网文书的案件数量、案号、理由，防止不上网审批流于形式，倒逼提升裁判文书上网率。2018年全市法院通过广州审判网和中国裁判文书网公开裁判文书超过21万份，公开数量居全国法院前列。2019年1~9月，全市法院在中国裁判文书网公开文书159405篇。

四是推进减刑、假释公开，增强刑罚执行透明度。案件审理前，100%在广州审判网公示，公众可在线提交异议意见，对有异议案件全部公开开庭审理。实行人民陪审员随机选取制度，减刑、假释案件人民陪审员参审率达100%。裁定书由系统自动推送上网，实现文书全部公开。原厅局级以上人员的职务犯罪减刑、假释案件，一律邀请人大代表、政协委员旁听审理，增强审理透明度。健全减刑、假释信息化协同办案模式，深化法院、检察院和刑罚执行机关三方网上办案平台的应用，强化数据信息共享，确保减刑、假释案件审理公开透明、规范高效。

（四）深化执行公开

建成广州法院执行公开网，创新执行公开举措，丰富执行公开内容，依法保障当事人知情权，推动"送必达、执必果"改革试点工作向纵深发展，有效破解执行难题。

一是执行信息全流程公开。申请执行人可在线查询执行案件立案进度、执行人员及联系方式、执行措施、执行财产处置、执行款项分配等全部执行信息。设立执行指南、执行线索举报等专栏，为当事人参与执行提供便利。财产调查、强制措施、评估拍卖、财产分配等事项在执行公开平台全程留痕，有效提升执行规范化水平。2019年上半年全市法院受理执行案件124046件、执结72728件，实际执行到位金额98.62亿元，同比分别上升17.7%、24.4%和19.1%，执行工作质效全面向好。

二是创新"主动"式公开模式。上线全国法院首个"微执行"微信小程序，深度研发流程节点主动告知、款项到账自动提醒、执行悬赏精准推送等功能，当事人使用手机即可一键查询办理执行案件业务。研发开通短信自动告知功能，对当事人最关心的财产查控、限高、失信、罚款等 15 个重要执行节点主动发送短信告知。

三是推进执行听证、网络拍卖机制。对执行款项分配、执行标的保管、评估、拍卖、变卖等重点事项和执行复议、执行异议等重点环节，均告知当事人或进行公开听证。全面推行网络司法拍卖，2018 年依托淘宝网等平台成功竞拍标的 88.5 亿元，增值率 44.6%。

四是健全执行惩戒措施公开举措。创新失信惩戒信息公开模式，设置曝光台专栏，上网公开执行惩戒措施；与"今日头条"App 合作，在失信被执行人经常居住地周边 20 公里内，通过手机 App 精准推送实名失信公告；与微信合作，将失信黑名单精准推送到失信被执行人朋友圈；与三大通信运营商合作，为失信被执行人设置失信彩铃，提示来电人提醒失信被执行人及时履行义务。2018 年，公开失信被执行人名单 89460 人次，限制高消费 191628 人次，限制出境 157 人，12716 名被执行人慑于信用惩戒主动履行义务。将失信被执行人信息推送到市大数据平台，市规划和自然资源局、市住房和城乡建设局等失信惩戒联动单位共享失信被执行人信息后，依法限制失信被执行人办理相关业务。

（五）深化司法改革公开

围绕提升群众对司法改革的参与感、获得感，主动公开司法改革信息。

一是公开司法改革总体情况。将本轮司法体制改革总体方案、具体实施意见、办法向社会公开，提升改革的透明度和公信力。定期发布《广州法院信息：司法改革专刊》，及时公开广州法院司法改革动态，展示广州法院司法改革成果，交流改革工作经验。

二是公开立案登记制情况。按月、季度公开全市法院落实立案登记制情况，包括接收材料数、当场登记立案数、立案登记率以及案件案由等数据，以数据公开确保有案必立、有诉必理。2018 年全市法院当场立案登记率

98%。探索容缺受理等网上立案新机制，在线提供民商事一审案件、执行案件网上立案指引，当事人凭案件编码、身份证号或手机号码即可查询立案进展。2019 年上半年，广州法院网上立案率从 2017 年的 3% 提高到 81%。

三是推进人员分类管理改革公开。主动公开员额制改革相关制度文件，将广州法院法官遴选计划、员额法官信息向社会公开，广泛凝聚改革共识。集中公示审判辅助人员管理改革方案及八个配套办法，提升审判辅助人员管理改革的规范化透明化水平。

四是率先公开院庭长办案情况。实时公开全市 13 家法院院领导、庭领导的收案、结案、存案数据，及与全院对应数据的比例，推进院长、庭长办案常态化，充分发挥院长、庭长办案的示范引领作用。按季度公开院庭长办案统计表，2019 年 1～9 月，全市法院院长、庭长办案 100082 件，占全部结案数的 28.4%。

（六）深化司法政务公开

拓展司法政务信息公开范围，除依法不予公开或不宜公开的信息外，均以适当形式对相关信息进行公开，及时主动接受社会和群众监督。

一是主动公开财务数据。设立财务公开专栏，集中公开法院年度部门预决算、"三公"经费、涉案款物、诉讼费收退情况，广泛接受社会直接监督，规范经费管理使用。加强对物业管理、办公家具、审判用房、信息系统、应计费用等项目支出绩效的评估，自评报告全部上网公示，通过公开增强项目支出透明度，提高财务管理能力和水平。

二是全面公开队伍建设信息。在广州审判网及时更新工作动态，充分展示法院深入学习贯彻习近平新时代中国特色社会主义思想、贯彻上级决策部署、加强机关党建、强化业务学习培训等工作情况。公开廉政建设工作，集中展示廉政文化、廉政教育、廉政制度，定期公开领导干预司法、内部人员过问案件和司法人员不当交往情况。推进法院文化、学术探讨、法官风采等栏目建设，主动公布文化建设、先进典型等信息，及时发出广州法院好声音，讲好广州法院故事。

三是及时公开信访投诉情况。逐月统计发布全院信访数据，对信访案件性质、问题类别、各业务部门信访量占比、办理信访案件收结情况进行全面分析，为改进信访工作、推动纠纷彻底化解提供数据支撑。提前发布领导接访安排，为群众反映问题、提出诉求、维护权益提供便利。2019 年 1 ~ 9 月，广州中院来信来访同比下降 21.28%。

广州法院坚定不移深化司法公开，有力推动各项工作持续快速发展。2018 年，全市法院受理案件 464138 件、办结 405798 件，法官人均结案 357 件，同比分别上升 8.9%、14.0% 和 9.8%，主要办案质效指标取得新进展，刘永添黑社会性质组织案、"小鸣"单车案等一批案件入选全省全国"十大"系列案例，司法的质量、效率和公信力有了新提升。

三 广州法院司法公开工作存在的问题和不足

（一）公开内容繁多但缺乏公开目录指导

人民法院司法公开工作推进较早，但在公开内容上不够明确细致，虽然最高人民法院于 2018 年出台的《最高人民法院关于进一步深化司法公开的意见》对公开的内容进行了分类细化，但仍没有形成类似政府信息公开目录的司法信息公开目录，在实际操作上仍然缺乏指导。广州法院司法公开工作走在全国法院前列，尽管公开了非常多的内容，但因缺乏公开目录等系统性文件指导，有时仍然存在个别类型信息把握不准是否公开、公开到何种程度的问题，在公开内容分类规范上亦存在不够系统、略显杂乱的问题。

（二）公开平台友好性、便利性仍需加强

随着司法公开工作的深入，特别是近几年的快速推进，广州法院已经完成公开平台建设、公开内容深化等工作，基本满足社会公众、当事人对司法信息公开的需求。但在公开平台友好性、便利性方面，如官方网站提供繁体及英文转译、无障碍阅读等，广州法院仍需要进一步加强。同时，官方网站还需要提升全站深度搜索能力、信息分区分类、一网通办等方面功能，为社会公众查询、办事提供更加高效便捷的服务。

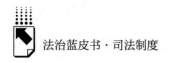

（三）存在部分公开薄弱环节

在中国社会科学院公布的 2018 年度司法透明度指数评估报告中，广州中院虽然在整体上领先，但从具体指标上看，仍存在明显的短板。在审务公开、审判公开、执行公开、数据公开、司法改革公开五个指标中，执行公开和司法改革公开均是广州中院的短板所在，存在公开内容不够齐全、更新不够及时等问题，亟待加强改进。在与兄弟单位的横向比较中，也存在不少需要提升的地方。

（四）需拓展创新司法公开的内容、形式

司法公开是一个不断深化的过程，既表现在公开的内容和范围上，也体现在公开形式载体上。广州法院经过多年探索实践，坚持以公开为原则，不公开为例外，公开理念已深入人心，公开平台亦得到不断完善，但在新阶段新起点上，需要进一步解放思想，不断拓展新的公开内容，创新的公开形式和载体，推动司法公开工作迈上新的台阶。

四　广州法院司法公开工作展望

让人民群众因了解司法而理解司法，因参与司法而认同司法，因见证司法而信仰司法，是我们始终坚持的工作理念。接下来，广州法院将紧紧围绕"努力让人民群众在每一个司法案件中感受到公平正义"目标，依托智慧法院建设，进一步深化司法公开理念，探索创新司法公开举措，完善司法公开体制机制，夯实信息化支撑，推动广州法院司法公开工作继续走在全国法院前列。

（一）深化公开理念

思想是行动的指南。在新时代，面临人民群众更加多元的司法需求，需要进一步解放思想，不断深化"主动公开、依法公开、及时公开、全面公

开、实质公开"理念,杜绝选择性公开、形式公开,在公开案件流程、庭审、文书的基础上,更要把法官思考、裁判的思维过程予以公开,要把裁判文书的说理部分说透,让权力在阳光下运行,推动司法公开迈向更高层次,真正取得案结事了、止纷息讼效果,努力让人民群众在每一个司法案件中感受到公平正义。

(二)推进司法公开规范化

加强建章立制工作,继续将实践中行之有效的机制措施、新时代人民群众新的要求用规章制度形式予以固化,充分发挥制度管人管事的功能,将司法公开的运作纳入更加规范化的轨道。积极探索建立司法公开目录,完善公开内容范围和公开标准,指导全市法院司法公开工作。

(三)加强信息化建设

推动广州审判网升级改版,建设功能分区合理、内容丰富有序、交互简单高效的网站,增强公开平台友好性、双向互动功能,让社会公众能够更快速地找到有效信息、更便捷地实现网上办事。强化主动公开工作,通过移动终端媒介等载体,自动推送案件信息、流程节点等与办案工作密切相关的信息。

(四)打造更多司法公开亮点

将5G、大数据、人工智能等前沿技术与法院业务深度融合,创新更多符合公众需求的公开载体和方式,如5G + VR超清直播、企业微信推送信息等。加大对重大、复杂、社会普遍关注案件信息的公开力度,提升司法公开法治教育效果。进一步畅通民意沟通渠道,创新民意沟通方式,构建与民众更加良性的互动沟通机制。

B.10
五大改造背景下深化监狱
体制改革研究

四川省司法厅课题组 *

摘　要： 司法部提出统筹推进五大改造的全新要求，是监狱机关学习贯彻习近平新时代中国特色社会主义思想和党的十九大精神的具体行动，是新时代背景下监狱工作的重要指南。在五大改造背景下审视，监狱管理体制不够规范、监企运行机制不够顺畅、财政保障机制不够健全、民警激励机制不够全面、考核评价机制不够完善等问题依然突出。本文围绕体制改革这一关键问题，以五大改造统领下的观念更新、体系重构和价值深化为视角，从大部制、大执法、大考核、大治理、大运营等途径进行深入探讨，以期对新时代监狱工作改革创新有所裨益。

关键词： 五大改造　监狱体制改革　监狱机构管理体制　监狱标准化运行机制

2018 年 6 月召开的全国监狱工作会议提出，以政治改造为统领，统筹推进政治改造、监管改造、教育改造、文化改造、劳动改造的五大改造

---

* 课题组组长：刘志诚，四川省司法厅党委书记、厅长，四川省监狱管理局党委书记、局长；副组长：陈志林，四川省监狱管理局党委副书记、政委。课题组成员：黄辉灿、范元亮、余智明、高倩、汪益、于杰。

（以下简称"五大改造"）。五大改造的提出，既是监狱机关全面学习贯彻习近平总书记全面依法治国新理念、新思想、新战略的具体行动，也是新时期中国特色社会主义理论在监狱工作中的又一重大发展。监狱体制改革是一个不断探索、不断总结、不断提高的过程，统筹推进以政治改造为统领的五大改造，关系监狱工作方向的再定位、再调整、再起航，必将带来"牵一发而动全身"的效应，成为推进监狱治理能力和治理体系现代化的新动能。这要求监狱各项工作紧紧围绕五大改造全面展开，主要资源围绕五大改造优化配置，执法制度围绕五大改造健全完善，特别是体制机制更要围绕五大改造改革创新，不断开创新时代监狱工作新篇章。

一　五大改造与监狱体制改革的内在关联

五大改造是对新时代监狱改造工作的再定位，是高位纵深推进监狱矫正理念创新、行刑模式完善及工作方法改进的一场深刻变革。站在新时代的历史节点，监狱体制改革究竟应该如何推进和深化才能适应五大改造，已成为摆在监狱工作面前的重大课题。

（一）五大改造明确了监狱体制改革的坐标方向

五大改造的提出，为当前监狱体制改革工作树立起一面旗帜，指明了新时代监狱改革的全新方向，具有鲜明的导向作用。五大改造准确定义了监狱在国家依法治国总体布局中的重要作用，为新时期中国监狱体制改革提供了智力支持和方法支撑，是习近平新时代中国特色社会主义思想在监狱工作中的实践应用。监狱体制改革同五大改造是相辅相成、互为支撑的有机联系整体。五大改造为监狱体制改革提供了坐标指引，监狱体制改革则为五大改造提供了检验理论的具体平台。从三大改造①到五大改造，从加速改革到高质

---

① 实践部门和理论界普遍认为，劳动改造、教育改造和狱政管理是我国改造罪犯的三大基本手段。

量改革，五大改造在拓宽监狱实践维度的同时，还全面助推了监狱体制改革的转型升级、创新发展，为新时代监狱改造工作提供了准确导向。

（二）五大改造强化了监狱体制改革的政治担当

党的十九大报告指出："旗帜鲜明讲政治是我们党作为马克思主义政党的根本要求。"监狱作为人民民主专政机器，具有鲜明的政治属性。这决定了监狱一切工作必须矢志不渝地坚守政治本色和服务国家政治大局，这也是监狱体制改革最大的政治保证。新时期监狱体制改革工作只有站在强化政治担当的高度，把坚持正确的政治方向彻底贯彻到监狱体制改革的具体实践之中，才能始终如一地确保党对监狱工作的绝对领导。五大改造最根本、最核心的要义是政治改造，这一要求充分强调了监狱落实体制改革的首要前提和基石是提高政治站位，践行政治责任。监狱体制改革工作只有主动讲政治，自觉在大局下学习、在大局下思考、在大局下行动，做到一切服从大局、一切服务大局、一切为了大局，不折不扣贯彻落实五大改造的各项任务要求，才能确保监狱体制改革沿着党领导的方向顺利推进。

（三）监狱体制改革是统筹推进五大改造的必然途径

"变者，天道也。"随着依法治国和依法治监要求的深入推进，现行监狱运行机制的各种弊端显露端倪，增加了监狱的刑罚执行压力，甚至在一定程度上弱化了监狱惩罚和改造罪犯的基本职能。职能弱化容易导致方向偏差，方向偏差必然导致效率低下。依法惩罚改造罪犯的职能如何回归、怎样回归、回归到何种地步，是当前监狱体制改革面临的重点难点问题。从法律性质看，监狱是国家刑罚执行机关，惩罚和改造罪犯是中国监狱的两大基础职能，二者并非对立关系，而是互为前提。在新的历史背景下如何重新定义惩罚和改造罪犯的准确含义，有力促成监狱职能回归，全面贯彻落实五大改造，监狱体制改革势在必行。监狱体制改革工作只有准确把握五大改造的内在逻辑关系，努力破除传统监狱体制坚冰，瞄准靶心，有的放矢，才能全面助推惩罚和改造的职能回归，促使罪犯由"要我改造"向"我要改造"的能动性转变，从而以此为切入点，助力五大改造真正固化到监狱工作的各个层面。

（四）监狱体制改革是推进五大改造的动力保障

监狱体制改革只有进行时，没有完成时。五大改造从原来的三大改造手段拓展为五大改造，从"人"出发，再回归到"人"，实现了监狱改造理念的全方位转型升级。监狱作为反映国家文明程度的窗口，其发展状况是整体社会进步的缩影。树立现代监狱体制改革理念，对监狱体制进行科学化、规范化、职能化改革，是建设现代文明监狱的重要保障，也是监狱工作践行"以人为本"的重要途径。通过监狱体制机制改革，冲破思想障碍、突破资源固化樊篱，不断解放监狱改造罪犯工作中的生产力要素，凸显监狱工作高质量发展和"发展根本目的一切为了人、发展力量一切依靠人、发展着力点一切提升人，发展本质一切尊重人"的发展理念和发展目标，才能有效推动罪犯自觉改造的动能不断激发，为监狱工作全面统筹推进五大改造凝聚强大的动力保障。

二 五大改造背景下监狱体制存在的问题与挑战

五大改造是对新时代监狱工作的新要求，体现了对新中国监狱工作历史形成的三大改造的创新和升华，坚持以坚守安全底线和践行改造宗旨为总体思路，对现行监狱管理体制和运行机制等提出新的考验和挑战。

（一）监狱管理体制不够规范影响改造职能的充分发挥

新中国监狱工作经过 60 多年的改革发展，特别是经过 2003 ~ 2012 年开展的以"全额保障、监企分开、收支分开、规范运行"为主要内容的监狱体制改革，初步实现了监狱职能从生产到改造顺利回归的预期目的。但随着时代的发展，特别是对照五大改造的各项要求，当前监狱管理体制依然存在不够规范的问题。一是监狱机构设置不够规范,受长期以来监狱系统缺乏组织法的制约,各省份之间、各监狱之间在组织管理、机构设置方面差别较大。课题组调查发现,东部、中部和西部省份监狱差距更是明显,有的监狱最多设置了30余个科室,少的则为20个,而监狱企业中设立科室最多的达到8个。科室设置不仅占用了警力资源,更是分散了监狱的改造职能。二是对机构的管理不够规范,按照相关政策和法律规定,监狱和监狱企业是各自独立的法人,可以设立内设机构,但在目前,受种种因素制约,监狱依然承担对监狱企业内设机构及民警职工的管理责任。三是监狱民警配置不利于改造宗旨实现。课题组随机抽样调查显示,监狱机关民警中具体从事(监管、教育、劳动)改造职能的民警占民警总数的比例与践行改造宗旨的要求存在差距(见表1)。

表1 2018年度机关改造岗位民警占比抽样调查情况

单位	机关改造岗位民警占机关民警总数的比例(%)	机关改造岗位民警占单位民警总数的比例(%)	备 注
CB 监狱	35.4	7.5	机关改造岗位民警均含教育、评矫中心和劳动改造保障中心民警
CZ 监狱	22.5	7	同上
YZ 监狱	37.6	7	同上

显然,监狱管理体制的现状和民警的配备模式势必难以适应践行改造宗旨的需要。在监狱工作全面统筹推进五大改造的背景下,与时俱进推进监狱体制机制改革创新是大势所趋。

(二)监企运行机制不够顺畅影响改造目标实现

推动监狱职能纯化,实现监企规范运行,一直是监狱体制改革的主要内容和追求的目标。目前,监企运行机制不够顺畅,主要体现在以下三个方面。一是全国层面缺乏监狱企业统一管理的体制机制,直接造成全国监狱企业各自发展的局面。二是各省份对监狱企业的管理各具特色，有的是省政府授权由省监狱管理局管理，有的则是由省财政管理，有的由省国资委管理。不同的管理部门带有不同的政策倾向，难以保证监狱企业全面按照"为改造罪犯提供劳动岗位""为改造罪犯服务"的目标健康有序发展，制约改造罪犯目标的实现。三是监狱长仍然是监狱企业的最高决策者，虽然有的监狱长不再担任监狱企业的法定代表人，但还兼任监狱企业的董事长，是监狱企业实际上的决策者，监狱企业的发展和经济工作依然会牵扯其大量的时间、精力。从一定程度上讲，这种管理体制和运行模式有利于监狱和监狱企业集中统一领导，但同时也难免会影响践行改造宗旨的目标实现。

（三）财政保障机制存在缺失影响改造效果

监狱是人民民主专政的机器，是国家政治机关，是法定的国家刑罚执行机关，由财政予以全额保障是应有之义。目前，财政保障机制的缺失主要表现如下。一是财政对监狱行政、执法、改造等开支还存在部分缺口，每年监狱经费实际支出与财政保障存在9%左右的差额，具体的经费缺口主要是监狱改造信息化系统的运维费、民警经费保障、罪犯医疗费等（见图1、图2）。二是财政对监狱保障项目存在缺失，如对民警执勤工作餐和民警遗属生活困难补助缺失。三是监狱工人经费严重缺失，按照财行〔2007〕29号文的规定，财政补助的"三岗"经费标准偏低、总额严重不足，需要监狱企业予以大量补助，否则，工人队伍不稳定，监狱的改造宗旨亦难实现。

课题组统计发现，近三年来，四川省监狱企业集团公司先后对13家子公司进行了经费弥补，主要用于监狱工人经费开支，其中弥补子公司经费最多的一家达到3300多万元。如此巨大的经费缺额，仅靠监狱企业弥补，绝非长久之计。从坚守安全底线，践行改造宗旨，统筹推进五大改造的视域考量，势必要进行全面、纵深、彻底的体制改革，方能松开监狱被束缚的手脚，以推动五大改造全面落实见效。

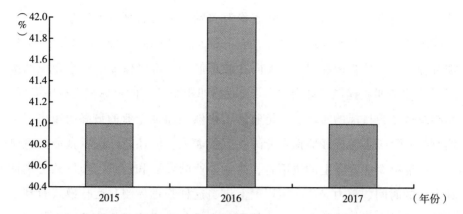

图1　2015～2017年S省监狱企业弥补监狱经费占企业总收入比重

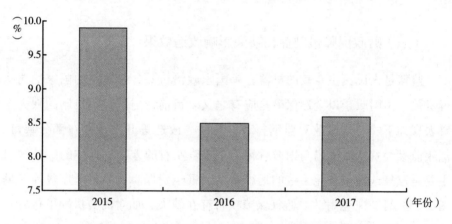

图2　2015～2017年S省监狱企业弥补监狱经费占财政保障经费比重

（四）民警激励机制不够全面影响队伍士气提振

民警队伍是监狱工作主要矛盾中的主要方面。从统筹推进五大改造层面看，科学规范的激励机制是激发民警内在"动力"的"及时雨"和"加油站"。虽然近年来中央司法体制机制改革深入推进，但客观来讲，这些改革更多集中在法院和检察机关，为监狱工作特别是基层监狱民警队伍带来的"看得见、摸得着"的实际"红利"不多，难以满足民警内心期待的主要问题表现为：一是缺乏对民警队伍全面自由发展的长远规划和人文关怀，二是缺少从严治警与从优待警的有机统一和对基层民警的足够尊重，三是缺少定性考核与定量考核的有机结合。同时，由于考核体系不够完善、激励机制不够健全，在某种程度上导致"多劳不多得""多一事不如少一事"现象，无形中降低了民警创先争优的士气，甚至直接影响一线民警依法惩罚改造罪犯的内在积极性。就此而言，2018年国庆期间辽宁省某监狱发生罪犯脱逃案，确是一个值得深思和警醒的典型例子。

（五）考核评价机制不够完善制约罪犯改造动力激发

改造者与被改造者的矛盾是监狱改造工作的主要矛盾，会伴随法律和监狱的存在而长期存在。改造者虽然是矛盾的主要方面，但罪犯自身主动、积极、自觉地改造，同样是统筹推进五大改造的重要目标。然而当前监狱工作中，存在罪犯考核评价机制不够完善这一突出问题，严重制约罪犯改造动力激发。一是缺乏从国家正义和社会公平层面的宏观引领，多仅立足监狱一隅；二是缺乏从管理向治理转型提升的战略规划，对新时代的特征把握不准；三是对从三大改造手段到五大改造新格局的适应和反应不够灵敏，导致改造效能整合不到位；四是对改造罪犯和执法管理的边界把握不够明晰。对应五大改造的新要求，监狱对过去的相关政策、管理模式和考核机制必须及时作出调整改进，否则不仅不利于激发罪犯改造积极性，甚至会对监狱工作造成难以预估的风险。

三　五大改造背景下深化监狱体制改革的路径探索

在全面总结监狱工作改革发展丰富经验的前提下，对接五大改造的新要求，深化监狱体制改革必须要以践行改造宗旨为价值追求，以服务五大改造为基本遵循，不断健全完善监狱治理结构，系统集成监狱资源配置，优化整合监狱保障体系。通过新模式的构建和打造，建立公正廉洁高效的新型监狱体制，不断提高监狱工作法治化、科学化、规范化水平，奋力开创监狱工作新局面。

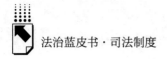

（一）探索大部制模式，重构监狱机构管理体制

《中共中央关于深化党和国家机构改革的决定》明确并深化了党和国家机构改革的目标，即构建系统完备、科学规范、运行高效的党和国家机构职能体系，从而全面提高国家治理能力和治理水平。从 1982 年到 2018 年，国家经历了八次机构改革，贯穿改革的主线就是转变政府职能，提升治理能力，其核心举措便是"大部制"，即大部门体制的建立。

在五大改造背景下进行审视，目前监狱机构重叠、职能交叉、力量分散等问题尤为突出（见图 3）。机构改革是监狱体制改革必须把握的重点和难点，而大部制有其成熟的模式和科学的理念，值得学习借鉴。以大部制为模式重构监狱机构体制，并非简单的职能部门重新划分，而是基于监狱改革发展的需要，将机构内部的权力和责任进行重新分配，对职能进行重新聚集。从而实现以系统完备、确保机构健全，以科学规范、确保设置合理，以运行高效、确保运转协调，以安置妥当、确保科学分流的有利局面。基于此，课题组对监狱机构改革进行了初步设想（见图 4）。

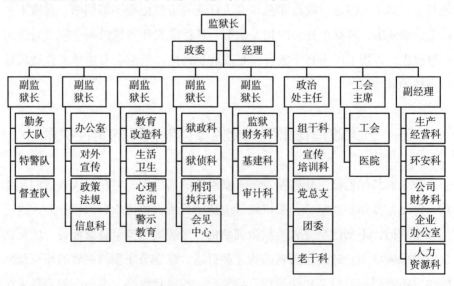

图 3　监狱机关机构现状

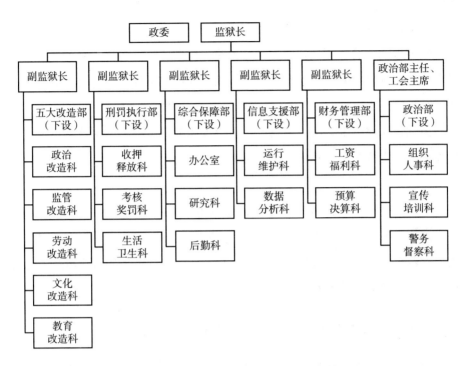

图4　体制改革后监狱机关机构设想

1. 政治部

监狱设立政治部，将原有宣传、组干、人力资源、培训、党建、团委、老干、督查等部门进行整合，将工人人事管理纳入政治部业务范畴，形成大政工格局，确保党的领导全覆盖。

2. 五大改造部

监狱设立五大改造部，将原有教育、心理矫正、技能培训、劳动改造、警示教育等部门进行整合，赋予其五大改造总指挥部职能，统筹协调五大改造推进落实。

3. 刑罚执行部

监狱设立刑罚执行部，将原有狱政、狱侦、刑罚执行、生活卫生等部门进行整合，按照罪犯从收押到释放的刑罚执行过程进行职能梳理，重新定义其职责。

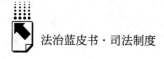

4. 综合保障部

监狱设立综合管理部，将原有办公室、后勤保障、基建管理等部门进行整合，重新划分机要文秘、理论研究、舆情处理、审计、规划等职能。

5. 财务管理部

监狱设立财务部，将原有财务、劳资等职能进行整合，由该部门负责下发民警的工资福利、预算决算、罪犯狱内消费管理等职能。

6. 信息支援部

监狱设立信息支援部，以原有信息技术科的职能为基点，拓展职能外延。围绕"智慧监狱"建设，加快信息技术在监狱整体工作中的应用，加大五大改造相关数据的收集、挖掘、分析及应用，促进工作流程再造、运行机制优化、警务模式创新。

（二）探索大执法模式，优化执法工作标准化体系

司法体制改革的核心要义之一便是规范司法职权，其与标准化建设理念一脉相承。

1. 建立标准化分类行刑体系

五大改造的焦点在于科学统筹、合理配置监狱的人财物资源，从不同侧面合力促进对罪犯的精准改造。通过加快罪犯危险性评估规范标准的制定，规范建立犯因性分析标准及评估模型，实现对罪犯的科学分类，从而根据罪犯不同层次的改造需求，"定制"改造模式，真正实现精准改造，提升改造质量。

2. 建立标准化分级建设体系

随着社会主要矛盾发生根本转变，押犯结构、思想、心理、行为出现新变化的新态势，加快构建以高中低不同戒备等级为主体、功能性监狱为补充的监狱分类模式。结合分级特征，规范建设标准，打造标准统一、形态有异的分类样式，有效形成对罪犯的分类分押、分级管理、分别改造的网格化模式，助推五大改造实现效能叠加。

3. 建立标准化综合管理体系

近年来，上海、新疆、湖南、四川等省份先后从不同层面探索推进执法管理罪犯改造等方面的标准化体系建设，取得了各具特色的成效。可以在此基础上全面梳理内控标准，按照基础标准、执法管理标准、综合保障标准三大板块，将上位标准、已有标准、党建标准和信息化标准及基本概念纳入基础标准，将监管执法、民警队伍管理和监狱企业管理纳入执法管理标准，将外观标识、财务审计和社会评价纳入综合保障标准，最终建成高质量的标准化综合管理体系，以此助推监狱法治化，提升五大改造实效。

（三）探索大考核模式，搭建立体多维评价体系

建立科学合理的评价体系，既是建设现代文明监狱的关键环节和基本内容，也是监狱体制改革的内在要求。搭建科学评价体系必须整体考虑，避免事事考核、处处评价。在考核指标和事项设置上应向事前预防延伸，向深层次监督延伸，向部门联动和效率提升延伸。科学评价体系可探索设立三个一级指标，即民警执法效果评价、罪犯改造质量评价、社会综合评价，同时，从三个一级指标中再提炼出若干个考核评价基本要素，作为考核的二级指标。

1. 加强民警执法效果评价

按照"信念坚定、为民服务、勤政务实、敢于担当、清正廉洁"的原则，提升民警执法水平和执法能力，进而为推进五大改造奠定基础。一是重视民警政治素养评价。将民警是否掌握当前国家方针路线、政治理论知识、宪法知识等纳入考核指标，以适应新时代监狱工作政治改造的需要。二是重视民警正规化评价。将民警执法程序是否完整、文书填写是否规范纳入考核范围，以确保警务模式高效运转。三是重视民警专业化评价。将民警岗位职责设置是否科学合理、民警培训是否精准到位、向社会机构购买教育培训服务是否达到预期效果纳入评价范围，以保障民警专业化能力的提升。四是重视民警职业化评价。建立以职业化为导向的民警分类管理与晋升机制，强化

民警的职业意识。

2. 加强罪犯改造质量评价

只有科学理性地做好罪犯改造质量评价工作，才能真正检验和不断完善五大改造的具体方法和举措。做好罪犯改造质量的评价，原则上要把政治改造效果作为评判其他各大改造的首要标准，形成鲜明的政治导向。体系上，要建立健全罪犯五大改造日常量化考评体系，坚持日记载、周评议、月考核，重点加强对罪犯的政治改造、监管改造、劳动改造的评价，完善点面结合、定性与定量结合的考核体系；方法上，要根据不同犯罪类型以及性别、年龄、文化程度、健康程度等因子，健全罪犯分类分级评价。结果运用上，要充分利用对罪犯日常改造考核结果，进行多层面激励，着力发挥考核的"指挥棒"作用，切实调动每一个罪犯的内生改造动力，不断聚集五大改造的综合效能。

3. 建立多维社会评价体系

社会对监狱的评价，直接影响着监狱坚守安全底线、践行改造宗旨的实际成效。在建立社会评价体系中，一是建立社会组织机构对监狱的评价体系，包括狱务公开情况，依法规范执法情况、罪犯改造质量情况、社会监督渠道畅通情况等；二是建立罪犯亲属对监狱的评价体系，包括亲情电话、亲情会见、远程帮教、狱务公开等；三是建立社会人士对监狱的评价体系，可将关心监狱工作的有关社会人士作为监狱执法观察员，定期到定点联系监狱对监狱执法和罪犯改造情况进行观察了解并作出客观公正的评价。

（四）探索大治理模式，构建监狱工作社会化新格局

作为国家刑罚执行机关，监狱承担着一般预防和特殊预防的双重职责，是和谐社会的建设者和守护者。在新的历史时期，人民群众日益增长的法治需求为监狱惩罚改造罪犯工作提出了更高要求，深化五大改造的高质量要求对监狱工作社会化提出更大挑战。这就需要从体制机制着手，打破单打独斗的固有模式，积极融入社会治理，推进构建监狱社会化格局，以高质量的改造成果和高水平的法治监狱建设为社会和谐稳定筑牢根基，为推进社会治理

体系和治理能力现代化作出贡献。

1. 健全共治共教的社会联动机制

"每改造好一名罪犯，就能挽救一个家庭、和谐一个社区、稳定一方平安"。改造工作具有社会性特点，是社会治理的重要一环，意义重大。这就决定了我们不仅要通过改造模式多元化、监狱职能专门化来重构监狱功能，还需扩大社会力量，整合社会资源，推进监狱改造工作社会化发展，促进监狱管理体制创新。要积极探索"监狱＋社会"的管理模式，加大与文化、卫生、教育、保险、医疗、住房、土地、就业等领域的社会协作，充分借助社会力量，健全改造罪犯的社会支持体系，完善社会保障体系。最终构建"社会包容、政府帮扶、部门联动、家庭接纳，监狱与社会共同教育"的新格局，形成共建、共管、共教的新体制，实现监狱改造工作与社会管理教育大环境的良性互动、作用互促。

2. 健全便民高效的公共法律服务体系

党的十八届四中全会明确提出，要"推进覆盖城乡居民的公共法律服务体系建设"。司法部领导也强调："公共法律服务作为司法行政系统职能的重要组成部分，在培育全社会的法治观念，满足全社会的法律需求方面，负有重要职责，发挥重要作用。"监狱作为刑罚执行机关，在推进公共法律服务体系建设中承担着对罪犯、罪犯亲属、社会公众提供法律帮扶和法治素养培育的重要职责，承载着展现执法形象和服务社会治理的重要使命，蕴含着以法治保障深化五大改造内涵。在新的历史时期，监狱要以公共法律服务体系建设为突破口，高效整合监狱和社会法律服务资源，拓展监狱会见中心和押犯监区的功能空间，建立监狱罪犯法律服务平台、监狱对外公共法律服务实体平台、狱地共建法律服务平台、监狱公共法律服务网络中心，为监狱高质量实施刑罚执行提供法律服务，为深化五大改造构建提供法律支撑，为社会利用监狱资源服务推进社会法治建设创造条件，确保监狱工作融入全面依法治国、全面依法治省的工作大局。

3. 健全无缝衔接的过渡帮教机制

罪犯判刑入狱，与社会隔绝，特别是一些重长刑罪犯，容易形成监禁人格，刑满后很难快速融入社会。有调查研究表明，刑满释放罪犯2年内是再犯罪的高发期。如果缺乏有效的危机干预和社会支持系统，刑释人员再犯罪可能性面临增大的风险，改造效果亦面临严重威胁。因此，监狱有必要延伸改造罪犯的社会职能，积极探索推行监狱与社会安置帮教、社区矫正机构的无缝对接机制。同时，健全就业市场专场招聘机制，建立社会劳动保障衔接机制，健全罪犯再社会化救助基金制度，完善刑释罪犯定期回访机制，以无缝对接和积极干预帮助刑释人员走好回归社会的"最后一公里"，进一步巩固五大改造成果。

（五）探索大运营模式，创新监狱企业规范运行机制

毛泽东强调："劳动改造罪犯，生产是手段，主要目的是改造，不要在经济上做许多文章。"周恩来也指出："劳改的目的，是要把犯人改造为新人，而不是用从犯人身上生产出来的利润办更多的工厂。"五大改造精神与这些论述一脉相承，要求监狱体制改革必须着力凸显改造宗旨，监狱企业必须围绕企业职能规范运行。为更好地服务于五大改造的统筹推进，课题组运用SWOT分析法①，探讨监狱企业如何创新管理以更好适应五大改造的要求（见表2）。

表2　监狱企业SWOT分析模型

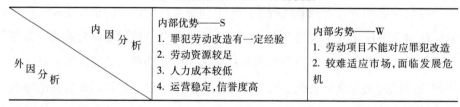

内因分析 外因分析	内部优势——S 1. 罪犯劳动改造有一定经验 2. 劳动资源较足 3. 人力成本较低 4. 运营稳定，信誉度高	内部劣势——W 1. 劳动项目不能对应罪犯改造 2. 较难适应市场，面临发展危机

---

① SWOT分析法，即态势分析法，就是将与研究对象密切相关的各种主要内部优势、劣势和外部的机会和威胁等，通过调查列举出来，并依照矩阵形式排列，然后用系统分析的思想，把各种因素相互匹配起来加以分析，从中得出一系列相应的结论，而结论通常带有一定的决策性。

外部机会——O 1. 国家政策扶持 2. 监狱资金全额保障	优势 & 机会——SO 1. 争取将生产项目纳入地方采购目录 2. 人力资源稳定且丰富	劣势 & 机会——WO 1. 对接国家产业结构调整,优化产业项目 2. 争取税收优惠政策
外部威胁——T 1. 改造宗旨难以实现 2. 监狱企业缺乏法律定义和法律保障	优势 & 威胁——ST 1. 借力《监狱法》修改,明确监狱企业职能 2. 健全考核机制,调动生产积极性	劣势 & 威胁——WT 1. 完善罪犯劳动保障机制 2. 转变观念,明确监狱企业改造宗旨

1. 扩大优势,纯化监狱企业职能

一是借助《监狱法》的修改或其实施细则制定,结合监狱企业自身的特殊性,进一步明确监狱企业"为监狱改造罪犯服务"的基本职能,进而完善监狱企业管理制度。二是在严格落实《监狱法》第 8 条"国家提供罪犯劳动必需的生产设施和生产经费"的同时,争取落实监狱企业税收优惠政策,使监狱企业能够更好地发挥为改造罪犯服务的职能。三是充分考虑在加强安全生产、践行改造宗旨的前提下,监狱企业以国家产业结构调整为背景,发挥现有相关政策带来的机会优势,积极调整和优化产业结构,争取将劳动生产项目纳入地方政府采购目录。

2. 弥补劣势,规范监狱企业管理体系

一是国家层面,适时建立统一管理全国监狱企业的职能部门,加强对监狱企业服务改造职能的宏观调控和方向指引。二是省级层面,从有利于监狱企业职能发挥的视角重新审视对监狱企业的规范管理。通过利弊权衡,课题组认为,统一由各省财政主管部门监督管理监狱企业较为适宜,以确保在真正实现全额保障的前提下,把监狱工人和企业收入全部交由财政管理,顺利实现民警回归改造岗位,凝聚更多、更优的改造效能。三是企业层面,健全监狱企业考核机制,充分调动各子公司服务改造的积极性。

3. 规避威胁,完善监狱企业保障机制

监狱企业因其自身特殊性,承担着服务监狱改造罪犯的重要职能,不应

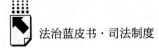

把更多的资源和精力用于从事生产经营。要协调地方政府部门提供有利于罪犯劳动改造的生产项目，实现改造效益和经济效益的有机统一。与此同时，结合各地实际，从罪犯的劳动报酬分别列出资金，指导罪犯购买大病统筹保险、意外保险、社会保险，并建立相关制度予以规范。一方面，可提升罪犯改造的积极性，减轻罪犯刑满回归社会的后顾之忧；另一方面，以此减轻罪犯亲属及社会负担，实现监狱企业更大的社会效益。

基本解决执行难

Overcoming the Difficulties Encountered in Enforcement Basically

B.11

解决执行难的中国经验

——以两到三年基本解决执行难实践为例

解决执行难的中国经验课题组*

摘　要： "用两到三年时间基本解决执行难问题"工作开展以来，全国法院执行工作取得了显著成效，向切实解决执行难迈出了坚实的步伐，也积累了符合中国国情的解决执行难的经验。在此背景下，本文从基本解决执行难的做法出发，从根本保证、根本动力、基本路径、中国优势、长效机制和组织保障等方面归纳总结具有中国特色的六大经验，以期推动解决执

---

* 课题组负责人：李占国，浙江省高级人民法院党组书记、院长。课题组成员：朱深远、金平强、方暇风、聂纵、裴茂金、叶向阳、毛煜焕、吕宇、陈卫国、王雄飞、王敏、王茜、陈佳强、王莘、吴延学、陈文通、汪德峰、陈晓欢、吴江龙、饶群、程薇。执笔人：陈晓欢，浙江省金华市中级人民法院审判员；吴江龙，浙江省杭州市富阳区人民法院审判员；程薇，浙江省杭州市中级人民法院法官助理。

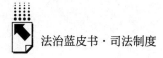

行难长效机制等的优化和完善，助力强制执行法基本架构、执行权属性等一些基本命题正确结论的形成。

关键词： 解决执行难　中国经验　党的领导　执行信息化

引　言

为贯彻落实党中央战略部署，2016 年最高人民法院工作报告中提出，"用两到三年时间基本解决执行难问题"。三年来，全国法院全力攻坚，综合治理执行难大格局筑基成型，执行模式实现重大变革，执行工作更加规范有序，执行质效显著提升，执行外部环境明显改善，实现了三个"前所未有"：各界的支持力度前所未有，法院的执行强度前所未有，取得的工作成效前所未有。2019 年两会上，最高人民法院向全国人大报告"基本解决执行难"目标如期实现，得到社会各界和广大人民群众的充分肯定和高度评价。这些成绩的取得，离不开党中央全面依法治国战略的实施，离不开党的领导和中国社会主义制度集中力量办大事的政治优势，离不开通过深化改革破解难题，离不开信息化发展提供的科技支撑。这是"切实解决执行难"迈出的坚实一步，也是宝贵的中国经验，为世界各国解决执行难问题提供了有益借鉴，为国际民事执行法治发展贡献了中国智慧。

一　坚持中国共产党的领导是解决执行难的根本保证

中国共产党的领导，是中华人民共和国最大的政治优势。司法工作是党和国家工作的重要组成部分，"执行难"是长期制约人民法院工作发展的难题。坚持中国共产党的领导，是"基本解决执行难"的根本政治保证。

（一）坚持党的领导才能在依法治国框架下实现执行公正

党的领导总揽全局，贯彻于依法治国全过程和各方面。坚持党的领导，是实现科学立法、严格执法、公正司法的重要保障，是在依法治国框架下推进解决执行难的题中应有之义。《中共中央关于全面推进依法治国若干重大问题的决定》为执行改革规划了顶层设计，明确提出了"切实解决执行难"的目标，"推动实行审判权与执行权相分离的体制改革试点"，同时对强制执行立法和制度建设提出了要求。为此，最高人民法院部署开展"用两到三年时间基本解决执行难问题"，依靠党的坚强领导，有序开展了全面清理积案、制定司法解释、推广司法网拍、推进"信用中国"建设①等工作，解决执行难取得了实质性进展。2018 年 9 月，民事强制执行法正式列入十三届全国人大常委会五年立法规划中的第二类立法项目，最高人民法院作为起草部门，快速启动并推进，为规范执行行为提供全面保障。2019 年 6 月最高人民法院又公布了《最高人民法院关于深化执行改革　健全解决执行难长效机制的意见——人民法院执行工作纲要（2019～2023）》（以下简称《执行工作五年纲要》），为未来五年执行工作科学发展规划了蓝图，进一步巩固"基本解决执行难"成果，建立健全执行长效机制。

（二）坚持党的领导才能保持执行理念的统一性与先进性

坚持党的领导，才能保证执行理念的统一性。立法遵循宪法基本原则，坚持党的领导，把党的正确政策主张与民主立法形成的人民意志统一起来，形成具有国家强制力且统一遵行的强制执行规范。中国地域辽阔、人口众多，只有坚持党的领导，努力实施好依法治国基本方略，才能保证司法、执法的统一性，切实做到严格执法、规范执行。

坚持党的领导，才能保持执行理念的先进性。中国共产党的根基在人民，力量在人民。党的先进性决定了，只有坚持始终代表人民的中国共产党的领导，才能坚守"为人民谋利益，为人民办实事"的执行理念②，才能坚

---

① 谷佳杰：《中国民事执行年度观察报告（2017）》，载《当代法学》2018 年第 5 期。

② 董如易：《党的领导是破解执行难题的关键》，《人民法院报》2018 年 10 月 24 日，第 2 版。

持强制执行与规范执行相结合，既对规避执行、干预执行、抗拒执行行为零容忍，又坚持公正、善意、文明执行理念，让法治精神更加彰显。

（三）坚持党的领导才能集合各方力量共同攻坚克难

充分调动社会力量，实现综合治理。破解执行难题是一项系统工程，必须依靠党委领导、政法委协调、人大监督和社会各界支持，调动全社会力量，实行综合治理。中国共产党的执政地位决定了党是领导一切的，只有坚持党的统一领导、协调，才能总揽全局，将解决执行难列入各部门工作重要内容，才能真正有效调动各方力量，形成执行攻坚合力。

全面调动内部力量，实现立审执协调。坚持党委领导，才能纵向实现执行工作集中统管，构建起自上而下统一管理、统一指挥、统一协调的工作格局；才能横向整合法院内部资源，建立立审执衔接和高效运行机制，形成解决执行难的内部合力。例如，最高人民法院出台《关于人民法院立案、审判与执行工作协调运行的意见》，将执行阵地前移，在立案、审判阶段树立执行思维，将执行要素分解至立、审、执各个环节。

（四）坚持党的领导才能打造一支过硬的执行队伍

执行队伍建设是解决执行难的关键。只有坚持党的领导，才能打造一支政治素质过硬、专业素养良好、廉政意识坚定的执行队伍。坚持把政治建设放在首位，强化使命意识，锤炼政治担当。全国执行干警夜以继日战斗在执行一线，忘我工作，无私奉献，不怕牺牲，涌现出许多可歌可泣的先进人物和事迹。不断提高执行人员的专业素养，已设立中国法学会审判理论研究会执行专业委员会和国家法官学院执行学院，建立最高人民法院执行咨询专家库和全国执行人才库，不断加强执行理论研究，创新教育培训工作，提升干警执行能力[①]。形成清正廉洁的执行作风。坚持从严管理，全面贯彻党风廉政建设责

---

① 参见《最高人民法院关于人民法院解决"执行难"工作情况的报告》，《人民法院报》2018年10月25日，第2版。

任制，划定执行"高压线"，开展规范执行行为专项整治，加大考核问责力度。《执行工作五年纲要》进一步明确，"对消极执行、选择性执行、乱执行等不规范执行行为严肃整治常态化"、零容忍。

二 坚持以人民为中心是解决执行难的根本动力

生效法律文书的执行，是司法工作最后也是最关键的一环，关系到人民群众胜诉权益的最终兑现，关系到司法权威和司法公信力的有效提升，关系到全面依法治国基本方略的贯彻落实。让人民群众感受到公平正义，必须切实解决执行难问题，而以人民为中心始终是解决执行难的根本立场。

（一）以人民为中心，始终围绕实现人民群众的胜诉权益

党的群众路线是执行工作的生命线，人民群众是核心。首先，找准"以人民为中心"的目标和方向。人民群众最关心的是生效裁判确定的权益能否得以高效高质地实现。因此，"用两到三年时间基本解决执行难问题"的具体目标明确为三个维度：一是实现的及时性，包括遏制规避执行、抗拒执行和干预执行等现象，消除人民法院消极执行、选择性执行、乱执行等情形；二是实现的有效性，包括严格无财产可供执行案件结案，保证有财产可供执行案件在法定期限内基本执行完毕等；三是评价的提升，即人民群众对执行工作满意度显著提升，人民法院执行权威有效树立，司法公信力进一步增强。其次，找准"实现人民利益"这一着力点。人民法院的一系列改革和举措，都围绕基本目标，针对如何实现胜诉权益而展开。三年来，通过个案的查控处纵向推进、类案的集中执行横向加力、重点环节的分项监管加压、间接执行措施的全面威慑，在受理执行案件同比增长 98.5% 的严峻形势下，全国法院执结案件数和执行到位金额分别同比上涨 105.1% 和 71.2%[①]，成效显著。

① 周强：《最高人民法院工作报告——2019 年 3 月 12 日在第十三届全国人民代表大会第二次会议上》。

（二）依法公正执行，保障人民群众的基本权益

准确认识执行工作的强制性，依法保障当事人的基本权益，切实实现公平正义。①落实执行措施的规范性、公开化，保障基本救济权利。执行措施要在法律规定条件下，严格依照程序实施。要对当事人全流程公开，保障知情权及程序参与权，通过程序权利制约法院执行权，促进执行公正。②正确理解强制措施的严厉性，保障基本生存权利。坚持把强制执行与规范执行相结合，坚持公正、善意、文明执行理念。在充分保障胜诉权益的同时，依法审慎适用强制措施，最大限度减少司法活动对当事人正常生产生活的不利影响；在执行财产时，应注意保留被执行人及其所抚养家属的生活必需品。对涉民生的执行不能案件，人民法院通过争取财政支持开展司法救助、探索推进执行司法援助保险等，切实减轻当事人经济负担、化解执行风险。

（三）不断创新便民利民惠民机制，提升人民群众满意度

①坚持司法便民。推行网上立案、自助立案等，优化升级跨域立案服务，巩固立案登记制改革成果。浙江等地法院推进"移动微法院"，建立执行事务中心，打造移动和线下双管齐下的一站式执行服务系统，更好地满足人民群众需求。②坚持互惠共赢。坚持发展新时代"枫桥经验"，将多元化纠纷解决机制引入执行程序，通过执行和解，及时有效化解矛盾纠纷。③坚持司法为民。全面实现执行信访挂网督办，改变以往线下逐级督办的低效模式，办理过程全程留痕、实时跟踪、精准管理，90%以上执行信访案件得到化解或办结，做到件件有回复。

三　坚持执行权运行本质属性是解决执行难的基本路径

民事执行权既有中立性、终局性等司法权属性，又具有要求被执行人为或不为一定行为的行政权属性。坚持执行权运行的本质属性，突出执行强制性、提升执行规范化、坚持执行公开化，是解决执行难的基本路径。

（一）突出执行强制性

1. 直接执行措施统一化、规范化

直接执行措施是指直接对执行标的施以强制力，实现执行内容的执行方法[1]。《民事诉讼法》主要规定了物的交付、金钱给付等直接执行措施，具体可分为：①控制性执行措施，是指确保能有效处分标的物上的权利，防止因其他民事法律事实引起执行标的缺失而采取的直接对执行标的加以控制的措施，包括查封、扣押、冻结等；②处分性执行措施，是指执行主体依据职权，直接处分执行标的，并以处分所得收益保障债权人权利实现的措施，包括扣划、拍卖、变卖、以物抵债等。直接执行措施作为最直接有效的强制措施，其运用已逐渐规范化、常态化，为"基本解决执行难"提供了必要保障。

2. 间接执行措施多元化、广域化

间接执行措施是指执行主体对债务人科以资金或人身上的不利益，使其产生心理上的压力，进而迫使自动履行债务的执行方法[2]。其种类多样，除了经济罚和人身罚外，还构建了"一处失信、处处受限"的信用惩戒大格局。①拒执惩戒措施。1991 年，《民事诉讼法》及相关司法解释即规定了罚款、拘留、迟延履行金及迟延履行债务利息等间接执行措施。同时《刑法》明确规定了"拒不执行判决、裁定罪"，处罚为有期徒刑、拘役或者罚金。近年来的新发展在于，追诉程序上，明确申请执行人可以提起自诉；实践适用中，适用情形进一步规范，打击力度加大。全国法院以拒不执行判决裁定罪判处 1.3 万人，拘留失信被执行人 50.6 万人次，同比分别上升 416.3%、135.4%[3]。②失信惩戒措施。2007 年修订的《民事诉讼法》增设了限制出

---

① 李哲：《论中国民事间接强制执行制度的完善》，载《南阳理工学院学报》2013 年第 2 期，第 14 页。

② 孔令章、梁平：《民事间接强制执行制度比较研究》，载《重庆大学学报》（社会科学版）2012 年第 5 期，第 108 页。

③ 周强：《最高人民法院工作报告——2019 年 3 月 12 日在第十三届全国人民代表大会第二次会议上》。

境、征信系统记录、媒体曝光等间接执行措施。特别是 2010 年最高人民法院建立限制被执行人消费制度，2013 年又建立失信被执行人名单制度。两项制度并行不悖，共同发挥作用。失信被执行人名单制度是信用惩戒，对有履行能力拒不履行、拒不申报财产等失信被执行人，采取 11 类 150 项惩戒措施。而限制消费制度是一种行为限制，只要不按执行通知履行生效法律文书确定义务的，就应当被限制 9 类非生活和工作必需的消费行为，且当被执行人被认定为无财产可供执行需依法结案前，必须进行常态化限制高消费。三年来，366 万人迫于压力自动履行义务①。

（二）提升执行规范化

1. 完善的执行法律体系

当前，各国民事执行立法主要有三种模式，即单行法模式、吸收模式和混合模式。中国当前主要采取吸收模式，在《民事诉讼法》专章予以规定，并由其他相关法律、司法解释等多种渊源构成。党的十八大以来，最高人民法院狠抓执行规范体系建设，共出台 55 项重要司法解释和规范性文件。特别是 2016 年以来，密集出台涉及财产保全、财产调查、执行和解、执行担保、先予仲裁等 37 个司法解释和规范性文件②。应该说，统一完善的执行规则已经系统成型。呼应学术界及实务界关于民事执行单独立法的议案，民事强制执行法列入五年立法规划的二类项目，中国民事执行立法也将逐步从吸收模式走向单行法模式。

2. 规范化的结案管理与退出机制

（1）结案以有无可供执行财产界分

中国以有无可供执行财产界分，形成统一的执行实施案件结案管理机制：①被执行人已执行足额财产的，以"执行完毕"结案；②被执行人已

---

① 周强：《最高人民法院工作报告——2019 年 3 月 12 日在第十三届全国人民代表大会第二次会议上》。

② 参见《最高人民法院关于人民法院解决"执行难"工作情况的报告》，《人民法院报》2018 年 10 月 25 日，第 2 版。

无财产可供执行的，则以"终结本次执行程序"（以下简称"终本"）结案；③基于管辖、主体变化、程序要件不符等，形成包括"终结执行""销案""不予执行""驳回申请"等结案方式。其中又以无财产可供执行案件的严格管理为主要特色。

一是严格规范的"终本"结案条件。五项实体要件的严格把控，除"已穷尽财产调查措施，未发现被执行人有可供执行的财产或者发现的财产不能处置"这一基本要求，还包括一系列间接执行措施的实施；程序要件的完备，包括终本前约谈、裁定说理要求、裁定送达和上网等，同时赋予当事人、利害关系人对该种结案方式的执行异议救济权利。

二是精细化系统管控。最高人民法院依托统一执行办案平台，对流程、款物等近20项内容进行统一监管，使案件办理过程得以全程留痕、精准管理。同时紧抓终本案件合格率这一关键指标，建立完善严把进口、规范管理、畅通出口、有序退出的终本案件管理机制，明确只有穷尽执行措施、达到规定标准，才能认定为无财产可供执行。

三是结案后单独管理。2014年以来，全国法院对近20年未实际执结的执行案件进行全面清查，把1600余万案件信息录入执行案件管理系统[1]。为保证对案件的动态管理，建立终本案件信息库，定期自动网查，常态化限制高消费，一经发现可供执行财产立即恢复执行程序。

（2）有序退出制度

如前所述，终本结案由于仍存在单独动态管控下的恢复执行，本质上为程序性结案，该类案件的退出需有其他相应程序保障。为此，2015年，最高人民法院通过司法解释建立"执转破"制度，打造执破衔接通道，将执行案件倒入破产程序。一方面，让仍有经营可能的企业通过破产重整、和解等制度，及时切断债务膨胀，引入资金，盘活资产；另一方面，在一定程度上疏导了执行不能案件，公平地保护了债权人的合法权益。

---

[1] 参见《最高人民法院关于人民法院解决"执行难"工作情况的报告》，《人民法院报》2018年10月25日，第1版。

3. 建立科学的执行考核体系

（1）中立的基本解决执行难工作评价

围绕执行难问题的关键症结，最高人民法院将"基本解决执行难"阶段性目标具体化为四个核心指标，即，90%以上有财产可供执行案件在法定期限内执结，90%以上无财产可供执行案件终本符合规范要求，90%以上执行信访案件得到化解或办结，全国90%以上法院达标。同时首次引入独立第三方评估机制，由中国社会科学院牵头，组成评估组，研究设定"人民法院基本解决执行难第三方评估指标体系"，包含230余项具体指标。评估组通过预评估、样板评估和现场评估，完成了对全国31个省份和新疆生产建设兵团法院共763家法院的数据采集，最终分析得出结论。

（2）统一的执行指标体系

为强化统一管理，最高人民法院研究制定了执行工作独立指标体系，包括执行案件质效统计指标、执行综合管理统计指标、执行案件质效考核指标和执行综合管理考核指标，主要特点如下。第一，注重落实执行工作"三统一"管理机制，如督办事项办理情况纳入统计考核范围，促使最高人民法院执行指挥中心的监督管理见实效。第二，侧重考核一定区域内法院执行工作整体情况。指标体系涵盖执行案件质效、执行指挥中心事项管理、执行信息化建设及应用管理、队伍及其他管理等工作，能够较为客观全面地反映区域内法院执行工作总体情况。第三，体现对首次执行案件和终本案件分别考核的管理思路。第四，实施动态化管理，指标体系根据每年执行工作重点进行适当调整。

（三）坚持执行公开化

1. 自觉接受外部监督

①自觉接受权力机关监督。全国人大高度重视法院执行工作。2018年，全国人大监察和司法委员会围绕"基本解决执行难"深入开展专题调研，各省市人大及常委会均发文支持法院执行工作，有力推进"基本解决执行难"。②自觉接受法律监督机关监督。最高人民法院及最高人民检察院联合

出台文件，规范和加强了民事执行的检察监督，促进了人民法院依法执行。③自觉接受社会监督。为畅通民意沟通渠道，法院特邀监督员、咨询员座谈调研，通过全国法院决胜"基本解决执行难"信息网等及时向社会公开重要举措及进展，接受舆论监督。中央台、新华社等 100 余家新闻媒体参与 22 场执行现场直播，累计超 3.2 亿人次在线观看，以新形式促进执行公开，保障了公众的监督权①。

2. 执行流程透明化

①对当事人全流程公开。人民法院将案件执行过程及执行程序向当事人全流程公开，包括立案启动、执行人员、财产查控情况、执行措施、财产处置情况等。各地法院因地制宜，公开方式扩展至信息系统、电子公告、微博、微信、手机短信及应用客户端等多种新媒体。②对社会公众有限公开。执行情况向社会公众公开，将整个执行过程置于公众监督之下。但基于隐私保护等要求，这种公开势必是有限的：第一，范围有限，公开信息主要为公共信息和征信信息，国家秘密、商业秘密、个人隐私为例外；第二，信息要素有限，对涉及个人隐私的执行信息，公开时要去标识化处理，选择恰当的方式和范围。

四 大数据的快速整合是解决执行难的中国优势

在党和国家推进全面依法治国、推进国家治理体系和治理能力现代化的背景下，最高人民法院全力推进大数据、人工智能等在司法领域的广泛应用，两到三年内迅速实现信息化与法院执行工作的全面深度融合，使执行模式发生翻天覆地变化。

（一）构建全覆盖的财产查控体系

1. 查控范围广域化

执行查控方面，确立了申请执行人提供线索、被执行人如实报告与法院

---

① 参见《最高人民法院关于人民法院解决"执行难"工作情况的报告》，《人民法院报》2018年 10 月 25 日，第 2 版。

全面调查的基本格局，其中又以网络查控为主要特色。①自上而下网格化建设模式，让查控突破地域局限。最高人民法院"总对总"网络执行查控系统铺就的"国道"和高（中）级人民法院"点对点"网络查控系统铺就的"省（市）道"相互配合、互为补充①，执行委托平台使执行措施突破异地空间延时的限制，使全国范围内的财产及被执行人及时查控成为可能。②财产类型不断拓展，主要财产基本实现全覆盖。与公安部、自然资源部等16家单位和3900多家银行业金融机构联网，基本覆盖被执行人全国范围内包含不动产、存款、车辆、证券等16类25项信息，且已扩展到互联网金融和第三方支付这些新兴财产领域。③动态信息使被执行人行踪可寻。依托实名制以及信息联网，实现对被执行人户籍、酒店住宿、出入境、婚姻、社保等信息的全面掌握。深圳"鹰眼查控网"、浙江"当事人信用画像"等，都是基于大数据的数据采集，形成对相关人员的行动轨迹、信用等的集中精准分析。

2. 查控功能一体化

①查控自动化。基本实现线上查询一键式，改变以往"高能耗"模式。以每案仅查询5家银行存款、花费两小时工作量估算，仅此一项，就能为全国法院节省约510万个工时。②查控处一体化。逐步完善实现在线查控同步，在线处置功能也正在全面推进中。仅以金融为例，21家全国性银行已全部实现在线扣划功能，地方性银行大多支持在线查冻，部分已支持在线扣划，且正在持续扩展中，未来将实现全流程线上操作。

3. 数据使用精准化

①查控专项性。法官作为用户，仅能对本人承办未结执行案件的被执行人进行查控，对第三人的查控执行需经过被执行主体变更、追加等前置程序实现，从而确保信息的专项性使用。②数据保密性。立法明确要求，如人民法院对查询到的被保全人财产信息，应当依法保密，除依法保全的财产外，

---

① 王小梅：《法院执行信息化建设的成效、问题与展望——以人民法院"基本解决执行难"为背景》，载《中国应用法学》2018年第1期。

不得泄露被保全人其他财产信息，也不得在财产保全、强制执行以外使用相关信息；财产调查中，执行人员不得调查与执行案件无关的信息，对调查过程中知悉的国家秘密、商业秘密和个人隐私应当保密。系统设置亦有所限定，系统依托法院内网与协助单位专线网络进行数据交换，确保数据的安全性。

（二）构建市场化的财产处置机制

电子商务与司法处置的深度融合，使网络司法拍卖应运而生。2012 年最高人民法院首次提出概念，浙江、江苏等地率先试行，2017 年全国全面推行，网络司法拍卖走过了高速发展的历程。①司法拍卖廉洁化。中国全面实行网拍的法院已达到 3301 个，法院覆盖率为 93.7%①。借助淘宝、京东等电子商务平台优势，"网络司法拍卖"彻底打破了传统司法拍卖的地域性限制，真正实现了司法拍卖全程公开、透明、规范，使司法拍卖再次回归市场化本质，挤压权力寻租空间。②低成本高溢价。司法网拍交易平台基本采取零佣金的模式，即使部分地区借助拍卖辅助机构组织网拍，也采取按件计酬，改变以往按标的计佣方式，为当事人节约佣金 205 亿元②。同时，信息快速传输促进交易市场广域化，也使财产处置充分公开、公平竞争，提高成交率和溢价率。③资产评估市场化。最高人民法院出台《最高人民法院关于人民法院确定财产处置参考价若干问题的规定》，增加了当事人议价、定向询价、网络询价三种确定财产处置参考价的方式。与网络司法拍卖系统相关联的司法评估信息化平台也已全面上线试运行，依托大数据分析实现财产处置参考价确定的线上运行，确保公开、规范。

（三）构建全程留痕的款物管理系统

案款常年沉积是困扰法院执行工作的难题之一。为清积解包袱，2016

---

① 数据来源于周强院长于 2019 年 1 月 22 日在上海召开的世界执行大会上的讲话。

② 周强：《最高人民法院工作报告——2019 年 3 月 12 日在第十三届全国人民代表大会第二次会议上》。

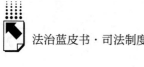

年，最高人民法院部署开展了全国法院范围的案款清理专项活动，累计发放案款960亿元①，并上线新案款管理系统，构建全程留痕的案款管理机制，特点如下。①"一案一人一账号"。利用虚拟账号技术，在立案时即对每个被执行人分配一个专属虚拟账号，依据该账号存入的每笔案款都直接标识到个人名下，并对应到相应案件项下，实现识别的精准化。②线上缴款便捷化。可通过银行汇款、手机转账等渠道直接缴款，部分银行还支持"支付宝""微信支付"等第三方支付，款项可以实时、安全到达法院主账户，并自动归入案件项下。③强化审批，全程留痕。增加线上审批环节，案款分配、进出节点全程留痕，可清楚追查每笔案款去向，彻底解决执行案款管理难题。

（四）构建全流程的节点管控机制

最高人民法院建成了四级法院统一的执行办案平台，为各类执行案件设置37个关键节点，强化了节点管控，构建全国统一流程规范办案的管理模式。同时，建立并完善四级法院统一的执行指挥管理平台，具备执行协作、款物管理、申诉信访、流程监督等近20项功能，实现"一站式"执行公开、"一键式"案件督办，实时跟踪、预警，"三统一"管理模式真正落地，执行案件全覆盖、流程管理扁平化、节点监管实时性的全流程节点管控机制得以真正实现。

（五）深度融合下的"互联网＋法院"执行模式

2016年，最高人民法院提出"智慧法院"概念，旨在依托人工智能，实现全业务网上办理、全流程依法公开、全方位职能服务的人民法院组织、建设、运行和管理形态。在执行方面，最高人民法院建成了中国执行信息公开网，将全国法院执行案件、失信被执行人名单、终本案件、网络司法拍卖

---

① 周强：《最高人民法院工作报告——2019年3月12日在第十三届全国人民代表大会第二次会议上》。

等信息依法统一自动公开；开发和运用移动微法院，当事人可以和执行法官实时交流、提交证据、接收法院送达文书、办理结案手续等，甚至实现在线执行调解。杭州互联网法院还首创了"5G＋区块链"涉网执行新模式，通过5G技术让当事人远程见证、实时互动，同时区块链技术实现音频同步，现场校验并固化原始证据，让整个执行过程更加真实可信。

五　依托大格局实现社会综合治理是解决
执行难的长效机制

解决执行难是一项系统工程，要充分发挥中国特色社会主义的政治优势、制度优势，坚持综合治理大格局，坚持推进社会信用体系建设，延伸社会化执行模式，多元化全方位宣传转变观念。

（一）坚持综合治理执行难题

全力打造共建共治共享的社会治理格局，是中国特色社会主义进入新时代的客观要求。中国法院解决执行难工作的主要经验之一，在于将执行工作纳入社会综合治理格局，从法院一家单打独斗向全社会协同联动转变。2010年，中央纪律检查委员会、中央组织部、最高人民法院等19部门联合印发《关于建立和完善执行联动机制若干问题的意见》，为建立健全解决执行难长效机制提供法律依据。2016年以来，全国各地各级党委政府均已出台文件支持人民法院解决执行难，成立领导小组，建立联席会议，将解决执行难纳入社会治安综合治理目标责任考核。应该说，在党委的统一领导下，政法委协调、人大监督、政府支持、法院主办、部门配合、社会参与的综合治理执行难工作大格局已成型见效，不断推动执行查控体系快速建设完善、失信联动惩戒逐步落地。

（二）推进社会信用体系建设

加快推进社会信用体系建设，对打击失信行为、防范金融风险具有现实意义，也是增强诚信意识，从根源上减少执行案件的社会基石。党的十八大明确提出，"加强政务诚信、商务诚信、社会诚信和司法公信建设"，党的十八届三中全会提出，"建立健全社会征信体系，褒扬诚信，惩戒失信"，将"加快社会信用体系建设"作为总体要求。2014 年，国务院发布《社会信用体系建设规划纲要（2014～2020 年)》，为社会信用体系建设总体思路、重点领域等规划了现实蓝图。作为司法重点环节的人民法院执行工作，也全力投身于征信系统建设。2013 年最高人民法院建立失信被执行人名单制度，2016 年，中央全面深化改革领导小组审议通过《关于加快推进失信被执行人信用监督、警示和惩戒机制建设的意见》，国家发展改革委等 60 家单位签署文件，对失信被执行人在一定期限内采取 11 类 37 大项 150 项惩戒措施，经过多年努力，这已逐渐成为社会共识。

（三）推进社会化执行模式

①拓展协助执行力量。全国多数法院借助中国社会治安综合治理优势，建立起网格员协助执行机制，将对被执行人及财产线索调查的协助执行触角延伸至村镇等基层自治组织。②延伸辅助执行机制。司法解释明确悬赏公告规则，鼓励并发动社会力量全面开展执行调查。浙江等省高级人民法院建立律师调查令、公证机构参与执行辅助等机制，丰富了社会机构参与和协助执行的内容和形式。③延伸执行保障机制。法院与党委政府联合开展执行救助，同时，最高人民法院在全国推广"执行＋保险"模式，如财产保全保险、"执行无忧"执行悬赏保险、执行救助保险等，探索通过商业化的保险杠杆效应，切实缓解当事人经济负担，化解执行风险。

（四）推进多元化全方位宣传

全国法院坚持长期多元化多渠道宣传，引导社会对"执行不能案件"形成科学理性认识，最大限度赢得社会对执行工作的认同、协作和支持。宣传形式上，坚持工作与故事相结合，传统媒体与新媒体相结合，常规新闻宣传与影视作品宣传相结合，开设法院官方微博、微信，还拍摄了纪录片、电视剧、微电影、涉执行公益广告等。例如，中国中央电视台播出的《执行利剑》，最高人民法院与各地高级法院联合举办的执行现场全媒体直播，"最美执行干警""精品执行案例"等评选活动等，向社会展示了执行队伍的良好风貌和执行工作能力。

六 坚持法院主导型的执行模式是解决
执行难的组织保障

中国执行模式有三个维度：一是权力配置上，深化"内分"得到广泛认可和支持[①]；二是机制安排上，主要是审执分离体制，包括审判权与执行权分离、执行权的实施权能和裁决权能分离，以及一系列执行机构改革；三是具体制度上，以执行指挥中心为枢纽的团队化管理模式成为行之有效的全国统一模式。

（一）权力配置：法院主导型深化"内分"模式

关于民事执行权之性质，学界主要有行政权说、司法权说[②]以及复合权力说[③]三种观点。域外也形成了不同执行模式，有法院主导下的"内分型""内外分权型"，如西班牙、韩国、德国等，也有非法院主导的"外分"模式，如瑞典等[④]。本质上，执行模式没有绝对优劣之分，与一国的历史传统和社会政治制度密切相关。中国当前推行的法院主导下深化"内分"模式，发源于中国司法改革实践，高度契合本国执行制度发展需求和应有规律。

---

① 韩煦、孙超：《中国执行模式的发展现状与展望》，载《法律适用》2018年第23期。

② 王利明：《司法改革研究》，法律出版社，2000，第4页。

③ 孙加瑞：《强制执行实务研究》，法律出版社，1994，第5页；高执办：《论执行局设置的理论基础》，载《人民司法》2001年第2期；张峰：《论民事执行权配置与执行的优化》，载《华东政法大学学报》2012年第5期；肖建国主编《民事执行法》，中国人民大学出版社，2014。

④ 陈杭平：《比较法视野下的执行权配置模式研究——以解决"执行难"问题为中心》，载《法学家》2018年第2期。

①民事执行权由人民法院依法独立行使。《民事诉讼法》明确规定民事执行管辖在人民法院,并由执行机构的执行员实施。从实践看,人民法院一直是民事执行权的行使主体,这是中国现有体制下依法实现人民群众合法利益、保障司法权威最为经济有效的模式。而基本解决执行难工作取得的成效,进一步证实了深化法院主导型模式在中国的可行性和优势。②深化"内分"是实现权力制约平衡的有效方式。深化"内分"模式有效利用法院现有的制度资源和经验积累,以独立执行机构设置、专司执行人员配备、执行权能分离等体制上的安排完成审判权和执行权的深度分离,既有别于彻底外分的割裂式做法,也是对传统内分模式下执行权"集权"运作的扬弃。

(二)机制安排:审执分离的执行体制

1. 法院内部设置独立执行机构

中国的执行体制实现了从审执合一到审执分离的转变,执行机构变革也经历了审判庭建制下的执行庭模式、执行工作局的统一管理模式和当前深化审执分离改革探索这三个阶段。当前执行模式改革探索,一是设置执行裁判机构,深化横向分权。在广东、浙江等 10 个地区开展审判权和执行权分离改革试点,组建执行裁判机构,探索以执行法官为主导的执行团队模式。二是调整执行实施机构,深化纵向分权。或以中院为辖区,撤销原所辖基层法院执行局,设立跨行政区域的执行分局;或保留原有法院执行局不变,但调整内部部门构成和职能,强化对下管理职能。三是强化执行指挥中心建设,全国四级法院依托现代信息技术,实现扁平化、集约化、可视化执行管理新模式。

2. 执行权能实现分权运行

中国主流"两权论"观点下的执行权能分权,主要为执行裁决权与执行实施权分权运行。依据最高人民法院《关于执行权合理配置和科学运行的若干意见》,执行权"包括执行实施权和执行审查权",执行实施权"主要是财产调查、控制、处分、交付和分配以及罚款、拘留措施等实施事项",由执行员或法官行使,执行审查权"主要是审查和处理执行异议、复议、申诉以及决定执行管辖权的移转等审查事项"，由法官行使。从各地法院看，设立分权运行机构专人分别行使是实现"裁执分离"的机制保障。

3. 执行监督与涉执诉讼分离

①机构的分离。异议、复议等执行监督程序属于执行审查权范围，多由执行局内设机构或专人审查作出裁定。涉执行的诉讼，则由人民法院的审判机构按照民事诉讼程序审理，实践中主要分为执行裁判庭等专门审判庭审理、审判监督部门审理、民事诉讼部门审理等情形。②程序的分离。2007年《民事诉讼法》修正后，形成了两种执行救济制度，分别是基于第225条的执行行为异议和基于第227条针对执行标的的案外人异议。执行行为异议属于执行审查权，案外人异议则有所区分。案外人异议属于执行审查权范畴，但对审查裁定不服可以进入执行异议诉讼程序，又属于涉执行诉讼审理范围。此类涉执行诉讼由于执行监督的前置审查程序，执行审查权与审判权既相互关联又相互分离。

（三）具体制度：执行指挥中心为枢纽的团队管理模式

2016年9月，最高人民法院执行指挥中心正式落成，全国法院建立了上下一体、内外联动、规范高效、反应快捷的执行指挥体系，执行管理由以往自上而下逐级统管的模式转变为"统一管理、统一协调、统一指挥"的新模式。

1. 以全流程管控纵向实现执行扁平化管理

①统一管理。四级法院统一执行办案平台，统一办案流程，上级法院通过重点流程节点的预警和管控实现对辖区各级法院所有案件的"一键督办"、实时跟踪，提高统管的针对性、及时性、全面性，提升执行规范化。②统一协调。依托全国事项委托等系统，实现线上区域执行协作、争议协调和实时跟踪，大大压缩赴异地执行的成本和时间，减少执行地域化影响，全面提升执行工作质效。③统一指挥。依托执行指挥中心的移动单兵、执行备勤力量等配备，拓展执行统管的时空维度，在应急处置、现场执行等环节实现上下级法院间的同步可视化监督、执行力量统一指挥调度等。

2. 以执行指挥中心为枢纽横向实现分段集约执行

执行信息的全局化、集约化发展，传统的单人临柜模式势必随之转变为集约查控、繁简分流的流程化执行模式。以各地深化执行权分权改革来看，主要设置启动、查控、处分和结案四个环节。北京市第二中级人民法院将案件的执行划分为"执行启动""执行财产查找查封""执行财产变现""执行结案"四个阶段，分别由综合协调（内勤）组、统一查找查封组、财产变现组、综合结案及恢复执行组进行集约执行①。据此，执行事务性工作与执行案件办理相分离，集中查控、立案等事务性工作集约办理，根据案件类型、有无财产等要素区分，实现案件繁简分流、团队办理，有效配置资源，既促进类案精细化、专业化办理，提高办案质效，也降低执行成本和廉政风险。

3. 以团队化组建实现人员优化整合

集约查控、繁简分流有效运行，剥离了简案的财产处置等环节，传统的一人一案模式向执行团队化模式转变。全国法院尚未形成统一范式，但也有一定共性。①以员额法官为主导。员额法官主导执行决策制定已基本形成共识，司法责任制也是案件执行规范化的有力保障。②法官助理、司法辅助人员等主办执行实施和事务性工作。③职责明确，分工协作。上海市第二中级人民法院采用"1+X+1+1"的团队办案模式，除一名员额法官负责决策外，团队还配备多名未入额法官或法官助理实施具体执行行为，完成案件辅助性工作，一名书记员（文员）负责事务性工作，一名法警负责警务保障，在法官指挥下采取强制措施等。据此，团队成员各司其职，分工负责，配合协作，提升执行工作规范化和效率。

结　语

解决执行难之路关山重重，虽曙光初现、前景可期，但仍需久久为功。

---

① 黄忠顺：《民事执行机构改革实践之反思》，《现代法学》2017 年第 2 期。

要紧紧依靠党中央的坚强领导，推进国家治理体系和治理能力现代化、推进社会诚信体系建设，加强综合治理、源头治理，打造良好的执行外部环境；坚持以人民为中心，坚持遵循执行规律，充分发挥执行工作强制性特点，充分运用现代信息技术，大力加强执行规范化建设，着力解决人民群众反映最强烈的突出问题；深入推进执行体制改革，推进执行工作体系和执行工作能力现代化，全面夯实人民法院解决"执行难"工作基础，统筹规划、稳中求进，真正实现向"切实解决执行难"目标的迈进。

B.12
执行工作"三统一"管理
机制的实践探索

——以江西省基本解决执行难工作为例

江西省高级人民法院执行局课题组*

摘　要： 在"用两到三年基本解决执行难"工作推进过程中，江西省高院全面客观分析本省执行工作面临的现实情况，充分发挥信息化管理优势，以加强执行工作管理为切入点，用系统管案、用规范管事、用制度管人，不断强化对辖区执行工作的统一指挥、统一管理、统一协调，以点带面建立完善符合本省实际、"管案、管事、管人"相结合的管理制度模式。借助"三统一"管理机制，江西省高院初步形成了配置科学、管理严密、监督有力的执行工作管理新格局，有效加强对辖区法院执行工作的综合管理、规范管理和信息化管理，有力推动本省执行工作健康快速发展，全省法院如期实现了"基本解决执行难"工作目标任务。

关键词： 管理模式　系统管案　规范管事　制度管人

---

* 课题组成员：赵九重、汤志勇、李哲、刘怿、尹伟、龙广华、卢日久。执笔人：刘怿，江西省高级人民法院执行局信息室副主任。

一 路径选择:江西省"基本解决执行难"以加强执行"三统一"管理为突破口

(一)"基本解决执行难"工作面临的现实情况分析

自 2016 年 3 月份开始,全国法院向执行难全面宣战,拉开了"基本解决执行难"工作序幕。作为中部地区农业大省,发展不足、相对落后是江西省的基本省情和最大现实。从江西省执行工作外部环境来看,由于经济欠发达,信用体系不健全,公民法治意识薄弱,规避执行、抗拒执行比较普遍,暴力抗法事件也时有发生。因此,强制性不突出、执行权威不高、信用环境不佳、主动履行率不高是早期江西省执行工作外部环境面临的主要问题。

从江西省法院执行工作内部情况来看,也存在以下五个方面的困难和不足。一是执行队伍建设方面,普遍存在执行队伍人员短缺,尤其是基层法院执行任务繁重,队伍年龄老化,素质参差不齐,信息化运用水平低,执行方式和观念不能适应新形势下执行工作的需要。二是执行办案压力方面,新收案件逐年大幅增加,历史积案清理困难,"案多人少"矛盾十分突出。据江西省执行办案管理平台数据统计①,2014~2016 年江西省法院新收案件增幅每年达到 40% 以上,收案总数三年翻了一番。而执行人员并未得到有效增加,执行工作压力空前巨大。三是执行管理规范化方面,由于执行案件归口不统一、执行人员变动较大、信息化技术应用不够等,辖区法院执行案件底数不清,上级法院执行监督管理缺少抓手,执行工作管理能力和管理水平较低。四是执行信息化建设方面,虽然江西省信息化建设早期取得了一些成绩,但与周边发达省份相比,整体资金投入不足、系统整合共享不够,特别是执行信息化应用水平不高,严重制约了江西省执行工作的开展。五是执行

---

① 来自江西省执行大数据决策分析系统数据:2014~2016 年全省法院新收执行案件总数分别是 60961 件、85655 件、121884 件。

强制措施运用方面,大部分法院强制措施手段运用单一,综合运用执行措施的能力不强,普遍存在"不愿用""不敢用""不会用""不善于用"的问题。

上述困难和不足并非江西省执行工作的个别现象,在中西部欠发达省份具有一定的代表性。江西省高院始终保持清醒认识,审时度势、认真分析总结执行工作面临的新形势,特别是近年来国家将法治建设和社会诚信体系建设放在突出位置,为法院执行工作带来了历史机遇。最高人民法院提出"一性两化"工作思路谋划执行工作,明确了执行工作的路径和发展方向。江西省高院坚定信心、谋定思路、迎难而上,提出"内强素质、外树形象"工作要求,力争江西省执行工作进入全国第一方阵,坚决如期完成"基本解决执行难"任务目标。

(二)加强执行"三统一"管理抓住了执行工作的主动权

经过全面分析,认真研究,江西省高院决定以加强执行工作管理作为切入点,以点带面建立符合本省实际和特点的执行管理综合体系,通过强化上下级法院之间的统一管理、统一指挥、统一协调,整合执行资源、集中执行力量、完善执行制度、加强监督指导,从而推动辖区法院执行工作的整体发展。

第一,加强执行"三统一"管理符合执行工作本身的特点和规律。按照执行权的行政权属性要求,强化上级法院对下级法院执行实施工作的统一领导,加强规范管理,规范执行行为,促进执行公正。

第二,加强执行"三统一"管理是统一规范执行行为,提升执行管理能力的必然选择。由于执行办案规范不统一、执行管理要求不明确、监督管理手段不足等,上级法院监督管理难以做到令行禁止,消极执行、拖延执行现象一定程度上存在,执行司法腐败时有发生,执行工作统一规范管理刻不容缓。

第三,加强执行"三统一"管理是克服地方保护主义、排除执行工作外部干扰的有效手段。一些地方政府部门出于地方部门利益或政绩等因素考虑,给法院执行工作设置障碍,极大损害了司法权威和公信力。通过落实执行"三统一"管理要求,采取协同执行、提级执行、专案督办、向上级党委汇报等方式,有效遏制行政干预执行的现象。

第四,加强执行"三统一"管理是如期完成基本解决执行难任务的现实需要。第三方评估指标体系涉及执行工作的方方面面,辖区法院全部达到"3+1"核心评估指标要求。因此,江西省高院必须对辖区执行工作进行集中部署、统一调配力量,形成执行整体合力推进基本解决执行难工作。

第五,人民法院以信息化技术为支撑,加强现代化的执行指挥中心建设,使执行管理插上了信息化之翼,探索并建立了执行管理的现代化模式,在执行管理上取得了长足的进展①。搭上信息化这趟"顺风车",许多长期无法解决的执行"三统一"管理难题迎刃而解。因此,江西省高院抓住执行工作管理这条主线,就抓住了辖区执行工作的主动权,找到了江西省基本解决执行难工作的突破口。

二 实现路径:探索建立制度化、规范化、信息化执行工作管理机制

江西省加强执行"三统一"管理的基本思路是:以执行队伍建设为中心,建立完善"管案、管事、管人"相结合的管理制度模式,通过健全机构、完善制度、建立机制、运用信息化、强化监督、指导培训等方式,不断强化对辖区执行工作的统一指挥、统一管理、统一协调,着力解决过去粗放式管理模式中存在的"看不到、抓不住、管不了"问题,改变以往分散无序、手段欠缺、流于形式等弊病,从而为江西省部署推进基本解决执行难工作提供强有力支撑。

(一)用系统管案——实现统一规范化管理,强化流程节点动态监管

没有可靠准确的案件数据信息支持,集中统一管理、有效监督指导、执

---

① 田禾:《为执行管理插上信息化之翼》,《人民法院报》2018年11月9日。

行流程公开、信息化应用等工作都是空中楼阁，因此，执行案件管理是执行"三统一"管理中最核心、最基础的内容，案件的信息化管理主要针对执行案件归口的集中管理、数据治理和流程监管。

1. 统一系统管理执行案件信息

一直以来，江西省辖区法院办案平台不统一、案件归口分散导致案件管理困难重重。2014 年 9 月份建成辖区三级法院统一使用的执行案件流程管理系统，明确要求所有执行案件必须统一在办案管理平台进行办理，统一执行办案标准，实现执行办案过程全程留痕。省高院数据中心不再接收辖区其他案件管理系统上报的案件数据；对各地市执行工作考核均以执行案件流程管理系统数据为准，逐步消除"体外循环"的案件，杜绝"私案""抽屉案"的问题；对于故意瞒报、虚假录入案件信息的，严肃追究承办人员的直接责任和执行局长的领导责任。

2. 切实提升执行案件信息准确性

进一步夯实执行案件基础数据信息，为执行管理的信息化、可视化、精细化奠定坚实基础。自 2014 年 7 月份开展为期一年的执行案件底数清理行动。一是核录案件信息。要求对 2007 年以来已录入系统的案件，以案件台账、卷宗记载以及实际执行情况为依据，对案件办理信息进行逐案逐项核查，对错录的案件信息进行更正，确保数据准确，信息真实。二是补录案件信息。要求对尚未实际执结的已立案但未录入系统、未立案亦未录入系统的两类"体外循环"案件进行补录。经过辖区三级法院的共同努力，专项清理行动取得显著成效。共计核录执行案件 42.2 万件，补录案件 4.28 万件，长期困扰执行工作的案件底数不清、信息不准确现象得到有效改观。

3. 动态监管执行案件流程节点信息

明确执行各环节的办理期限、质量标准以及相互衔接的具体要求，全面加强执行案件流程关键节点管控。一是完善执行办案 37 个重要流程节点监管功能。强化执行节点办案时限要求，运用信息化手段对案件办理流程即时跟踪、管理、监督，有效消除法院内部的不作为、乱作为及腐败现象。二是通过在执行立案、启动执行、财产查控、财产处置、案款发放、执行结案等重要环节设置提示提醒、审批管理、系统校验等方式，对案件执行进行立体化管控，规范执行实施权有序运行。三是与12368诉讼服务短信平台实现无缝对接，将关键节点信息实时、自动向当事人推送，让当事人及时掌握案件办理情况，防范消极执行、怠于执行行为。

4. 不断健全执行案件管理长效机制

一是建成执行大数据决策分析系统。通过云计算方式对全省各区域重点类型案件、收结案情况、案件金额等进行梳理、挖掘、关联，科学分析执行工作发展趋势和内在规律，为领导指挥调度辖区案件、作出决策部署提供有力数据支持。二是探索执行流程集约化工作模式。改变"一人包案到底"的传统执行模式，通过将执行工作环节划分为执行启动、法律文书制作、财产查控、财产调查、财产变现、执行结案等环节，按照执行各环节专业化、规范化、集约化要求，团队分工协作，保障执行实施权廉洁、高效运行。三是建立执行案件信息动态核查机制。明确执行案件信息录入规范标准，定期开展案件信息网上巡查通报工作。建立责任倒查机制，经核查发现关键节点信息录入不合格的，责令予以改正、通报批评、考评扣分。

（二）用规范管事——实现高效扁平化管理，强化对下集中监督指导

当前80%以上的执行案件集中在基层法院，仅靠发文开会和个案监督，最高人民法院的各项规范要求、监督举措往往到了基层就成了强弩之末，事倍功半①。江西省高院通过完善执行制度体系建设，加大执行监督指导力度，明确监督指导范围、程序、方式，切实提高监督指导效能，防止监督不力和乱监督。

1. 健全执行部门组织机构职能

随着执行方式由单一、封闭式向多元、开放式转变，现有的执行机构设置和工作职能，已不能适应新形势发展需要。江西省高院根据执行分权制约

---

① 刘贵祥：《人民法院执行工作现状与分析》，《中国应用法学》2018年第1期。

机制要求，按照"重指挥、大综合、强实施、精裁决、严管理"的思路，对省高院执行局五个处室的职能作了调整，具备更为组织有力、决策灵活、集中机动的执行工作管理权。辖区三级法院均建立了执行指挥中心，负责执行事务管理工作，保障"三统一"管理的执行力和行动力。另外，省高院设立重大疑难案件财产调查小组、系列案件协调领导小组，中基层法院成立快速反应执行小组，通过跨区域联合执行、远程视频指挥、协同执行等方式，集中力量协作执行，确保全省法院执行工作指挥"一盘棋"格局。

2. 集中出台执行管理规范性文件

为进一步明确"三统一"管理的具体要求和标准，有力提升执行事务规范化管理水平，江西省高院陆续出台一系列规范性文件。出台《全省法院执行工作指导意见》《关于适用新型执行措施若干问题的指导意见》《关于推送执行实施案件信息的指导意见》《关于执行流程集约化运行工作模式的指导意见》《打击拒执犯罪工作指导意见》等；制定《关于16省、市、自治区法院异地执行协作工作实施细则》《执行案件流程信息管理系统操作规范与管理办法（试行）》《关于执行指挥中心的暂行规定（试行）》《关于执行信访巡回督办（实地督办）工作的若干规定（试行）》等；下发指导性文件推行律师调查令、执行专项调查、诉讼保全保险、执行悬赏保险、失信彩铃等执行工作新举措，探索保全财产预评估、拍卖询价等执行工作新方法。涉及执行工作指导思想和重点工作、强制措施适用、信息化建设应用、办案规范化、执行监督管理、执行机制创新等文件100多个，基本形成了较为完备的执行工作规范体系。

3. 有效拓宽执行监督指导渠道

一是健全执行工作监督体系。在继续完善强化综治考评、函询督办、定期通报、消极执行审查等传统监督措施的基础上，遵循执行工作规律特点，制定《执行工作督导巡查办法（试行）》《执行约谈工作实施细则》，建立健全执行工作督导巡查、执行约谈等新型监督措施，按照"统一管理、分级负责"的原则，及时发现、纠正下级法院执行工作中存在的问题。二是实行"一案双查"和信访案件倒查工作机制。通过督导巡查、带案核查、重点抽查等方式,结合当事人信访反映的突出问题,按照查事与查人相结合的方法,督查执行案件问题和违纪违法问题。三是完善执行考核评价体系。遵循执行工作客观规律,围绕执行重点工作、案件执行、监督管理、队伍建设、长效机制、宣传保障等修订完善考核指标体系,建立执行单独考核机制,实现执行与审判质效数据分别统计、分开考核。引导形成科学、合理的执行考核评价标准。四是加大执行工作指导力度。建立执行局长例会制度,运用远程视频指挥系统部署调度全省执行工作;对质效指标落后的法院进行末位排名通报并分析问题原因;通过现场(视频)培训、实地调研辅导、疑难问题解答等有效途径,集中指导辖区法院执行工作开展。

4. 强化重点执行事项的监督管理

充分利用信息化服务执行管理的优势,以执行指挥管理平台应用为抓手,对执行案件流程节点、事项委托、网络评估拍卖、涉执舆情、申诉信访、案款管理、消极执行、终本案件、执行公开等重点事项进行监管、督办。建立执行指挥中心事项管理工作通报制度,对通报问题落实整改不到位的,坚持半月(视频)约谈工作机制,确保上级法院对下级法院的管理"一竿子插到底"。加强执行指挥中心值班制度管理,实行 AB 岗定人定责,按照层级管理要求,每天对辖区法院值班情况进行巡检;加强跨区域执行协作,积极运用远程指挥系统,对重大疑难复杂执行案件进行视频会商;与辖区法院单兵(车载)执法记录仪进行视频连线,对外出执行现场实时监控、指挥调度;运用执行大数据决策分析系统对全省执行运行态势进行研判,按照不同的地理区域、不同的案件类型进行精准督办,让符合执行工作特点的"三统一"管理模式真正落地。

(三)用制度管人——实现人员分类管理考核,保障执行队伍健康有序发展

做好执行工作的关键在人,要有一支高素质的执行队伍。江西省高院按照政治过硬、业务过硬、素质过硬、纪律过硬、作风过硬的要求,狠抓执行队伍管理工作,把稳定执行队伍、提升精神状态、提高队伍战斗力摆在突出

位置，深入推进执行队伍正规化、专业化、职业化建设。

1. 切实配齐配强执行人员

一是选好执行队伍"领头羊"。严格落实"下级法院执行局局长任命前要经上一级法院考核同意"的规定，上级法院定期听取下级法院执行局局长工作述职报告，认为下级法院执行局局长不称职的，建议予以调整、调离或者免职，充分发挥中基层法院执行局的战斗堡垒作用，提升执行队伍的凝聚力和战斗力。二是督促落实15%的执行人员配备比例要求，加大执行岗公务员招录力度，把政治坚定、作风过硬、素质优良、年富力强的干警充实到执行队伍中来，采取措施逐步消化非专业人员。有效探索新录用干警、预备法官到执行局跟班锻炼制度，综合部门人员 AB 岗（到执行口挂庭办案）制度，逐步缓解执行人员短缺问题。三是印发《关于人民陪执员试点工作座谈会会议纪要》，大力推行人民陪执员参与执行制度，聘请或选任人民陪执员参与案件的执行，促进社会矛盾化解，减少执行案件压力。四是强化执行工作警务保障，组建执行司法警察专门队伍，进一步充实执行力量。根据"编队管理、派驻使用"的原则，协助开展执行实施工作，增强执行威慑力。江西省法院通过干部轮岗锻炼、公务员招录遴选、购买社会服务、选任人民陪执员等方式，执行办案力量得到有效补充。

2. 实行人员分类管理考核

为进一步激发执行工作机制改革活力，江西省高院以深入推进审执分离和法官员额制改革为契机，建立以员额法官为主导，分工协作的团队化、集约化工作模式，提升执行工作效率。一是推行"1 + N"执行实施团队模式，即以员额法官为主导，法官助理、书记员、司法警察等司法辅助人员组成的团队化工作模式。明确各类执行人员的身份定位和职权范围，优化团队内部的任务分工，实现执行人力资源效用最大化。二是推广执行流程集约化工作模式，即依托执行指挥中心，创设若干工作团队，推动实现执行案件繁简分流、业务工作和事务工作分离、同类工作集约化办理，改变传统"一人包案到底"的办案模式，有效提升执行效率，防范执行实施权高度集中带来的廉政风险。三是建立执行人员分类绩效考核机制。充分发挥绩效考核的激励和导向作用，遵循全面、量化、符合执行工作规律、体现职业化要求的原则，对员额法官、法官助理、书记员等不同岗位人员分别进行量化考核，作为考评定级、提职提级、评优评先的重要依据，不断提高执行工作专业化水平。

3. 强化执行人员培训教育

为有效提升执行队伍综合素质和履职能力，江西省高院根据实践中出现的新情况、新问题，不断创新培训模式，丰富授课内容，增强培训内容的针对性、实用性。一是根据不同岗位的职责要求，采取集中脱产、视频培训、巡回授课、联合办班等方式，分别办班、分类培训，保障各类执行人员参加相关业务培训，着力提升执行干警执行办案能力水平。二是邀请省委党校和国内知名高校的教授、最高法院业务专家、基层一线业务骨干等，从政治思想理论、法律司法解释、执行监督管理、信息化应用操作、实践经验做法等多角度授课，不断满足执行工作实践需要。三是始终高度重视廉洁警示教育，引导执行干警筑牢拒腐防变的思想道德防线。尤其对于信访案件、督办案件、消极执行引发的问题，坚决予以调查处理，以动真格、零容忍的态度，严厉惩治司法腐败和违法违纪行为，促进干警清正、队伍清廉、司法清明。

三 工作成效：初步形成配置科学、管理严密、监督有力的执行管理新格局

经过几年来坚持不懈、持之以恒地强化执行"三统一"管理工作，以前所未有的工作力度，扎实推进"基本解决执行难"工作，江西省执行案件质效大幅提升，执行内部管理日趋规范精细，自身存在的突出问题有效解决，执行队伍得到较好锤炼，群众司法获得感进一步增强；辖区118家法院第三方评估"3+1"核心指标全部达标，第一批顺利接受中国社会科学院第三方评估，如期完成"基本解决执行难"阶段性任务目标；2019年以来，江西省高院着力构建执行管理工作长效机制，巩固"基本解决执行难"成果，全省执行工作逐步进入良性发展轨道。

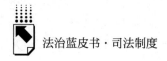

（一）完善管理模式，实现由粗放型管理向规范化管理转变

依托网络信息化管理优势，大力推进信息化技术在执行工作中的应用，通过完善和提升管理手段，实现了传统粗放型管理向现代规范化管理的转变。

实现执行案件的集中规范管理。目前执行办案管理平台实现累计110.36万执行案件数据归集，甄别、核查、补录案件信息涉及40余万件。2014年以后执行案件全部归入全国数据库统一管理，人民法院执行指挥管理平台"数据监管"模块显示：2014年以后全国数据库归入64.6万件案件中，基础信息不合格案件只有1684件，基础信息录入合格率99.74%，排名全国前列。

实现财产处置的高效规范管理。结合本地实际，制定《全省法院网络司法拍卖实施细则（试行）》，强化对全省网络拍卖工作的督查指导，全省118家法院网拍覆盖率达到100%。截至2019年9月份，全省法院通过网络司法拍卖平台累计上传拍品58059件次，成交额207.96亿元，标的物成交率65.24%，溢价率36.89%，节约佣金7.64亿元。"案拍比"质效指标持续排名全国第二，得到最高人民法院的通报表扬。

实现执行案款的统一规范管理。2016年江西省高院联合省检察院开展全省法院执行案款集中清理活动，共清理案款9.18亿元，发放8.12亿元。建成并运用"一案一账号"执行案款管理系统，巩固清理活动成果，实现人、案、款的一一对应关联，有效消除了案款迟延发放和案款违规流动现象。

实现信访案件的精准规范管理。执行信访登记、办理、办结全过程在执行信访管理系统中留痕，实时跟踪督办、精准管理、定点清除工作中的问题，确保所有纳入系统管理的信访案件，件件有回音，件件有落实，信访案件化解率逐年提升，较好地推动了执行信访案件的化解（见表1）。

实现重点事项的有序规范管理。依托执行委托系统、舆情管理系统，对事项委托、涉执舆情工作进行规范管理，并将相关工作完成情况纳入执行质效考评。根据人民法院执行指挥管理平台数据统计，截至2019年10月全省法院累计委托事项 21068 件，办理受托事项 40580 件，办结 39643 件，办结率 97.69%；督办涉执网络舆情 48 件，办结 48 件，完成率 100%。

表1　江西省法院 2015～2018 年执行信访案件化解情况

单位：件，%

年度	进京信访案件			赴省信访案件		
	立案	化解	化解率	立案	化解	化解率
2015	25	16	64	362	219	60.49
2016	17	16	94.12	250	201	80.4
2017	50	48	96	232	192	82.76
2018	101	100	99.01	373	314	84.18

实现执行人员的分类规范管理。全面采集、汇总辖区法院所有执行人员的基本身份信息以及履历信息，做好员额法官、法官助理、其他辅助人员的分类管理，及时、全面、准确掌握辖区法院执行人员的基本信息及构成情况，科学客观考核评估执行人员工作绩效。截至 2019 年 9 月，全省法院共有执行干警 1533 人，其中执行员额法官 488 人，占全体员额法官的 14.6%；执行聘用人员 1005 人，占全省法院聘用人员的 18.8%。

（二）落实层级管理，实现由被动监管向主动管理转变

传统的执行管理模式往往是个案监督、被动监管，整体管理效能偏低，难以满足当前执行工作发展形势的要求。江西省高院严格落实层级管理职责，充分运用制度和信息化的力量，加强制度建设和信息化应用，实现了由被动接受监管向自我主动管理转变。

主动加强对辖区案件的指挥调度。进一步充分运用执行大数据决策分析系统，全面动态掌握辖区执行案件收结、类型分布等情况，针对性部署开展类型案件清理行动，切实提升整体办案质效。针对辖区未结案件较多问题，江西省高院 2016 年初组织全省法院开展执行积案清理"大会战"，全年共清理执行积案 117933 件，积案清理率达 97.78%，为"基本解决执行难"奠定基础；针对辖区小标的、涉民生案件占比 60% 的地域特点，各中级法

院积极开展集中清理 10 万元以下小标的案件活动，有效提升辖区法院执行质效指标① （见图 1、图 2、图 3）。

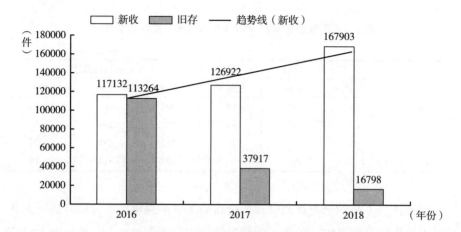

图 1　江西省法院 2016～2018 年执行实施案件收案情况

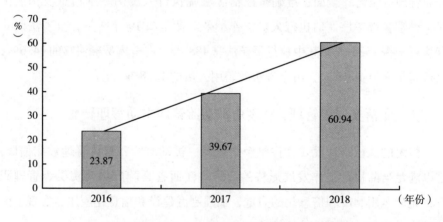

图 2　江西省法院 2016～2018 年实际执结率指标情况

常态化关注重点类型执行案件。建立涉民生案件优先立案、优先执行、优先发放案款的工作机制，以执行大数据决策分析系统为抓手，加强对下级

---

① 来源于人民法院执行指挥管理平台的指标统计数据：2016～2018 年新收案件总量逐年递增，旧存案件总量大幅下降；而实际执结率实现翻番，执行到位金额逐年增加，执行办案成效显著。

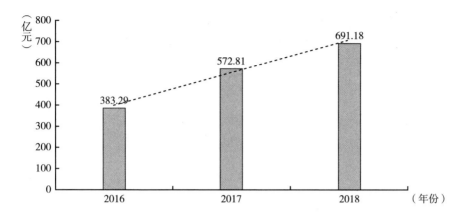

图3 江西省法院2016～2018年度执行到位金额情况

法院涉民生案件的监管，定期通报辖区法院涉民生案件结案情况；深化涉党政机关案件执行机制，通过联合通报机制督促自动履行。对涉公职人员案件，联合纪检监察、组织人事部门依法依纪追究党纪政纪责任。2016年以来累计挂牌督办涉党政机关案件253件，已实际执结249件，结案标的11.5亿余元；针对涉金融债权案件存在的抵押权和首封权冲突问题，成立金融债权执行案件协调领导小组，组织相关法院召开协调会议，累计协调处理金融债权案件101件，涉案金额27.97亿元；建立终本案件管理库统筹管理无财产可供执行案件，定期通过网络查询终本案件财产情况并发起督办，所有终本案件信息统一对外公开，接受社会的监督、举报。截至2019年10月，已统筹管理终本案件21.17万件，恢复案件数71540件，恢复执行完毕数60054件。

不断提高执行工作管理效能。强化执行指挥中心实体化运作，主动运用执行指挥管理平台，强化关键节点管控，统一执行办案标准，对执行办案流程和执行事务办理进行全过程监管。同时，理顺执行管理权责关系，基本健全内外协同、部门配合，执行局长系统管理、员额法官个案统筹、辅助人员规范尽职的集约化、扁平化执行管理新模式。2017年以来江西省高院主动运用"执行督办系统"开展执行督办1864批次，完成1846批次，督办完成率99.03%，其中涉及终本有财产核查督办161570件次，督办完成率

100%；案件流程节点督办 13393 件次，督办完成率 99.74%。辖区法院执行管理质效指标逐年提升①，执行管理工作日益规范、高效（见表2）。

表2　江西省法院 2017～2019 年执行管理主要质效指标情况

年度＼指标	督办事项 期限内办结率（%）	事项委托 期限内办结率（%）	事项委托 办理平均用时（天）
2017	76.67	86.23	9.91
2018	84.53	97.67	5.14
2019	95.03	99.49	3.73

全面提升执行工作管理水平。切实加大对下监管指导力度，通过督办、函办、提级（交叉）执行、挂网督办、执行约谈、督导巡查等方式，不断强化对辖区法院执行工作的督导。累计已下发执行信息化周报 30 期、执行指挥中心实体化运作通报 23 期；及时发现、纠正各级法院在执行履职中存在的消极执行、违法执行等问题，2016 年以来开展执行约谈 6 次，约谈院、局长 12 人次，通报消极执行案件 18 件，移送纪检监察调查处理 4 件；自 2016 年度起连续 3 年对全省各地市法院执行工作进行考核，并将考核情况通报至各地市委政法委和各中级法院党组；针对辖区法院执行工作开展存在的问题，2016 年以来累计开展全省督导巡查 8 轮，定点督查 12 批次；对中基层法院反映、请示的疑难复杂问题及时研究答复，编撰《2017 年度执行裁决法律文书精编》，编辑《民事执行实务疑难问题解答》11 期，引领规范执行行为。

（三）坚持统筹兼顾，实现由单一性管理向综合性管理转变

针对强制执行权兼具行政权、司法权的双重属性，江西省高院坚持统筹兼顾、整体推进，上级执行机构对下级执行机构充分发挥领导、指挥职能，实现了从单纯偏重案件管理向管案、管事、管人的综合管理转变，基本形成

---

① 来源于人民法院执行指挥管理平台的指标统计数据：2017～2019 年上半年，执行管理主要质效指标逐年向好，全国排名前列。

了统一管理、统一协调、上下联动的一体化管理新模式。

执行工作一体化部署。江西省高院每年初根据最高人民法院执行重点工作内容，结合本省工作实际，连续 6 年制定下发了全省法院执行工作指导意见，对整体执行工作进行统一计划、统一部署。同时，根据不同阶段和不同情况分别确立近期、中期、远期的目标和部署，充分运用执行局局长工作视频例会制度，对相关工作任务进行跟进、督促，确保各项工作安排部署落到实处。

执行任务一体化下达。江西省高院根据每年度的执行重点工作以及执行中存在的突出问题，有针对性地部署安排开展执行专项活动。自 2017 年开始陆续开展代号为"夏日风暴""秋季行动""冬日融冰""春雷行动""攻坚执行难 规范执行行为"以及涉民生案件执行等专项活动，每个集中行动各有侧重点，推动涉民生、涉金融、涉党政机关等类型案件的执行，实现对辖区法院执行案件的统一集中调度指挥。

执行力量一体化调度。在重大执行活动中，上级法院直接调度辖区执行力量，形成执行合力。2017 年系列专项活动共出动警力 10.9 万人次，拘传8229 人、拘留 3364 人，罚款 2443 万元，搜查 1854 次，限制出境 2005 人次，向公安移送拒执 293 案 301 人。加大协同执行力度，制定《关于加强中级人民法院协同执行基层人民法院执行实施案件的实施细则（试行）》，2017 年共开展协同执行案件 312 件，2018 年协同执行案件 42 批 505 件案件；江西省高院成立执行调查专项工作领导小组，会同中基层法院集中对28 件案情复杂、涉及面广的涉众系列执行案件进行深查细查，执结系列案件 10 批 213 案。通过指挥调度辖区三级法院执行力量，解决了一批重大疑难复杂案件。

执行监督一体化推进。通过通报、统一考核、督导巡查等方式，加强对下级法院执行工作的统一监督。江西省高院坚持定期对质效指标排名靠后的法院约谈并全省通报，开展"半月约谈" 22 次，下发"末位排名"通报 8期；确立"分级管理、逐层精细"的考核管理制度，考核指标从上级法院至下级法院分级管理，从上级法院将考核指标、办案任务分解至下级法院，直至分解至执行团队，层层传导压力。针对工作进展缓慢、成效不大、质效排名靠后的法院，江西省高院及时组成督导巡查组，到相关法院听取专门汇报、调阅案卷、核查系统、回访当事人、研究工作措施，加强督促整改，有力推动全省法院执行工作整体平衡发展。

执行工作管理是一个由质量管理、效率管理、流程管理、绩效管理等内容构成的系统工程①。这个系统工程在执行工作中发挥基础性、带动性的作用。我们清醒地认识到，当前江西省高院建立的"三统一"管理机制还很脆弱，中级法院的层级管理能力和水平有待提升，基层法院执行队伍、执行规范化、信息化应用等管理机制仍需不断巩固、完善、深化。与此同时，随着信息化、智能化的持续深度应用，我们坚信在可预期的未来，对案、对事的管理将不再是困扰执行管理的难题，如何深化对人的管理，加强执行队伍的正规化、专业化、职业化建设将是"三统一"管理机制需要着力解决的问题。下一步我们将以贯彻落实《人民法院执行工作纲要（2019～2023）》为契机，结合中部省份的实际情况，在切实巩固完善当前"三统一"管理机制的基础上，以深化司法体制综合配套改革和全面落实司法责任制为契机，不断探索创新执行长效管理机制，形成覆盖全省、上下联动、快速反应，信息化、规范化、精细化、一体化指挥的现代执行管理模式，为深化执行改革、健全解决执行难长效机制贡献江西法院的智慧和方案。

① 江必新：《全面构建长效机制实现执行工作的科学管理》，《人民司法·应用》2011年第7期。

司法参与社会治理

Judicial Participation in Social Governance

B.13

浙江检察公益诉讼工作情况调研报告

浙江省人民检察院课题组*

摘　要： 自2017年7月1日检察公益诉讼制度正式施行以来，浙江省检察机关积极稳妥推进公益诉讼工作，取得明显成效。本文在梳理近一年来全省检察公益诉讼工作情况的基础上，对检察公益诉讼的实践经验进行了总结，围绕当前存在的法律制度供给不足、办案保障措施不够、法定监督领域不宽等问题进行分析，并提出推动完善立法、加强协同体系建设、加强科技装备建设、加强经费保障以及拓宽监督领域等对策建议，以期对推动检察公益诉讼制度更好发展有所裨益。

* 课题组负责人：高杰，浙江省人民检察院副检察长。成员：傅国云，浙江省人民检察院检察委员会专职委员；糜方强，浙江省人民检察院第八检察部主任；王晓霞，浙江省人民检察院第八检察部副主任；应旭君，浙江省人民检察院第八检察部检察官助理。

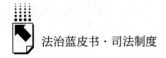
关键词：　检察公益诉讼　五大领域　以人民为中心

　　检察公益诉讼制度是党中央推进全面依法治国的一项重大改革举措，是加快推进国家治理体系和治理能力现代化的一项重要制度安排，是基于检察机关作为法律监督机关的宪法定位而赋予的新的职责和使命。浙江省检察机关在推进公益诉讼工作中积极探索实践，办理了一大批高质量有影响的案件，积累了许多有益经验，但同时也面临不少困难和问题。通过对实践经验的梳理和总结，分析问题和对策，促进检察公益诉讼这项新生制度的更好发展，更加有效地维护国家利益和社会公共利益，促进法治政府建设和社会治理体系完善。

一　浙江省检察公益诉讼工作基本情况

　　在浙江省党委、人大、政府、政协和社会各界的重视支持下，2018 年 7 月至 2019 年 6 月，全省检察机关共立案办理公益诉讼案件 10328 件，比上一年同期增长 11.38 倍；启动诉前程序案件 9465 件，同比增长 13.02 倍；向法院提起诉讼 382 件，同比增长 13.15 倍（见图 1）。案件类型涵盖法律规定的生态环境和资源保护、食品药品安全、国有土地使用权出让和国有财产保护、英雄烈士保护等五大领域（见图 2）。其中，行政公益诉讼案件 9800 件，占立案总数的 94.89%；民事公益诉讼案件 528 件，占 5.11%。起诉案件中，民事公益诉讼案件 36 件，刑事附带民事公益诉讼案件 346 件；法院已审结 285 件，检察机关的诉讼请求均得到支持。

（一）聚焦生态环境和资源领域公益保护，服务"美丽浙江"建设

　　浙江省检察机关深入贯彻习近平生态文明思想，坚持把服务长江经济带、长三角一体化发展国家战略和服务"美丽浙江"、大花园大湾区建设作为工作重点，助力打好污染防治攻坚战。一年来，共办理生态环境和资源保

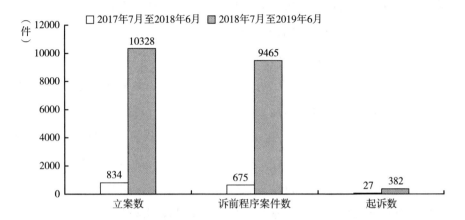

图1 浙江省 2017 年 7 月至 2019 年 6 月公益诉讼案件增长情况

数据来源：浙江省人民检察院第八检察部对全省公益诉讼办案情况统计。

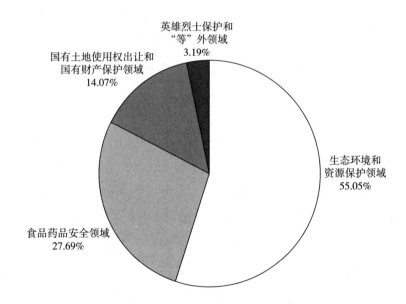

图2 公益诉讼诉前程序案件领域分布情况

数据来源：浙江省人民检察院第八检察部对全省公益诉讼办案情况统计。

护领域诉前程序案件 5210 件，占诉前程序案件总数的 55.05%，共督促修复被毁耕地、林地 635 余亩，督促清理各类垃圾固体废物 27 万余吨，其中危险废物 1.9 万余吨，补种树木 1.8 万余棵，增殖放流鱼苗 850 万余尾，督促关停和整治造成环境污染的企业 182 家。

1. 助力打赢蓝天、碧水、净土保卫战

积极督促加强工业企业大气污染综合治理，督促落实城镇道路施工、建筑工地扬尘管控措施。杭州市检察院在全市范围内开展扬尘污染公益诉讼专项监督行动，共发送诉前检察建议 36 份，督促行政机关作出行政处罚 40 件，整改 200 余处扬尘违法问题，有效净化了空气质量。积极督促整治城镇工业、建筑、医疗污水违法排放，农村生活污水、家禽家畜养殖污染物违法排放行为。桐乡市检察院针对某制衣公司违法排放污水的行为，依法提起刑事附带民事公益诉讼，该公司被判令赔偿生态环境损害费等 93 万余元，并投入 800 多万元升级改造环保设施，有效保护了水环境。积极督促整治非法占用、破坏耕地、农用地等违法行为，强化土地污染防治和土壤修复。东阳市检察院针对某公司非法占用、损毁农用地复耕整改不到位的情况，启动行政公益诉前程序，督促国土部门依法履职，促使被损毁的 33 亩基本农田恢复原种植条件。

2. 助力自然资源保护

积极督促整治违法砍伐林木、非法捕捞水产品等违法行为，保护森林和渔业资源。衢州市柯城区检察院针对信安湖水域违法捕鱼屡禁不止、群众反映强烈问题，督促水利部门依法履职，共清理地笼网 300 余具，增设宣传警示牌 19 块，作出行政处罚 2 件，有效保护了渔业资源。积极督促整治擅自开采、破坏性开采、超范围开采等违法采矿行为，规范矿产资源开采秩序。天台县检察院针对某砖窑厂和建材厂非法采矿造成 170 万余元矿产资源损失的情况，督促国土部门依法履职，修复了因非法采矿破坏的生态环境。积极督促整治非法捕猎，出售受保护野生动物等违法行为，加强生物多样性保护。龙泉市检察院针对非法猎捕，出售白鹇、果子狸等珍贵野生动物的违法行为，依法提起刑事附带民事公益诉讼，违法行为人依法赔偿生态环境损害赔偿费 8600 元，并在市级媒体公开道歉。

3. 助力捍卫"海洋蓝"

部署全省开展"守护海洋"公益诉讼专项监督行动，督促整治入海排污口设置不规范、陆源和海上污染防控不力、海洋生态保护与修复滞后等问题。舟山市检察院于"国际生物多样性日"和"世界海龟日"前夕，对非法捕捞、收购、运输、出售海龟的 3 件 15 人向宁波海事法院提起民事公益诉讼，要求被告连带承担生态修复赔偿金 657 万余元。该系列案是全国首次由检察机关向海事法院提起的海洋生物资源民事公益诉讼案，具有很好的示范意义。

（二）聚焦食品药品安全领域公益保护，服务"健康浙江"建设

浙江省检察机关积极开展"保障千家万户舌尖上的安全"公益诉讼专项监督活动，及时回应人民群众的健康需求和对食品药品安全的关切。一年来，共办理食品药品安全领域诉前程序案件 2621 件，占诉前程序案件总数的 27.69%，共督促查处不合格食品药品 34.8 余吨。

1. 督促加强有毒有害食品源头管控和食品从业禁止管理

针对种养殖业违规使用农兽药、私屠滥宰、检验检疫不规范、非法和滥用添加剂等行为，督促相关部门加强监管。嵊州市检察院针对 7 处非法生猪屠宰点共约 8000 余头未经检疫的生猪流入市场问题，向相关责任部门发送行政诉前检察建议，督促协调相关行政机关参与联合执法，推动市政府开展行业综合整治，堵住了生猪屠宰源头漏洞。针对销售病死、毒死或者死因不明的禽、畜、兽、水产动物肉类及其制品等违法行为开展监督。杭州市萧山区检察院针对毒杀土狗、销售毒狗肉的违法行为，依法提起刑事附带民事公益诉讼，违法行为人被判令承担销售有毒狗肉价款 10 倍的惩罚性赔偿金约 35 万余元，并公开赔礼道歉，起到了很好的警示教育作用。针对食品行业从业禁止落实不到位，违法从事食品生产、加工以及经营管理等行为，督促相关部门依法履职。温州市鹿城区检察院针对因食品安全犯罪被判处有期徒刑后仍从事食品生产经营的情况，开展专项监督，督促市场监管部门对 56 人作出食品行业从业禁止处理，其中 19 人被纳入省食品药品安全严重失信

者名单，有效规范了食品行业安全管理。

2. 督促加强医疗用药、保健品安全治理

针对医疗机构违规用药、药店违规销售处方药、过期药，保健品虚假夸大宣传、欺诈经营等违法违规行为，督促相关部门加强监管。永嘉县检察院立案查处 15 家乡镇卫生院违规开具 3 万余条限制使用级抗菌药物的违规行为，督促医疗卫生机构作出处罚，保障人民群众用药安全。针对保健品行业虚假宣传或夸大宣传、违法发布广告、欺诈和无证经营等违法违规行为，督促相关部门依法履职。江山市检察院针对部分保健品销售商虚假宣传、误导和欺骗消费者的问题，督促市场监管部门开展专项整治，依法查处相关案件 30 余件，关停涉嫌传销黑窝点 5 个，移送公安机关立案侦查 5 件、刑事拘留 7 人，有效整治了保健品市场乱象。

3. 督促加强学校周边食品和网络餐饮安全治理

针对学校食堂及周边餐饮店卫生措施不达标、食品原料不合格、售卖过期食品等问题，督促相关部门加强监管。青田、庆元等地检察机关针对校园周边无序"小饭桌"开展监督，督促整治违规提供餐饮服务、食品安全隐患严重的校外托管培训机构 28 家，有效维护了学生的食品安全。针对网络餐饮服务者无证经营、超期超范围经营、网络订餐无实体店、加工环境脏乱差等问题，督促相关部门依法监管。温岭市检察院督促市场监管部门依法整治 69 家网络餐饮店，并促成台州市市场监管局与美团点评公司签署网络食品安全战略合作协议，促进行业规范自治，推进网络食品安全社会共治体系建设。

（三）聚焦国有土地使用权出让和国有财产领域公益保护，服务"法治浙江"建设

浙江省检察机关围绕国有财产管理中存在的问题和漏洞，强化检察监督，助推行政机关加强国有财产监管，严格规范执法，促进法治政府建设。一年来，共办理国有土地使用权出让和国有财产保护领域诉前程序案件 1332 件，占诉前程序案件总数的 14.07%，共督促收回国有土地使用权出让金等国有财产 5.9 亿余元。

1. 督促规范国有土地使用权行使

针对国有土地使用权出让金未缴、欠缴等问题，督促相关部门依法及时追缴。海宁市检察院针对某房产公司欠缴国有土地使用权出让金情况，启动行政公益诉前程序，督促国土部门追回国有土地使用权出让金及滞纳金 2.2 亿余元。针对国有土地长期闲置或未及时收储、违规办理国有土地使用权初始登记等问题，督促相关部门依法履职。天台县检察院针对国有土地管理使用不规范现象，向国土部门发送行政诉前检察建议，督促 54 亩国有土地长期闲置问题得到有效解决。

2. 督促规范税收、费用类国有财产收缴

针对欠缴企业所得税、增值税、城镇土地使用税、房地产税等问题，督促相关部门及时收缴。武义县检察院针对企业欠税问题，督促、推动税务部门开展清税行动，共督促缴清欠税 5600 余万元。针对欠缴人防易地建设费、工程排污费、矿产资源补偿费、行政罚没款等问题，督促相关部门及时收缴。德清县检察院督促相关乡镇追缴污水处理费 117 万余元，并推动县政府理顺污水处理费收缴监管体系，解决了长期存在的监管空白问题。

3. 督促规范财政补贴类、社会保障类国有财产使用

针对骗取、套取、冒领国家项目补助资金等问题开展监督，督促相关部门依法履职。平阳县检察院针对某刑事案件终结后相关渔业成品油价格补助专项资金仍未收回问题，发送行政诉前检察建议，督促海洋和渔业部门追回 16 艘渔船违规领取的捕捞渔船成品油价格补助专项资金。针对违规获取最低生活保障金、养老保险金、失业保险金、拆迁补偿款等问题开展监督。台州、嘉兴检察机关针对退休人员服刑或缓刑期间违规发放或调整基本养老金问题，组织开展养老保险领域专项监督行动，督促人力和社会保障部门依法追缴错误发放的养老金 680 余万元。

（四）加强英雄烈士保护领域案件办理，维护社会主义核心价值观

浙江省检察机关认真贯彻《英雄烈士保护法》，坚决维护英雄烈士姓

名、肖像、名誉和荣誉，将公益诉讼范围从物质领域拓展到精神层面和意识形态，捍卫国家精神坐标，弘扬社会主义核心价值观。杭州市检察院针对李某某等人在萧山烈士陵园身穿仿制的纳粹军服拍照并发布传播，侵害烈士荣誉并造成恶劣社会影响的行为，于 2019 年清明节前夕依法提起全省首例英烈保护民事公益诉讼，李某某等人在省级以上媒体公开赔礼道歉，消除影响，起到了很好的警示教育作用。丽水市检察院积极弘扬践行"浙西南革命精神"，组织全市检察机关开展专项监督活动，保护红色革命遗址，捍卫英雄烈士尊严，共办理该领域公益诉讼系列案 15 件，提起诉讼 1 件。

（五）稳妥、慎重、积极探索公益诉讼新领域，维护范围更广的公共利益

围绕人民群众普遍遇到的热点、难点、痛点问题，牢牢抓住公益这个核心，尝试探索"等"外领域案件办理。宁波市海曙区检察院办理的督促整治骚扰电话乱象行政公益诉讼案，被最高人民检察院评为"检察公益诉讼十大典型案例"。杭州市拱墅区检察院针对餐饮场所违规使用燃气，存在严重安全事故隐患问题，督促城市管理部门对该区餐饮场所燃气安全问题进行全面排查整治，保障了人民群众生命财产安全。绍兴市越城区检察院针对多座古桥文物遭到人为破坏问题，督促文物保护部门依法履职，及时查处破坏文物违法行为，并推动出台《关于进一步加强越城区不可移动文物保护管理工作的实施意见》，建立了文物保护长效机制。

二 浙江省检察机关公益诉讼主要做法探索

检察公益诉讼制度正式施行以来，浙江省检察机关始终坚持以人民为中心、以效果为导向，注重结合本地实际，发挥地域特色，不断加强实践探索创新，促进依法行政，守护公共利益，努力满足人民群众对美好生活的新期待新需求。

（一）积极主动汇报，争取党委人大政府政协重视支持

浙江省检察机关通过专题汇报、信息简报、情况通报等形式，积极主动向党委、人大、政府、政协报告公益诉讼工作情况。省委常委会专题听取省检察院关于公益诉讼情况汇报，省委书记多次作出重要指示。2018年省人大常委会专题审议了全省检察机关民事行政检察工作情况，公益诉讼工作作为其中一项重要内容得到省人大常委会充分肯定。2019年上半年，浙江省人大常委会将检察公益诉讼工作纳入二级调研提纲，为争取今后出台支持检察公益诉讼工作的地方性立法打下基础。浙江省政府将公益诉讼工作纳入全省依法行政和美丽浙江建设考核。浙江省政协将检察公益诉讼工作纳入对口协商范围。全省已有77个市、县（市、区）党委、人大、政府出台了支持检察公益诉讼工作的意见或决定，杭州、绍兴、台州等地还建立了府院协作机制。浙江各级党委、人大、政府、政协对检察公益诉讼的支持力度进一步加强。

（二）加强协作配合，形成公益保护合力

浙江省检察机关着力加强与法院、行政机关等部门的沟通协作，充分发挥各自职能作用，共同保护公共利益。一是加强检察机关外部协作机制。省检察院与原省国土厅、原省环保厅、省水利厅、原省食品药品监管局分别会签文件，加强公益诉讼工作协作配合。杭州市检察院与原市政府法制办、原环保局等十余家行政单位出台《关于加强行政公益诉讼工作的若干意见》，为办理行政公益诉讼案件提供支持和保障。湖州市检察院与市中级法院会签《关于办理人民检察院提起环境公益诉讼案件的试行规定》，细化环境公益诉讼案件办理规则。全省检察机关在环保系统设立检察官办公室，舟山市定海区检察院会同农林和渔业部门设立全省首个以执法船为日常活动场所的海上工作室，共同促进生态环境和资源保护。二是加强检察机关内部一体化办案机制。省检察院建立部门之间案件线索移送协作机制，制定公益诉讼案件报备和指导意见，加强对重点诉前程序案件和起诉案件的审查和指导。全省检察机关加强联动，充分发挥上下级领导关系的优势，协同推进重点案件办

理。三是探索跨行政区域检察公益诉讼协作。浙江省检察院与上海、江苏、安徽三省市检察机关建立环太湖流域生态环境保护检察协作机制，加强长三角区域公益诉讼协作。衢州江山、开化等地检察机关与福建浦城，江西广丰、婺源，安徽休宁等地建立跨省生态环境资源保护协作机制，共筑钱江源生态环境保护检察屏障。

（三）坚持以人民为中心，不断增强人民群众的获得感、幸福感、安全感

1. 畅通举报渠道，扩大群众参与

公益保护与民生民利密切相关，离不开人民群众的支持和参与。浙江省检察机关坚持专门工作与群众路线相结合的工作方法，以人民群众的关切点为监督重点和方向，推动公益诉讼工作深入发展。浙江检察机关在全国率先成立公益损害与诉讼违法举报中心，及时回应人民群众对公益保护的关切。一年来，全省举报中心共接收群众举报线索 14344 件，其中公益损害举报线索 7891 件，占接收总量的 55.01%。举报中心审查后移送公益损害举报线索 2918 件，占移送总量的 48.8%。通过群众举报和线索移送，及时查办了一批发生在群众身边、损害公共利益的案件，如嘉兴市秀洲区某公司污水直排公益损害举报案，岱山县某医药公司销售过期药品公益损害举报案等，取得了很好的监督效果。

2. 工作成效交由人民群众评判

组织全省开展公益诉讼"回头看"专项活动，对办案质量和效果进行评判总结，积极邀请社会各界代表、人民群众参与评价，查看行政机关是否依法履职、是否整改到位、事后是否存在反弹回潮、公益损害问题是否得到真正有效解决。温州鹿城、龙湾、乐清等地检察院建立"引入第三方"公益诉讼效果评价机制，邀请人大代表、政协委员、公益受损地社区代表、相关领域专家和新闻媒体记者全程参与"回头看"活动，实地走访查看整改情况，组织召开评估会，共同检验公益保护效果，获得人民群众普遍好评。

（四）坚持以效果为导向，努力实现办理一案、警示一片、教育引导社会面

1. 注重精准监督，增强检察建议刚性

牢固树立精准监督理念，把提高诉前检察建议质量作为提升办案效果的重要抓手。通过立案前初查、立案后调查，查清事实证据，强化释法说理，确保诉前检察建议合法合理、切实可行。建立案件分类审核、专家论证研讨等机制，提升诉前检察建议质量。积极探索检察建议公开宣告，抄送同级党委、人大、政府、纪检监察机关等制度，提高行政机关重视程度，确保检察建议监督效果。江山市检察院邀请市人大常委会领导、部分全国、省人大代表和相关行政机关代表参加，公开宣告、送达诉前检察建议书，起到很好的效果。

2. 注重类案监督，推动社会面治理

在立足办案的同时，注重将办案职能向社会治理领域延伸，当好党委政府的法治参谋。针对案件反映的倾向性、趋势性问题，开展专题调研，深入剖析原因，深挖案发地区、部门、单位管理上的漏洞，有针对性地提出意见建议，推动领域、行业和区域治理。浙江省检察院在温州市鹿城区检察院办理的实验室危险废物处置公益诉讼案件基础上，组织力量开展专题调研，分析研判存在的问题，提出对策建议，获省委领导批示肯定，并推动全省范围开展实验室危险废物处置专项排查，有效防范化解社会公共安全风险。

3. 注重综合施策，提升公益保护效果

充分运用刑事、民事、行政、公益诉讼等多种检察监督手段，全方位加强公益保护。积极倡导恢复性司法，在督促整改的同时，及时向侵权行为人追偿生态环境修复等费用，逐步构建以整改为主，以赔偿、修复、劳务代偿为辅的公益保护模式。龙泉市检察院在办理谢某某失火造成森林资源损害公益诉讼案中，因谢某某无力承担7.8万余元生态修复费用，以其到该市森林生态修复教育实践基地进行植树、看管树林等劳动折抵生态修复费用，以"劳务代偿"形式履行生态修复义务，起到了很好的公益保护效果。

（五）坚持创新发展，着力构建符合公益诉讼发展规律的工作机制体系

1. 研究出台公益诉讼重特大案件标准

检察公益诉讼制度正式施行以来，浙江省办案规模从无到有、快速增长。浙江省检察院在充分调研、反复论证的基础上，在全国率先出台公益诉讼重特大案件标准。按照案件发生的特定地域、标的大小、经济损失、影响范围等客观标准，列出了公益诉讼重特大案件的 21 种情形，为正确处理公益诉讼办案数量和质量关系指明方向，有助于引导全省检察机关将工作精力进一步集中到严重损害公共利益、严重侵犯人民群众合法权益的重特大案件上来，进一步提高办案质效，树立检察监督权威。

2. 成立司法鉴定联合实验室

公益诉讼办案实践中，勘验检查和司法鉴定一直是工作的难点，特别是在生态环境和资源保护领域，大部分案件的公益损害需要专业机构进行鉴定评估，但面临鉴定评估费用高、周期长，甚至鉴定评估费用远远高于环境损害赔偿费用等问题，不利于公共利益的及时有效保护。浙江省检察院加强与相关部门协作，联合省生态环境厅成立了全国首家公益诉讼（环境损害）司法鉴定联合实验室，为全省检察机关开展环境公益诉讼案件勘验取证和检测鉴定提供技术服务，并为相关案件办理提供专业咨询和技术指导，破解公益诉讼司法实务难题。

3. 加强技术装备建设和科技创新

浙江省检察机关高度重视现代科技运用，省检察院印发《关于进一步加强民事行政检察现代科技应用的若干意见》，积极发挥科技对办案的促进作用。举办全省民事、行政检察信息化建设项目展示交流活动，建立首批民事、行政检察信息化建设示范基地，推进公益诉讼信息化建设。在全省上线"公益诉讼线索智慧管理系统"，实现公益诉讼案件线索智能检索。组织全省各级检察院配备公益诉讼取证勘查箱，强化证据调查收集能力，提升办案效率。宁波、温州等地检察院启用公益诉讼办案指挥平台，借助卫星遥感技术，采用无人机、单兵执法记录仪、移动指挥车等智能化取证设备和指挥系统，实现远程调查、远程指挥和即时信息存储，提升调查取证能力，取得良好效果。

（六）注重"智慧借助"，提升公益保护能力水平

公益诉讼案件涉及的领域广，专业性强，仅仅依靠检察机关自身力量尚不能满足办案需求，需要借助行业专家的力量共同推进检察公益诉讼工作。浙江省检察机关牢固树立智慧借助理念，在加强公益诉讼机构设置、力量配备、队伍建设的基础上，充分发挥社会力量特别是专家学者、资深法官、专职律师和人大代表、政协委员的作用，借助"外脑"优化、强化检察公益诉讼工作。一是加强检校合作。浙江省检察院与国内 17 所知名法学院校签订检校合作协议，双方在教育培训、实践教学和开展合作共建，13 名法学专家以市检察院副检察长等身份到浙江省检察机关进行挂职。杭州市检察院联合某大学法学院成立公益诉讼研究中心，为检察办案提供智力支持。二是加强重点难点案件咨询论证。省检察院成立专家咨询委员会，聘请 25 位相关领域的专家学者、人大代表、政协委员、律师代表等，为疑难复杂的公益诉讼案件提供专家咨询意见。绍兴、舟山等地检察机关相继成立专家咨询委员会，着力提升办案专业化水平。三是加强与律师的互动交流。全省检察机关积极走访律师协会，在建立信息通报机制、加强交流合作等方面深入交流，鼓励支持律师积极参与公益诉讼。温州市检察院与市律师协会联合出台《关于在公益诉讼活动中建立检律良性互动机制的意见》，共同协作推进检察公益诉讼工作。

三　检察公益诉讼存在的困难和问题

浙江省检察公益诉讼工作虽然取得了一定成效，但仍处于不断探索和完善过程中，与人民群众的期盼还存在一定差距，司法实践中也面临诸多困难和问题。

（一）符合检察公益诉讼规律的法律制度供给不足

《民事诉讼法》和《行政诉讼法》关于检察公益诉讼的规定比较原则，《最高人民法院、最高人民检察院关于检察公益诉讼案件适用法律若干问题的解释》（以下简称《司法解释》）对相关问题的规定仍然不够清晰。一是检察机关公益诉讼起诉人身份与国家法律监督机关的宪法定位不相匹配。检察机关作为宪法规定的国家法律监督机关，依法行使公益诉讼职能，对民事诉讼和行政诉讼开展法律监督。但实践中一些法院依据《司法解释》第4条的规定，"人民检察院以公益诉讼起诉人身份提起公益诉讼"，将检察机关等同于一般原告[1]，不利于检察机关法律监督职能的发挥。二是公益诉讼一审、二审程序的规定与检法审级对应制度不一致。人民法院和人民检察院由同级人民代表大会产生，向同级人民代表大会负责，实行审级对应制度。人民检察院向同级人民法院提起诉讼，参加诉讼活动，履行诉讼监督职能。但根据《司法解释》第11条的规定，"人民法院审理第二审案件，由提起公益诉讼的人民检察院派员出庭，上一级人民检察院也可以派员参加"，与现行检法审级对应制度不相适应。由于目前一审行政公益诉讼由基层法院管辖，一审民事公益诉讼由中级法院管辖，该规定导致基层检察院派员到中级法院出席行政公益诉讼二审法庭，也导致基层检察院直接向中级法院提起一审民事公益诉讼，基层检察院派员到上级检察院对应的法院出席民事公益诉讼二审法庭的情况，并且"上级检察院可以派员参加二审案件"的规定也使得上级检察院在二审中的诉讼地位和诉讼权利出现混乱。

（二）具体法律适用认识不够统一

目前，法院、检察院在公益诉讼具体法律适用问题上还存在不同认识。

---

[1] 最高人民法院江必新副院长于2018年3月5日在《人民法院报》发表《〈最高人民法院、最高人民检察院关于检察公益诉讼案件适用法律若干问题的解释〉的理解与适用》，认为由于《民事诉讼法》《行政诉讼法》没有"公益诉讼起诉人"这一主体，人民检察院提起公益诉讼所对应的诉讼主体是原告。在二审阶段则可能具有上诉人或者被上诉人的诉讼地位。

一是刑事附带民事公益诉讼是否应当履行公告程序存在分歧。检察机关普遍认为刑事附带民事公益诉讼不必履行公告程序，因为从诉讼性质来看，附带民事公益诉讼遵循刑事为主、民事为附的原则，履行公告程序不仅会给羁押期限和诉讼安全带来不便，还会严重影响诉讼效率。但一些法院坚持检察机关提起刑事附带民事公益诉讼应当遵循民事公益诉讼程序规定，必须履行公告程序。实践中，浙江省检察机关办理的刑事附带民事公益诉讼案件，公告后尚没有其他主体提起诉讼，因此，是否仍有必要公告值得探讨。二是检察机关诉讼请求的确定存在分歧。特别是在食品药品安全领域，消费者对生产或销售不符合食品安全标准的食品，有权要求支付惩罚性赔偿金。但在该领域的检察公益诉讼中，检察机关是否可以提出惩罚性赔偿金，法律并未明确规定，实践中存在争议。三是检察公益诉讼举证责任分配存在分歧。例如，在环境公益诉讼中，根据环境损害侵权法律规定和司法解释，破坏环境行为与公益损害之间的因果关系由被告承担举证责任。而检察公益诉讼中，检察机关作为公权力机关，有调查取证职责和相应的举证能力，因果关系的举证责任由被告承担，还是应该由检察机关承担，实践中不同法院认识不一，做法也不统一。

（三）办案保障措施不够健全

一是线索来源机制不够健全。公益诉讼线索来源是检察机关办理公益诉讼案件的一大瓶颈。实践中绝大多数检察公益诉讼案件涉及行政机关，但检察机关和行政机关之间信息壁垒尚未完全打通，生态环境和资源保护、食品药品管理以及国有土地、国有财产管理等领域的行政管理和执法信息、监管设施未能实现完全共享。社会公众对公益诉讼的知晓度、参与度还不够高，群众主动提供案件线索较少且质量不高，成案率低。二是调查取证难。由于有关检察公益诉讼调查核实权的法律规定过于原则，调查手段比较软弱，程序性规定欠缺、权威性不足，调查取证难已经成为检察公益诉讼需要顶层设计破解的重要问题。实践中，检察机关调查取证依赖于行政机关、当事人以及相关单位的配合，欠缺保障性措施。在行政机关、当事人消极配合，法律缺乏强制力约束的情况下，难以保证案件事实的充分调查，无法及时维护国家利益和社会公共利益。三是办案装备和经费亟待加强。目前公益诉讼办案仍旧存在缺少必要的检测、鉴定设施，缺少现场勘查、远程取证、统一指挥等基础装备，缺少对调查、指挥、技术等办案用房的建设规划等问题，应对鉴定评估费用高、周期长等办案困难也缺少足够的资金保障。

（四）现有法定监督领域与人民群众公益保护的需求不相适应

根据相关法律规定，目前检察公益诉讼法定领域主要是生态环境和资源保护、食品药品安全、国有财产保护、国有土地使用权出让和英烈保护五大领域，但随着经济社会的快速发展，一些涉及公共利益的重要领域，如互联网领域个人信息泄露，安全生产领域事故频发，涉及面广、危害大，侵害公益现象突出，人民群众反映强烈，但都没有明确纳入检察公益诉讼范围。

四 完善检察公益诉讼相关对策和建议

针对实践中存在的困难和问题，希望通过全社会的共同努力，共同破解现实难题，推动检察公益诉讼行稳致远，更好地维护国家利益和社会公共利益，促进依法行政，推进社会治理体系和治理能力现代化。

（一）推动完善立法

建立符合检察公益诉讼规律的法律规范体系，是解决公益诉讼实践困难和问题的前提。建议制定法律监督法，以专门法形式对包括公益诉讼在内的检察法律监督作出规定；或是推动公益诉讼专门立法，在《民事诉讼法》《行政诉讼法》中对公益诉讼作专章规定，尝试开展公益诉讼地方性立法等，将检察机关法律监督的宪法定位落实到公益诉讼中。进一步明确检察机关公益诉讼公诉人地位、公益诉讼证明标准和举证责任等基本问题，丰富检察机关调查核实手段，增加程序性保障措施，加强检察建议纠正违法的刚性，细化相关诉讼程序规定，完善公益诉讼法律制度。

（二）加强协同体系建设

建议进一步深化检察机关与法院、行政机关等部门之间的协作，特别是在公益诉讼案件相关问题法律适用、政务信息资源共享、专业领域知识和技术支撑等方面，形成多方共识。进一步建立健全检察机关与法学院校、科研单位的长效合作机制，不断完善专家咨询委员会制度，依托"外脑"的实践经验、政治和法律智慧，促进办案专业化、精细化，提升保护公益能力和水平。

（三）加强科技装备建设和经费保障

新时代做好检察公益诉讼，最大限度保护国家和社会公共利益，还需不断提升办案科技化和信息化水平。建议党委政府和有关部门在检察机关办案、指挥、技术专门用房建设，现场勘查车、江海执法艇、移动指挥车、执法记录仪、无人机等装备建设，卫星遥感技术引入等方面，给予更多支持和协助。

（四）进一步拓宽公益诉讼的监督领域

经济社会处于不断发展变化之中，公益诉讼领域也将随着经济社会发展和法治政府建设的不断推进而发生变化。建议将现有法定监督领域外涉及面广、人民群众反映强烈、符合公益诉讼立法精神又缺乏适格主体提起诉讼的侵害公益突出问题，如安全生产、个人信息保护、大数据安全、互联网侵害公益等领域纳入公益诉讼受案范围，并对受案条件作出明确规定，以便于检察机关及时有效地维护更广泛的社会公益。

B.14
中国普法实践与话语转化的思考

黄丽云[*]

摘　要： 普法话语体现在立法、执法、司法、守法等法治实践中，与全面依法治国具有相互的依存性、转换性和复合性的有机对接和高度融合。本文基于中国普法实践的一般特点，着眼于普法实效，就普法实践中的话语体系这一命题试作"解题"和"答题"。分析了中国普法的"人民至上"理念、"三位一体"独特话语体系、"谁执法谁普法"责任制的运行机制及价值。提出中国普法要始终坚持以人民为中心的发展思想，以普法责任制的落实来实现普法的法治化转型，切实增强普法实效。

关键词： 普法实践　法律文化　普法实效

党的十九大报告指出，"加大全民普法力度，建设社会主义法治文化，树立宪法法律至上、法律面前人人平等的法治理念"。全民普法是弘扬社会主义法治精神、维护宪法法律权威、让法治成为全体人民的共同信仰、厚植全面依法治国精神沃土的基础工程，对社会主义法治国家的形成和发展具有先导作用。在推进全面依法治国的语境下，厘清全民普法若干关键问题的必要性、推进全民普法进程的迫切性日益凸显。本文基于中国普法实践的一般特点，着眼于普法实效，就普法话语这一命题试作"解题"和"答题"，以期对中国普法的问题研究有所助益。

---

[*] 黄丽云，福建省司法厅法治调研处副处长。

一 中国普法实践的运行及其内容

从字面解释，普法是普及法律知识和理念的宣传教育活动。从广义而言，全社会范围内发生的与公民法治知识增长、法治意识转变、法治行为改变相关的法律社会化的所有宣传教育活动，具体包括厘清法律概念、宣传法律知识、促进法律意识形成的活动都可以称为普法。

从实践经验看，中国普法工作主要有以下内容。

1. 制定普法规划

从"一五"普法到"七五"普法，政府以制定和发布普法规划的形式向全社会宣扬了全民普法的基本方向和基本内容，从中也可看出各个时期普法的重点及策略的转换。例如，我国"一五"普法规划《关于向全体公民基本普及法律常识的五年规划》，开启了宪法为龙头的"十法一条例"普法宣传。而"二五"普法规划《关于在公民中开展法制宣传教育的第二个五年规划》，提出要开展法制宣传教育。"二五"普法内容并不仅是"十法一条例"，而是包括基本法律常识、国家新制定的法律，还有与工作、生活相关的法律知识。普法不仅是把法律交给人民的社会工程，还是与国家民主法制建设息息相关的基础工程。比如，"一五"普法规划重点普及《宪法》以及《刑法》《刑事诉讼法》《民法通则》《民事诉讼法（试行）》等基本法律。"二五"普法重点突出了以社会主义市场经济法律法规为主要内容的200多部法律法规的普及。"三五"普法则把领导干部、司法人员、行政执法人员、企业经营管理人员、青少年作为普法的重点对象。"四五"普法强调实现由注重依靠行政手段管理向注重依靠运用法律手段管理的转变，不断提高全社会法治化管理水平。"五五"普法提出要开展法律进机关、进乡村、进社区、进学校、进企业、进单位的"法律六进"活动。"六五"普法规定，坚持普法与社会主义核心价值体系教育相结合、与社会主义法治理念教育相结合、与社会主义公民意识教育相结合、与法治实践相结合①。

---

① 黄丽云：《中国普法活动系统化回溯与法治化对策》，《中国司法》2013 年第 12 期。

"七五"普法提出要实行全民普法。弘扬社会主义法治精神，建设社会主义法治文化，提高全民族的法治素养和道德修养。提出领导干部和青少年是重点对象，提出国家机关的普法责任制、媒体的公益普法责任等。

2. 宪法法律学习宣传

"天下之事，不难于立法，而难于法之必行。"宪法的生命在于实施，宪法的权威亦在于实施。通过开展宪法学习宣传教育，使宪法确立的重大制度和原则广为人知、耳熟能详。2018 年国家宪法日，国家正式启动了宪法宣传周活动。在公园等群众聚集地举办宪法宣传大型活动，提供现场法律咨询；打造宪法主题地铁专列、公交专列等向乘车公众宣扬宪法精神；开设宪法宣传教育课、宪法主题班会，广泛开展"宪法宣讲"进校园活动；举办宪法学习报告会、知识竞赛等，组织宪法讲师团在各街道社区开展宪法巡回宣讲；在全社会弘扬宪法精神、普及宪法知识、维护宪法权威、捍卫宪法尊严，使宪法得到人民群众发自内心的拥护和真诚的信仰。同时，还组织学习宣传中国特色社会主义法律体系。

3. 大量运用新媒体新技术

加强新媒体新技术在普法话语传播中的运用。普遍推进"互联网＋"行动。注重发挥微信、微博、微视频、客户端等优势，打造技术先进、传输快捷、覆盖广泛的普法传播平台，形成"舆论全覆盖、媒体全联动"的传播态势。落实社会媒介公益普法制度，把普法话语的传播纳入户外广告设施设置规划和公益广告规划。有关部门和单位运用机场、车站、码头、商业街区、城市社区、风景名胜区等公共场所的广告设施或者其他适当位置，公交车、地铁、长途客车、火车等公共交通工具的广告刊播介质或者其他适当位置，定期定时定量刊播普法公益广告。广泛运用移动电视、网络、楼宇广告、户外电子显示屏等媒体开展普法，打造技术先进、传输快捷、覆盖广泛的普法话语传播平台。

4. 建设普法公共设施

把普法公共设施建设纳入城乡建设总体规划，与城乡环境改造、市政建设、新农村建设、基层文化建设等项目紧密结合，按照主题鲜明、因地制宜、注重特色的原则，建设了数量可观的法治主题公园、法治文化广场、法治文化街区、法治画廊等普法公共设施。把普法公共场所建设纳入公共文化设施建设规划，积极依托图书馆、博物馆、展览馆、纪念馆、艺术馆、文化馆（站）、基层综合性文化服务中心、农家（职工）书屋等公共文化服务设施，因地制宜打造了一批有特色、有影响的普法公共场所，方便人民群众就近、经常参加普法宣传活动。

二 中国普法的"人民至上"特性

普法话语作为一种国家用于政治动员、国家意识形态建设的系统概念，蕴含着特有的价值观念和核心理念。在具体的社会情境中，普法工作始终坚持以人民为中心的新发展理念，以"人民至上"为价值旨归，实施普法惠民工程，切实增强人民的法治获得感和幸福感。

1. 开展"法律六进"活动

开展法律进机关活动，将法治文化融入机关文化建设，使机关干部在文化熏陶中增强法治意识。开展法律进学校活动，把青少年法治教育作为实施素质教育的重要内容，纳入国民教育体系。结合社会主义新农村建设，开展送法下乡活动，使法治文化进入农村日常生活。开展法律进企业活动，把企业法治文化建设融入企业文化建设之中，建设依法经营、诚信守法的企业文化。开展法律进家庭活动，把法治教育融入传统家庭美德教育、优良家风家训教育，引导法治文化进入千家万户。

2. 开展群众性法治文化活动

把开展法治文化活动作为公共文化服务的重要组成部分，依托公共法治文化设施、场所，组织法治文化活动。开展公益讲座、公益展览、图书阅读、文艺会演、电影巡映等活动，不断丰富人民群众的法治文化生活。推动文化部门将法治文艺演出纳入公共文化服务范畴。推动乡镇（街道）综合文化站将法治文艺演出纳入服务内容，定期为农民（居民）开展法治主题的演出活动。争取激励措施，鼓励、扶持文化馆、图书馆、艺术团体、电影公司等文化单位开展形式多样的法治文化成果进社区、进乡村活动，推进送法治戏剧、法治书籍、法治微视频入居进村。

3. 开展法治文化创建活动

将普法教育与基层自治有机结合，修订完善村规民约、社区公约，探索实践自治、法治、德治相结合的基层社会治理新模式。把普法工作融入社会主义核心价值观建设，融入文明城市、文明村镇、文明单位、文明家庭等创建活动；广泛开展法治人物、法治事件、法治好新闻、学法用法示范单位、诚信守法公民、学法好公民等评选活动；打造民主法治示范村（社区）升级版，探索开展"崇德尚法"新型村（社区）和法治文化建设示范村（社区）创建。

实践证明，普法宣传工作要以人民作为推动主力、受众主体。广泛开展群众喜闻乐见的普法活动，鼓励群众自编自演、自娱自乐，拓展法治文化与群众生活相结合的深度和广度，切实提高人民群众的法治获得感和幸福感。法治获得感和幸福感是以满足人民最关心最直接的利益为价值追求，是基于人民群众对物质生活条件的主观满意程度和对个体尊严、法治需求的诉求与满足。它能激发人民群众对法治建设的自觉参与，形成对法律权威的遵从与尊重，对法律至上的信奉，最后达成对法治的信仰。

三　普法实践存在的问题

由以上普法内容的梳理，可以看出各地普法是在国家整体主义的体制结构中展开的。普法需要承担把宪法法律交给人民、进行法治建设动员的政治责任，最终把法治落实到活生生的人，落实到每个公民的思想和行动。从实际成效切入，十年前，有的学者认为中国的法治"在某种情况下是一种法律修辞"①。如今，依然有学者认为，"现代法治精神还从来没有真正进入我

---

① 高全喜：《三十年法制变革之何种"中国经验"》，《历史法学》（第2卷），法律出版社，2009，第96页。

们的政治传统，也没有真正进入我们的社会伦理"①。中国普法主要存在以下问题。

1. 普法理念的工具化

对法律、法治的表达等采用"求真""求是"姿态，再加上革命性的批判精神，因而"直白"的叙述方式成了明显特征。在法治话语体系中含有较多的阶级性、工具性以及国家权力色彩，权力话语占据主导地位，民主、自由、平等、法治等社会主义核心价值观的内容没有得到充分张扬②。另外，中国法理学的话语受到西方法理学的影响，有的与中国法治实践脱节；而对于国外法理学中没有涉及的理论和范畴，又缺乏相应的理论表达，缺乏标识性的范畴和概念③。中国法治话语的工具性色彩较为浓厚，往往表现出实现其他目的（稳定、发展、和谐等）的手段，而弱化了法治内在追求和保护价值的宣扬。通常以枯燥乏味的文本宣传居多，对于普通民众来说晦涩难懂，往往无法理解其中含义，宣传效果事倍功半。降低了公民的法治认同。

2. 普法工作的行政思维

普法工作属于法治意识形态建构，要用理性、通俗易懂的语言、释明的方法去整合那些需要传递给公众的观点、理论、法理等，进而形成独特的话语体系，实现与公众的良好沟通，包括描述策略、陈述模式和修辞策略三个方面。④ 第一，从描述策略看，本来意图上，普法工作实践在于结合自身特点，把宪法法律中所蕴含的法律精神以通俗易懂的语言传递给社会大众。然而，在具体实践中，普法主体语言管理能力不强，经常大量使用口号和标语，既没有照顾受众的知识背景，也没有凸显话语的服务功能。第二，在陈述模式方面，采取的是映射型的陈述模式，只是简单地复述领导的讲

---

① 周大伟：《新中国"依法治国"理念的吊诡和嬗变》，《21世纪》2015年4月号。
② 陈金钊：《"中国法理学"的特点及修辞方式的改变——社会主义法治话语体系建构的基础研究之二》，《甘肃政法学院学报》2017年第5期。
③ 何民捷：《彰显法理学的中国精神——访中国人民大学法学院朱景文教授》，《人民日报》2017年2月13日，第16版。
④ 谢立中：《多元话语分析：以社会分层研究为例》，《社会学研究》2008年第1期。

话、通知以及上级有关文件。将上级主体言说的话语直接映射到地方的话语中，少数地方出现了以会议贯彻会议、以文件贯彻文件的现象。第三，在修辞策略方面，理论创新能力不足。很多地方在进行普法工作时，采用了"攻坚战"、"排头兵"、掀起普法工作新高潮等话语，努力营造一种宏大政治叙事。这些修辞策略突出了普法工作中的面子工程，忽视了普法的本质在于采取切实可行的方式方法，潜移默化，使法治真正走进人民的内心。

3. 普法实践的形式主义

普法的教化功能是明显的。就是把法言法语变成公民可以理解的日常用语，让公民熟悉其背后的行为规范。当前普法实践的一个重要特点，就是等同于政治运动，层层动员、层层评比、层层检查。一般在重大时间节点，如"12·4"国家宪法日、"3·15"消费者权益保护日大张旗鼓，开展大型宣传活动。这种自上而下的运动式普法不能恰当精准地满足受众的真实需求，公众参与度不高。也许为了在思想上、政治上保持与中央的高度一致，普法工作还会设置一些虚浮的量化考核指标。这些目标的实现往往与当地官员没有多大关系。因此，表达比行动重要，过程比结果重要。有些地方把不能量化的指标也硬生生地量化。量化评估一般采取抽查、专项检查的方式，通过集体汇报、集中查阅台账资料、现场访谈、实地考察等方式进行，被喻为"轰轰烈烈走过场"。甚至有时出现被检查单位突击整理台账资料应付检查的情况。普法实践的出发点、着力点和发力点无法迅速回应公民的法治需求，出现表面化趋向。

四 "三位一体"独特话语体系的转化

普法话语对人们的影响一般是外在的，很难直接进入内心世界。要使普法宣传真正入脑入心，必须进行话语转化。普法话语转化体现在立法、执法、司法、守法等法治实践中，与全面依法治国实践具有相互依存性、转换性和复合性的有机对接和高度融合。要适应中国法治建设、人民群众对民主法治日益增长的需求，推动政治话语—法文化话语—社会话语"三位一体"的普法话语体系转化。在"法治国家、法治政府、法治社会一体建设"中加强政治建构、社会建构。紧密依存全面依法治国实践，突出潜移默化、点滴渗透的文化效应。体现辩证的方法论立场，突出法治要素、法治元素等载体建设，讲好法治的中国故事。

（一）政治话语

以社会主义法治理念为基础建构普法话语是当前学界的主流共识。但是，这个过程不是线性的过程演绎，更不是简单的重叠等同，需要进行细致的知识梳理。全面依法治国的本体论（道路与制度之关系）、历史（演化）论（依法治国与以德治国之关系）、构建论（建设中国特色社会主义法治体系之关系）、实践论（阶段目标与全面推进之关系），包括"权力制约论""程序法治论"和"良法善治论"等，包括"宪法法律至上论""法律面前人人平等论"等，这些都可以归属于政治话语。我们要从法理意义上阐释，需要在中国语境和文化传统中进行论证。要吸收政治社会经济等因素，需要加强和其他社会规范的融贯，形成与习近平新时代中国特色社会主义思想相适应的新型政治话语，规范和引导人们在法治国家、法治政府、法治社会一体建设实践中进行思考，凝聚共识，使之内化于心、固化于制、外化于行，为全面依法治国奠定主体基础。

（二）法文化话语

普法话语需要有中华法文化根基。中华法文化是中华民族数千年法律实践活动的经验和智慧总结。中华法文化曾输入日本、朝鲜、越南等周边国家，对其社会经济文化产生重要影响。中华法文化传统的制度成果以法律体系存在于历朝历代修订的成文法，如魏《新律》、晋《晋律》、北魏《北魏律》、清《大清律例》等中，经历了理论奠基、宏观立论、付诸司法实践之漫长流变历程。传统法文化将各种礼仪规范、人伦道德、社会风尚等或纳入法条，或借法推动，或限于一定范围，或广被于整个社会。例如：为提供以孝治天下、选拔孝悌力田的人做官，而设立了察举、征辟制度；为督励官员廉洁奉公、勤政爱民，而建立一套考课和致仕制度；为发扬社会提倡的主流道德风尚，形成了旌扬良善、申明过恶的制度。传统法文化源远流长，法律意识传播活动融合了哲理、法理与情理，贯通天理、国法与人情，用礼统刑、以礼驭法，以法律推行伦理，具有培养理想人格的要义①。我们必须自觉、自为地深入挖掘和积极汲取中华法文化精华。要对中华法文化话语所依托和运用的核心价值体系、思想理论体系、概念知识体系以及技术操作体系加以阐释。注重中华法文化话语的现实性、可比性和提纯、接纳的可能性、边界性，实现话语体系的本原形态和体系形态之间的创造性转换，讲好法治的传统文化话语。

（三）社会话语

1. 关注物质载体、实践符号、共有信念和传统等法治元素潜移默化、点滴渗透的文化言说效应

公共场域、公共事件、公共人物、公共节日、公共仪式、公共符号等，在社会核心价值观传播中，在公民法治生活中能发挥重要作用。法律的各项仪式（包括立法、执法和司法裁判的各种仪式）具有重要法律内容。例如，法院的审判，可以帮助公民净化精神。在法庭社会开放日，公众可以体认到一些法律符号，法庭正面上方悬挂的国徽、法官的法袍及其手中的法槌等都衬托着法庭的庄严肃穆，这类符号昭示着法律赋予法官的职责，使得司法正义的理想作为神圣之物，以人们所共享的情感得以实现。2015 年 7 月 1 日，全国人民代表大会把宪法宣誓制度作为一种国家最重要的法律仪式确立下来，"有利于彰显宪法权威，增强公职人员宪法观念，激励公职人员忠于和维护宪法，也有利于在全社会增强宪法意识，树立宪法权威"②。2014 年 11 月 1 日，全国人大常委会决定设立国家宪法日，12 月 4 日这天，在中央的

---

① 黄丽云：《普法宣传工作论纲》，《中国司法》2019 年第 3 期。
② 习近平：《关于〈中共中央关于全面推进依法治国若干重大问题的决定〉的说明》，《中共中央关于全面推进依法治国若干重干问题的决定》，人民出版社，2014，第 51～52 页。

统一领导下，全国各地各部门都开展宪法宣传周活动，这一活动长期坚持下去，可以让宪法"热"起来，有利于全社会树立宪法精神、增强宪法意识、维护宪法尊严。重要的法治事件、有影响的法治人物，如从 2001 年司法部、全国普法办进行的年度法治人物评选活动，表彰那些用实际行动为"中国梦"保驾护航的法治工作者，也是很好的法治话语载体。要充分利用和宣传好这些实践载体、物质形式和法律仪式，让更多的公民在其中进行信息传递和共识沉淀，充分体验法律权威，感知法治文化的魅力。

2. 关注物化的法治要素，推动法律话语的实体化

推动把普法宣传阵地建设纳入城乡建设总体规划，与城乡环境改造、市政建设、新农村建设、基层文化建设等项目紧密结合，深入挖掘地方法治文化和资源，加强社会主义法治文化阵地建设。在街道、广场、社区修建法治文化长廊、法治文化公园、法治文化街区、法治文化宣传橱窗。建设普法宣传学习实践基地，集中展示各地法治文化历史。举办法治宣传教育展览，以图文并茂的方式传递全面依法治国的最新信息。这些稳定的普法文化设施有利于普法话语在全社会的落地扎根。

五　克服普法中的工具主义、形式主义

普法责任制明确了行政执法机关的普法主体责任和具体过程要求。行政执法机关要承担系统内普法和社会普法的双重责任。普法责任制的实施对于克服普法中的工具主义、形式主义，进一步推动普法的法治化、体系化转型具有重要意义。

（一）政治化运作向法治化转型

习近平总书记指出，通过普法活动，传播法治理念，培育法治精神，弘扬法治文化，树立法治权威，这是法治建设的基础性工作。在过去 30 多年里，普法活动的制度功能是由"灌输—外化—内化"命题支撑的。30 多年的普法供给虽然在意识形态上实现了法律的传播，降低了民众与法律的疏离

感，但普法工作并没有实现质的突破。"谁执法谁普法"责任制所展现的常态化、监督式普法模式，适应了新时代法治建设的新需要，所体现的"功能互补、相互促进"，有望克服传统普法的弊端，执法与普法良性对接融合，促进行政执法方式实现法、情、理相结合，体现制度设计上的法治思维、法治方式，是法治国家、法治政府和法治社会一体建设的现实反映。

（二）普法执法相融合

将普法融入执法司法过程，使普法方式由单纯、静态、运动式普法变成综合、动态、日常化普法，由宣传纸上的法变成宣传现实中的法，是新时代法治建设的客观要求。中国特色社会主义法治的实践运行理论，涉及法治原理原则的应用、法治行为、法治实践、宪法法律实施、法律制度运行等范畴和内容，主要包括科学立法、严格执法、公正司法、全民守法等法治建设各个环节的理论①。"谁执法谁普法"是法治实践运行的重要环节，将执法司法和守法环节有机融合、相辅相成，才能推进法治建设有序发展。在过去的实践中，执法司法往往只简单地阐述事实和法律依据，作出裁判或处罚决定，以案释法很难真正落实，导致上诉案件多而改判案件少，也即无谓的上诉多了；行政处罚申请复议，提起诉讼多，真正发回、纠正、变更的少，也即无谓的纠纷案件多了，这既影响当事人权益的切实维护，也浪费了大量的司法和行政资源。实行"谁执法谁普法"，由作出裁判、决定的人承担普法责任，在具体案件、事项中普法，效果无疑最生动、最深入人心，有利于让人民群众在每一起司法案件中感受公平正义，在每一次法治实践中感受法治精神。

（三）话语传播由部门化向体系化转化

在普法工作呈现表面化和行政化的现实情况下，促使执法中普法，以形式上行为指引、实质上价值指引的方式发挥不同于立法、执法、司法的柔性

---

① 李林：《开启新时代中国特色社会主义法治新征程》，《环球法律评论》2017年第6期。

法治作用，具有加强我国社会主义法治文化建设的重要作用。这种柔性法治作用的发挥，首先必须强化普法内容的法治认识深度。在执法中普法应当体现宪法意识，加强宪法法律宣传阐释，展现法治国家、法治政府和法治社会一体化建设的法治价值。其次，需要拓展法治认识广度。"谁执法谁普法"要求执法司法机关从执法司法实践中发掘普法需求，又在执法实践中有针对性地开展精准普法，对人民群众进行个人权益和公共利益权衡的普及，充分满足群众对普法的个性需求和现场体验，能切实提高普法实效。

B.15
以基层政府为被告的行政
诉讼案件调研报告

尹婷婷*

摘　要：　法治政府建设离不开基层政府法治建设，基层政府法治建设
状况通过以基层政府为被告的行政诉讼案件情况反映出来。
本文分析了2013～2018年宁波两级法院审理的以基层政府为
被告的一审行政诉讼案件情况，得出基层管理领域案件的基
本特点，并对败诉原因予以深度剖析，总结基层政府法治建
设中存在的越权现象凸显、与基层组织权力边界模糊、执法
程序不规范等问题，并建议基层政府进一步强化法治意识、
树立法治思维，融合基层自治与法治，严格规范执法行为，
加强队伍建设，完善工作机制，推进基层各项工作在法治轨
道上运行。

关键词：　基层政府　法治政府　行政诉讼

党的十九大报告指出："全面依法治国是国家治理的一场深刻革命。"
加强基层法治建设是推进全面依法治国、建设社会主义法治国家的题中应有
之义，基层法治环境直接影响着法治政府乃至法治国家的建设进程。同时，
中国当前正在大力推进乡村全面振兴战略，这一战略的实施情况与基层政府

---

* 尹婷婷，浙江省宁波市中级人民法院行政审判庭法官助理。

（本文所称的基层政府仅指乡镇人民政府以及县级人民政府下属的街道办事处，下同）做出的大量行政管理和行政执法行为密切相关。因此，推进基层政府法治建设、筑牢基层法治建设根基，具有重大现实意义。基层政府法治建设状况通过公民感受、法治政府考核、第三方评价等"多面镜"反映出来，以基层政府为被告的行政诉讼案件情况即为其中重要的一面镜子。近年来，随着新《行政诉讼法》的实施，立案登记制的确立，行政诉讼案件激增，涉及基层政府为被告的诉讼案件亦大量涌进法院，并呈现诸多特点。该类案件收结数量变化趋势、涉及管理领域、行为类型，以及败诉率、协调撤诉率等情况，直观地反映了基层执法状况、基层法治生态以及基层法治建设的重难点。

本文以 2013 年至 2018 年宁波两级法院审理的以乡镇人民政府（街道办事处）为被告的一审行政诉讼案件为样本，分析该类案件的基本情况和主要特点，剖析行政机关败诉的具体原因，梳理基层政府法治建设面临的问题及挑战，并提出针对性建议，以回应乡村振兴战略实施过程中的法治需求，希望对进一步规范基层执法行为、提升基层政府法治服务能力有所裨益，从而确保基层各项建设均在法治轨道上前行。

一 案件基本情况和主要特点

（一）收案数呈波动性上升态势，占行政诉讼案件比重较大

2013 年至 2018 年，宁波两级法院分别受理以基层政府为被告的一审行政诉讼案件 40 件、53 件、344 件、177 件、293 件、397 件，六年共计受理 1304 件，收案数虽有波动，但总体呈上升态势；且从 2015 年开始，该类案件收案数占同期行政诉讼案件总收案数的比重连续四年超过 10%（2015 年占比 20.8%、2016 年占比 12.5%、2017 年占比 20.4%、2018 年占比 25.6%）（见图 1）。其中，2015 年立案登记制落地实施后大量行政案件（包括但不限于涉基层政府行政诉讼案件）涌入法院，加之宁波市中级人民

法院（以下简称"宁波中院"）受理一批涉宁波市东部新城开发建设指挥部、宁波市鄞州区邱隘镇人民政府拆迁行政协议类案件，宁波市鄞州区人民法院（以下简称"鄞州法院"）、余姚市人民法院（以下简称"余姚法院"）受理大量涉乡镇（街道）拆除高立柱广告牌行政强制类案件，导致当年收案数大幅增加；2018年，因鄞州法院受理一批涉象山县高塘岛乡政府行政强制及行政赔偿类案件，宁海县人民法院（以下简称"宁海法院"）受理一批涉宁海县西店镇政府、桥头胡街道办事处政府信息公开类案件，导致当年该类案件收案量几乎占同期行政诉讼案件总收案量的1/4。

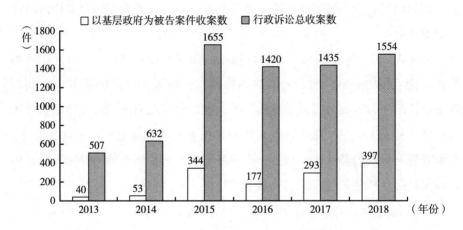

**图1 2013～2018年宁波两级法院受理以基层政府为被告的
一审行政诉讼案件数量情况**

从各法院收案情况来看，除个别法院收案明显偏多或偏少外，其余法院收案相对均衡。具体来看，2013年至2018年，鄞州法院（314件）、宁海法院（173件）、宁波中院（135件）、象山县人民法院（以下简称"象山法院"）（108件）、余姚法院（106件）收案总量排名前五位；除宁波市北仑区人民法院（以下简称"北仑法院"）（41件）收案量偏少外，其余五家基层法院收案总量较均衡，均为80余件（见图2）。宁波两级法院自2015年开始实施行政诉讼案件异地交叉管辖制度，这使各基层法院的收案量在全市法院总收案量不变的情况下分配更加均衡。

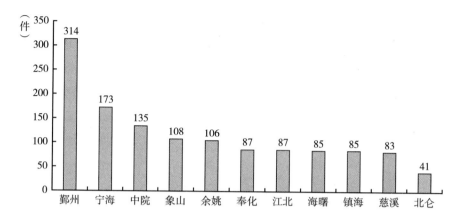

图2　2013～2018年宁波各法院受理以基层政府为被告的一审行政诉讼案件数量

（二）结案数同步增长，败诉率高于全市行政机关平均水平

随着收案数的增加，以基层政府为被告的一审行政诉讼案件结案数也同步增长。2013年至2018年，宁波两级法院分别审结以基层政府为被告的一审行政诉讼案件39件、45件、303件、200件、232件、379件，六年共计审结1198件（见图3）。

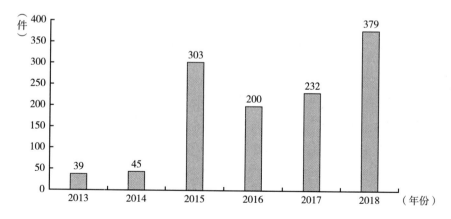

图3　2013～2018年宁波两级法院审结以基层政府为被告的
一审行政诉讼案件数量情况

已结案件中，基层政府败诉案件总数为333件。2013年至2018年，基层政府败诉率分别为28.2%、33.3%、18%、23.5%、31%、31.3%，均远高于全市行政机关平均败诉率（见图4）。

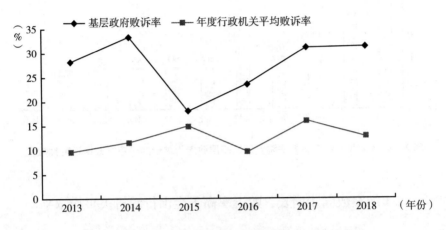

图4　2013～2018年宁波两级法院以基层政府为被告的一审行政诉讼案件败诉率情况

从已结案件涉及的地区分布情况来看，该类案件涉及的基层政府地区分布差异较大。其中，涉鄞州区415件、宁海县197件、慈溪市127件、象山县115件、余姚市103件、海曙区68件、北仑区55件、奉化区54件、江北区37件、镇海区27件，可见涉鄞州区的案件量甚至远多于案件量排名后六位的地区案件量之和。此外，各地区基层政府败诉案件数量及败诉率亦不尽相同，除镇海、海曙、奉化三地区基层政府败诉率较低之外，其他七个地区基层政府败诉率均高于历年全市行政机关平均败诉率，其中宁海地区基层政府败诉率较高，江北地区基层政府败诉案件总量少但占该区该类案件比重高，慈溪及鄞州地区因2014年至2015年在实施"三改一拆"专项行动中存在大量违反法定程序拆除违章建筑的行为，导致该类案件败诉率较高（见图5）。

从案由来看，虽然已结案件涉及案由多达20余种，但所涉行政行为类型较为集中，多涉及政府信息（共362件）、行政协议（共234件）、行政强制（共163件）、不履行法定职责（共104件）、行政赔偿（共94件）等

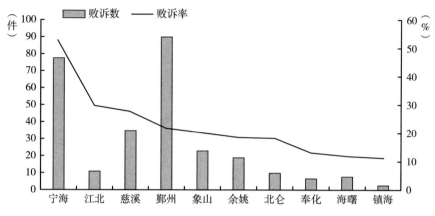

**图5 宁波各地区以基层政府为被告的一审行政诉讼
案件行政机关败诉情况**

五大行政行为类型，合计957件，占总结案数的79.9%。

从败诉案件类型来看，基层政府在涉行政处罚（败诉率79.3%）、行政许可（57.1%）、行政强制（46%）、政府信息（45.6%）、行政确认（26.7%）、行政赔偿（22.3%）等类型案件中败诉率明显偏高（见图6）。结合具体案件内容来看，涉政府信息、行政强制及行政赔偿案件因与房屋征迁、土地征收、违法建筑拆除等领域密切相关，既易引发行政争议，又易产生基层政府败诉后果。

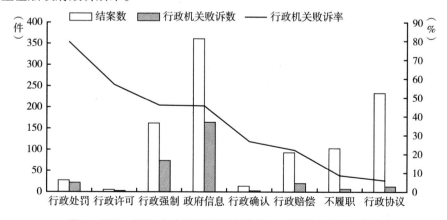

**图6 2013～2018年宁波两级法院受理的以基层政府为被告的
一审行政诉讼案件行为类型分布**

从基层政府败诉原因来看，主要集中在以下几个方面：职权定位不明，败诉80件，占总败诉案件的24%；履行法定职责不当，败诉9件，占总败诉案件的2.7%；程序违法，败诉41件，占总败诉案件的12.3%；认定事实不清，缺乏事实根据，败诉20件，占总败诉案件的6%；政府信息公开类案件，败诉165件，占总败诉案件的49.5%；行政协议类案件，败诉14件，占总败诉案件的4.2%；其他4件，占总败诉案件的1.2%（见图7）。

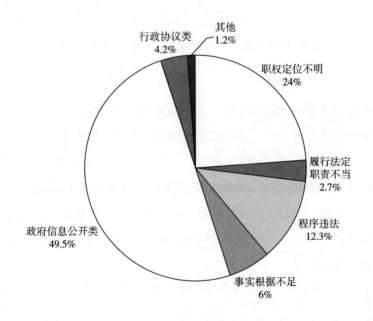

图7　2013～2018年宁波两级法院以基层政府为被告的
一审行政诉讼案件败诉原因

（三）协调撤诉率有待进一步提高

已结案件中，以协调撤诉方式结案的共261件。具体来看，2013年至2018年该类案件协调撤诉率分别为38.46%、26.67%、15.8%、27.5%、28.88%、16.98%，除2016年、2017年该类案件协调撤诉率高于同期行政诉讼案件平均协调撤诉率外，其他年份该类案件协调撤诉率均低于同期一审行政诉讼案件协调撤诉率（见图8）。

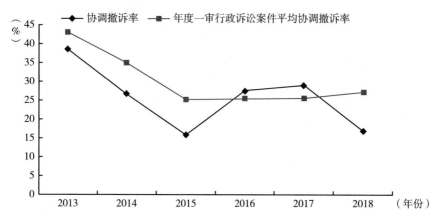

图8　2013～2018年宁波两级法院以基层政府为被告的一审
行政诉讼案件协调撤诉率情况

（四）行政机关负责人出庭应诉情况总体良好

《行政诉讼法》及国务院办公厅《关于加强和改进行政应诉工作的意见》分别从法律层面和政策层面确立了行政机关负责人出庭应诉制度。目前，宁波两级法院在行政诉讼案件审理过程中均向行政机关发送"出庭应诉通知书"，要求应诉机关负责人在庭审中就案件事实发表答辩及辩论意见，对实质性出庭应诉提出更高要求。2015年5月1日以来，宁波两级法院共开庭审理以基层政府为被告的一审行政诉讼案件600件，基层政府负责人实际出庭应诉案件共464件，出庭应诉率为77.3%，高于全省行政机关平均出庭应诉率（见图9）。其中，宁海、镇海、象山三地区基层政府负责人出庭应诉率分别高达99.4%、94.4%、93.2%，且在出庭应诉发声方面均表现出色，海曙、慈溪、奉化、江北等地区基层政府负责人出庭应诉率均在80%以上，余姚地区基层政府负责人出庭应诉率仅为21.3%，与其他地区差距悬殊。

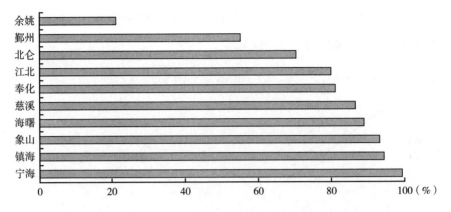

**图9　2015年5月1日~2018年12月31日宁波各地区基层政府
负责人出庭应诉率情况**

二　基层政府推进法治建设的工作亮点

（一）提升法治意识，着力营造法治氛围

整体上看，宁波地区基层政府依法行政状况良好。各基层政府重视法治队伍建设，推进行政与司法常态化良性互动。主动邀请法官或专业人才进行授课或培训，积极组织旁听、观摩庭审；绝大部分的基层政府均聘请专业律师、专家学者作为政府法律顾问，进行业务咨询，接受业务指导，参与重要文件或重大项目合同的事前预审；重视普法宣传，坚持日常宣传、重点节假日法治宣传相结合，普及法律知识，不断提升工作人员及群众的法律意识，特别针对农村土地承包经营、房屋拆迁征收、社会保障、城管执法、市场监管等容易出现行政争议纠纷的领域，加大宣传力度，告知救济途径等。

（二）注重科学决策，强化民主机制建设

重大决策积极推进科学化、民主化、法治化。例如，一些乡镇在重大项目建设、民生工程、招商引资等方面事前经过合法性审查和专家论证，积极

征询群众意见，进行法律风险评估。强化政务建设，推行政务公开。各乡镇政府积极建设基层政府政务公开门户网站，发挥村镇公共场所政务公开栏的传统宣传作用，开拓政府"微信公众号"、微博等新媒体阵地，将重要文件、日常工作开展情况、民生实事进度、群众关心的热点问题等信息进行全面及时公开。例如，江北区基层政务公开标准化规范化试点实践经验广受关注和推介。尊重村民自治，实行民主管理和民主监督。例如，海曙区横街镇政府创新村级基层治理实践，大力推行"五议两公开"制度（党员群众建议、党支部提议、两委商议、党员大会审议、村民代表大会决议，表决结果公开、实施情况公开），取得良好示范效果。

（三）优化司法环境，支持司法各项机制创新

宁波中院于 2015 年 5 月 1 日起试行与区划相分离的行政诉讼管辖改革。根据地域相近、案量平衡等原则，宁波中院为全市每个区（市、县）在法定管辖法院之外再设定两到三家异地管辖法院并对外公布，起诉人可以根据自己的意愿选择管辖法院。各乡镇政府大力支持该项打破属地管辖的举措，全市法院异地案件受理比例高，改革成效显著。在异地交叉管辖案件中，乡镇政府负责人出庭应诉率明显高于其他行政机关，且实质性参与庭审效果明显。此外，宁波两级法院均与当地政府联合成立行政争议调解中心，并形成各具特色的调解工作模式。基层政府积极配合该项改革创新，深入参与案件协调化解，提出切实可行的调解方案，将矛盾就地妥善化解，有效地降低了上诉率和申诉率。有的乡镇政府对于涉及面广、矛盾集中、影响较大的案件，专门组建专业矛盾化解组，配合法院协调化解行政争议，取得息诉服判实效。

三 基层政府败诉原因分析

在肯定基层政府法治建设取得进展的前提下，本文亦需要对基层政府败诉案件的原因进行剖析，寻找共性，举一反三。考察近六年的败诉案件，基层政府的败诉原因大致如下。

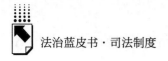

（一）缺乏或超越法定职权

该类型败诉案件相对较多，达 80 件，几乎占总败诉案件的 1/4。具体包括两种情形，一是超越事项管辖权，二是超越层级管辖权。有的乡镇政府（街道办事处）行使本应由国土、规划或交通等部门行使的违法建筑处罚或强制权，对城市规划区或公路两侧建筑控制区内的违法建筑实施强制拆除，或在未取得上级政府责成的情况下径行强制拆除违法构筑物。有的在缺乏法律、法规明确授权的情况下对当事人采取停水停电强制措施，或对当事人的承包地进行强制清表、对当事人的养殖塘进行强制拆除。有的对当事人经营的黏土砖瓦窑企业责令停业，对畜禽养殖户责令禁养，均系越权行使了其他部门的职权。有的越权不批准宅基地使用申请或对土地承包权证记载事项直接作出不予变更决定等。

（二）履行法定职责不到位

在未将政府信息公开领域延迟答复或不答复的情形统计在该项下的情况下，该类败诉案件共 9 件，具体情形主要包括：有的乡镇政府（街道办事处）对已拆除的广告牌材料既未通知当事人领取也未作妥善安置，有的以信访程序处理当事人的履职申请，有的对村民提出的土地使用权纠纷申请不予调查处理，有的对村民提出的要求履行调查核实职责及责令村委会依法公布村务信息的申请置之不理，有的对要求查处违法建筑的举报未依法处理，或在违法行为人未在规定期限内履行拆除义务的情况下未及时启动强制拆除程序等。

（三）行政执法程序不当

在未将既存在超越职权又程序违法情况的案件计入该项的情况下，此类败诉案件共 41 件，占败诉案件总数的 12.3%。以乡镇政府（街道办事处）为被告、涉及违法建筑行政强制或行政赔偿的案件中，50% 以上的案件同时存在超越法定职权和程序违法的情形。有的乡镇政府（街道办事处）违反

《行政强制法》及《浙江省违法建筑处置规定》，既不作出行政处罚决定，也未在作出限期拆除决定或强制拆除前保障当事人陈述、申辩及要求听证的权利，也未告知当事人相应的救济途径；有的利用"解危""拆危"代替征收程序，径行对当事人的房屋进行强制拆除；有的在对当事人种植的苗木强制清表前或对当事人采取停水停电强制措施前未保障当事人的陈述、申辩等权利。

（四）认定事实不清，主要证据不足

此类败诉案件共20件，多因乡镇政府（街道办事处）作出行政行为前未能全面、依法收集、核验证据，或保存、固定证据不及时，或未在规定举证期限内提交证据，导致关键证据缺乏、证据链断裂，最终因事实根据不足而被判决败诉。有的作出私人建房用地审批时未对当事人使用土地的情况进行核实，错误认定房屋占地面积；有的在处理村民及其所在村经济合作社发生的土地使用权争议时仅依据村委会出具的证明即将争议土地使用权确认归属村经济合作社；有的在办理婚姻登记时，未查明当事人的身份情况即颁发结婚证；有的对拆除当事人的建筑物等设施的行为或建筑物内没有物品等负有举证责任，但未在法定期限内提交证据，被视为强制拆除行为缺乏事实根据并被判决酌情赔偿当事人经济损失。

（五）政府信息公开答复不规范

此类败诉案件共165件，占败诉案件总数的49.5%，占已结案的政府信息公开类案件的45.6%。无论从哪个维度来看，该类案件败诉率均高于同期其他行政诉讼案件平均败诉率，该领域执法情况不容乐观。具体败诉原因如下：有的乡镇政府（街道办事处）对当事人的政府信息公开申请置之不理，直至起诉时仍未作出答复；有的对根据《政府信息公开条例》的规定应当重点公开、主动公开的"征收或者征用土地、房屋拆迁及其补偿、补助费用的发放、使用情况"信息，以不属于政府信息或信息需要加工、汇总为由拒绝公开；有的对履职过程中获取并保存的信息未履行合理检索义

务即以未曾制作或未保存为由不予提供；有的对涉及当事人切身利益的信息以不符合"三需要"为由不予提供；有的在未明确当事人申请公开信息内容的情况下答非所请或答复不完整、不准确，或指引不当；有的作出答复超过法定期限，且未作出延期答复通知等。

（六）未依法订立或履行协议

此类败诉案件共 14 件，主要涉及征迁补偿协议。有的乡镇政府（街道办事处）在签订协议时未查明应补偿安置主体，与未列入拆迁范围且并非安置人口的当事人签订拆迁安置补偿协议，或与非权利人签订拆迁安置补偿协议且事后未被有效追认；有的在签订协议时未依据当事人持有的集体土地使用权证上记载的土地用途认定补偿标准，将住宅认定为仓库进行补偿；有的在山体采矿权审批手续未落实的情况下即通过招投标形式将建设项目发包给当事人并签订行政合同，致使合同因目的无法实现而被判决解除等。

四 基层政府法治建设存在的问题及面临的挑战

从前文对行政机关败诉原因的分析可以看出，基层政府执法过程中法律风险较大，所涉案件败诉率居高不下，败诉原因相对集中，这反映了基层政府在法治化进程中存在一些突出问题。

（一）法律授权不足，越权现象凸显

法律、法规对执法主体的规定主要限于县级以上人民政府及其职能部门，实践中，在强调属地责任的背景下基层政府往往需要承担更多法律规定之外的职责，这导致基层政府经常面临"权小责重""有责无权"的尴尬境地。在权责错位或分离的情况下，基层政府面临"不得不管但又无法无权去管"的境地。例如，在"三改一拆""五水共治"等专项行动中，基层政府按照属地管辖原则需要承担作出责令限期拆除或关停决定的任务，但均系

越权行使县级以上人民政府土地、规划、环保或水利等部门的行政职责，经常直接导致相关案件败诉。

（二）基层政府与基层自治组织之间权利义务边界模糊

法律规范对各基层治理主体之间关系的调整以宏观规定为主，缺乏具体化的、可操作性强的制度或规则支撑，导致执法边界不明，基层政府本着"少做少错、不做不错"的原则，往往怠于履行法定职责。例如，《村民委员会组织法》及《农村集体经济组织财务公开规定》等笼统地规定村民自治组织实行财务公开制度，而《政府信息公开条例》又未排除村民通过政府信息公开途径获取村财务信息的可能。因此，在一系列政府信息案件中，基层政府将在履行村财务审计职责过程中获取的信息认定为村财务信息，认为该类信息不属于政府信息，对当事人作出不当答复，被依法判决撤销已作答复并被责令重新答复。

（三）执法力量薄弱，执法不规范问题突出

基层治理"权责倒挂"现象突出，"运动式"执法活动较多，上级命令或专项行动对时间要求紧迫，对执法结果需求迫切。由于基层政府权力少、任务多，事务杂、责任大，而相应的执法力量配置不到位，具有执法资格或专业法律知识的工作人员尤为短缺，导致执法不规范问题呈现常态化趋势。其中，片面追求执法结果、忽视程序价值类违法问题突出，如前文所述，在作出不利于当事人的决定前未保障当事人陈述、申辩、要求听证的权利等。此外，有的案件仅是因为执法人员缺乏细致谨慎的态度导致作出的行政决定存在笔误、引用法律条文错误、未加盖行政机关印章等，引起当事人对执法公正性的质疑，成为讼争的主要缘由。

此外，基层政府法治建设也面临诸多挑战。一是新《行政诉讼法》提高了司法审查的标准，法院严格落实新《行政诉讼法》的立法精神，切实履行监督行政主体依法行政的司法职责，更加全面、深入、严格地审查行政行为的合法性、规范性。例如，之前执法程序瑕疵或仅被指正，现在往往面

临被判决败诉的风险。二是立案登记制实施后立案门槛降低，行政诉讼受案范围扩大，启动行政诉讼程序更加便易，一些信访户往往通过频繁、大量申请政府信息公开、要求政府履行法定职责等形式将基层政府拖进行政诉讼，而且信访户之间效仿心理和抱团态势蔓延，易引发连环性诉讼和群体性诉讼。例如，某镇村民短时间内针对村财务审计情况提出近千起政府信息公开申请，随后引发200多起行政诉讼。三是随着法治建设的持续推进，公民法律意识日益增强，公民监督公权力的形式更加丰富多样，对基层执法的公正性、透明性、合法性要求更高。四是近年来乡村振兴、生态文明建设、城市环境治理等国家或地方层面的行政任务进入攻坚阶段，基层政府承担的事务性、具体性工作将越多越繁重。

五 加强基层政府法治建设的建议

基层政府法治建设作为社会治理和国家法治建设的底盘，犹如大厦之基、树木之根。为进一步有效预防和化解行政争议，推进基层政府法治建设，结合2013年至2018年宁波市行政审判工作中反映的基层执法问题及面临的挑战，提出下列建议。

（一）强化法治意识，树立法治思维

基层政府及其工作人员的任何执法行为、涉及公权力的行为，都应当在法治的框架下规范和解决。一是要坚持以法治思维和理念推动基层政府服务能力建设，将法治思维外化为法治方式、法治行动，去解决基层执法过程中遇到的矛盾和问题，保证基层权力规范透明运行。二是要审慎处理公正与效率、实体与程序、经济发展与依法行政的关系，在推进中心工作和重点工程时应重视和平衡程序价值，增强决策和行动的合规性、合理性、程序性，提升基层执法的公信力和认可度。三是要正确认识权力的边界及权责统一原则，做到不越权、不专权，不懒政、不怠政。

（二）有效整合各方资源，融合"自治"与"法治"

基层行政管理必须根植于基层的土壤，需要以开放性架构吸纳各方力量参与，形成角色多元、良性互动、优势互补的治理模式。一是要密切联系基层自治组织，充分发挥村民委员会、居民委员会、经济合作社等组织在基层社会治理方面的重要作用，建立覆盖城乡各个区块的行业性、专业性调解组织，发挥便民服务平台、人民调解室等社会力量在提供法律服务、化解行政争议等方面的重要作用。二是要在土地征收、房屋征迁、社会保障、环保整治等涉民生重大利益项目作出决策前和实施过程中充分听取人民群众的意见，扑下身子、沉下心来，最大限度地尊重民意，保障决策科学性、可接受性。三是要切实履行法律、法规规定的监督职责。自治是基础，法治是保障。大量行政争议起源于村民对村集体组织的决策、利益分配、财务状况以及村干部违规违纪行为不满，转而求助于基层政府对下进行监督和指导，基层政府应把好第一道关，及时依法、公正处理矛盾纠纷，最大限度地保障人民群众的根本利益，将矛盾防范在源头、化解在基层、消灭在萌芽状态。

（三）严格依法行政，规范执法行为

一是要严格依法履行职责。要加大对土地征收、房屋征迁、社会保障、环境保护等涉及民生领域权利的保障力度，加大对政府信息领域的主动公开力度，充分保障村民的知情权，通过公开促进公平执法。二是要规范执法行为。要统一执法标准，平等对待行政相对人，避免执法随意性；要增强证据意识，规范取证活动，执法过程中注意及时收集、固定和保存证据。三是要建设和完善执法体制，创新和健全合法高效的执法模式。要积极探索好的工作方法，如对政府信息公开领域应公开事项进行梳理，制作公开目录和格式化答复书，减少答复不当引发的败诉；学习其他行政机关或其他地区先进的基层执法经验。例如，宁波市江北区城管部门城市管理"非接触性执法"模式、诸暨"枫桥经验"、湖州市织里镇小镇治理经验等，举一反三，因地施策。

（四）加强对基层执法行为的领导和监督

县级以上人民政府及其相关职能部门要注重加强对基层政府行政管理和执法工作的经常性指导和监督，既要强化基层属地责任，也要切实帮助解决基层执法中遇到的难题。一方面，可以通过联席会议、规范性文件制定等形式明确权力交叉地带、模糊边界中各部门的职责，厘清上级政府职能部门与基层政府的权责以及属地化管理与部门履职的关系，切实解决多头执法和执法标准混乱的问题。另一方面，要牵头建立职能部门和基层政府之间的协作共商机制，推动在资源共享、责任共担、执法保障等方面取得进展，避免基层执法过程中存在的多方掣肘问题。同时建立健全科学、理性、可操作的权责体系，加强对基层政府的法治考核，严格考核标准，细化评价方式。

（五）加强队伍建设，建立完善工作机制

提升基层政府法治水平和服务能力，归根到底是要提升基层执法人员、一线工作人员的法律素养和业务能力。首先，要建设一支具有法律素养的专业执法队伍，保证行政执法队伍数量适配、结构合理、素质优良；以提高队伍执法水平为抓手，通过有针对性的学习和培训、"上挂下派"双向交流、多岗位锻炼等形式，培养"全科大夫"和"专家人才"。其次，建立较为完善的队伍运行机制和工作流程，严格规范内部请示、审批、报备等管理制度，建立内部文件流转留痕、分类造册、归档保存等日常性工作机制，避免因文书瑕疵或文件丢失等失误导致的讼争。最后，要重视向外学习，充分发挥法律顾问或专业律师提供咨询建议的重要作用。

B.16
基层法院参与基层社会治理调研报告

—— 以北京门头沟区法院 2016~2018 年行政审判实践为样本

闫洪升　王晶*

摘　要： 基层人民法院在基层社会治理中肩负着重要使命。北京市门头沟区人民法院在充分发挥行政审判职能的同时，针对辖区征收拆迁、拆除违法建筑、工商登记等案件特点，有重点、有针对性地开展调查研究，提出了"三维一体"工作机制、"请进来""走出去"工作方针及实质性化解争议的创新路径，凸显了基层法院参与社会治理的重要作用。

关键词： 行政诉讼　基层法院　基层社会治理

引　言

基层人民法院作为化解社会矛盾纠纷、维护社会秩序的前端阵地，在社会治理体系中肩负着重要使命。门头沟区人民法院紧紧围绕"努力让人民群众在每一个司法案件中感受到公平正义"的工作目标，充分发挥行政审判职能作用，积极探索社会矛盾化解的新举措，不断加强和创新社会治理手段，为推进行政机关依法行政、促进区域经济及社会环境稳定发展提供了有力的司法保障。

---

* 闫洪升，北京市门头沟区人民法院副院长；王晶，北京市门头沟区人民法院审判管理办公室（研究室）法官助理。

一 面面俱到：2016～2018年行政案件总体特点

（一）案件数量情况

2016～2018年，门头沟法院共受理行政案件574件，其中行政诉讼案件507件，非诉执行案件67件；共审结行政案件573件①，其中行政诉讼案件506件，非诉执行案件67件。

1. 诉讼案件收案数由迅猛增长回归常态化

受2015年《行政诉讼法》实施及立案登记制的影响，多年沉积的官民矛盾涌向法院，法院受理的行政诉讼案件一度呈增长态势。在经历了2015年（收案数同比增长150.0%）与2016年（收案数同比增长42.5%）的迅猛增长后，近两年门头沟法院受理的行政诉讼案件数已逐渐步入常态化轨道。2017年行政诉讼案件收案数同比降低38.2%，2018年同比降低2.1%（见图1）。

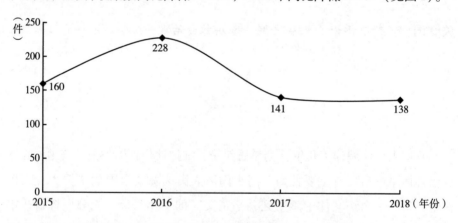

图1　2015～2018年门头沟法院受理行政诉讼案件情况

2. 非诉执行案件的准予执行率有所提升

2018年门头沟法院依法审查处理了涉拆除违法建筑、行政征收、破坏

---

① 数据统计截止到2019年10月8日。

植被行政处罚等非诉执行案件,为"疏解整治促提升"专项行动及全国文明城区的创建工作提供了有力的司法保障。在受理的 18 件非诉执行案件中,裁定准予执行的案件为 11 件,经法院做工作实质性化解的争议有 3 件,总执行率达 77.8%,较 2017 年增长 15.5 个百分点,较 2016 年增长 61 个百分点。

3. 败诉率起伏较大

已经审结的 506 件行政诉讼案件中,有 69 件为海淀法院移送案件,有 6 件案件移送石景山、海淀、西城等法院,由门头沟法院审结的涉门头沟区行政机关案件共计 431 件。其中 2016 年审结 202 件,2017 年审结 112 件,2018 年审结 110 件,2019 年审结 7 件。行政机关败诉案件共计 89 件,其中 2016 年败诉案件为 61 件,2017 年败诉案件为 12 件,2018 年败诉案件为 16 件,败诉率由 2016 年的 30.2% 下降至 2017 年的 10.5%,2018 年败诉率为 13.7%,相较 2017 年略有回升。

(二)案件类型情况

1. 涉诉较多的案件类型相对集中

在受理的 507 件行政诉讼案件中,有 69 件为海淀法院移送案件,有 6 件案件移送其他法院,其余 432 件案件(因移送案件不涉及门头沟区行政机关或不由门头沟法院管辖,因此不纳入统计,以下"受案总数"均以 432 件计算)涉及的行政行为主要集中在:涉征收补偿、拆迁 111 件,涉工商登记 61 件,涉政府信息公开 38 件,涉行政处罚 37 件,要求履行法定职责 29 件,涉不动产登记 25 件,涉拆除填埋、断水断电等强制措施 24 件(见图 2)。

2. 被诉行政行为的种类多元分布

随着现代行政的发展,行政协议、行政奖励等新型行政活动形式相继出现,该类行政争议不涉及单方行政决定的合法有效判定,而以相对人向行政机关提出某种公法权利主张为内容①。在门头沟法院受理的行政案件中,被

---

① 闫尔宝:《论我国行政诉讼类型化的发展趋向与课题》,《山东审判》2017 年第 5 期。

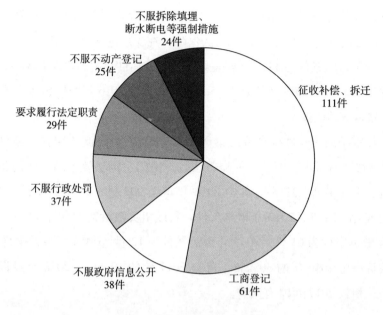

图2 涉诉较多的案件类型

诉行政行为的种类呈现多元化分布，主要有行政征收、行政处罚、行政登记、行政赔偿、行政许可、行政裁决、行政奖励、行政强制、行政确认等。行政案件涉及的行政管理领域亦更加广泛，涵盖治安、工商、征收、拆迁、拆违、交通、劳动和社会保障、消防、城管、不动产登记、规划、食品、收养、市政建设等诸多行政管理领域。围绕"疏解整治促提升"专项行动，门头沟法院依法妥善处理了大批涉征收拆迁、拆除违法建设及地下空间整治案件；围绕辖区"生态涵养区"的功能定位及全国文明城区的创建工作，门头沟法院依法稳妥审理了破坏植被被行政处罚、擅自摆摊设点行政处罚等非诉执行案件，促进了辖区的绿色发展，有力维护了市容环境卫生管理秩序；围绕阳光政府建设，门头沟法院依法妥善审理了政府信息公开、要求政府履行法定职责、要求政府履行行政协议等案件；围绕资源供给与产权保护，门头沟法院依法审理了涉公房管理、不动产登记等与人民群众生产生活密切相关的案件。

3. 涉民生类案件占比较大

大部分行政案件集中在与民生密切相关的行政管理领域，因房屋征收、违法建筑拆除、大棚房整治、环境整治等引发的民生案件占比 40.7%，该类案件是当前法院行政审判工作的重要组成部分。法院审理涉民生类案件，既要维护行政相对人的合法权益，保障人民群众的人身安全、财产安全，同时也要从经济社会发展的大局出发，为专项整治行动提供司法保障，确保专项行动的顺利推进，营造安全稳定的社会环境和公正高效的法治环境。

（三）涉诉行政机关情况

涉诉行政机关分布广泛。432 件行政诉讼案件共涉及 25 个行政机关，包括区属委办局 16 个，乡镇、街道 9 个。

二 由此及彼：区域特定背景下基层社会治理难点

征收拆迁、拆除违法建筑、优化营商投资等工作是门头沟区政府近年来的重点工作，也是稳步推进区域经济社会发展的重要抓手。从门头沟区法院近三年受理的行政诉讼案件情况看，征收拆迁类案件、拆除违法建筑及由此引发的行政赔偿类案件、工商登记类案件等在案件数量、败诉原因、治理方式等方面具有一定的典型性、代表性。一方面折射出门头沟区政府的重点工作及行政机关的执法薄弱点，另一方面也能反映门头沟区法院参与社会治理的创新实践。

（一）征收、拆迁类案件居多，败诉原因相对集中

随着门头沟区征收拆迁工作的开展，以房屋征收补偿安置协议为主要类型的案件会随着特定征收项目的开展在一段时间内呈现阶段性增长态势。门头沟法院受理的征收、拆迁类案件主要集中于房屋征收补偿安置协议、拆迁、拆除决定或拆除行为等，该类案件在所有案件类型中数量最多、审理难度较大。2015 年《行政诉讼法》将行政协议案件纳入行政诉讼受案范围，同时随着门头沟区征收拆迁工作的开展，房屋征收补偿安置协议案件相对较多。另外，随着全市范围内"疏解整治促提升"专项工作的深入开展，拆

除违法建设的力度在不断加大，与拆除违法建筑相关联的拆除决定或拆除行为亦面临司法审查。该类案件的败诉原因多集中于程序违法。实践中，有的行政机关认为行政相对人的违法事实清楚，在对行政相对人作出不利决定之前忽略了对相对人的权利告知，未听取相对人的陈述申辩；有的行政机关正当程序意识淡薄，在法律未对具体的执法程序作出明确规定的情况下，不能正确适用正当程序原则；有的行政机关存在行政决定超期送达等轻微违法情形，作出的行政决定效力虽未被否定，但承担了确认违法的败诉后果。

（二）因拆除违法建筑引发的行政赔偿类案件败诉率持续走高

近年来门头沟区将拆除违法建筑作为全区的重点任务，但由此也引发了与拆除违法建筑相关的行政诉讼。通过梳理近三年门头沟法院受理的因拆除违法建筑引发的行政赔偿案件，发现行政赔偿案件的败诉率不断攀升，从2016年的零败诉到2017年33.3%的败诉率，再到2018年上升至75.0%，败诉率的持续走高折射出行政机关在执法过程中存在一定的认识误区与执法漏洞。

1. 存在"程序违法不会导致行政赔偿"的错误认识

不少行政机关在执法过程中不注重执法程序，认为即使行政机关作出的行政行为存在程序违法的情形，也不会导致行政赔偿。但《行政诉讼法》对行政程序提出了更高的要求，行政机关在作出行政行为时必须严格遵循法定程序，并遵循正当程序要求，否则可能会直接侵害行政相对人的合法权益，引发行政赔偿。

2. 实施拆除违法建筑之前的行政决定未遵循法定程序

程序正义是实体正义的重要保障。在执法阶段，拆除违法建筑主要涉及作出限期拆除决定、作出强制拆除决定、实施强制拆除行为三大阶段，三个阶段相互独立又前后衔接。有的行政机关未经先期的行政决定而跳跃式作出强制拆除行为，有的行政机关在作出决定书前未履行告知、催告、听取陈述申辩等程序，还有的行政机关采用张贴等非法定方式进行送达。《行政强制法》第38条规定，行政强制执行决定书应当直接送达当事人，当事人拒绝接收或者无法直接送达当事人的，应当依照《民事诉讼法》的有关规定送达，如留置送达。实践中，多因程序违法而导致强制拆除行为被确认违法，进而引发行政赔偿之诉。

3. 拆除违法建筑过程中未区分合法权益与违法利益

在类似强制拆除违法建筑的行政活动中，经常会出现行政相对人的合法权益与违法利益交织的情形，此时遵循法定程序作出行政行为则显得尤为重要。若行政机关违反法定程序，则可能直接侵害行政相对人的合法权益。比如，有的行政机关在拆除时未将行政相对人的财物进行清理即与建筑物一并强制拆除处理，有的行政机关未清点室内物品并制作财物清单、未妥善保管财物，有的行政机关未事先通知行政相对人清理建筑物残值等。这些情形都反映了行政机关在执法过程中未将建筑物残值、室内物品等合法财产与违法建筑物等非法利益进行区别对待，进而在拆除违建的过程中侵害了行政相对人的合法权益。

（三）工商登记案件量起伏较大，案件审理周期较长

近年来，门头沟区不断加大招商引资力度，降低市场准入门槛，鼓励中小企业发展。随着门头沟区企业注册数量的不断增加，门头沟区法院受理的公司相关工商登记的行政诉讼案件也呈井喷式增长。

2016 年受理的工商登记案件共计 43 件，较 2015 年增长了 7.6 倍，涨幅较大。此类案件多因行为人冒用他人身份证、假冒他人签名进行公司设立、变更登记，从而引发被冒用人起诉到法院要求撤销公司登记。在诉讼过程中，被冒用人往往申请笔迹鉴定，即对工商登记档案中涉及被冒用人的签字是否为其本人所签进行司法鉴定。且当涉案公司存在其他股东或者法定代表人时，往往要追加其作为行政诉讼第三人，在第三人下落不明时要进行公告送达。因此，相较于以往普通行政案件，进入实体审理的所有工商登记案件都要经历笔迹鉴定、公告送达等程序，案件审理周期较长，并以此呈现类型化特点。此外，在工商登记案件的诉讼过程中，部分中介公司的代办人向工商局提出关于涉案公司变更登记的申请，由于工商局内

部信息传达不及时，注册登记科在不知相关争议已进入诉讼阶段的情况下，仅依代办人提交的申请材料作出准予涉案公司变更登记的决定，从而在送达、查清事实等环节上给尚未解决的工商登记案件增加了诉讼成本与审理难度，并使审理周期进一步延长。关于此类案件的处理与防范，门头沟法院与门头沟区工商局进行了座谈，已形成良好共识。2017 年涉工商登记类案件为 12 件，2018 年为 9 件，且 2018 年实现了工商登记案件行政机关零败诉。

（四）乡镇政府涉诉案件数与败诉率"双高"

近三年门头沟法院受理的以乡镇政府为被告的行政诉讼案件共计 84 件，占比 19.4%。2018 年以乡镇政府为被告的案件为 44 件，同比增长 1.6 倍（2017 年为 17 件），占 2018 年受案总数的 37.0%，乡镇政府涉诉案件数呈高发态势。乡镇政府涉诉案件主要出现在土地确权、征收、拆违等领域以及由此引发的政府信息公开、行政答复、履行法定职责、行政赔偿等案件。此外，在门头沟法院审结的涉门头沟区行政机关败诉案件中，5 家镇政府的败诉率均高居败诉率前五位，远高于辖区行政机关 19.2% 的平均败诉率。乡镇政府的涉诉案件数与败诉率"双高"，主要可归结为以下几点。

1. "疏整促"大背景与征收拆迁大环境

在全市范围内组织开展的"疏解整治促提升"专项行动中，拆除违法建筑是重点任务之首，而乡镇政府在拆违工作中承担着重要任务。同时随着门头沟区集体土地征收项目的相继开展，以房屋征收补偿安置为主要争议的案件亦呈现较大增势。

2. 乡镇政府工作具有基层性、复杂性、直接性

乡镇政府作为最基层的人民政府，需要处理发生在基层的各种社会矛盾与纠纷，其作出的行政行为直接关涉人民群众最直接最具体的切身利益，因而也极易引起官民矛盾。

3. 乡镇政府对纠纷源头化解工作重视不足

随着征收、拆违等工作的不断开展，相关行政争议的产生具有一定的潜

在性，在纠纷前期化解工作不到位、权益保障与利益协调渠道不畅通的情况下，易引发诉讼与败诉风险。

4. 乡镇政府依法行政意识有待提高

有的行政机关在完成拆违任务的过程中程序意识淡薄，在未进行询问、权利义务告知、催告等前置程序的情况下，就作出限拆决定、强拆决定或直接实施强拆行为，直接侵害了行政相对人的合法权益。

三　重点突破：门头沟法院参与基层社会治理的路径选择

在开展区域重点工作的过程中，门头沟法院针对辖区重点案件及行政机关的执法漏洞，积极延伸审判职能，充分发挥法院参与社会治理的重要作用。

（一）建立"三维一体"工作机制

门头沟法院建立了普法宣传、司法指导与价值引导相结合的"三维一体"工作机制，在充分发挥行政审判职能的基础上，不断加大普法宣传与司法指导力度，助力法治政府建设，取得了良好的效果。

1. 以扩大普法宣传辐射面为主要方向

门头沟法院注重延伸行政审判职能，积极通过媒介宣传、座谈交流、专题授课、庭审观摩等形式向社会公众普及行政诉讼的基本规则，向行政机关传输依法行政的基本理念，为行政机关与法院进一步开展有效对话搭建了桥梁。比如，门头沟法院审理的谷某诉区民政局收养登记一案，被北京电视台科教频道《庭审纪实》栏目作为典型案例进行报道；门头沟法院通过报纸、微博、"门头沟法院"微信公众号等发布行政审判典型案例，并努力打造庭审直播平台；门头沟法院还通过座谈交流的形式为区征收办、雁翅镇政府、永定镇政府等行政机关解决征收拆迁过程中遇到的执法难题，努力将行政纠纷化解在诉讼之前；门头沟法院积极配合行政机关开展庭审观摩活动，为区人保局、区司法局、市规资委、区财政局、区公安分局及区委政法委组织的乡镇干部搭建庭审观摩平台，切实发挥了门头沟法院依法行政教育基地的作用。

2. 以推进司法监督指导力度为有力保障

门头沟法院坚持以"一报告—建议—规则"的方式开展监督指导工作。一是定期发布行政审判年度报告。门头沟法院每年初发布上一年度的行政审判年度报告，从年度案件特点、典型案例、败诉原因等多角度分析行政机关的执法漏洞与败诉风险点。二是及时发布司法建议。因自然资源部在个案中存在引用法律条文不当的问题，门头沟法院就此向自然资源部发出司法建议函，并得到自然资源部的积极回应。司法建议有力提升了行政机关的依法行政水平与规范应诉水平，充分发挥了司法建议在创新社会管理制度、优化司法环境等方面的积极作用。三是有针对性地进行类案调研。门头沟法院以行政案件类型为划分标准，对征收补偿安置协议、拆除违法建筑等重点案件进行专项调研，为行政机关进一步明确执法标准与裁量尺度提供了有针对性的指导。

3. 以弘扬社会主义核心价值观为重要指引

将社会主义核心价值观融入司法适用，体现了法院对提升裁判说理可接受性的现实期许，也展现了贯彻社会主义核心价值观的目的[①]。门头沟法院坚持以法为媒、立足区情、因地制宜的指导方针，积极探索以社会主义核心价值观为指导理念的行政审判模式，在对行政机关的行政行为进行合法性审查的同时，以社会主义核心价值观指导、更新行政审判理念，并将核心价值观理念渗透于行政审判的全过程，积极发挥司法审判的正向引导作用。比如，在门头沟法院受理的王某诉区征收办要求履行房屋征收补偿安置协议一案中，门头沟法院将社会主义核心价值观融入行政协议这一新型行政案件审理模式中，积极引导、鼓励双方当事人通过调和、协调的方式化解矛盾。对于此类纠纷的解决融入"以和为贵"的理念，既契合了行政协议的契约性、平权性、双方合意性，又从实质性解决争议的角度化解了难题，有力地促进了辖区的和谐发展。

---

① 于洋：《论社会主义核心价值观的司法适用》，《法学》2019 年第 5 期。

（二）坚持"请进来""走出去"相结合

1. 主动接受人大代表监督

门头沟法院探索建立人大代表联络机制，积极举办法院开放日活动，坚持"把人大代表请进来"的原则，主动接受人大代表监督。比如，在门头沟法院适用"3＋4"大合议庭模式审理的一起不动产登记行政案件中，门头沟法院邀请了区人大常委会副主任、区人大法制办主任、各镇街人大代表及 3 名特邀监督员旁听案件并行使监督权利。庭审结束后，门头沟法院组织人大代表召开座谈会，详细介绍了门头沟法院行政审判工作的具体情况，认真听取了各镇街人大代表提出的意见建议，对门头沟法院行政审判工作起到了良好的助推作用。2018 年，门头沟法院邀请人大代表参加行政审判庭审活动共计 20 余人次，针对人大代表提出的意见建议，门头沟法院及时吸收、改进、反馈，做到了件件有回声、事事有着落，切实推动了行政审判工作的开展。

2. 派干警赴镇街跟班学习

青年法官对司法公正与法院梯队建设具有重要意义，构建科学有效的培养机制是当前司法改革的重要议题，因为对于正义的实现而言，操作法律的人的质量比操作法律的内容更为重要①。一名优秀的行政法官，不仅能从法律角度认定事实、厘清法律关系，而且还能从社会角度多方位分析问题。在门头沟法院创建的青年法官助理"浸润式"社会体察学习活动中，行政庭派干警先后赴大峪派出所、永定镇政府、大峪街道办进行跟班学习交流，鼓励干警深入基层一线积累群众工作经验。此项举措不仅为青年干警提供了成长锻炼的平台，而且促进了司法与行政的良性互动。一是加深了对基层工作的认识。例如，通过实地跟班学习，青年干警对公安机关的工作强度有了切身体会，一定程度上纠正了审判过程中对公安机关的偏见。二是加深了对群众工作的了解。通过深入基层与老百姓打交道，一定程度上提高了干警的沟

---

① 王利明：《司法改革研究》，法律出版社，2000，第 98 页。

通技巧，有利于在审判过程中与当事人展开有效对话、设身处地了解当事人的实际诉求。三是对行政执法活动进行有针对性的指导。青年干警在全面了解执法活动的同时，对行政机关的执法难点与漏洞进行了有针对性的重点提示，有力提高了行政机关依法行政的意识与水平。

（三）强化行政争议实质性化解工作

1. 多向联动促协调

门头沟法院继续积极探索完善行政纠纷多元化解机制，巩固行政纠纷多元化解的阶段性成果，进一步加大协调化解力度，实现行政争议的实质性解决。一是强化部门间的横向联动。建立行政庭与立案庭的横向沟通机制，针对部分敏感案件、涉群体性案件等，及时开展部门会商，提出解决问题的方案，并及时与有关行政机关沟通协商，将能协商解决的争议力争化解在诉讼之前，强化争议解决的实际效果。二是加强司法与行政的联动。对于进入诉讼阶段的行政纠纷，门头沟法院分时段、抓时机与行政机关开展协调工作，尤其对于涉民生案件，从开庭前、庭审中到庭审后都积极进行协调化解，力争实现行政争议的实质性解决。同时门头沟法院及时组织召开联席会议，对行政机关在个案中反映的执法薄弱点与败诉风险点进行重点提示，避免类似问题再次出现。在已审结的431件涉门头沟区行政机关的案件中，共有104件行政诉讼案件经协调后以原告主动撤诉的方式结案，协调撤诉率达24.1%，反映了门头沟法院行政纠纷多元化解机制取得了一定成效。

2. 积极协助行政机关自纠自建

针对工商登记案件数量激增的情况，门头沟法院积极协助门头沟区工商局开展自纠自建工作，将立案后的工商登记案件同步反馈至区工商局，由其先行立案调查、自我纠正，建议区工商局就相关投诉信息自行调查解决、及时针对投诉风险点进行彻底整改，转变了过去接到投诉即告知投诉人前往法院立案的处理方式。同时建议区工商局利用信息技术改进执法方式，以人脸识别技术替代过去形式上的签字确认。通过门头沟法院的沟通协助，工商登记案件数量大幅下降，败诉率亦逐年递减。对涉政府信息公开案件较多的行政机关，门头沟法院定期梳理、统计、剖析相关案件中的法律风险点，并提供对应的提示和建议，行政机关在信息公开工作中按照区法院的提示转变工作方法、改进答复方式，极大程度地消解了潜在纠纷。此外，针对行政机关在征收、拆迁等行政程序中存在的困惑，门头沟法院及时回复、给出建议，不断强化行政机关的正当程序意识，为行政机关规范执法提供司法保障。

结　语

《行政诉讼法》等一系列行政法律法规的颁布、修订和实施是我国加快建设社会主义法治国家、全面落实依法治国基本方略的重要手段。基层矛盾具有直接性、复杂性、多样性，基层法院应当依托司法审判、司法监督、价值引导等功能，不断探索基层法院参与基层治理的创新路径，进一步推进社会治理的法治化与现代化。

B.17
法院附设、紧密型诉调
对接机制调研报告

北京市高级人民法院课题组*

摘　要： 大中城市法院"案多人少"矛盾突出亟待解决。北京法院构建"多元调解＋速裁"法院附设、紧密型诉调对接机制，将常驻法院人民调解员编入审判团队，探索先行调解与审判程序有机衔接的路径，为当事人提供多元化纠纷解决渠道的同时，缓解了法院审判压力，形成了前端快调速审、后端精审细判的审判工作新格局。法院附设、紧密型诉调对接机制的实践启示是，通过全国人大授权北京、上海等大中城市试点方式，推进调解前置程序立法；解决人民调解员职业保障问题，建立精细化管理制度；加强审判辅助人员配置，推动程序性事务性工作信息化、集约化、社会化，实现快调速审。

关键词： 法院附设、紧密型诉调对接机制　多元调解　速裁

社会矛盾纷繁复杂，理应有不同的纠纷化解渠道。中共中央办公厅、国务院办公厅（以下简称"两办"）、最高人民法院提出完善矛盾纠纷多元化解机制，重在主体"多元"、机制"多元"、渠道"多元"。为满足人民群

---

* 课题组负责人：杨艳，北京市高级人民法院立案庭庭长。课题组成员：张华、曹玉乾、高楠、王成。执笔人：张华，北京市高级人民法院立案庭副庭长。

众多元化、便捷高效解决纠纷的司法需求,缓解法院"案多人少"的突出矛盾,北京法院从 2015 年开始深入推进"多元调解 + 速裁"法院附设、紧密型诉调对接机制建设。这既是贯彻落实两办、最高人民法院和北京市委完善矛盾纠纷多元化解机制和案件繁简分流机制改革的要求,又是重塑审判工作格局,建设公正、高效、权威司法制度的重要举措。

一 创新法院附设、紧密型诉调对接机制的动因

中央将矛盾纠纷化解工作纳入社会治理范畴,两办、最高人民法院和北京市委相继出台一系列文件①推进多元化纠纷解决机制和案件繁简分流机制改革。习近平总书记更是作出重要指示,"完善党委领导、政府负责、社会协同、公众参与、法治保障的社会治理体系,打造共建共治共享的社会治理格局""把非诉讼纠纷解决机制挺在前面""要深化诉讼制度改革,推进案件繁简分流、轻重分离、快慢分道"②。这为北京法院推进"多元调解 + 速裁"工作,探索法院附设、紧密型诉调对接机制明确了指导思想、提供了政策支持和规则支撑。北京法院创新法院附设、紧密型诉调对接机制的主要动因如下。

(一)法院"案多人少"突出矛盾亟须解决

目前,中国社会处于加速转型期,矛盾纠纷多发易发。北京等大中城市因人口和各类组织集中、经济活动频繁,成为矛盾纠纷的聚集地。在传统解纷机制如单位、街乡、社区、家族等吸附和化解矛盾纠纷功能弱化,"遇事

---

① 2015 年底,中共中央办公厅、国务院办公厅联合印发《关于完善矛盾纠纷多元化解机制的意见》。2016 年 6 月,最高人民法院出台了《关于人民法院进一步深化多元化纠纷解决机制改革的指导意见》《关于人民法院特邀调解的规定》,2016 年 9 月出台《最高人民法院关于人民法院进一步推进案件繁简分流 优化司法资源配置的若干意见》,2017 年 5 月出台《最高人民法院关于民商事案件繁简分流和调解速裁操作规程(试行)》。2016 年 8 月,北京市委办公厅、市政府办公厅联合印发《关于完善矛盾纠纷多元化解机制的实施意见》。

② 见习近平总书记在 2019 年 1 月 15 日至 16 日在中央政法工作会议上的重要讲话。

找法""有纠纷上法院"等法治理念逐渐成为主流的现实下，司法成为人们解决纠纷的首选途径。同时，在全面依法治国大背景下，中央以及立法、司法部门加大对当事人诉权保障力度。立案登记制的实施，解决了"立案难"问题，诉讼渠道更为畅通、便捷。多重因素综合作用，北京等大中城市案件量持续大幅增长。以北京法院为例，2014 年新收案件量为 46 万余件，2018 年新收案件量已达 89 万余件，增幅达 93.5%。而 2016 年法官员额制改革后，北京法院的法官数量从 4200 余名减少到 2300 余名。各地法院面临司法资源有限与审判任务严重超负荷的突出矛盾。"案多人少"成为大中城市法院普遍面临的瓶颈问题，亟待寻找解决路径和方法，提高法院解决纠纷的效率。

（二）外部纠纷解决机制吸附和化解纠纷能力有限

在推进多元化纠纷解决机制过程中，一些地方法院曾尝试过在诉前经当事人同意将纠纷委派给街乡人民调解组织或行政机关进行调解。也有人大代表提出，将调解员引入法院，由法院安排管理，此种做法与法院审判职责不符，占用了法院本已紧张的审判资源，加大了法院管理难度，且可能影响司法公信力，因此建议由司法行政部门负责诉前调解，法院只需做好对接工作即可。但实践表明，首先，当事人诉至法院后，基于时间、精力成本的考量，多数不愿意选择法院之外的调解组织进行调解，法院面临引导当事人选择法院之外调解组织调解难度大的现实问题。其次，虽然近年来中国广大街乡调解组织有了很大发展，但专业性和规范性还不能完全适应法治社会当事人在法律框架内、规则指引下进行调解的专业性需求，调解成功率不高。最后，一个案件要在两个毫无隶属关系的单位之间流转配合，管理难度大，规范性也难以保证。经过长期的诉调对接工作实践，北京法院最终选择让调解员进驻法院，按照司法标准进行培训管理，建立渠道便捷、服务专业、对接紧密、保障到位的诉调对接机制，提升当事人对诉前委派调解的认同度，提高调解成效，推动形成长效机制。

（三）纠纷解决资源优化整合的需要

北京各基层法院诉前委派调解的长期实践表明，如果调解与诉讼两张皮，法院对调解员缺乏有效管理，那么即便调解员进驻法院，调解的成效也难以提升，而且还容易发生调解程序空转、拖延、违法调解等损害当事人权益、减损调解公信力的情况。同时，委派调解过程中一些程序性事项法律效力不确定，也容易造成调解员和法官的重复劳动，甚至给当事人恶意规避法律留下可乘之机。比如，委派调解过程中调解员要向被告送达起诉状副本，但如果不赋予这种送达行为诉讼法上的效力，就会给一些被告逃避拖延诉讼留下可乘之机。实践中经常发生被告在诉前调解阶段接收了起诉状副本，但不配合调解，待纠纷进入诉讼阶段，法院再行送达起诉状副本时，被告会采取各种方式躲避送达，拖延诉讼进程。再如，诉前委派调解阶段法院可否委托评估鉴定、可否委托调解员进行调查取证等，这些行为在后续审判中的效力如何等，直接关系调解的成效以及调解程序的效用、调解资源的充分利用等。实践需求表明，委派调解需要法院有效管理，让调解更加规范、专业，在法官严格指导管理下赋予调解过程中程序性事项以相应的法律效力，为调解结果提供更加有力的司法保障，促进调解成效的提升，同时实现调解与诉讼相辅相成，纠纷解决资源效能得到最大化发挥。

法院附设调解制度的设立，也能够进一步充分发挥非诉调解具有的当事人自主协商、灵活、快捷、低成本、保密性强，能够修复当事人之间的关系，可能一揽子解决当事人之间的相关争议等突出优势，弥补诉讼的固有缺陷，如对抗性强、程序烦琐、规则刚性、审判过程和裁判文书公开、付出的时间经济成本较高等，提升人民群众对司法的满意度。

二　法院附设、紧密型诉调对接工作的具体做法与成效

在本地党委领导和政府相关部门支持下，北京法院多元调解经费和场地不足问题得以解决，为吸引高素质调解员，壮大驻院调解员队伍提供了有力

的物质保障；法院多元调解工作被市委政法委纳入"平安北京"建设工作考核体系，有力调动了各区党委、政府推动该项工作的主动性。北京法院采取将特邀调解员纳入审判团队统一管理、强化诉讼和调解程序衔接、提升信息化水平、配套保障措施跟进四项主要举措，促进"多元调解＋速裁"工作机制成效逐年提升。2017年，多元调解成功和速裁结案175989件，在同期一审民事结案中占比39％；2018年达到254274件，占同期一审民事结案量的47％，比2017年增长了78285件，增幅为44.5％。最高人民法院主要领导作出批示："北京法院推进'多元调解＋速裁'的做法和经验值得总结和推广。"

（一）法院附设、紧密型诉调对接机制的具体举措

1. 将调解员纳入审判团队统一管理

截至2019年9月，北京17家基层法院共聘任395名人民调解员为常驻特邀调解员，来源包括原街乡人民调解员、政法机关退休干部等。常驻特邀调解员受聘于某一家基层法院，一周五天在该法院工作，接受该法院诉前委派开展调解工作。为加强特邀调解员管理，北京法院采取了两项措施。一是统一管理部门。从北京市高级人民法院层面明确，由各法院立案庭统一负责"多元调解＋速裁"工作，特邀调解员由立案庭统一管理、使用、培训和考核，避免多头管理造成工作要求不统一、落实不到位、调度不及时、考核失偏颇。二是常驻特邀调解员全部纳入审判团队。各基层法院根据多元调解和速裁收案量，在立案庭内成立诉调对接组，内设数量不等的调解速裁审判团队，每个团队由一名速裁法官、一到三名常驻特邀调解员以及若干法官助理、书记员组成。速裁法官任团队长，在承办案件的同时负责管理团队、指导调解。

2. 强化调解与速裁程序衔接

为密切调解与速裁程序衔接，北京市高级人民法院出台《先行调解与审判衔接规则（试行）》，对法官指导调解的具体内容、委派调解过程中程序性事项的效力、调解与速裁对接予以明确。一是规定速裁法官全程指导调

解的工作范围。分配案件、确定调解员、调解员回避、确定首次调解日期、虚假调解的处理、第三人参与调解、调解过程中的保全、委托鉴定、调查取证、调解终止等事项均由速裁法官决定。二是对先行调解过程中的程序性事项在诉讼中的效力予以明确。首先，当事人在先行调解过程中向法院递交起诉状的行为，发生诉讼时效中断的法律效力；当事人就同一案件向两家以上有管辖权的法院起诉时，适用先行调解立"调"字号在先的法院为先立案法院。其次，调解过程中，调解员向当事人送达的起诉材料，当事人签字确认的送达地址确认书、双方签字确认的争议焦点、调解笔录中记载的无争议事实的效力及于诉讼阶段。最后，先行调解过程中调取的证据、鉴定意见等，经法官依法审查，可以在诉讼中使用。三是调、审紧密衔接。委派调解成功的案件，当事人申请司法确认的，由速裁法官及时审查并出具司法确认裁定或调解书；调解不成但事实清楚、权利义务关系明确、当事人争议不大的纠纷，立案后由速裁法官利用调解过程中查清的事实和固定的证据快速审理，疑难复杂、新类型案件及时立案移转后端审判庭进行精细化审理。

3. 加强信息化支撑

为规范"多元调解+速裁"工作，提高工作质效，北京法院依托信息技术，研发"分调裁一体化平台"，集合了案件繁简分流、多元调解案件管理、在线调解、类型化案件要素式裁判文书自动生成等多种功能。一是案件繁简分流功能的电子化，取代了人工识别，保证了案件繁简分流标准统一，提高了案件繁简分流的效率和准确性。系统会根据已经获得的案件信息（当事人填写的要素信息、法官填写信息）自动识别繁简因素：一般情况下自动识别为简案，推荐将案件导入多元调解或速裁程序；特殊情况如机动车交通事故责任案件中，被告的车辆是外地牌照，系统根据反向清单（即判定案件为繁案的具体标准）将该案自动识别为繁案，经法官确认后，直接导入后端普通审判庭进行精细化审理。二是多元调解案件管理功能。为加强委派调解案件的跟踪管理，北京法院研发了多元调解外网系统即调解员办案系统，由调解员对案件调解过程信息进行全程、实时记录；通过内网审判系统和外网多元调解系统的联通和数据实时交换，实现诉前委派调解案件从委派至司法确认的全流程记录和监管。同时在"北京移动微法院"微信公众号和小程序上嵌入多元调解案件管理模块，方便调解员随时随地记录调解办案信息；调解指引功能，方便调解员查询常用法规、类型化案件询问要点、典型案件裁判文书；速算工具功能，在金融借款合同和机动车交通事故责任纠纷中帮助调解员核算赔偿数额。三是在线调解功能。为因身体、时间、经济原因不便到法院参加调解的当事人提供远程视频调解服务，包括语音发言、展示证据、白板讲解、共享资源、文字聊天、在线签字确认等功能，真正实现了让当事人足不出户解决纠纷。四是裁判文书自动生成功能。当事人在起诉、诉前调解、庭前准备阶段被要求填写"类型化案件情况登记表"，明确案件具体要素事实。开庭审理结束后，速裁法官只需结合录入系统的案件情况登记表、起诉状、开庭笔录等材料信息，即可一键生成裁判文书。目前裁判文书自动生成功能已经实现物业供暖、交通事故、金融借款、信用卡、买卖合同、民间借贷纠纷等七大类案件的裁判文书自动生成，正在研发离婚、继承案件财产分配库，真正实现同案同判、简案快审，高效维护当事人合法权益。

4. 配套保障措施跟进

一是加强调解员业务培训。北京法院建立市、区两级特邀调解员培训机制，就多元调解政策、国际发展趋势以及调解方法技巧、常见案件裁判规则等进行常态化培训。同时编写了《调解员调解指引》一书，作为特邀调解员学习教材。2018年各法院共组织培训110余次，不断提升调解员调解理念和业务能力。二是调解案件补贴。特邀调解员实行计件工资，按照调解成功案件量计算调解案件补贴经费；调解不成但完成送达、整理争议焦点、提交结案报告等审判辅助工作的，减半计算补贴经费。调解案件补贴经费审核有严格的申报和审批流程。三是考核激励机制。建立特邀调解员考核机制，由各基层法院结合调解员考勤、参加培训情况、业绩、当事人评价等对特邀调解员进行综合评定。市高级法院每年一次在全市法院范围内进行"十佳特邀调解员""优秀特邀调解员"评选活动，对公道正派、执业规范、业绩突出、群众反映良好的特邀调解员进行表彰。四是宣传工作。北京法院将特邀调解工作宣传作为一项常态化重要工作，在各法院立案大厅内摆放宣传材料进行机制宣传；在报纸、网站、微信公众号等各种媒体上对各法院特邀调解工作进行广泛宣传。一年一度召开新闻发布会，发布"多元调解十大典型案例"，扩大宣传效果。

（二）法院附设、紧密型诉调对接机制工作成效

1. 司法资源配置得以优化，"案多人少"矛盾得以缓解

"多元调解＋速裁"工作主要在民事（含商事、知识产权，以下同）案件范围内开展，因此从审理案件类型的角度区分，速裁法官均为民事法官。截至2019年9月，北京法院民事员额法官1593人，其中速裁法官344人，占民事法官总数的21.6％。以2019年1～9月"多元调解＋速裁"工作成效统计数据为例，这344名，约21.6％的员额法官带领395名常驻特邀调解员和若干法官助理、书记员，办结了241411件民事案件，占同期基层法院一审民事结案量的63.1％。前端速裁法官月均结案78件，前九个月人均结案702件；后端审判庭法官月均结案22.9件，前九个月人均结案206件。前、后端员额法官人均结案比为3.4∶1。前端调解速裁审判团队办结的241411件民事案件中，有70245件、约29％是常驻特邀调解员在法官指导下调解成功并经司法确认的案件。上述一组数据表明，通过构建"多元调解＋速裁"——法院附设、紧密型诉调对接机制，有限的民事员额法官力量得到优化配置，21.6％的民事员额法官消化了63.1％的民事案件，其他78％的民事法官月均结案22.9件，审判任务压力得到有效缓解。

2. 审判效率得到提升，满足了当事人便捷高效解决纠纷的需求

统计数据显示，2019年1～9月北京法院"多元调解＋速裁"——法院附设、紧密型诉调对接机制办结的241411件案件平均审理天数为40天，比后端民事案件审理天数缩短了25天，且前端审结的案件中止审理、扣除审限的情况比较少，上诉率约为2.4％，说明速裁审判质效均较高。较法院外基层人民调解组织而言，法院附设、紧密型诉调对接机制让当事人选择调解更加便捷，更加放心，也更加有保障。调解成功后，调解协议很快就能得到法院司法确认，赋予强制执行效力；调解不成的，也能够很快转入诉讼程

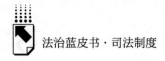

序,且调解过程也不会白费功夫,收集的证据材料经法官审查在诉讼中可以使用,增加了当事人对司法的满意度。

三 法院附设、紧密型诉调对接机制仍需关注的问题

北京法院"多元调解+速裁"——法院附设、紧密型诉调对接机制取得了一定成效,但在工作过程中也发现一些问题,仍需给予关注。

(一)引入调解前置程序仍需谨慎论证

2015年12月中央两办印发的《关于完善矛盾纠纷多元化解机制的意见》第8条和2016年6月最高人民法院印发的《最高人民法院关于人民法院进一步深化多元化纠纷解决机制改革的意见》(以下简称《最高院多元化改革意见》)第27条均提出要求法院积极探索建立调解前置程序。但《最高院多元化改革意见》明确开展调解前置程序工作应当在征求当事人意愿的基础上进行。在实践中,因没有调解程序启动上的强制性法律约束,当事人及其代理律师往往拒绝多元调解。但在强制进行调解与保护当事人诉权之间如何平衡仍是一个重大课题,需审慎推进。同时,虽然北京法院《先行调解与审判衔接规则(试行)》中对诉前委派调解过程中的一些程序性事项如送达、保全、鉴定、评估、调查取证在诉讼中的效力给予了明确,但仍需要立法给予支持和进一步完善。诉前委派调解阶段向被告送达起诉状具有诉讼法上的送达效力,但能否起算答辩期,与当事人提出管辖权异议的权利如何衔接,亟待立法层面予以明确规范。

(二)调解员队伍管理机制不健全

北京法院在推进法院附设、紧密型诉调对接机制过程中面临的一个重要问题是,特邀调解员队伍年龄整体老化、素质参差不齐,调解员队伍结构不能适应法院专业化调解的需要。受现行机制所限,法院特邀调解员只能从人民调解员中选聘,而目前绝大多数人民调解员与司法行政机关不会建立劳动

关系，无法解决人民调解员的"五险一金"，因此人民调解员的选任范围局限在机关、企事业单位的退休人员，使得法院常驻特邀调解员整体年龄偏大、业务水平参差不齐、电脑操作能力较弱，一定程度上制约了调解质效提升。随着法院诉前委派调解案件量不断增加，亟须建立一支有职业保障、专业化的常驻调解员队伍，除吸收部分退休法官、检察官、律师等专业人士加入外，还能够吸收一些有志于调解事业的中青年法律专业人士加入。这需要从机制上予以完善，从制度上给予保障，解决中青年法律专业人员专职从事调解工作职业保障不足的问题。同时，目前人民调解员的管理仍属于粗放型，没有一套统一的调解员职业发展和评价体系，也没有分级管理机制，已经不能适应社会治理新形势下矛盾纠纷调解工作对调解员的新需求，亟须完成从粗放式、非专业向精细化、专业化管理的转型。

（三）调解速裁团队中的法官助理、书记员配置不足

诉讼前端"多元调解＋速裁"与后端的精审细判最大的区别是案件难易复杂程度不同，对审判质效的要求也有所侧重：前端"多元调解＋速裁"对审判效率要求更高，要求单位时间内尽可能解决更多的纠纷；后端则更注重审判质量，特别是裁判文书的含金量，即法院的裁判结果及文书论理能够对社会价值取向和行为产生正向指引作用。员额制背景下，前端的审判效率不能靠增加员额法官数量提高，配备充足的法官助理、书记员等审判辅助人员应为主要实现路径。北京市高级人民法院提出，要求各法院按照一名速裁法官配置三名法官助理、三名书记员的目标组建调解速裁团队。但受法院整体法官助理、书记员人员不足的限制，几乎没有一家法院能够达到这一标准。大多数法院一名速裁法官可以配置到一名法官助理和一名书记员，一些人员紧张的法院只能实现"一审一书"。

（四）审判程序性事务性工作信息化、集约化、社会化运用程度不高

如前所述，一个调解速裁团队月均结案 78 件，更有优秀调解速裁团队

月均结案会达到一两百件。尽管速裁案件基本都是事实清楚、权利义务关系明确、争议不大的简单案件，但程序性、事务性工作一项都不会少。实践中，目前送达工作的信息化、集约化程度不高，送达工作战线长、工作量大仍是制约审判效率的重要因素；卷宗扫描和归档等审判辅助性事务的集约化、社会化程度也不高；法官还需指导调解员调解，法官助理和书记员还要帮助调解员完成一些辅助性工作。因此，调解速裁团队中的速裁法官、法官助理和书记员工作任务非常繁重，重复简单劳动多，制约了"多元调解 + 速裁"工作效率的显著提升，不利于该项工作的长效发展。

四 法院附设、紧密型诉调对接机制启示

北京法院构建的"多元调解 + 速裁"——法院附设、紧密型诉调对接机制是贯彻习近平总书记加强非诉纠纷解决机制建设和繁简分流机制建设重要指示，落实中央、最高人民法院深化多元化纠纷解决机制和繁简分流机制改革的积极探索与创新，在推进过程中发现的问题，对于进一步深化司法改革、完善包括法院附设调解在内的矛盾纠纷多元化解体系、推进社会治理体系和治理能力现代化有重要启示。

（一）建立调解员队伍精细化管理机制

适应调解前置程序需要，应建设一支政治素质和业务素质过硬，符合法院诉前调解工作规范性、专业性需要的常驻特邀调解员队伍。实践中，为解决法院常驻特邀调解员缺乏职业保障问题，广东东莞法院与社会机构合作，由该社会机构按照法院要求和标准选聘调解员，调解员与该机构签订劳动合同，由该机构派遣到法院工作，解决了法院特邀调解员职业保障问题，同时帮助法院扩大了特邀调解员的选聘范围。这一做法有很好的借鉴意义。随着法院特邀调解制度的深入推进，中国也应借鉴域外的调解员培训、考核和资格认证体系，发挥人民调解员协会行业规范管理的作用，建立申请人民调解员资格应先经过培训及考核的制度，要求担任人民调解员应符合一些执业的

基本条件，如法律专业背景、年龄区间、没有受过刑事处罚等。同时，还应逐步建立调解员分级管理制度，根据其执业年限、业绩表现、当事人评价，由专业机构进行等级晋升评定。

（二）加强审判辅助人员配置

法官员额制改革后，法官数量大幅减少，而案件量仍然逐年大幅增长。这种情况下要提高审判质效，配齐配强司法辅助人员是必然选择。中国员额制改革要长效发展，形成良性运行机制，也应该在优化司法辅助人员上下功夫，真正让法官精起来、专起来，彻底从程序性事务性工作中解放出来，专心研习法律精审细判，提高审判质量，进而提升司法权威和公信力。这项工作一方面需要政策、经费上的充分支持，另一方面也需要认真调研司法辅助人员管理模式，让司法辅助人员职业有保障、有发展空间，减少人员频繁更替给审判工作造成的负面影响。

（三）推动程序性事务性工作信息化、集约化、社会化

《最高人民法院关于深化人民法院司法体制综合配套改革的意见——人民法院第五个五年改革纲要（2019~2023）》第37条提出，"推动部分事务集约化、社会化管理"，要求在人民法院内部推行文书送达、财产保全、执行查控、网络公告等事务集约化管理。充分利用市场化、社会化资源，探索实施审判辅助事务和部分行政综合事务外包；第44条提出，"健全完善民事、行政案件法律文书送达机制"，要求法院进一步扩大电子送达法律文书的范围；推广集约化、分段化送达工作机制，积极探索利用社会化服务方式开展送达工作。上述规定为法院推进程序性辅助性事务信息化、集约化、社会化提出了要求、明确了范围。程序性辅助性事务的信息化、集约化、社会化对于侧重效率取向的"多元调解＋速裁"工作至关重要，需要各法院结合实际大胆探索，积极推动，在实践中摸索出实用有效的方法和经验。

B.18
矛盾纠纷多元化解的深圳经验

胡志光　唐国林*

摘　要： 深圳法院深化多元化纠纷解决机制改革，推进多行业广泛外联，实现全方位诉调对接，确立了被社会广泛认可的"多元化 + 专业化 + 信息化 + 网格化 + 集约化 + 市场化"深圳经验。深圳法院的多元化改革时代特征突出，广泛使用信息化技术，形成了真正意义上的 ODR 机制，着眼于改善营商环境，推进粤港澳大湾区法治融合，推行了一些具有借鉴意义的做法。

关键词： 多元化纠纷解决机制　深圳经验　ODR　调解市场化收费

一　深化多元化纠纷解决机制改革缘起

"合抱之木，生于毫末，九层之台，起于垒土。"深圳法院深化多元化纠纷解决机制的改革和实践，也从最初只关注法院内部的调解，慢慢拓展到多行业广泛外联、全方位诉调对接的多元化纠纷解决机制新格局，确立了"多元化纠纷解决机制 + 专业化 + 信息化 + 网格化 + 集约化 + 市场化"的深圳样板，经验和不足值得总结。

深圳法院深化多元化纠纷解决机制改革有深刻的时代和现实背景。一方

---

* 胡志光，广东省深圳市中级人民法院副院长、二级高级法官；唐国林，广东省深圳中院立案庭副庭长、四级高级法官。

面，深圳法院司法供需矛盾日益突出，受案多人少矛盾的长期困扰；另一方面，深圳法院要回应新时代对法院改革的需求，要围绕将深圳建成中国特色社会主义先行示范区的方向，努力打造和谐法治社会，营造良好的营商环境，在全社会建立起矛盾纠纷多层次、多维度、多渠道便捷处理的新模式。特别是在粤港澳大湾区建设背景下，深圳法院更要探索内地与香港、澳门法治的融合渠道。

这几年，深圳法院在深化多元化纠纷解决机制改革方面进行了很多有益的探索，特别是结合信息化技术的发展，推行了国际上新近热门的 ODR 在线纠纷解决模式，深度运用了大数据、人工智能等前沿科技，让社会各界力量广泛接入多元化纠纷解决机制改革。

二 多元化纠纷解决机制改革的四个思路

思路决定出路，在各地多元化纠纷解决机制改革方兴未艾之际，深圳法院也一直在思考，如何结合深圳的实际，走出一条既能解决现有问题，又紧紧把握时代特色的多元化纠纷解决机制改革创新之路。总体而言，深圳法院的多元化纠纷解决机制改革紧紧贯彻了以下构建思路。

（一）以多类型主体广泛参与为主要目标构建体系

人民法院的改革常常提倡基层下沉，充分发挥基层的创新经验，在多元化纠纷解决机制这一命题下，基层创新一样重要，但与其他司法改革措施不同，多元化纠纷解决机制改革的一个重要特点是强调纠纷处理主体的多元化纠纷解决机制，从制度的设定上，一开始就需要有一个较高站位的协调组织，需要多种主体的参与。从多元化纠纷解决机制的初衷来看，要把这一制度落实，主要是人财物的配置问题。《最高人民法院关于人民法院进一步深化多元化纠纷解决机制改革的意见》确定法院开展多元化纠纷解决机制工作的一个基本原则是"坚持党政主导、综治协调、多元共治，构建各方面力量共同参与纠纷解决机制的工作格局"，从以上意见可以看出，坚持顶层

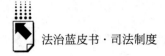

设计的原则，才能更好地调动各方力量加入解纷体系。

广泛参与的实质就是调动各方面力量参与矛盾纠纷多元化纠纷解决机制涉及的和解、调解、仲裁、公证、行政裁决、行政复议等，许多组织机构的热情很高。从全国层面看，司法部、全国总工会、全国侨联都发布了下属单位参与多元化纠纷解决机制工作的文件。从广东、深圳的实践看，一些多元化纠纷解决机制工作已经向纵深发展，妇联参与的家事调解已经和婚姻家事审判制度改革相融合，保险行业参与的保险纠纷调解和道路交通事故一体化办案平台相衔接，司法局通过购买社会服务将大量调解员派驻到法院从事多元化纠纷解决工作。这些例子都提供了样本经验，社会各界对此项工作的关注也为多元主体的纠纷化解提供了范例。从政策层面讲，将各类主体纳入多元化纠纷解决机制框架，既是当务之急，也极具可行性。

"兵马未动，粮草先行。"多类型主体加入解纷体系，需要有切实的物质保障，保障的核心要义就是人财物的保障。《最高人民法院关于人民法院进一步深化多元化纠纷解决机制改革意见》明确规定，要加强经费保障。各级人民法院要主动争取党委和政府的支持，将纠纷解决经费纳入财政专项预算。在市场化收费没有放开之前，人财物的保障主要依靠财政补贴，这也是多元化纠纷解决机制改革能够往前推进的重要一环。

（二）以优化诉调对接为主要内容设定流程

按照最高人民法院部署，多元化纠纷解决机制强调司法推动，之所以需要司法推动，是因为司法是矛盾化解的最后一道防线，许多纠纷最后都以诉讼的形式进入法院。在员额法官定编的情况下，人案矛盾会越来越突出，以深圳法院为例，受理案件数量从 2001 年的 8.27 万件增长到了 2018 年的 48.3 万件，增长了近 6 倍，法官人均结案数也从 2012 年的人均 178 件，达到了 2018 年的人均 452 件（见图 1、图 2）。所以，如何将纠纷以有效方式进行分流，用替代性纠纷解决方式化解矛盾，是法院应对自身工作的必然回应。

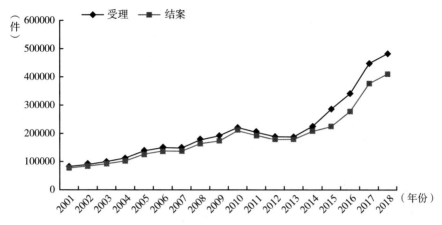

图1　2001～2018年深圳法院受理案件和结案情况

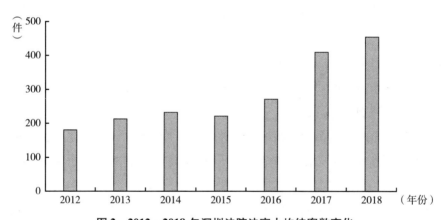

图2　2012～2018年深圳法院法官人均结案数变化

司法引导应有多层含义。一是"引"，就是将更多的纠纷引导至诉讼之外，引导矛盾通过和解、调解、仲裁、公证、行政裁决、行政复议等方式进行化解。二是"导"，就是将进入诉讼的矛盾纠纷疏导进入其他化解通道。疏导有多种方式，按照最高人民法院的设定，有委派和委托两种。三是"接"，即调解应该与诉讼对接，调解成功的，可以通过司法确认的方式确定其法律效力，如果调解不成功，则可完成部分诉讼程序工作。四是"解"，调解应该能够化解目前存在的困难，特别是一些需要专业调解组织介入的困难案件，如离婚案件，可以由具有专业心理抚慰能力的调解组织介入。

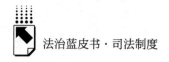

（三）以信息化技术为主要工具提档升级

当下法院的司法改革，主要围绕公正和效率两条主线展开，繁简分流、多元化纠纷解决机制改革，主要是解决效率的问题。但如果仅停留在制度层面，多元化纠纷解决机制改革就还是 20 世纪的调解制度改革。在新时代提倡多元化纠纷解决机制调解，需要有全方位信息化的思路，案件的管理需要有系统的对接，调解的开展需要有互联网助力，类案推送需要大数据搜索，文书辅助生成需要有人工智能，诉调对接需要有电子卷宗，调解员的定位评级需要有智能画像。多元化纠纷解决机制改革的整个流程已经镌刻了深深的信息化烙印。事实上，信息化的本质就是管理制度，传统的管理制度需要人去落实，而信息化时代的管理制度往往只要借助于系统，在各个节点进行要素设置，就能更高效、更公正、更透明地执行管理制度。特别是在多元化纠纷解决机制改革领域内，承担多元化纠纷解决机制调解的调解员都是非法院工作人员，如何既调动其积极性，又能对其进行有效监督，这本身就是一个大的难题，特别需要科技的力量。

从另一角度讲，多元化纠纷解决机制改革工作的深入开展也反哺了智慧法院建设的进程。多元化纠纷解决机制开展过程中调解员收集的各类底层数据，为后端的信息深度运用提供了坚实的基础。同时，在开展多元化纠纷解决机制调解过程中与各调解组织、各行业协会数据的打通，又以几何倍数推动了信息的互通互联。

（四）以市场收费、费用分担为抓手推动质效提升

深圳法院在前海试点调解组织市场化收费。根据《最高人民法院关于进一步深化多元化纠纷解决机制改革意见》的精神，有条件的地方可试行律师调解的市场化收费。为此，前海法院明确"支持商事调解组织、行业调解组织、律师事务所等按照市场化运作，根据当事人的需求提供纠纷解决服务并适当收取费用"。这种市场化的调解运作模式，有利于提升纠纷化解服务品质，保证当事人的隐私和特定需求得到满足。

支持调解组织市场化收费，主要是基于三个方面的原因。一是推动调解组织可持续发展。支持调解组织市场化收费，使得调解组织可以按照市场规律良性竞争和发展，不断提升调解服务水平。二是私权利救济不应由财政经费开支，民商事主体之间的纠纷归根到底是对私权利的救济，不应由政府财政开支解决。三是提升调解员的积极性。市场化收费可以提高调解员参与工作的积极性，倒逼调解员不断提升自身的职业素养。

三 多元化纠纷解决机制改革工作的五个探索

调解被誉为"东方经验"，延安时代的"马锡五审判方式"就是强调人民内部矛盾用调解方式化解。新中国成立后，整个民事诉讼流程设计也十分重视调解。但随着改革开放的深入和社会经济的发展，各种新类型的民事纠纷不断涌现，对调解这一传统的矛盾化解方式提出了新的挑战。"创新"是深圳这座特区城市的闪亮名片，深圳法院也在以创新的态度探索调解模式的现代转型。

（一）加强调解平台和调解人员的专业化建设

2017 年，深圳中院发布《深化多元化纠纷解决机制改革实施意见》，大刀阔斧开展多元化纠纷解决机制改革的探索创新工作，在平台建设、机制制度、运作规程和工作保障等多方面重构制度设定。

在组织架构上，深圳法院努力建设线下线上两个平台。2017 年 12 月，深圳中院下发《深圳法院诉调对接中心管理办法》，对诉调对接中心的机构职责、人员配置、经费保障等内容进行了详细规定，在两级法院全面建成诉调对接中心。诉调对接中心一般设在立案庭，目前仅有南山区法院将诉调对接中心设在速裁庭。

深圳法院以诉调对接中心为平台，凝聚多元调解力量，引入各类调解组织和调解员。截至 2019 年 5 月 1 日，深圳法院共计与 180 多家调解组织签订协议，引入特邀调解员共计 989 名，参与调解工作的各种类型的调解人员超过了 2000 名。深圳法院与调解组织的合作方式一般有三种。一是与具有社会管理职能的党政机关、事业单位共同发布规范性文件。2018 年 1 月至 2019 年 5 月，深圳中院与深圳市总工会、深圳市司法局、深圳市贸易促进委员会、深圳市妇联、深圳市市场监管委均共同发布了关于合作开展多元化纠纷解决机制工作的规范性文件。二是与特定的专业化调解机构签订框架协议，以合同形式确定双方的权利义务。2017 年以来，深圳两级法院与深圳银行业工会、深圳市保险行业消费者权益保护中心、深圳证券业调解中心、深圳心理咨询师协会、深圳市律师协会等行业调解组织签订了框架协议。三是与党政机关、行业协会、调解组织等合作进行"一站式"纠纷解决平台建设，深圳中院、前海法院与深圳市场监管委、深圳知识产权保护中心在前海设立了知识产权一站式纠纷解决中心。

同时，深圳法院建成了线上调解中心。依托多元化纠纷解决机制调解平台，将调解法官、调解员、调解助理纳入系统化管理，实现了在线电子阅卷、无纸化调解、远程视频对接、大数据类案推送、人工智能调解辅助，通过电子卷宗随案生成系统实现调解员与法官的业务对接，把调解系统建成整个调解的线上中心。

调解员是多元化纠纷解决机制改革中的核心人才，为组建高素质的调解员队伍，深圳中院于 2017 年 11 月下发了《深圳市法院系统特邀调解员管理试行办法》，对调解员的录用、任职、培训、奖励、管理等一系列问题作了规定，吸引全市优秀调解人员加入法院特邀调解队伍。从人员构成来看，深圳法院的特邀调解员一般是在特定领域具有专业特长的人员，如心理学家、医学专家、婚姻家事专家、高校教授、知识产权专家、资深律师等。此外，与深圳法院签订合作协议的调解组织也以派遣调解团队或调解个人的形式与法院对接，这些调解员往往从事专业对口的类型化案件调解，如证券、保险、医患、知识产权、劳动争议、婚姻家事等类型化案件，均由专业纠纷调解员团队负责调解。

（二）优化诉调对接的全线流程

一审民商事、行政案件的先行调解流程，一般是在原告通过网上立案或现场立案时，同意先行调解的，由法院向其出具"先行调解通知书"，同时排定调解法官和调解员，短信平台会将调解案件的信息发送到原告及其代理人的手机，立案人员将案件资料扫描后导入电子卷宗系统，调解员可由原告在调解平台上选定。调解员收到案件信息后，通过现场、电话或在线视频、在线实时文字等方式，组织双方调解，如果被告不同意调解的，调解员一般需将起诉状和证据材料等诉讼资料向被告送达。调解成功，如果原告放弃起诉，调解法官出具通知，如果当事人要求法院出具文书的，则由调解平台向案件管理平台一键转立案，生成诉讼案号后由调解法官出具撤诉裁定书、调解书或司法确认裁定书。如果在 1 个月内调解不成，则在完成诉调对接的内容填写后一键转诉讼案号，由业务庭法官按诉讼程序进行审理。

这里有一个问题需要解决，先行调解生成的案号为诉前调案号，该行为是否可认定为法院的立案受理行为？这里牵涉诉讼时效、除斥期间等法律问题。为解决这一问题，深圳法院制定了指引，明确对牵涉时效等问题的案件，法院可在发出"先行调解通知书"的同时发出向原告送达"受理案件通知书"，确认法院正式立案，即将诉前调解程序认定为法院受理案件之后的特定程序。

关于二审民商事案件的委派调解，依照《最高人民法院关于人民法院特邀调解的规定》，人民法院可委派调解员进行调解，调解期间为 15 天。2018 年 3 月，深圳中院开始试点将二审劳动争议纠纷、机动车交通事故责任纠纷在生成诉讼案号之前委派调解员进行调解，编立的调解案号为审前调号，调解全程依托电子卷宗进行，相关流程与诉前调解相似。2019 年 4 月，深圳中院逐步将符合条件的全部二审民商事案件导入审前调解程序。

此外，为保障一审诉前调、二审审前调的顺利进行，深圳法院也加大了诉前保全的力度，2018 年一年，全市法院办理的诉讼保全案件 8354 宗。

法院引领的多元化纠纷解决机制改革的核心内容是调解，但即便调解不成功，围绕调解进行送达、案件要素采集、无争议事实固定、繁简分流等工作，依然可以为诉讼提供有益助力，深圳法院也对这些诉调对接工作进行了规范。

首先是送达工作，在信息化背景下，深圳法院的送达工作已经可以做到一键生成送达文书，网上一键 EMS 派单等。深融多元化纠纷解决机制调解平台也与深圳法院用于送达开发的 E 键确认平台和 E 网送达平台进行了对接，起诉状副本、证据材料、应诉通知书等诉讼材料可一键送达。送达成功，当事人签收送达回证和诉讼地址确认书的，送达效力及于诉讼流程，送达不成功，查无此人的，可作为公告送达的依据。

其次是对部分类型化案件进行要素采集。深圳法院部分类型化案件的裁判文书已实现辅助生成，因此，在诉前调解阶段由调解员收集案件要素，可为信息化提供底层数据。同时，裁判文书自动生成最核心的要素是裁判标准的制定，调解员引导当事人填写案件要素，实质上是在引导当事人举证，这一过程也加快了当事人固定诉辩意见的进程，节省了诉讼时间。目前，深圳中院在外观设计专利侵权纠纷、实用新型专利侵权纠纷中实现了案件要素采集工作，龙岗区法院就民间借贷纠纷实现了案件要素采集工作。

再次是周期较长的诉前准备工作如评估、审计、鉴定等前置到诉前调解阶段进行。福田法院与深圳市卫计委签订了合作协议，聘请部分权威医学专家担任医疗纠纷案件的调解员，在这类专家调解员的主持下，医疗损害责任鉴定就可以前置到调解阶段进行。宝安法院在进行婚姻家事改革中，将部分离婚案件中需要进行的财产审计工作前置到先行调解中完成。

最后，探索建立矛盾纠纷无争议事实记载、无异议调解方案认可等配套机制，最大程度发挥多元化纠纷解决机制效能。同时做好繁简分流工作，为下一步诉讼的快速开展奠定基础。

2018 年 1 月 1 日至 2019 年 5 月 1 日，深圳两级法院共完成审前准备案件 194032 件，大大提升了审判效率。

（三）深度融合智慧法院信息化建设成果

最高人民法院的五五纲要中明确要求，新时期的法院建设，要贯彻实施网络强国战略，全面建设智慧法院。为此，深圳法院上线运行了多元化纠纷解决机制信息化平台——深融平台，该平台全面实现了调解案件受理、在线调解、在线司法确认、在线评议、类案推送、调解"一键"转诉讼立案等功能，确保案件诉调管理信息化和规范化，使矛盾纠纷多元化调解工作突破了时空限制，更加高效、智能，满足群众纠纷多元化调解需求。该平台具有的信息化优势体现在以下方面。

1. 打通各类系统屏障，实现了内外网实时交互、各系统一体化办理的全平台模式

当事人在互联网端的诉讼服务网立案完成后，立案系统会将案件信息自动推送到深融平台，生成诉前调案号。深融平台部署有内网端和外网端，当事人和调解员可在外网端电子阅卷和在线调解，相关信息会实时交互至内网端，调解法官可通过内网查看案件调解进展，对案件进行管理。

同时，深融平台与深圳法院的送达平台"E键确认平台"、电子卷宗随案生成系统、案件管理系统实行一键对接，实现了在一个平台上办理全部系统功能的一体化办理模式。

将调解案件推向互联网，核心资源是电子卷宗系统。调解员可以用自己的专有账号查看自己名下案件的电子卷宗，调解过程中形成的文件和调解记录也会同步转化为电子卷宗的一部分，供法官了解案件的过程。这样的模式极大释放了调解员的人才红利，调解员可以在自己的办公室使用自己的资源进行调解。目前与深圳法院签约的各类调解组织总计有180多家，各种类型的调解人员超过2000名，但目前常驻法院的调解员不到200名，剩余的1800多名调解员均在法院外处理调解事宜，在不增加法院司法负担的同时，极大地推动了调解的进展。

2. 调解功能完备，实现了调解的全流程无纸化办理

深融平台可以实现互联端在线立案、在线阅卷、在线调解、在线司法确认、在线评议、一键转立案等全项功能。借助于电子卷宗系统，整个调解流程实现了无纸化办理，提高了调解效率。同时，所有重要的调解过程都会在线留痕，保证了法官对调解案件的监督。

3. 借助大数据、云计算，实现了类案化的调解辅助

深融多元化纠纷解决信息化平台设置了法律风险评估模块，当事人可按系统提示进行风险预测。同时借助电子卷宗系统实现类案检索，可以查看相同当事人的类似案由在深圳法院的审理结果。同时，深融平台与法信平台设

有链接，可以帮助调解员进行法规检索、最高人民法院类案检索等。此外，借助文书类案辅助生成系统，可以帮助调解员对案件的判决走向进行预判。

4. 深化诉调对接，确定核心诉讼辅助业务，使调解有效服务审判

调解员在调解过程中，除了促成调解，还需完成诉讼辅助事务。目前，深融多元化纠纷解决信息化平台设置了送达模块、案件要素采集模块、繁简分流模块，调解员在调解阶段完成送达、诉讼地址确认、案件要素采集、诉辩意见固定、繁简分流等工作，同时通过电子卷宗的"一码通"功能，推送到审判法官的界面，实现诉调对接。

5. 广覆盖、可视化的数据收集统计

深融平台就调解、诉调对接等各项节点设置了功能强大的统计功能，并以可视化的形式实时展现，这些都为诉讼服务提供有力的数据支撑。

在线下，深圳法院借助深融平台的广泛适应性，加快建设"一站式、综合化"多元化纠纷解决机制平台，探索在区一级设立交通事故、劳动争议、医患纠纷和婚姻家事纠纷调处中心等"一站式"纠纷解决服务平台。宝安法院推动成立了全市首家区级矛盾纠纷多元化调解综合法律服务中心，其如同"法律版"政务中心，集合公证、法援、仲裁、和解、诉调对接等多种权利救济和诉求反映渠道，在全国率先打造一站式、综合型的法律服务平台。

同时，深圳法院在广东省首推在线司法确认，利用深融平台的在线司法确认功能，加强与司法局、各基层人民调解室沟通，设立在线调解工作室，完善在线司法确认规则，实现人民调解与司法确认无缝衔接、调解成果当场固定、法律文书当场送达，司法确认综合用时由 1 天缩短至半小时，有效避免纠纷反复，提升人民调解源头化解纠纷的公信力和有效性。截至 2019 年5 月 1 日，深圳法院在全市各个街道、各调解组织设立了司法确认室 26 个，2018 年全年总计办理了司法确认案件 10526 宗。

这些一站式调解中心和司法确认室通过深融平台与法院对接，很好地解决了人员对接和案件管理的诸多难题，成为信息化运用于法院工作的突出典范。

（四）推进粤港澳大湾区三地调解机制的融合

为应对粤港澳大湾区发展中越发频繁的国际商事纠纷，深圳法院遵循共商共建共享原则，在推进构建开放包容多元的国际商事争议解决机制方面积极探索。

一是通过调解主体的国际化，满足不同当事人的司法需求。建立港澳台和外籍调解员制度，提升国际商事纠纷化解的专业性，增强文化认同感和归属感。截至2019年5月，前海法院"一带一路"国际商事诉调对接中心共有调解员218名，其中港澳台及外籍调解员77名，占比35.32%。

二是通过调解规则的国际化，呈现开放包容自信的法治环境。深圳法院借鉴其他国家和地区的经验，在调解先行、调解评估等机制上创新，完善调解配套机制，建立诚信诉讼机制，加大对虚假诉讼、虚假调解行为的防控和打击力度。

三是通过调解模式国际化，彰显中国司法制度的优势。前海法院通过跨区域、跨国界的联合调解模式，消除因制度理念和文化差异对跨境商事纠纷调解的不利影响。

在大湾区建设过程中，营商环境的改善一直是深圳法院关注的重点，为此，深圳法院努力完善纠纷对接机制，深化与仲裁机构、调解组织、行业协会等机构的交流与合作，为商事主体提供经济、高效、便捷的法律服务。健全国际商事纠纷调解队伍，发挥港澳台籍和外籍调解员在涉外涉港澳台商事纠纷化解中的作用。完善"中立第三方评估"机制，在涉外涉港澳台商事纠纷中引入第三方中立评估，聘请国际专家咨询委员会委员或其他专业人士担任中立评估员，从中立和专业的角度对当事人之间的纠纷进行评估预测，引导当事人更加理性地选择纠纷解决方式。

四 深化多元化纠纷解决机制改革的主要成效

深圳法院的多元化纠纷解决机制改革，坚持党政主导，借助社会合

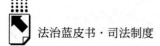

力，发挥司法的引领、推动和保障作用，形成了具有鲜明时代特色的深圳经验。

（一）深圳法院多元化纠纷解决机制改革已形成的四个布局

构建一个体系。按照"一体两翼"的布局，构建矛盾纠纷多元化纠纷解决机制解体系，"一体"是指深化多元化纠纷解决机制改革，实现调解、仲裁、行政调解、行政复议和诉讼等解纷渠道有机衔接。两翼之一为"1 + N"多元化纠纷解决工作机制，目前深圳两级法院共制定了 115 个与多元化纠纷解决机制工作有关的文件。另一翼为融政府单位、部门、社会团体、行业组织和社会人员等各种力量为一体，形成参与法院解纷工作的解纷合力，目前与深圳法院签约的各种类型的调解人员总计 2014 名，接近深圳法院全部员额法官人数的 2 倍。

搭建两个平台，即线下的诉调对接中心和线上的深融平台。线上线下的两个平台可以将全部调解组织、调解员进行有效管理，对调解案件、诉讼案件实现有效对接，实现了管理的高效和规范。

建设三支队伍。一是选精配强法院专职调解人员队伍，从事调解并管理、指导调解工作。目前，深圳两级法院共配备了 17 名员额法官作为专职调解法官，另配置了 44 名司法辅助人员参与多元化纠纷解决机制调解。二是向社会广泛邀请人大代表、政协委员、人民陪审员、专家学者、律师、仲裁员、退休法律工作者及热心社会公益事业的人员等具备条件的个人担任特邀调解员，组成特邀调解员队伍，其中具有法律专业背景的高校教师和律师有 895 名，占比为 45%。三是由与法院合作开展多元化解工作的单位、部门、团体和机构，以及特邀调解组织，向法院派驻的人员，形成派驻的调解员队伍，这类调解员多承担类型化案件的调解，且经常以调解团队的形式协同调解，调解效率较高。

形成四种工作模式。一是委派调解，即在立案前，征得当事人同意，将纠纷交给法院名册中的调解员或特邀调解组织进行调解。二是委托调解，是指立案后，进入实体审判程序前，征得当事人同意，将纠纷交给法院名册中的调解员和特邀调解组织进行调解。三是司法确认，即经当事人申请，编立"民特"字案号，通过审理，以民事裁定书赋予已达成的调解协议法律效力。四是完成审前准备，即在调解阶段，完成诉讼文书送达地址确认、归纳双方诉辩主张、固定无争议事实、完成鉴定、交换证据等审前事务。由此开创专业化、信息化、网格化、集约化、市场化"五化"新格局。

（二）深圳法院多元化纠纷解决机制改革的案件数据绩效

2018 年 1 月 1 日至 2018 年 12 月 30 日，全市两级法院在深融平台共计导入民商事案件 117696 宗，其中调解成功案件 23977 宗，调解成功率为 20.37%。同期两级法院共收民商事案件 255339 宗，结案 207603 宗，深融平台导入占比为 46%，深融平台调解成功案件数占全部结案数的比例为 11.55%，也就是说，法院外的调解员调解了法院全部民商事案件的 11.55%，按照 2018 年深圳法院每位员额法官人均结案 451 宗的数据核算，全市调解员完成了 53 位员额法官的结案数，工作量相当于深圳的一个基层法院（见图 3）。2019 年 1 月 1 日至 9 月 30 日，深圳两级法院共计导入民商事调解案件 189969 宗，成功调解 38380 宗，调解成功率和调解成功数再创新高。

2018.1.1~2018.12.30

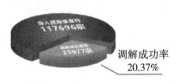
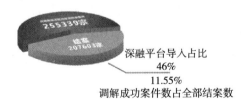

图 3　深圳法院多元化纠纷解决机制改革成效

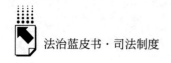

五 矛盾纠纷多元化解机制展望

深圳法院深化多元化纠纷解决机制改革，仍有诸多不如意之处，下一步将以推动形成共建共治共享的社会多元解纷合力为目标继续努力。

（一）着眼于粤港澳大湾区的法治融合，推动有关多元化纠纷解决机制改革的深圳特区立法

粤港澳大湾区的融合，首先是法治的融合，在这方面，调解具有先天便利性，如何对接两岸的调解制度和做法，可以在深圳特区立法中予以规范。目前，深圳市政法委正牵头成立立法起草小组，深圳法院作为主要成员正积极参与特区立法的起草工作，特区立案建议稿草案中的创新点包括调解的市场化收费、调解规则、调解员的职业准入和职业保障、涉外涉港澳涉台调解的特殊规则、诉调对接流程的改造等。

（二）推进调解员职业化建设

人是一切工作的关键节点，提高调解率的最核心因素，在于调动调解人员的工作热情和工作能力。目前深圳法院的调解员素养参差不齐，调解率总体不高。为此，非常有必要推进"调解员"职业化建设，设置调解员的行业准入门槛，对调解员进行考核，设定等级，按期提升，专业调解员和专业律师一样，可长期从事该项职业，提供有偿服务，并且可以参照适用深圳人才政策，在积分入户、住房保障、子女入学、社会保险等方面纳入人才体系。

（三）增强调解组织的调解主体功能

目前，深圳各类行业协会参与纠纷化解的工作模式单一，作用没有充分发挥。对此，深圳法院将拓展行业协会参与多元化纠纷解决机制的职能定位，多给其赋能，引导其积极开拓多元化纠纷解决工作的内容，实现调解评

估，行业督导，引导商会力量介入，引导协会在证据固定、案件要素采集、诉讼地址确认等方面做好预设功能。引导其与营利性纠纷解决机制对接，以市场方式引导纠纷解决，推动调解率的提升。

（四）推动律师调解市场化运作的全面开展

按照最高人民法院和司法部有关律师参与调解的规定，律师要全面参与多元化纠纷解决机制调解工作，有条件的地方可以按照市场化标准进行调解收费。从目前来看，调解收费面临的障碍有两个，一是当事人是否愿意接受收费调解，二是如何拓展调解收费渠道的问题。从制度设计层面上讲，推行ODR在线纠纷解决机制，将律师参与调解与ODR方式相结合，是解决前述问题的一个大方向。首先是律师调解员可在线获得调解案源；其次，调解协议可在线得到司法确认；再次，推行律师在线调解，给法院节省了大量场地和设施问题，法院通过系统向当事人推荐律师的个人资质，无疑也增强了律师的可信度。深圳法院目前在这方面正进行研判和试行。

（五）强化律师费转付和诉讼费分担的指挥棒作用

关于诉讼费的调节作用，参照目前的法律规定，在立案前阶段达成调解可免收诉讼费，在立案后达成调解可减半收取。律师费的转付，则只在部分类型案件中才有明确规定。在多元化纠纷解决机制调解阶段，深圳法院虽然有了尝试，但尚不规范，深圳法院拟设定裁判指引，认定一方当事人恶意诉讼，或利用调解拖延诉讼，可判决该方多负担诉讼费和律师费。目前，深圳法院对此已有摸索，前海法院在2017年颁布了该院《关于正确裁判律师费用 推进诚信理性诉讼的若干规定》，该法院已经依照该项规定进行了部分判决，效果显著。下一步，深圳法院将对其中的经验进行总结，制定统一规范，推动这一模式的广泛运用。

B.19
"枫桥经验"在浙江海事
审判中的创新与发展

宁波海事法院课题组*

摘　要：　宁波海事法院创新发展"枫桥经验"，结合海事审判特点，
进行顶层设计，打造渔区版、行业版、"一带一路"版特色
诉调衔接机制，通过设立调解中心、专门调解工作室，调解
法官沉入一线基层增强矛盾纠纷化解力度，但也存在统筹协
调不到位、工作开展不均衡、欠缺激励机制等问题。为让
"枫桥经验"渗透到浙江海事审判司法的每个环节，应当加
强统筹协调，调动各涉海单位、港航企业、基层社区的社会
资源共同参与，落实经费保障、调整考核方式、确保宣传到
位，以期为开创涉海事海商矛盾纠纷多元化解工作新局面提
供有效的智力支持。

关键词：　"枫桥经验"　海事海商纠纷　矛盾纠纷多元化解　诉调衔接

　　1963 年，在社会主义教育运动中，诸暨县枫桥区在党的领导下，发动
和依靠群众，坚持矛盾不上交，"枫桥经验"将四类分子改造成为新人，取
得了良好的效果。同年 11 月 22 日，毛泽东亲笔批示要各地仿效，经过试
点，推广去做。"枫桥经验"由此闻名。改革开放以来，"枫桥经验"在社

---

* 课题组成员：章青山、梁林、孙心、吕辉志。执笔人：孙心，宁波海事法院法官助理；吕辉
志，宁波海事法院法官助理。

会治安综合治理工作上得到新的发展，枫桥当地探索出了"四前"工作法①、"四先四早"工作机制②、大调解机制和网格化管理系统，预防化解了大量可能影响社会稳定的各类矛盾，出现了"矛盾少、治安好、发展快、社会文明进步"的良好局面。"党政动手，依靠群众，立足预防，化解矛盾，维护稳定，促进发展"的枫桥经验，是该时期治安综合治理的创造性经验。

50 多年来，"枫桥经验"内涵在推广应用中不断丰富发展，焕发出蓬勃生机和旺盛活力，不仅成为全国政法综治战线的一面旗帜，也是党的群众路线和群众工作的一笔宝贵财富。

一 宁波海事法院创新发展"枫桥经验"的典型举措

（一）完善制度保障，提升顶层设计高度

1. 修内功，以实施方案为统领

宁波海事法院按照浙江省委关于"全省法院践行新时代'枫桥经验'精神，大力加强诉源治理和多元化解"指示精神，构建形式多样、运行规范的诉调对接机制，畅通矛盾纠纷解决渠道，努力实现从司法调解的一元"独奏"向多方力量诉前化解的多元"合奏"转型升级。在认真总结前期践行"海上枫桥经验"特色做法并梳理存在问题基础上，出台《宁波海事法院关于创新发展新时代"海上枫桥经验"的实施意见》，通过建立专项机制践行"海上枫桥经验"使该项工作从探索型、分散型、自发型向规范化、制度化、常态化转型升级。

2. 增外力，引行政力量入体系

为促进矛盾纠纷化解形成工作合力，宁波海事法院积极将行政力量纳入

---

① 即组织工作走在预测前，预测工作走在预防前，预防工作走在调解前，调解工作走在激化前。

② 即预警在先、矛盾问题早消化；教育在先、重点对象早转化；控制在先，敏感时期早防范；工作在先，矛盾纠纷早处理。

化解体系,与浙江海事局签署《共同促进浙江海洋经济发展示范区建设合作备忘录》,定期召开联席会议,海事局船舶网格化可视系统向海事法院开放端口,加之港口物流信息系统端口,可实现查封扣押船舶无缝对接,利于诉前财产保全后的调解工作顺利进行。

2017 年,海事法院与宁波市公安局、宁波市人力资源和社会保障局、宁波市中级人民法院分别签署会议纪要,进一步明确出入境管理、养老金冻结与扣划、海事执转破等多项工作的协助与合作细节,从执行力度等方面震慑当事人,促成矛盾纠纷有效化解。

(二)借助科技成果,延展诉讼模式维度

1. 线上延伸海事司法服务触角

(1)跨域立案实现立案"一次不用跑"

随着立案登记制改革完成,全国各级法院在有案必立、有诉必理的基础上不断探索新型立案方式,跨域立案诉讼服务应运而生。宁波海事法院因管辖区域广等特点,着重向当事人推荐邮寄立案、跨域立案等新型立案形式。2018 年,宁波海事法院跨域立案 204 件,占全省法院跨域立案总数近十分之一,以邮寄立案形式收案数量占一审海事海商案件量的三分之一左右,极大便利当事人进行诉讼活动,在立案环节基本实现"最多跑一次"甚至"一次不用跑"。

(2)充分运用远程视频方式为海岛群众提供诉讼便利

2017 年,针对偏远海岛群众诉讼难的问题,宁波海事法院完成舟山法庭与偏远海岛渔区的远程视频庭审系统安装调试。案件通过远程视频庭审系统开庭,极大方便了海岛当事人。通过远程视频庭审系统,舟山法庭组织嵊泗岛上部分基层调解干部和"渔嫂"观摩庭审并进行法制宣传,得到当地群众的一致好评。

(3)广泛运用网络调解等便民调解形式

针对在宁波以外且愿意进行网络调解的当事人,宁波海事法院在 2016 年底即对接新浪网在线法院平台开展网上调解,同时不拘泥于调解平台和调

解形式，对于一些无法熟练操作在线平台但又有调解意愿的当事人，干警通过建立微信聊天群形式开展调解协商工作，促成当事人及时化解纠纷。同时利用微信、12368 司法服务热线形式进行除裁判文书之外相关法律文书的送达，极大提高了诉讼的效率。2017 年，通过新浪网在线法院平台和微信调解形式顺利调撤结案 62 件，占诉前调解数的 11.7%。2018 年，通过微信视频在线调解的形式，成功调解 10 起船员工资案件。

此外，宁波海事法院大力推广在线矛盾纠纷多元化解平台（浙江 ODR），在象山石浦和院本部召开 30 余家单位参与、40 余人次参加的大型宣传推广培训会。2018 年海事法院使用 ODR 平台调解案件 56 件，取得了良好效果。

积极推广应用浙江移动微法院，截至 2019 年 9 月，通过微法院庭前调解案件 41 件。

2. 线下扩展当事人参与诉讼方式

除通知当事人到法院参加庭审等诉讼活动外，充分利用巡回审判等便民利民的审理形式。巡回审判不仅实现了"让法官多走路，让当事人少跑腿"，还可以让群众近距离感受公平正义，接受普法宣传。宁波海事法院注重用巡回审判的司法为民形式，兼顾审判执行与诉调对接双重功能，定期开展巡回审判，不定期组织集中诉前调解。宁波海事法院已在舟山嵊泗、衢山设置巡回审判点，并在洞头、苍南、平阳、瑞安等地设置联络站，先后组织 60 余次集中开庭，处理案件近 800 件，并于 2019 年 4 月在义乌设立巡回审判庭，审判庭设置在义乌国际商贸城内，不仅方便当事人参与诉讼，更能有效进行法律宣传，努力打通司法服务"最后一公里"。

（三）形成品牌效应，把握人才建设梯度

1. 建立专业法官调解队伍

宁波海事法院立案部门组建以员额法官为核心，法官助理、特邀调解员为主体，司法雇员做辅助的立案调解团队，从事诉前调解指导与调解工作。各审判部门选派调解经验丰富的审判人员轮流入驻诉讼服务中心参与调解工

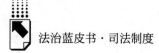

作。审判部门根据实际需要与案件特点培养专项业务调解人才，如"海上人身损害责任纠纷调解工作室"人才队伍已初具规模。

2. 扩大"海上老娘舅"影响范围

宁波海事法院"海上老娘舅"队伍，最初是聘请渔区老渔民、老船长、老党员与渔政工作人员等在基层渔区威望较高、经验丰富的人员组成调解员队伍，随着该队伍不断发展壮大，现已吸纳了仲裁员、高校专家学者、专业律师等人才。

2018 年，宁波海事法院对特邀调解员队伍及"海上老娘舅"情况进行了梳理，目前在册特邀调解员共 41 名，统一由立案庭归口管理。2018 年底，成功引入 1 名外籍调解员专门负责义乌地区"一带一路"海事海商纠纷案件的调解工作。目前宁波海事法院"海上老娘舅"队伍已呈现多层次、经验广、国际化等特点，2017 年至 2018 年开渔季节，来自象山渔区的"海上老娘舅"凭借丰富的航海知识与工作经验，成功调解船舶碰撞、渔网剐蹭等各类海渔事纠纷 180 余件，其中不乏跨区域渔船碰撞及与外轮碰撞的相关纠纷。

二 宁波海事法院创新发展"枫桥经验"取得成果

（一）诉调衔接机制运行有效

1. 渔区版"海上枫桥经验"保障"平安渔区"建设

船舶共有与合伙纠纷、船员劳务合同与海上人身损害责任纠纷多涉及民生问题，影响渔民生产经营与渔区社会稳定。宁波海事法院着眼于"平安渔区"建设，近年来有针对性地向基层渔区延伸司法服务，分别在嵊泗、衢山、普陀、定海、奉化、象山、温岭等重点渔区建立渔业海事纠纷联络站。随着当地海渔事纠纷人民调解组织的建立与相关人民调解委员会职能的完善，宁波海事法院先后与象山县渔业海事人民调解委员会、舟山普陀区人民调解委员会、温岭石塘和松门渔办等涉渔调解组织建立了诉调衔接工作机制，通过当地海渔事调处中心、人民调解委员会、法院诉前调解等多层调解形式过滤分流，基本实现渔区民生矛盾纠纷多数就地化解、少数诉讼断后。2018 年，仅通过象山县人民调解委员会调解并申请司法确认案件 105 件，无一申请强制执行，自动履行率达 100%。

2. 行业版"海上枫桥经验"促进海洋经济有序发展

一是加强海事司法与港航服务的协作联动，推进港口经济发展。宁波海事法院于 2014 年与宁波港集团有限公司（现省海港集团成员、宁波舟山港集团前身）签署《平安港区共建备忘录》，就青年法官港口业务实践、海事司法协助、涉港口企业案件巡回审判等工作开展合作。机制建立以来，成功处理了亚洲最大的 45 万吨原油码头被日船撞击致损案，这起历时长、标的额大、争议激烈且对当地港口经济发展有重大影响的涉外海事纠纷以调解形式得到妥善处理。

二是成立宁波国际货运代理调解中心。因宁波舟山港港口优势与浙江外贸经济发达的经济优势明显，宁波地区海运物流业极为发达，近三年海上、通海水域货运代理合同纠纷与货物运输合同纠纷逐年递增。根据货代行业发展状况与相关海事海商纠纷案件特点，2017 年 8 月，宁波海事法院与占据宁波货代市场 85% 以上份额的 5 家货代行业协会建立诉调衔接工作机制并成立宁波国际货运代理纠纷调解中心，主要负责宁波地区货代纠纷行业调解。2018 年，除委托该中心成功调解货代纠纷 41 件外，调解法官还指导该中心一站式成功调解了 16 家企业间 18 起货代纠纷，纠纷诉前化解效果明显。

此外，宁波海事法院各派出法庭充分发挥地区优势，与当地行业协会紧密联系，如已与舟山市保税船用燃料行业协会、舟山贸促会等组织达成诉调对接合作意向。

3. "一带一路"版涉外"枫桥经验"助力构建对外开放新格局

经过多次与义乌地区相关行业协会代表座谈，并与相关调解组织沟通协商，宁波海事法院已与义乌市涉外纠纷人民调解委员会建立诉调衔接工作机制。为配合义乌市外调委组织为期 1 个月的义乌地区涉外海事海商纠纷排查调处活动，宁波海事法院选派优秀干警赴义乌开展法律沙龙，举办专题讲座，进行现场咨询与法律宣传，到场企业70余家，参与人数百余人，活动气氛热烈，社会效果明显。2019年4月正式在义乌国际商贸城挂牌"宁波海事法院一带一路纠纷诉调对接义乌中心"，负责义乌地区涉外海事海商案件诉前调解等工作。

结合舟山自贸区发展趋势，宁波海事法院已与中国海事仲裁委员会浙江自贸区仲裁中心就矛盾纠纷多元化解工作达成合作意向。

（二）矛盾纠纷化解能力显著增强

1. 及时派出海事法官深入一线现场化解诉前矛盾

依托诉调衔接合作机制与良性互动合作关系，在处理案情较为重大、情况较为复杂的海事海商案件时，相关部门会主动邀请海事法官前往一线参与调解工作。自"十九大"期间宁波海事法院应象山县请求，成功协助化解由海难事故引发的3起人身损害责任纠纷以来，2018年宁波海事法院先后派员前往基层参与调解十余次，电话解答与指导近百次。其中个别重大海损事故在得到省市两级领导批示后，宁波海事法院高度重视，及时派出法官参与现场调解，提供法律意见。

2018年7月，受某海运有限公司破产影响，"大禹洋山"轮船东以分担损失为由，将涉及180余家企业的350多个集装箱货物卸至大榭兴发码头并向货主索要放货费用，引发大批货主聚众围堵码头的激烈矛盾。大榭管委会与政法委对此情况高度重视，应大榭政法委请求，宁波海事法院第一时间派员参与调解，最终促成协议达成，避免了一起群体性矛盾再次升级。

2. 创设全国首家海事行政争议调解中心化解行政纠纷

2019年1月，浙江海事行政审判工作推进会暨全省海事行政争议调解中心揭牌仪式在海事法院举行，由省司法厅和海事法院联合设立海事行政争议调解中心，在国内尚属首次。依据《关于确定宁波海事法院行政案件管辖范围的通知》等文件精神，进一步整合现有的海事行政争议非诉讼纠纷解决机制，依法对当事人不服行政机关作出的涉诉行政赔偿、行政补偿纠纷和其他可以调解的海事行政争议进行调解，把浙江海事行政争议调解中心打造成落实海事行政争议实质性解决机制的重要工作平台，积极探索海事行政争议化解"浙江模式"，发挥海事司法资源最大效能，构筑高层次矛盾纠纷解决体系。

3. 用好"海上人身损害纠纷调解工作室"体现司法为民

海上人身损害责任纠纷的处理效果切实关系到涉案渔民、船员群体日后生活质量，从司法为民、关注民生角度出发，宁波海事法院于 2018 年 1 月设立了由专业调解法官和书记员组成的"海上人身损害纠纷调解工作室"。将院本部海上人身损害类纠纷全部交由该工作室进行庭前调解，工作室成立后，起草了专项调解规程，统一赔偿标准，注重引导当事人在调解协议中加入违约惩罚条款，促进自动履行。调解法官还主动前往鹤浦、石浦、桐照等渔区进行上门调解。2018 年，该工作室调撤纠纷 52 件，调撤率 71.2%，调撤结案标的 1291 万元，无一进入执行程序。

4. 启动"船员绿色通道"，一站式维护船员合法权益

近五年来，航运企业破产后，船员劳务合同纠纷大量涌入宁波海事法院。船员被长期拖欠工资后极易产生对立情绪，处理不当易引发船员集体讨薪信访事件。经过实践探索，宁波海事法院针对船员劳务合同纠纷快审快执，开发了"船员绿色通道"特色服务。船员绿色通道将善待海员的国际理念与司法为民的宗旨要求有机结合，一方面为船员提供立审执一条龙服务，在扣押船舶时辅助船员一次性备齐诉状、债权登记、申请执行等案件所需材料，基本实现船员讨要工资"最多跑一次"；另一方面，也为船员当事人提供基本的法律咨询与指引。近三年通过绿色通道办结船员工资案件 240 多件，为船员挽回直接损失 1200 多万元。

三　存在的问题和不足

（一）缺少权威机构统筹协调，部分地区和机构工作推动、落实动力不足

推进网格化诉调对接机制平台建设，需要有关的基层党委政府、综治部

门、社区的配合。不同于其他中级法院，宁波海事法院与各地政法及综治部门的关系并不紧密，甚至缺失有效的沟通机制，因此，沟通协调任务尤为繁重。因为缺乏上级权威部门的统筹协调及有关事权的制衡，部分地区和机构对推动机制建设认识不足，意愿不强，导致海事法院在有关工作开展过程中花费大量时间精力但成果有限。

（二）地区之间和不同类型矛盾纠纷的多元化解工作发展不均衡

不同区域和不同案件类型的矛盾纠纷多元化解工作存在发展不均衡、不协调的现象。主要体现在以下方面。①院本部地区的矛盾纠纷多元化解工作较为靠前，部分地区的多元化解工作相对滞后。究其原因，有思想认识的不足，也有客观条件的限制。例如，海事法院某法庭近两年来收案量呈逐年递减之势，当地从事海事海商诉讼的律师较少。而律师业务的维持拓展有赖于该类矛盾纠纷的增长，动员专业律师参与矛盾纠纷化解与律师执业本身存在矛盾。因此，在该地区开展矛盾纠纷多元化解工作存在先天条件上的劣势。②不同案件类型多元化解工作不均衡。海事法院作为审理海事海商案件的专门法院，传统上以海商合同纠纷案件为主，人身损害、船舶碰撞等民事侵权案件数量较少。在案件类型中，海上、通海水域人身损害责任纠纷、船员劳务合同纠纷等因涉及民生问题，各级地方政府对此较为重视，在多元化解工作上倾注较多资源，在化解成果上也特别显著。但海事法院处理的纠纷中，大部分涉及货代纠纷、船舶营运过程中的供应商欠款、银行抵押借款纠纷等大标的纠纷，这些案件在诉至法院后，绝大多数当事人已无力清偿，以调解方式解决的可能性不大，导致在矛盾纠纷多元化解工作中可以发力的领域主要集中在涉渔业海事的人身损害纠纷、双方当事人愿意调解的船员劳务合同纠纷和愿意接受货代诉调对接机制调解的货代纠纷。因此，受理案件范围也决定了海事法院在开展矛盾纠纷多元化解工作上需要花费比其他地方法院更多精力。

（三）缺乏有效的激励机制，参与积极性有待提高

与司法行政条线下的人民调解制度不同，宁波海事法院的矛盾纠纷多元化解工作主要通过"调解法官＋特约调解员"模式开展，特约调解员参与调解工作均为自愿无偿的社会服务工作，激励和经费保障制度缺失一定程度上制约了矛盾纠纷多元化解工作的进一步发展。在某地开展"海上老娘舅"特约调解员招募工作时，有当地老调解员提出了参照地方人民调解案件成功的情况进行物质奖励问题。但由于缺乏该项财政预算，在实际工作开展中无法运用物质奖励方式带动部分调解工作者的积极性，一定程度上限制了有关工作的开展。

除了物质方面的问题，在部分地区也存在专业律师、特约调解员参与积极性不高的问题。主要原因在于矛盾纠纷多元化解工作与律师执业工作存在冲突。除此之外，律师、高校教师等对时间敏感度高的专业人士，在繁重的本职工作之外，无更多余力参与纠纷化解。

（四）货代纠纷诉调对接机制涵盖区域不广，解纷力量仍然单薄，无法大量解决有关纠纷

1. 诉调对接机制无法涵盖浙江全领域内的货代纠纷

与宁波海事法院合作建立货代纠纷诉调对接机制的五家宁波货代企业协会，其会员企业占据了宁波货代市场85%以上份额。调研中发现，此类案件的当事人绝大多数是规章制度不健全、业务操作不规范的宁波区域外货代企业。从2018年一季度宁波海事法院受理的160余件相关案件分析情况来看，80%以上的案件被告为宁波区域外（省内和其他沿海省份均有）的货代公司、贸易商和生产厂商。现有货代诉调对接工作机制对此类案件尚未能有效发挥作用。

2. 参与货代纠纷调解的力量较为单薄

货代纠纷诉调对接机制建立以来，选聘为特约调解员的资深行业从业人士数量较少，绝大多数为协会副会长秘书长，除了协会事务外，还有自身企业经营事务需要处理，配合纠纷化解的时间有限。

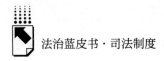

3. 宁波国际货代调解中心在体制机制上的定位尚需明晰

宁波海事法院与货代协会建立诉调对接机制，并据此建立了宁波国际货代调解中心。但是该调解中心无组织身份、无分管领导机构、无人员配置、无经费保障，在工作开展上以专职调解法官带领货代协会调解员进行矛盾纠纷居中协调为主，体制运行上作为海事法院开展相关工作的一块牌子。但是这种方式并非制度设立的初衷，做大做强该品牌需要在体制机制上明确地位，配足人员，并给予一定的运营保障。

四　对策建议

让"枫桥经验"渗透到浙江海事审判司法的每个环节，打造共建共治共享的"平安渔区""平安港区"和"平安海区"社会格局，需要全省涉海各有关部门共同努力，调动各涉海单位、港航企业、基层社区的社会资源共同参与，特别需要党委政府对多元化纠纷解决机制建设的领导、支持与培育，充分发挥司法的引领、推动和保障作用。

（一）加强统筹协调

在宁波海事法院与浙江海事局、省海洋与渔业局建立的联席沟通机制基础上，提高层级，建议成立由省政法委综治办领导挂帅，海事法院与全省海事、渔业、港航、省海港集团等各相关单位组成的多元化纠纷解决机制工作小组，构建党委领导、法院引领、社会协同、公众参与的工作格局，明确相关职能部门的职责、解纷资源配置和工作程序设置，通过综合性顶层规划设计，形成共商共建共享的纠纷预防化解和社会治理格局。在全省沿海区域主要渔业航运经济重镇、外贸经济发达地区建立"点—线—面"全覆盖的海事海商矛盾纠纷多元化解网络，下沉司法服务，将矛盾纠纷尽力化解在前。

（二）落实经费保障

一是建议上级法院、司法行政相关主管机构给予各地区涉海事海商纠纷调解组织明确的角色定位和事务分工,使相关参与海事海商纠纷多元化解的机构名正言顺地开展解纷活动。二是将矛盾纠纷多元化解工作纳入并强化平安综治考核。建议将"万人成讼率"纳入前述海事海商纠纷多发区域平安综治考核体系,以综治考核为抓手,督促基层政府和社区组织强化联动联调和综合治理,建设"平安港区"和"平安渔区"。针对货代纠纷诉调对接机制,建议在行业协会内部推广"涉诉风险信息通报"制度,加强货代行业协会内部自我约束和自我管理,引导货代企业经营更加规范。同时,进一步完善诉调机制,适时将义乌、绍兴地区外贸出口发达地区的海上货代协会纳入宁波海事法院诉调对接工作机制,扩大"朋友圈"。三是进一步指导基层调解组织、行业调解组织完善矛盾纠纷多元化解工作流程和操作规范,做好法律法规的宣导、典型案例的推广等工作。四是建议上级法院在财政预算中,通过提供财政专项经费的方式,为宁波海事法院在全省开展海事海商矛盾纠纷多元化解工作提供一定数量的经费保障。同时,区分不同解纷力量身份,建立差异化的奖励激励机制。在办案经费项下,编列单独的调解员经费,对于基层参与矛盾纠纷多元化解工作的调解员,给予适度的物质奖励。对于时间敏感度较高的律师、高校教师人群,主要通过荣誉制度激励其参与解纷工作,同时通过灵活协调工作时间、明晰工作要求、简化流程等形式,减少这类群体事务性工作,节约各方时间。

(三)调整考核方式

改变以往单纯以年审结案件数量、人均办案数居高为荣的传统观念,建立以引调案件数、司法确认案件数以及委托调解数和申请出具调解书、申请撤诉案件数优先考核的工作机制,促进更多案件分流至诉讼外解纷渠道。以法院内设机构改革为契机,转变工作职能,科学配置法院内设机构,将办案力量向诉讼服务、执行部门倾斜,畅通调解案件进出口;加强诉讼服务中心的立案分流、繁简分流功能;指导基层调解组织、律师、行业协会完善纠纷化解机制的运作流程。

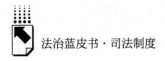

（四）确保宣传到位

在更大范围内推广基层调解组织、行业协会及律师调解等多元化解方式，使之成为群众解纷的优先选择。党政宣传部门、司法机关及各调解组织要充分利用新媒体时代的多种宣传途径，加强对诉讼外调解、在线调解的功能特点及优势特长的宣传，扩大其社会影响，提升公众信任度，营造"调解为先"的良好社会文化，努力让多元化纠纷化解机制成为群众的首选。

B.20
"枫桥经验"在湖州多元化
纠纷化解机制构建中的续造

李章军　徐晶*

摘　要： "枫桥经验"理论经过了时间的检验，具有其独特的指导实践的精神内核，"枫桥经验"理论与多元化纠纷化解机制具有契合点，体现在主体的多元化、纠纷化解的有效性和解纷机制的协同性。浙江省湖州地区在多元化纠纷化解机制运行中坚持和发展"枫桥经验"，积累了很多实践经验，也反映了解纷体系不完善、衔接不畅等问题。本文立足"枫桥经验"理论的本质，就进一步完善多元化纠纷化解机制提出了对策和建议。在解纷理念上，实现从"诉讼优先"向"诉讼断后"转变；在制度构建上，实现从"衔接不畅"向"协同治理"转变，建立"递进式"纠纷分层过滤机制；在立法层面上，实现从"一元论"向"二元论"转变。

关键词： "枫桥经验"　多元化纠纷化解机制　"递进式"纠纷分层过滤体系

　　党的十九大提出，中国特色社会主义进入新时代，我国社会主要矛盾已经转化为人民日益增长的美好生活需要和不平衡不充分的发展之间的矛盾。

* 李章军，浙江省湖州市中级人民法院院长；徐晶，浙江省湖州市中级人民法院民一庭副庭长。

利益价值的多元化催生出矛盾的多元化发展，也衍生出对多元化纠纷化解机制的需求。

多元化纠纷化解机制指，"一个社会中，由各种不同性质、功能和形式的纠纷解决方式（包括诉讼与非诉讼两大类型），相互协调互补，共同构成的纠纷解决和社会治理系统"①。2015 年中央两办出台《关于完善矛盾纠纷多元化解机制的意见》。2016 年 6 月最高人民法院印发《关于人民法院进一步探索多元化纠纷解决机制改革的意见》，对机制改革提出了进一步要求。目前浙江省湖州市多元化纠纷化解机制虽在机制构建和形式上已初具规模，但在化解实效、程序衔接、解纷理念等方面仍显不足。"枫桥经验"理论经过了时间的检验，具有其独特的指导实践的精神内核，该理论的出发点和最终目的是化解矛盾纠纷，与多元化纠纷化解机制的构建目标相符，"枫桥经验"理论对进一步完善多元化纠纷化解机制具有指导意义。

一 "枫桥经验"理论与多元化纠纷化解机制的契合点

"枫桥经验"的精髓即"发动和依靠群众，坚持矛盾不上交，就地化解"，该经验最初是对浙江诸暨化解治安问题经验的总结。随着时代的发展，"枫桥经验"也不断与时代精神结合，并被注入新的理论内涵。"枫桥经验"是与时俱进发展的理论，有强大的生命力。"枫桥经验"最重要的理论内核"以人为本"和"就地解纷"，与多元化纠纷化解机制的解纷理念和运行目标相契合。

（一）"依靠和发动群众"——主体（身份）多元化

"枫桥经验"坚持"以人为本"，将社会矛盾的解决落实在人民群众这

---

① 范愉等著：《多元化纠纷解决机制与和谐社会的构建》，经济科学出版社，2011，第35页。

一主体上。通过紧密发动与依靠人民群众，引导群众矛盾就地解决、自我解决①。主体的多元化体现在两方面：一方面，矛盾主体不断多元化，社会转型期主体向多元化转变，不同主体的利益诉求不断丰富，种类不断增多，主体身份的多重性亦造成矛盾纠纷的多元化和复杂性；另一方面，化解矛盾的主体不断多元化，非政府组织、基层自治组织、个人共同承担起化解纠纷的社会任务。"依靠和发动群众"充分体现了各治理主体平等参与、多方协同化解纠纷的理念，而多元化纠纷化解机制正是整合各治理主体，形成纠纷化解合力的机制和平台。该机制的运行实效与"依靠和发动群众"的程度和效果密切相关。

（二）"就地化解矛盾"——纠纷化解的有效性

"枫桥经验"要求"小事不出村，大事不出镇，矛盾不上交，就地化解"。中国的基层社会是受礼俗、法律、道德影响的，带有浓厚的传统与现代气息的新乡土社会②，在纠纷解决时，既要兼顾情、理、法，又要注意传统与现代交融，要在联合当地党委政府力量的同时，充分发挥基层自治组织、行业组织、非政府组织等调解组织的作用，形成党委、政府、公众等多元主体化解纠纷的合力，尽可能有效化解纠纷。多元化纠纷化解机制正是充分发挥社会力量对纠纷的消解作用，可以真正实现矛盾的就地化解，推动矛盾纠纷分层过滤解决机制的建立，尽可能采取"柔性"的手段化解纠纷，使法院诉讼成为化解纠纷的"最后一道防线"。

（三）"三治融合"——解纷机制的协同性

目前，党委领导、政府主导、社会协同、公众参与、法治保障的社会治理体制已经初步形成。党的十九大报告提出，健全自治、法治、德治相结合

---

① 朱瑞娜、周伯煌：《新常态下社会矛盾的多元解决机制的重塑——以"枫桥经验"为视点》，载《法制博览》2016 年第 32 期。

② 任建通、冯景：《纠纷解决与基层社会智力——以"枫桥经验"为例》，载《社会科学论坛》2016 年第 1 期。

的乡村治理体系。"三治融合"成为基层社会治理新格局的表征。自治、法治、德治通过不同的治理途径，化解不同类型的纠纷，实现不同的效果。从"枫桥经验"的理论核心看，不论是"以人为本"，还是"就地解纷"，都显现出纠纷化解的区域性，即运用区域性的解纷机制来化解区域内形成的矛盾纠纷，是通过区域内的治理主体开展社会治理产生的良性成果，不同地区纠纷的化解带有区域性的标志特征，而纠纷的化解，最根本的是理顺和修补纠纷中受损的社会关系，其最终效果是弥合关系、预防纠纷。要实现这种效果，需要集合区域内的各种解纷手段，发挥德、法、情、理在化解纠纷和基层社会治理中的不同作用，多元化纠纷化解机制是具有运用各种解纷手段的载体，可以体现层次性，不同的解纷资源有其参与社会治理的方式和特点，可以尽可能帮助理顺和修补受损的社会关系。

二　湖州地区多元化纠纷化解机制运行情况实证分析

近年来，全市法院提高政治站位，坚持以"人民为中心"发展思想，深刻认识到"矛盾纠纷解决不好，美好生活实现不了"，树立"国家主导、司法推动、社会参与、多元并举、法治保障"现代纠纷解决理念，将"枫桥经验"融入多元化纠纷解决机制改革中，结合自身特色和辖区特点，推动平台建设、制度建设、智能化建设，整合调解资源，参与基层治理，多元化纠纷化解机制建设取得一定成效。

（一）多元化纠纷化解机制运行中坚持和发展"枫桥经验"理论的实践

1. 加速推动平台建设，搭建多元化解基础

一是依靠党委统一领导，构建大调解工作格局。推动整合区域多元解纷资源，搭建区域多元矛盾纠纷化解平台。吴兴区、南浔区由区委政法委牵头成立全区矛盾纠纷多元化解中心，由行政机关相关部门、公安、法院等解纷主体在中心派驻人员参与纠纷化解。吴兴区于2016年成立多元矛盾纠纷化

解中心，下设劳资纠纷、婚姻家庭纠纷、医疗纠纷、消费维权纠纷、物业纠纷、环境保护纠纷、学生伤害纠纷及交通事故纠纷八个专业人民调解委员会。吴兴法院在吴兴区矛盾纠纷多元化解中心设立诉讼服务分中心，在各人民法庭设立指导人民调解分中心，在各乡镇街道及村社区设立指导人民调解服务所、服务站，开展人民调解和诉对接工作。南浔区委政法委牵头成立实体化运作的全区矛盾纠纷多元化解中心，法院、公安、司法行政、建设、劳动人事等部门派员驻中心参与纠纷化解，并在各乡镇设立了调解分中心，直接受理或指导调处全区范围内涉及交通事故、劳资纠纷、医疗卫生、婚姻家庭、环境保护、物业纠纷、消费维权、学生伤害等八大类矛盾纠纷和各类重大疑难矛盾纠纷，建立"人民调解为主，行政调解、司法调解联动，八大专业调委会为支撑，公检法司为保障"的"3＋8＋N"日常运行工作机制。

二是加强诉调对接平台建设。将诉调对接平台建设与诉讼服务中心建设结合起来，开展解纷对接平台建设，推动法院与行政机关、综治组织和其他调解组织、仲裁机构、公证机构有效对接，开展诉前化解纠纷。安吉法院依托驻法院人民调解工作室、律师调解工作室及 ODR 在线平台力量开展纠纷化解，并参与共建物业纠纷调解委员会、消费纠纷调解委员会、旅游纠纷调解委员会等平台。德清法院在诉讼服务中心建立"云＠在线工作室"，整合在线调解平台，探索实现"线下矛盾线上调解"的网络化调解新模式，德清法院另通过各人民法庭的诉讼服务分中心，与全县各镇、街道的司法所、综治办建立联系网络。长兴法院诉讼服务中心依托法律援助工作站、诉调对接工作站等开展人民调解、行业调解、专业调解，同时在诉讼服务中心设立"湖州行政争议调解中心长兴分中心"、知识产权司法保护服务中心、旅游巡回法庭，并开展律师调解试点工作。

2. 全面推进制度建设，实现纠纷解决的立体化

一是注重建章立制，促进多元化纠纷化解机制运行的规范化。形成区域性的指导规范，湖州中院出台《关于深化多元化纠纷解决机制改革、完善诉讼与非诉讼相衔接的纠纷解决机制的实施意见》，从法院对接多元化纠纷

化解机制的角度对多元化纠纷化解机制的重要意义、基本制度构建作出了规定。各基层法院各自结合多元化纠纷化解机制的实际运行情况，制定或与相关政府部门、其他组织联合出台原则性文件或具体操作规范，使多元化解纠纷机制落地有章可循。安吉县政府出台《安吉县关于推进在线矛盾纠纷多元化解平台先行上线运行工作的通知》；长兴法院分别与县司法局、县市场监督管理局、消协、工商业联合会、专业调解委员会等联合下发《关于诉讼调解与商协会调解对接机制实施细则》《关于开展律师调解试点工作的实施办法》《引调案件工作指引》《指导人民调解工作流程》等规定。

二是构建多元化解具体制度，不断充实多元化纠纷化解机制。健全特邀调解制度，制定特邀调解规定，完善特邀调解程序，加强特邀调解队伍建设，吸纳人民调解、行政调解、商事调解、行业调解或者其他具有调解职能的组织作为特邀调解组织，吸纳人大代表、政协委员、人民陪审员、专家学者、律师、仲裁员、退休法律工作者等具备条件的个人担任特邀调解员。推动律师调解制度建设。加强与司法行政部门、律师协会、律师事务所以及法律援助中心的沟通联系，各基层法院均建立律师调解工作室，吴兴法院与织里镇律警调解平台对接，引入律师调处纠纷，为新居民提供高效便捷的化解纠纷服务。完善司法确认制度，经人民调解、行政调解、行业调解、商事调解组织、律师调解等具有调解职能的组织达成的具有民事合同性质的协议，通过向有管辖权的人民法院申请确认效力，即可获得执行力。对于不违法不属于虚假争议的调解，在司法确认上放宽标的额限制，提升人民调解员在人民群众中的信任度，帮助基层调解组织树立威信，真正从源头上减轻案件诉讼压力。

3. 多方整合调解资源，形成多元化解纠纷合力

全市基层法院共对接 263 个调解组织，共有 1644 名调解人员参与多元化纠纷化解工作，尽可能发动各种社会力量参与纠纷化解。各基层法院通过与政府部门、行业组织等联合出台书面意见规范等共建纠纷化解机制。调解组织中大部分为各乡镇、街道的基层人民调解组织，占调解组织总数的75%。其他调解组织包括保险行业人民调解委员会、医疗纠纷调解委员会、

消费维权纠纷人民调解委员会、消协调解委员会、物业纠纷调解委员会等行业调解组织，劳动人事争议调解委员会、环境保护纠纷调解委员会、旅游纠纷调解委员会等专业调解组织，律师调解委员会、律警合作平台等特定主体调解平台。其中，化解纠纷实效较好的调解组织有保险行业人民调解委员会、道路交通事故调解委员会、物业纠纷调解委员会、部分乡镇人民调解组织。各基层法院均设立行政争议调解中心，长兴法院设立"湖州行政争议调解中心长兴分中心"，系全国首家在基层法院诉讼服务中心设立的行政争议调解中心。

各法院与调解组织以及专业调委会建立指导和沟通机制，通过定期组织业务培训、提供个案解答等多元方式进行业务指导，以提高人民调解员对法律的理解、运用能力，保障在人民调解员主持下当事人调解协议的合法性。2015年至2019年9月，全市基层法院共委托调解案件26466件，化解19592件（见图1），化解率达到74.03%。委托调解案件数量和化解成功案件数量呈现逐年递增趋势，化解成功率多年来保持在70%以上（见图2）。

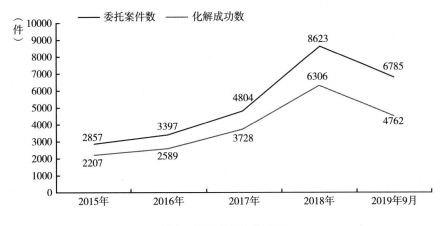

图1 湖州委托案件情况

2015年至2019年9月，各基层人民法院共新收民商事案件164444件（见图3），案件数量为委托调解案件的6.2倍。

可见多元化纠纷化解机制运行多年对本地纠纷化解起到了一定的积极作

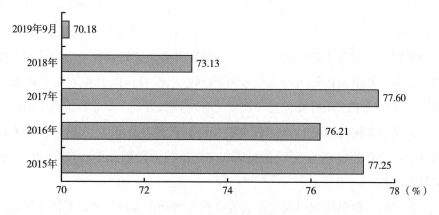

图2　委托案件化解成功率

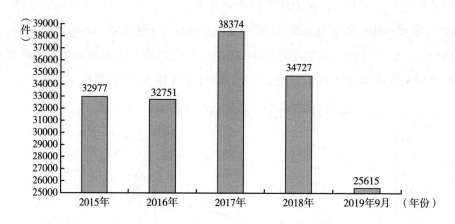

图3　全市基层法院民商事案件立案数

用，2018年、2019年的民商事案件数量出现了明显下降趋势。安吉法院的成效更加明显，2018年，该法院诉前化解率上升至28.05%，民商事案件收案数同比减少3722件，下降40.01%。

4. 积极参与基层社会治理，推进"三治融合"

整合基层力量资源，发挥基层优势，是"枫桥经验"的要旨。各基层法院充分发挥人民法庭地处基层一线的优势，延伸司法职能，注重对接"网格"、参与指导"团组"，掌握社情动态，加强纠纷防范、不稳定因素预警能力，逐步实现自治、法治、德治的"三治结合"。在全市推行"一庭一品"工程，每个法庭结合自身情况和辖区特色建立特有法庭品牌，全市 20 余家人民法庭各有特色、亮点鲜明，逐渐形成了湖州法庭特色品牌。

不断构建完善法院与基层的解纷连接站点网络。南浔法院推进"水哥法官工作室"站点驻村、法官联村工程，在全区矛盾纠纷较多的村（社区）均设站点，目前已扩面至 100 个，每个村（社区）均设联村法官或法官助理。2016 年至 2018 年南浔法院最终以判决结案的民事案件（公告案件除外）为 1358 件，仅占全区民事纠纷的 7%。德清法院在辖区内 18 个省级以上法治村挂牌设立"乡村振兴法官工作站"，并力争年底实现全县全覆盖。安吉法院深化法官联村共建机制，通过定期走访、参加联席会议、重大项目协调等方式，指导矛盾排查化解。积极开展巡回审判，发挥巡回审判辐射功能。全市法庭共在工业园区、产业集聚区等重点区域设立巡回审判站点 98 个，五年来已开展巡回审判 2085 次。在开展巡回审判的同时开展法治教育、法治宣传活动，发挥典型案件的社会引导作用。开展旅游巡回审判工作，全市 4A 级以上景区均设立巡回审判站点。德清莫干山法庭在筏头村、莫干山风景区及下渚湖湿地风景区设置旅游巡回审判站点，其中莫干山巡回审判站点配有高清数字法庭和远程调解室。德清新市法庭在古镇景区设立巡回审判点，在各景点公布 24 小时诉讼服务热线，并为当地传统品牌提供知识产权司法保护服务。

5. 不断推进智能化建设，提高解纷时效性

"枫桥经验"的重要理论品质与时俱进，与不同时代背景的结合使其理论内核不断被赋予新的活力。"互联网+法律"的发展，智慧审判的革新，推动全市法院不断探索多元化纠纷化解机制的新思路、新途径、新方法，用智能化手段不断拓展解纷的手段和效果，深化"最多跑一次"改革，做到"让数据多跑路，让群众少跑腿"，力争实现在线调解案件数量不少于诉前调解案件总量的 20%。德清法院设立"云@在线工作室"，整合运用"电子商务网上法庭""在线纠纷多元矛盾化解平台""道交一体化平台""最高人民法院人民调解平台"等诉调平台，同步配置"互联网法庭"，实现

在线庭审、在线调解、在线指导等功能，率先试点无纸化、便携式办案模式，2018 年，工作室共受理各类案件 367 件，办结 317 件，并利用在线平台调处了多起涉外离婚案件。吴兴法院设立在线纠纷化解中心，通过微信公众号、《湖州日报》、诉讼服务大厅等多种渠道大力宣传引导群众采用线上解纷方式解决矛盾纠纷，将矛盾纠纷科学分配给合适的调解员，提高调解成功率，提升群众的调解体验。截至 2018 年底，吴兴区在在线矛盾纠纷多元化解平台注册的服务机构有 36 家，其中专业调解机构 31 家，在线调解员 133 人。长兴法院推动将 ODR 工作推进情况纳入乡镇平安综治考核，在该法院诉前委派、诉中委托调解工作中，50% 的案件通过 ODR 进行委派、委托调解；对调解机构达成调解协议的案件，50% 通过 ODR 进行申请司法确认。

（二）存在问题

1. 全市大调解工作格局尚未建立，纠纷化解体系设置不完善

纠纷化解体系设置不够合理完善，目前纠纷化解体系仍呈现"调解少、诉讼多、信访多"的特点，在解纷理念上，存在"重后端维稳，轻前端解纷"问题，使得多元化纠纷化解机制的作用受限。在多元化纠纷化解的机构设置上，市级领导机构仍然缺位，县乡的矛盾纠纷化解中心尚未实现全覆盖。各调解主体虽然分布广泛，但未能充分发挥就地化解纠纷的"第一道防线"作用，而大量矛盾纠纷仍然进入诉讼程序。2015 年至 2019 年 9 月，全市各基层人民法院新收民商事案件数量为委托调解案件的 6.2 倍，为委托调解成功化解案件的 8.4 倍。2018 年，除安吉法院外，其他法院的立案数同比均有上升。法院诉讼在程序设计上，应是作为化解矛盾纠纷的"最后一道防线"，但在实际运作中，法院被推到化解矛盾纠纷的前沿，甚至变成"唯一一道防线"，不仅加剧法院案多人少的矛盾，且诉讼程序耗费成本较大，以证据规则、程序导出的诉讼结果未必符合当事人化解纠纷的初始意愿。

2. 化解纠纷机制的选择存在局限，立体化化解渠道尚待健全

部分类型案件无调解机制可供选择，如涉及拆迁、土地征用纠纷的案件，此类案件由拆迁办、村委会、镇政府等在征用、征收过程进行调解更为适宜，进入诉讼程序不仅造成审理的困难，且补偿款分配完毕也会给执行带来问题。部分地区未建立商事纠纷的相应化解机制。部分辖区内未建立党政统一设立的矛盾纠纷多元化解中心，无党委牵头、政府的主导，无法促使政府相关部门、各社会机构、基层组织依法高效衔接并履行自己的工作职责。此外，湖州市尚未探索公证参与多元化纠纷化解机制，行政调解的范围不广，律师调解、仲裁调解还处于起步阶段。

3. 不同纠纷化解机制的衔接不够顺畅，内外资源需进一步整合

各种纠纷解决方式之间缺乏明确合理的分工，矛盾纠纷没有建立起合理的分流及有效衔接机制，尚未形成完整有序的多元化纠纷解决机制体系，纠纷化解的层次化不明显。多元化纠纷化解机制从形成、完善到最终发挥实效，需要包括司法、行政和其他社会多元解纷主体的通力配合、相互协作、共同推动，目前人民调解、行政调解、行业调解等纠纷解决机制的功能未能完全发挥，甚至存在推诿现象。法院在衔接、协调各种解纷资源的过程中负担过重，存在"一头热"的现象，部分政府部门、单位缺席联席会议，造成矛盾纠纷化解调处陷入被动。部分调解组织积极性不高，从在线矛盾纠纷多元化解平台注册及使用情况看，部分行政机关平台登记纠纷案件量为零，部分调解组织调解员人数与其调解的纠纷案件数不成正比。其他解纷资源与诉讼程序的衔接有待完善，诉调衔接平台未能充分发挥作用，导致部分纠纷出现反复，最终进入诉讼程序，影响效率和纠纷当事人对多元化纠纷化解机制的看法。

4. 保障制度、考核奖励机制存在不足

目前，调解经费短缺仍然是导致矛盾纠纷调处力度不够，培训、宣传工作难于开展的主要原因。随着人民调解员的日益增多、案件调解量的日益增大，物质保障的压力不容小觑。调解人员考核及奖励机制亦不完善，没有充分发挥区平安创建考评机制的作用，对考核指标、考核期间、考核效果等都

缺乏具体的制度约束，部分调解组织、调解人员产生"调与不调一个样，调多调少一个样，调好调坏一个样"的认知。除"个案补贴""以奖代补"外，调解工作经费纳入财政预算少，目前对人民调解员的奖励主要由法院财政支出。专职人民调解员待遇偏低，激励机制不够，影响工作积极性和主动性，制约了调解工作的开展，导致调解效果下降。

5. 调解人员的专业性有待提升

乡镇街道的人民调解委员会调解力量较为薄弱，大多没有专职的人民调解员，一人多职的现象比较普遍。专业调解委员会的力量配备不均衡，人民调解员的专业素养参差不齐。人民调解员专业性略显不足，存在未核实当事人、代理人身份，调解结果显失公平等现象。部分调解协议内容不规范，缺乏可执行性，给法院司法确认工作造成困难，导致当事人对法院执行工作产生误解，降低司法满意度。因调解人员多为退休的非法律专业人员，对于合同、侵权、劳动争议等纠纷类型，缺乏相关专业知识，调解效果不够理想，在使用互联网手段开展纠纷化解上，存在不会操作、不愿操作的情况。少数基层干部存在认知偏见，认为发生纠纷就应该去法院诉讼，基层调解是"可调可不调、可多调可少调""调也是帮法院挑担子"。

6. 存在虚假纠纷、经化解后反悔、程序被滥用等情况

由于基层人民调解员多为非专业法律从业人员，存在当事人串通，利用司法确认制度实现自身目的的情况。调解案件中存在一定比例的反悔现象，一方面是当事人本身缺乏诚信意识，另一方面，调解协议缺乏执行性、司法确认程序衔接不紧密等也促使反悔现象发生。一方反悔后再进入诉讼程序，不仅浪费了多元化纠纷化解资源，也降低了多元化纠纷化解机制的公信力。多元化纠纷化解机制对纠纷化解的时限没有作具体规定，存在部分纠纷久调不决的情况，使得多元化纠纷化解程序被滥用。此外，部分案件诉讼费门槛过低，也加剧了反悔、程序滥用等情况，多元化纠纷化解机制弥合或修复社会关系的作用不但不能发挥，反而造成社会关系的进一步恶化。

三　多元化纠纷化解机制的理论续造

新时代"枫桥经验"结合了新时期的特点，概括为党建统领、人民主体、"三治"融合、四防并举、共建共享，将"枫桥经验"理论与基层社会治理的方方面面进行结合，为多元化纠纷化解机制的进一步完善提供了理论续造的空间。

（一）解纷理念：从"诉讼优先"向"诉讼断后"转变

我国的调解制度一度经历了从"调解为主"到"着重调解"再到"根据自愿合法的原则调解"的立法淡化过程①，但在改革中忽视了传统的法、情、理交融的化解纠纷的价值取向，片面强调司法万能，鼓励诉讼，出现了"诉讼权能主义"的观念偏离，将纠纷化解的社会责任全部推给法院。在多元化纠纷化解机制的运行过程中，一方面主要由法院发挥主动作用，多元化纠纷化解的各项指标成为考核法院的依据，使法院不得不强推化解机制，但通过法院"一头热"的推动方式缺乏配套措施，并不能有效整合调解资源；另一方面，法院作为"最后一道防线"的功能未能发挥，反而被推到"前端化解"的尴尬位置，进一步加剧案多人少的矛盾，使得多元化纠纷化解机制的运行未能符合预先设立的预期。

在构建多元化纠纷化解机制时，要把调解工作置于党委政府的大治理格局中，形成"社会调解优先、法院诉讼断后"的矛盾纠纷化解理念，建立递进式的矛盾纠纷分层过滤体系。多元化纠纷化解机制牵涉面广、涉及部门多、难度大，需要充分发挥党委政府的政治优势、制度优势、组织优势，最大限度地整合多方面调解资源，形成纠纷化解合力。目前湖州市吴兴区、南浔区已建立党委政府牵头的矛盾纠纷多元化解中心，但在实际运作上，还未

---

① 黄斌、刘正：《论多元化纠纷解决机制的现状、困境与出路——立足于我国法院的思考》，载《法律适用》2007 年第 11 期。

充分发挥整合效力，需要进一步明确化解中心各调解委员会职责任务，加大考核奖励力度，提高纠纷化解实效。在多元化纠纷化解机制中，法院定位应坚持"最后一道防线"底线，通过对调解人员的业务培训，优化司法确认机制，对纠纷化解发挥监督和指导作用。

（二）制度构建：从"衔接不畅"向"协同治理"转变

1. 建立"递进式"纠纷分层过滤机制

"枫桥经验"理论要求就地化解纠纷，不仅着眼于纠纷本身的化解，更注重预后的效果。多元化纠纷化解机制建立的目的，是为了更好地弥合和修复社会关系，而诉讼程序可能在法律效果和社会效果之间无法达成统一。因此，要引导纠纷尽量在进入诉讼程序前得到化解，通过成本控制、程序转化等方式在非诉纠纷化解方式与诉讼纠纷化解方式之间形成落差，建立"递进式"纠纷分层过滤体系。具体来讲，可借鉴永康"龙山经验"模式，第一层，对于属地强、涉民生的纠纷，依靠基层人民调解组织的基础作用就地化解，此类纠纷基数较大，通过第一层滤网争取化解大部分纠纷；第二层，对于专业性、类型化纠纷，利用行业性、专业性调解组织的专业优势化解，该层滤网强调专门案件专业化解；第三层，对于重大敏感、群体性等矛盾纠纷，借助基层党政机关的理论，通过协调和解、行政调解等方式化解；第四层，对于确实无法通过上述手段化解的纠纷，经法院诉讼或裁判化解，形成行为指引，为类案的化解提供规范。

2. 健全立体化纠纷解决制度体系

（1）健全现有制度

一是确立诉讼费用杠杆制度。要形成"递进式"纠纷分层过滤机制并有效运行，诉讼费用的杠杆作用不可或缺。充分发挥诉讼费用调节当事人诉讼行为的杠杆作用，通过利益、成本、价值等因素促使当事人选择适当的方式解决纠纷，使当事人摒弃诉讼到底的"唯诉讼论"。当事人存在虚假诉讼、恶意诉讼、滥用诉讼权利、拖延承担诉讼义务等明显不当行为，造成诉讼对方或第三人直接损失的，可以根据具体情况在诉讼费用的负担上采取相应的制裁措施。应制定相应的诉讼费用规范具体意见，可对惩罚性诉讼费用负担的具体情形、金额等作出规定。

二是充分运用互联网技术化解纠纷。加速矛盾纠纷化解网络平台的推广应用，推动平台问题解决，使平台操作更简便，更人性化。提高人民调解、专业调解、行业调解等调解资源的上线率，使上线的调解机构数量不少于辖区内调解机构总数的50%。实现每年在线调处案件数量不少于上一年度矛盾纠纷排查总量的20%，调处成功率不低于60%，在线调解案件数量不少于诉前调解案件总量20%的目标，使部分纠纷化解做到"一次也不用跑"。

三是完善保障、奖励和考核制度。优化调解人员保障制度，提高调解人员的薪酬、社保、休假等各项待遇，将调解人员的工资纳入当地政府财政，增加调解人员就业的稳定性和吸引力，以推动调解人员素质和专业性的提升。多渠道吸收专业调解人员，增加专职调解人员数量。建立合理的奖励和考核制度，将反映纠纷化解实效的指标作为奖励和考核指标，纳入各乡镇的考核体系中，提高调解人员的工作积极性和主动性。加大先进表彰力度，提升调解人员的职业尊荣感。加强对调解人员的培训和指导，开展定期和不定期培训、专题培训，提升调解人员的专业素质。

（2）探索制度创新

一是探索公证参与多元化纠纷化解机制制度。浙江省高院与省司法厅于2016年6月签署《全面合作框架协议》，共同探索试点公证参与多元化纠纷解决机制，在家事审判、送达、民事案件执行、行政非诉执行等工作中引入公证机制。浙江省多地中院、基层法院，在诉讼服务中心设立公证咨询窗口、诉讼与公证对接工作室，由公证机关派专人驻守，解答当事人与公证相关的咨询；前期处理无纠纷或无诉讼相对人的基层纠纷、可能化解的家事类纠纷、其他可以移交公证机构处理的案件；负责办理证据保全、强制腾退、执行款项提存、执行物品交接保管、诉讼及执行文书送达等事务公证等。各地中院可结合本地区的实际情况，在部分法院先行试点，总结经验和问题，完善后再进一步慢慢推开覆盖。

二是建立无异议调解方案认可机制、无争议事实记载机制。在调解实践中，经常出现当事人对主要权利义务已达成一致，在调解金额上存在细微差别，但因各种原因不愿继续磋商的情况。无异议调解方案认可机制针对上述情形设立。对于当事人存在较小分歧但最终未能达成调解协议的案件，可由调解人员提出建议性的书面调解方案，并送达当事人，同时告知提出异议的方式、期限和法律后果。当事人如果在规定期限内，对调解人员建议的调解方案提出异议的，则调解不成立；未提出异议的，送达的调解方案即作为双方自愿达成的调解协议，自送达时对双方产生约束力。该机制可以为对立的当事人提供缓和期，有利于使实际分歧小、对立情绪大的纠纷得到有效化解。

无争议事实记载机制是指当事人未达成调解协议，调解人员在征得各方当事人同意后，可以用书面形式记载调解过程中各方没有争议的事实，各方签字确认后进入诉讼，当事人对于记录在案的无争议事实，可以免除举证责任，法院可以对该事实直接予以认定，除非当事人充分举证推翻该事实。该机制避免当事人在诉讼程序中再行举证、质证，有利于节约司法资源和当事人成本，也促使当事人诚信对待调解，便于诉讼中法院对案件基本事实的认定。

三是引进早期中立评估制度。早期中立评估制度最早起源于美国，适用于医疗、建筑等专业性问题的纠纷。在处理医疗纠纷、建设工程纠纷等专业纠纷时，法院可以建议当事人共同选择评估员，通过早期评估的方式减少争议，化解纠纷。评估员应当是经验丰富的法律工作者或者相关领域的专家。评估员可以根据已有证据，出具相对中立的评估报告，帮助当事人认清纠纷本质、分析其在案件上的优劣势。中立评估意见应区别于鉴定意见，在出具周期上应作出限制，且中立评估意见不具有法律效力，但能起到减少当事人对抗情绪、促进和解的作用。

四是营造多元化解纠纷文化。加强舆论引导和法制宣传，在全社会树立起"国家主导、司法推动、社会参与、多元并举、法治保障"的现代纠纷解决理念，形成法院并非纠纷解决的主要机关或首要机关，而是"最后一道防线"的共识，要认识到通过诉讼解决纠纷是所有解决社会矛盾手段中最烦琐、投入成本最高的一种方法，是解决社会矛盾的最终方法，纠正把诉讼作为唯一纠纷化解途径的偏见。

（三）立法层面："一元论"向"二元论"转变

中国目前尚未专门的法律对多元化纠纷化解机制进行规范，导致该机制的运行缺乏法律依据，其权威性也受到质疑。调解的制度边界决定了调解的适用性及有效性由调解的具体情境要素决定，这其中涉及纠纷性质、当事人性质和调解人员性质。纠纷解决在很大程度上是一种"地方性知识"[①]，地方差异是地理条件、历史惯性和政策演进的结果。纠纷主体身份的差异、当地纠纷的性质、当地解纷资源的特性，共同决定了该地区多元化纠纷化解机制的特质、运作方式和产生实效的路径。"枫桥经验"理论强调依靠和发动群众，就地化解矛盾，在主体和矛盾上都有区域特性。因此，多元化纠纷化解机制在立法上，按照"一元论"制定统一的法律规范，对该机制进行详细规定难度很大，且纠纷化解的地域性特点未被考虑，必然使多元化纠纷化解机制缺乏活力。因此，对于多元化纠纷化解机制立法，应向"二元论"转变，即采取统一原则性立法与地方操作性立法相结合的方式，形成有序的法律体系，在全国层面制定基本法律，对多元化纠纷化解机制的适用范围、基本制度、操作原则等作出规定，并通过列"负面清单"的方式，对违反调解基本原则的行为予以否定性评价。在地方层面，对该机制的具体运行规范、操作规程等，结合地区实践做法，制定具体性的规范。例如，浙江在智慧审判上具有优势，可加以结合具体规范。

2015年12月中共中央办公厅、国务院办公厅发布《关于完善矛盾纠纷多元化解机制的意见》。2016年6月，最高人民法院发布《关于人民法院进一步深化多元化纠纷解决机制改革的意见》。该两部意见对多元化纠纷化解机制立法具有里程碑式的意义，可以成为统一立法的基础，但该两部意见主要是改革政策层面的规定，存在体系框架缺乏系统性、改革措施分散单薄等

---

① 熊浩：《论中国调解法律规制模式的转型》，载《法商研究》2018年第3期。

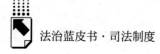

问题。在地方性立法方面，厦门、山东、黑龙江、福建已出台了相应的地方性法规。在名称上，采取多元化纠纷解决促进条例的提法，在强制性上作了保留，四省条例对各解纷主体的职能定位、解纷具体机制、对接机制等作出规定，各省结合本地做法，在解纷具体机制上作了相应的创新，如厦门条例规定了个人调解，黑龙江省条例将司法确认范围扩大到商事调解组织、行业调解组织和公证调解组织调解达成的调解协议，这些有益的探索都可资借鉴。

B.21
人民调解制度与法治中国话语的思考

沈东 叶晨*

摘 要： 本文从"东方经验"人民调解制度的发展历程谈起，阐述人民调解对于中国法治实践和国家治理的重要意义。随着中国改革进入深水区，社会进入转型期，各种矛盾凸显叠加，笔者以极具代表性的上海浦东新区为例，以其近年来人民调解的理论与实践发展创新案例，探讨新时期人民调解制度如何更好地丰富法治中国话语体系，以及在国际 ADR 发展浪潮中提升法治中国话语权。

关键词： 人民调解 法治实践 中国话语

一 人民调解制度发展历程及西方法治话语对东方经验的吸收

（一）调解"东方经验"的发展历程

被誉为"东方一枝花"的人民调解，植根于中华民族"和为贵"的文化土壤。历史上，自西周设"调人""胥吏"，还有由德高望重的耆老和"乡官里正"调解民间纠纷的习俗。实现由传统民间调解制度向现代人民

---

* 沈东，上海市浦东新区司法局专业调解工作处副处长；叶晨，上海市浦东新区司法局专业调解工作处副主任科员。

调解制度转变是在中国共产党革命时期，并在新中国成立后不断发展和完善。

但 20 世纪 80 年代末期以来，中国形成了"强诉讼、弱调解"的诉讼中心主义格局，人民调解化解纠纷的能力和数量一度呈下降趋势，法院却被"诉讼爆炸"所累。在这种背景下，诉讼外多元化纠纷解决机制重获重视，以司法部 2002 年颁布的《人民调解工作若干规定》为标志人民调解开始不断复苏；至 2010 年《人民调解法》颁布，再次迎来新的发展，更好地发挥起预防、化解矛盾，维护社会稳定的"第一道防线"作用①。

本文所指的人民调解制度，是指人民调解委员会通过说服、疏导等方法，促使当事人在平等协商基础上自愿达成调解协议，解决民间纠纷的活动。是一种将自治、法治、德治融合在一起的现代社会治理机制，在高效化解矛盾纠纷、维护社会和谐稳定方面取得了瞩目的效果，进而在国际社会赢得法治"东方经验"的美誉。

（二）西方法治话语中的调解制度

西方法治话语中的调解包含于 ADR（Alternative Dispute Resolution，可替代性纠纷解决机制）这一开放性概念中，ADR 泛指不经过正式的审判程序而解决纠纷的办法②。调解是最常见、最重要的一种 ADR，是其他 ADR 的基础。调解的主要特征可概括为纠纷当事人的自愿性、纠纷解决的自治性、调解过程的非强制性、非严格的规范性、经济性及效率性③。中国的人民调解制度曾对西方国家的解纷机制提供了启示，而今天中国多元化纠纷解决机制的建构，也会受到当代世界 ADR 运动的影响④。

---

① 《新时代加强中国人民调解员队伍建设意义重大》，法制网，http：//www.legaldaily. com. cn/ locality/content/2018－05/04/content_ 7540542. htm？node＝37232。
② 宋冰编：《程序、正义与现代化——外国法学家在华演讲录》，中国政法大学出版社，1998，第 420 页。
③ 丁寰翔、王宁主编《人民调解的实践与发展》，中国民主法制出版社，2015，第 6~7 页。
④ 齐树洁：《程序正义与司法改革》，厦门大学出版社，2010，第 2 版，第 286 页。

（三）现代人民调解制度之于法治中国话语的重要意义

中国的法治话语体系形成初期，由于缺乏自生自发的土壤和条件，不得不在法治实践发展的过程中，通过移植、借鉴法治先行的西方国家的法律制度、法治理论、法律知识和技巧等，因而出现了法治话语西化现象[①]。习近平总书记在考察中国政法大学时强调，"中国法治实践不应完全照搬西方理论，我们的国家治理有其他国家不可比拟的特殊性和复杂性，也有我们自己长期积累的经验和优势，在法学学科体系建设上要有底气、有自信"。近年来已经有高等院校建立起人民调解专业学科，开始向社会输出优秀调解人才。

回顾人民调解的发展历程，之所以它现在还能够焕发生命力，一方面是相比耗时耗力的"打官司"，老百姓对这种便捷高效的解纷方式有很大需求；另一方面，人民调解主动适应社会转型期的纠纷新形势，不断进行创新与自我完善。随着改革进入深水区，医疗、道路交通、物业管理、劳动争议等涉民生专业性纠纷以及投资、贸易、金融、房地产等涉市场专业性纠纷急速攀升。人民调解制度及其调解员队伍的解纷能力也必须适应新时代的需要才能发挥应有作用。

要形成真正的法治中国话语体系，人民调解是不可或缺的重要部分。习近平同志深刻指出，全面推进依法治国是国家治理领域一场广泛而深刻的革命，党的十八届四中全会将人民调解纳入全面依法治国总体部署，从全面推进依法治国的高度，对加强行业性、专业性人民调解工作作出部署，对新时期人民调解工作提出了新的更高要求。正如上文所说，人民调解既有长期滋养的传统文化土壤，又经过了时代发展的锤炼。如今，我们要做的就是传承发扬好这一"东方经验"，努力打造符合国情的法治中国话语。

---

① 李金枝：《西化的法治话语与中国法治道路的深层张力及其消解》，《学术交流》2018 年第 4 期。

二 法治中国话语中的人民调解理论与实践

（一）完善人民调解制度，丰富法治中国话语体系

人民调解是在继承和发扬中国民间调解优良传统基础上发展起来的一项具有中国特色的法律制度，是公共法律服务体系的重要组成部分，在矛盾纠纷多元化解机制中发挥着基础性作用。2014年10月，《中共中央关于全面推进依法治国若干重大问题的决定》对完善多元化纠纷解决机制改革提出了新的战略部署。2015年12月，中央全面深化改革领导小组正式出台《关于完善矛盾纠纷多元化解机制的意见》，提出要着力完善制度、健全机制、搭建平台、强化保障，推动各种矛盾纠纷化解方式的衔接配合，为深化多元化纠纷解决机制改革指明了目标和方向。

前期，法院借助其司法专业优势，在多元化纠纷解决机制改革中发挥了牵头推动的主要作用。但是，随着司法体制改革各项措施的落实，法院将逐步回归规则之治的司法属性，而多元化纠纷解决机制中最为重要的调解，其制度的发展完善及与其他解纷方式的衔接配合，则由司法行政部门负责指导和管理。

2018年3月，中央政法委等六部门联合印发了《关于加强人民调解员队伍建设的意见》，这是继2010年《人民调解法》颁布之后，党和国家完善人民调解制度的又一重大举措。明确了以队伍建设为抓手，推动人民调解创新发展，既是对中国优秀法律文化传统的创造性转化，更是为世界各国纠纷解决贡献中国方案和中国智慧的良好契机，有助于重塑人民调解的法治中国话语体系[①]。

（二）以浦东新区人民调解创新实践为例，谈法治中国话语权提升

浦东新区是两大国家战略的重要承载地、"五个中心"核心功能区和"四

[①] 《新时代加强中国人民调解员队伍建设意义重大》，法制网，http：//www.legaldaily.com.cn/locality/content/2018－05/04/content_7540542.htm？node＝37232。

大品牌"核心承载区，全区常住人口占全市的四分之一，一方面具备人才集聚的优势，另一方面，矛盾纠纷多发类型更趋多样。专业性、行业性纠纷呈急速攀升之势，2015年已超过了调解纠纷总量的一半，达到了62.1%，在一定程度上可以反映中国发展转型期矛盾爆发的特点。传统的熟人社区正在解体，依靠道德公约、民间智慧，以及熟人之间唇齿相依的情感和利益权衡等开展人民调解正面临日渐尴尬的境遇。根据这一情况，浦东新区积极转变观念，加紧工作创新和制度衔接，积极构建矛盾纠纷多元化解新机制。现如今，人民调解工作已从最开始重点解决"有没有"的问题，进入"好不好"的阶段。

为回应浦东对专业调解资源供给的新需求，新区坚持学习、传承、发展"枫桥经验"，坚持做好群众工作这条主线，积极运用法治思维和法治方式，从规范运作、节约成本、便民利民的角度着力，以全覆盖、多层次、重心前移解决"多"的问题；以组建行业性、专业性调解队伍，解决"专"的问题。创新之举是构建起以浦东新区人民调解中心（以下简称"调解中心"）为核心的人民调解专业化平台，统筹全局，统一管理，开辟了专业调解和多元矛盾化解新局面，人民调解组织的定纷止争促和谐、防范风险促发展的活力和战斗力不断增强。

新区司法局及调解中心统计数据显示，2015年12月调解中心成立至2018年底，64名调解员（全区共7806名）共受理各类专行业纠纷60213件，调解成功57884件（全区共约30万件），成功率96%，涉及协议金额超过33亿余元，以占全区不到1%的调解员人数，成功调解了全区16.7%的纠纷。调解中心的探索，很好适应了基层社会治理方式的转变，回应了基层法治社会的需求，成为深化依法治国的生动实践，有力推进了人民调解的转型升级，也为提升浦东城市能级和核心竞争力提供了强有力支撑。同时，也为"东方经验"注入新的内容，在全球ADR发展潮流中，助力法治中国话语权的提升。接下来笔者重点剖析浦东人民调解创新发展的具体举措，也是以人民调解提升法治中国话语权的路径探讨。

1. 创设"1+x"区级集成式人民调解平台

"1"指成立调解中心。为解决传统的人民调解格局存在调解组织分散、调解员缺乏专业知识、年龄普遍偏大、调解协议不规范、调解效率低等瓶颈问题，区政府于 2015 年 12 月 22 日下发《关于建立浦东新区专业人民调解中心的实施意见》，成立了全国首家专业调解平台——浦东新区人民调解中心，并以调解中心为核心，在区级层面全面推进人民调解专业化建设，推进其成为辐射自贸试验区乃至全区的枢纽型、集成式人民调解工作平台。

"1"也代表"一站式"纠纷解决服务，调解中心组织入驻的所有专/行业调解组织，搭建"一门受理、有效分流、专业调处、绩效评估"一体化运作调解工作平台。通过统一受理窗口，共享调解场所、融合调解力量，为人民群众提供便利的"一站式"非诉讼纠纷解决途径，逐步形成"分工明确、功能齐全、各展所长"的专业调解网络，工作制度设计上就体现提升调解能级的可能性。

"x"即孵化、招募、吸纳区内各专/行业调委会、民办非企业调解组织加入调解中心，统一规则、统一机制，统一管理。目前，已有医患、物业管理、交通事故和知识产权、民商事纠纷调委会及上海市银行业、证券基金期货业纠纷联合调委会等 11 家市、区级专/行业人民调解委员会和东方调解中心等民办非企业调解组织加入。

2. 发挥平台枢纽功能，保障人民调解专业化有序推进

调解中心的成立，在全区形成了统一的专业调解组织平台，有效降低了平台上调解组织的运作成本，使各调解组织各就其位、各取所长、各尽其能；同时，也为调解组织发展提供了人财物保障，形成有助于完善各调解组织专业性和规范化的条件，提升其自律水平和调解公信力。

目前，以调解中心为枢纽，衔接了相关政府机构和社会组织，人民调解、行政调解、司法调解联动工作体系进一步完善。①衔接联动了卫计委、建交委、公安局、工商局等部门的行政调解。例如，交通事故调委会在 6 个交警大队设立调解工作室；国际旅游度假区调委会受理调解度假区公安移送的治安类纠纷，与公安分局合作，开展派出所纠纷移送的试点调解工作，陆续组建了陆家嘴、惠南、高东派出所工作室，使基层警力得以有效释放，回归打击犯罪、整治违法行为的主责；与区市场监督管理局合作，由消费纠纷

调委会受理调解市场监督管理局移送的消费类纠纷，试点在三林、陆家嘴市场监督管理所等设立消费纠纷联合调解工作室。②衔接联动了法院的司法调解，创新诉调对接机制。例如，物业管理纠纷调委会在新区法院设立工作室，直接受理法院移送的物业管理纠纷；在法院诉调对接中心以及8个派出法庭设立律师调解工作室，组织律师调解员对法院委派或者委托的案件进行调解。此外，还衔接联动工商联、银行、保险、证券、基金、期货等同业公会的行业调解，形成了互通互动互联、程序紧密衔接的多元纠纷化解机制。

3. 以专业专职重塑调解队伍，增数量提能级

调解中心转变传统观念，积极倡导"让专业的人来做专业的事"理念。一是改变人民调解员构成，积极面向社会招聘具有法律、医学、心理学、金融等调解工作所需专业背景的人士，组建专职调解员队伍，改变传统的人民调解员队伍以退休人员为主的构成。二是推动调解员队伍年轻化、专业化。调解中心平台加强与科研机构、政法院校的交流与合作，面向大学生群体广招人才。目前，调解中心已成为上海政法学院法律专业大学生实践教学基地，并先后与美国耶鲁大学和日本关西大学、京都大学等进行了调解专题交流，有效地扩大了人民调解在国内外的影响力。2019年上半年，调解中心专职调解员已扩充至113名，平均年龄34岁，86%以上具有本科以上学历，其中研究生7人，海归4人，8人已通过全国法律职业资格考试，大部分拥有法律、金融、医学、心理学等专业背景，足见中心对调解员队伍建设的重视。

为了让年轻调解员尽快成长，调解中心引入最先进的培训制度。科学设计的岗前培训、严格的专业划分和"以老带新"的"导师带教"促进了年轻调解员迅速成长。逐步建立了集中培训、分级分类培训、周五课堂和案例讨论等制度。调解中心的培训模式还吸引了不少外省市人民调解机构慕名前来委托培训调解员。同时，调解中心建立了一整套的业绩考核激励和定级晋级制度，为调解员制定职业规划，实行职业化管理。两年多来，调解中心的队伍建设成效显著，招录的专职调解员年人均成功调解纠纷数达300多件，远超全国、全市的平均值。

4. 动员社会力量参与调解，疑难纠纷迎刃而解

创新社会治理方式，离不开社会力量的参与。调解中心自 2017 年初，开展特邀律师调解员试点工作的探索。专业律师熟悉现行法律法规，善于处理法律事务，了解当事人的真实诉求，熟悉法院对案件的处理方法。这样的力量吸收到诉调对接工作中，一方面有助于解决法院"案多人少"的难题，起到良好的缓解分流作用，节约司法资源；另一方面，激活律师作为社会力量参与社会治理的热情，发挥他们在矛盾纠纷多元化解体系中的独特优势和补充作用，为社会矛盾有效化解探索一条制度性道路，有效回应了新区矛盾纠纷尤其是疑难复杂纠纷的解决需求。

调解中心为促进律师调解员力量更好地发挥作用，同时避免机制运行过程中可能出现的负面效应，经过前期调研和借鉴吸收外省市以及域外经验，设计了一系列配套制度。一方面，以调解中心作为工作平台组织律师参与纠纷调解。不仅解决了调解的组织问题，而且在法官和律师之间搭建了一条"隔离带"，既保证了调解活动中法官和律师的良性互动，也防止了法官和律师之间产生不正当利益关系，进而影响司法公正。另一方面，考虑到律师职业特点难以兼顾调解全流程，调解中心向法院派驻了调解秘书。调解秘书在调解中起到枢纽作用，是调解活动中唯一参与调解各个阶段的人员；既负责案件的交接、分流，联络当事人、安排律师调解员等调解前期的准备工作，也负责调解活动中的笔录和协议书制作、操作办公自动化系统和送审调解材料等事务性工作。同时，法院派专人担任律师调解的指导法官，具体负责纠纷的委派、委托调解工作，对律师调解员和调解秘书进行业务指导，对调解成功的纠纷进行审查。调解中心组织律师调解试点两年半时间，共分三批招募了 385 名律师调解员，共调解了 3091 件纠纷，调解成功 2527 件，成功率为 81.75%。

5. 以归口统管规范调解流程，保质量促公信

秉承让制度管人，按流程做事。坚持把纠纷调解流程化，建立一套示范性程序模式和规范化文书样本，包括纠纷从受理、分流，到调解、专家咨询、鉴定、协议或终止，再到回访、归档各个环节，并以统一的调解信息系统实施全程电子化记录，强化调解流程的清晰规范、文书的简洁练达。其中，回访制度是一项能够加强案件事后监督和检验调解效果，及时发现问题、解决问题并总结经验的调解管理制度。调解中心还着重对调解员沟通技巧和话术进行了精心设计，提高调解效率，减少可能存在的激化矛盾和调解过程不规范隐患。对疑难纠纷，设置了专家咨询程序，调解中心挑选 2000 多名各领域专业人士，建立专家库，为高质量调解提供了智力支持。因调解程序规范、调解文书质量高、调解公信力强，目前，调解中心平台相关专业调委会出具的人民调解协议已成为交通事故保险理赔、医疗责任保险理赔的直接依据，人民调解的公信力进一步提高。

6. 以网络信息技术开发运用破局限立规范

面对网络时代，调解中心积极推动网络信息技术在多元纠纷化解机制中的运用，开发建设了集纠纷排查、调处、分析、评估等功能于一体的人民调解信息管理平台。调解中心处理金融、商事纠纷过程中发现，当事人身在外地的占很大比例，为降低当事人来回调解工作室的时间与成本，最大程度上为当事人参加调解提供方便，提高调解效率，调解中心积极探索与新区法院合作，利用互联网便捷、高效、不受时间空间限制的优势，在调解中心总部及调解工作室建立远程网络调解平台，当事人足不出户即可在线参加调解。通过远程网络调解平台的全程录音录像，实现了调解流程的数据化，可以减少调解员及调解秘书的工作量，提高工作效率，也实现了全程留痕。通过网络打破时空局限，创新整合各类解纷资源，打造一个高效便捷的在线纠纷解决平台，形成线上线下有机融合的调解活动，为群众提供经济、及时、高效的解纷服务，调解中心一直在为实现"智能化"不断努力。

2016 年，上海市司法局要求在全市复制推广浦东专业调解模式，各区要建立人民调解中心，并纳入市司法系统行政年度考核。2017 年，调解中心"借力"律师等专业人才开展纠纷多元调解新模式的试点工作，是上海首次对社会力量参与纠纷多元调解的制度化探索，在全市、全国起到了示范作用；申报的"探索人民调解专业化案例"，被人民网和国家行政学院政治学部联合评选为全国"创新社会治理典型案例"。浦东的做法也得到了司法部的肯定，2017年5月、10月司法部领导先后视察调解中心，指出浦东对人民调解的专业化改造代表了人民调解发展的方向。

（三）对亟待解决的新问题的思考

1. 调解员法律职业身份未得到肯定，难以吸引和留住人才

调解员队伍由专职调解员与兼职调解员组成，村居、街镇一级的人民调解员主要以兼职人民调解员为主，难以全身心投入调解业务，且这一部分调解员法律等方面专业水平较低、队伍年龄结构老化、人员流动性较高，影响了人民调解工作能级提升。但是，像调解中心这样通过公开招募、层层选拔出的专职调解员，有的已经通过全国法律职业资格考试，对于他们来说，法律职业身份的肯定具有很大意义。因为专业调解工作目前还未纳入法律工作范畴，专职调解员参加调解工作的年限不算作法律执业年限，使得专职调解员队伍无法像律师等行业一样吸引和留住法律专业人才。调解要保持旺盛生命力不断发展下去，一方面建议修改相关法律法规，将专业调解纳入法律职业范畴，计算法律执业年限，才能进一步提升调解员队伍的吸引力和专业化水平，增强调解员的职业认同感；另一方面，需要通过发挥制度优势、打造专业平台、做好培育扶持，引入更多的专业力量进入竞争，发挥市场的决定性作用。

2. 人民调解在商事调解领域的局限性以及"造血"功能不足

中国于2010年出台了《人民调解法》，打破了调解立法的空白。然而，目前《人民调解法》事实上在一定范围和程度上限制阻碍了商事调解的发展。第一，《人民调解法》第7条规定："人民调解委员会是依法设立的调解民间纠纷的群众性组织"，而且要求"地方人民政府对人民调解工作所需经费应当给予必要的支持和保障"。据此，人民调解的定位是民间调解，以"半官方性"、非职业化为特点，与商事调解所倡导的自治性、专业化价值观相左。第二，《人民调解法》第4条规定："人民调解委员会调解民间纠纷，不收取任何费用。"此规定导致人民调解工作缺乏资金保障，挫伤了调解员的工作积极性，不利于整个调解员职业队伍建设。

结合调解中心的实践来看，调解中心对人民调解供给侧改革的试水产生了良好的社会反响，得到了人民群众的认可。但是，供给与需求的矛盾仍然非常突出，中心的功能拓展、供给扩大面临着财力保障受限、人力补充受限、纠纷承接受限等现实困境。调解中心为此也在现有法律框架内，尝试努力探索人民调解尤其是专业性、行业性人民调解的市场化、社会化运作，推动人民调解组织产生自我"造血"功能，实现人民调解持续发展，向社会不断扩大供给。"东方调解中心"这一民办非企业性质调解组织便是浦东在这个方面的探索实践。东方调解中心的推进，虽然有自贸区的开放环境和司法改革先行先试的政策支持，通过政府购买服务等形式得以扩大发展；但是，缺乏专门的商事调解法，调解在商事领域的发展瓶颈还是难以突破，无法参与市场竞争、"造血"功能不足问题也没有从根本上解决。

目前，商事调解在多元化纠纷解决机制中已经是独立的一个分支，且其收费在一定程度上获得了法律认可。浦东新区已迈入"自贸区时代"，司法行政部门无法避开人民调解在商事领域的发展要求，需要突破瓶颈，先行先试，破解因人民调解不收费而难以在投资、金融、房地产、工程承包、技术转让、知识产权、国际贸易等领域发展的难题。如果不尽快找到突破口，就难以在国际商事纠纷解决领域获得话语权。

3. 现行法律制度与《新加坡调解公约》缺乏衔接

《联合国关于调解所产生的国际和解协议公约》（又称《新加坡调解公约》）由联合国国际贸易法委员会主持制定，于2018年6月27日通过，主要对国际商事争议达成和解协议的执行进行了约定。《新加坡调解公约》肯定了调解在解决商事争议领域的价值和替代诉讼的优越性，提出以调解所产生的和解协议推动发展和谐国家经济关系的愿景，相信会在各国大大提升调解的吸引力。国际商事调解起源于东方智慧、依循商业规律，以其效率高、成本低、程序灵活等多方面优势，越来越受到国际商事争端当事人的青睐。2019年8月，中国签署并批准《新加坡调解公约》，对中国商事调解制度的进一步发展完善有重要意义。

如何在国际商事争端解决新格局的形成中拥有一席之地并做好迎接新一

轮发展的充分准备，是亟待我们思考和解决的问题。目前，中国现行法律制度与《新加坡公约》衔接的问题集中在以下两方面：一是上文提到的中国尚无一部系统、专门的商事调解法，没有对商事调解程序，如调解员选任标准、期限管理、调解保密等方面进行规范指引，调解程序不规范势必会让调解的公信力大打折扣。二是《新加坡调解公约》创设的是一套直接执行经调解达成的和解协议的机制，突破了中国现有的法律规定，如对外国法院判决或仲裁裁决的承认程序和向法院申请执行调解达成的协议需经过司法确认的前置程序。如果现在加入该公约，可能在执行时产生程序适用混乱的后果。因此，我们一方面要研究讨论国内法如《民事诉讼法》与《新加坡调解公约》的机制对接，加速商事调解立法进程；另一方面，也要抓紧培养满足新时代国际商事争端解决水准要求的精英调解员队伍。

三　结语

法律全球化是不争的事实，但中国的法治之路必须注重中国本土的资源，注重中国法的文化传统和实际。在法治中国推进过程中，人民调解不仅仍将存在，而且会对法治的发展起到不可或缺的重要作用。我们要继续深入学习贯彻习近平新时代中国特色社会主义政法思想，落实"把非诉讼纠纷解决机制挺在前面"的要求；紧紧围绕人民调解工作的社会化、法治化、智能化、专业化，全面加强组织领导，集中力量攻坚推进，全力以赴打造新时代人民调解工作升级版，从源头上化解社会矛盾，推进国家长治久安。让人民调解成为法治中国话语的优秀传播者。

B.22
城市社区多元纠纷化解机制调研报告

苏州工业园区人民法院多元解纷课题组*

摘　要： 近年来，苏州工业园区人民法院积极回应辖区城市化进程中多元纠纷化解的新需求，传承发展"枫桥经验"，突出基层法院在构建多元化解纠纷体系中的规范引领、机制推动、效力保障作用，通过"资源整合＋纠纷分流＋平台建设＋机制创新"的立体化改革创新，形成多主体、多渠道、多平台相互依存、相互衔接、相互协调的多元纠纷化解体系，打造具有园区特色的"法律服务圈"，进而形成多元化纠纷解决机制的园区方案。本文对目前工业园区法院多元纠纷化解机制中存在的问题进行了分析，从加强顶层设计、加大物质投入、加深诉讼案件分流三方面，为建设系统化、常态化、规范化、实质化的城市社区多元纠纷化解体系提出了意见和建议。

关键词： 城市社区　多元化纠纷解决　枫桥经验

现代社区是指由建立在一定地域基础上，具有多元利益诉求及情感、价

---

* 课题组负责人：沈燕虹，江苏省苏州工业园区法院党组书记、院长。课题组成员：陈建峰，江苏省苏州工业园区法院副院长；胡志清，江苏省苏州工业园区法院民一庭庭长；陈新雄，江苏省苏州工业园区法院民一庭副庭长；赵淑雯，江苏省苏州工业园区法院审管办副主任。执笔人：陈新雄、赵淑雯。

值和认同的社会群体形成的人类生活聚合体①。随着城市化进程不断加快，现代城市社区已成为社会矛盾的主要发源地。在社会利益格局及社会关系呈现多元化和复杂化的背景下，城市社区矛盾纠纷化解也成为社会治理中最基础的一环。但是目前城市治理中与之对应的纠纷解决机制却显得单一和滞后，无论是解纷资源的供给、非诉解纷机制的实效、司法资源的配置还是城市社区的自治力，都难以满足城市社区中日益增长的解纷需求。推进法治化、规范化、实质化的多元纠纷化解体系建设，促进传统解纷模式转型，对贯彻落实依法治国方略、切实提高社会自治能力，促进和谐社会建设具有极其重要的意义。

一 构建城市社区多元纠纷化解机制的背景

（一）政治背景：国家治理能力和治理体系的组成部分

多元化纠纷解决机制是指在一个社会中，由各种不同性质、功能和形式的纠纷解决方式（包括诉讼和非诉讼两大类型），相互协调补充，共同构成的纠纷解决和社会治理系统②。习近平总书记在中央政法工作会议上明确提出，要"把非诉讼纠纷解决机制挺在前面"，这是对新时代社会主要矛盾变化的积极回应，是深刻把握矛盾纠纷发展与化解趋势、践行新发展理念作出的重大理论创新。司法实践中，基层法院处于审判执行工作的最前线，仅凭现有的司法资源已经无法满足人民群众日益增长的司法需求。因此，运用理论创新指导实践创新，推动多元纠纷化解体系建设是基层法院参与社会治理的题中应有之义。

（二）社会背景：增强城市社区解纷资源供给的必由之路

城市社区中经济形态、就业形式、分配方式和生活模式的多样化打破了

---

① 原珂：《中国特大城市社区类型及其特征探究》，《学习论坛》2019 年第 2 期。
② 范愉：《多元化纠纷解决机制与和谐社会的构建》，经济科学出版社，2011，第 35 页。

传统农业社会相对静止和稳定的环境。人与人之间的关系从"熟人社会"转向"陌生人社区",原本依赖人情关系的传统调解方式,面对新的社会经济格局已力不从心。由于个人利益趋势显著增强,纠纷解决更倾向于短期博弈,诉讼则成为现代城市居民普遍认可的解纷方式,导致诉讼案件快速攀升,大量琐碎的民间纠纷涌入法院。社会对诉讼的期待过高,对其局限性和弊端的认知又不够客观,个性化的司法需求与诉讼法定程序性供给的冲突频发。与之相对照,传统解纷机制发育不足,民众协商自治能力不够,社会团体组织力量薄弱,城市社区普遍面临解纷资源不足的困境。实现传统民间调解模式转型,加快多元纠纷化解机制构建,是满足人民群众不断增长的解纷需求的必由之路。

(三)法治背景:缓解司法资源紧缺的必然选择

当前,我国纠纷裁决机制过分强调司法裁判的工具性,弱化了审判宣示规则、指导社会行为的指引功能,导致纠纷裁决系统层次单薄和纠纷流向引导的制度性不平衡,现有矛盾纠纷多元化解机制呈现"倒金字塔"式①。司法是矛盾纠纷化解的"最后一道防线",但实践中法院成了矛盾纠纷化解的"最前线"。以苏州工业园区法院为例,2004 年建院初收案 1511 件,2018年收案 24135 件,15 年间新收案数增长了 15 倍,但是法官人数仅从 14 人增长到了 45 人,2018 年员额法官人均结案数已高达 529 件,尖锐的人案矛盾使得法官长期处于超负荷状态。在这样的背景下,只有进一步发挥司法在纠纷解决体系中的引领、推动和保障作用,构建更为完善的多元纠纷化解机制,实现诉讼与非诉讼机制的有效衔接,才能实现公正和效率的更高平衡。

(四)制度背景:非诉解纷机制构建的必要之基

当前我国在非诉解纷机制方面已经出台了部分法律规范,如《仲裁法》《劳动争议调解仲裁法》《人民调解法》等,对仲裁、公证、人民调解等非

---

① 陈辽敏:《创新型多元化纠纷解决机制的构建与发展》,《中国应用法学》2017 年第 3 期。

诉纠纷化解方式已有了明确规定。但非诉纠纷机制所发挥的实际作用与制度设计的初衷目的相比仍有距离。一是非诉解纷机制的应然和实然之间存在差距。由于非诉解纷机制的强制力弱、影响力小，各部门在实际工作中经常存在推诿、拖延的现象，使得制度效用大打折扣。人民调解、行业调解、行政调解还缺乏有效的监督和保障机制，"三大调解模式"未根本改变调解的局限性。二是司法强制力与社会自治力之间的割裂。非诉纠纷解纷机制仍以调解为主要模式，而城市社区中除了传统的家庭婚姻纠纷，还有与现代生活密切相关的劳动纠纷、交通事故纠纷、物业纠纷、商品房买卖纠纷等，这些纠纷不仅法律关系复杂，而且专业化程度高，传统的调解手段已不足以应对。在此背景下，构建更具时代性、专业性和系统性的多元解纷机制，促进各主体之间的联动并形成合力，加快传统调解模式转型，是充分发挥非诉解纷机制功能的必然选择。

二 工业园区法院多元纠纷化解"法律服务圈"的实践

近年来，工业园区法院针对当前城市社区多发性民事纠纷，突出自身在构建多元纠纷化解机制中的规范引领、机制推动、效力保障作用，确立了"资源整合+诉外分流+平台建设+机制创新"的工作思路，努力促进司法强制力与社会自治力的有机协调融合，打造具有园区特色的系统化、常态化、规范化、实质化的"法律服务圈"，促进矛盾及时、经济、有效地解决。

（一）以资源整合为驱动，组建综合性团队

按照"党委领导、政府主导、社会参与、多元并举、法治保障"的要求，将多元纠纷化解体系建设纳入社会治理大格局中，积极整合各职能部门、基层社区组织、行业组织、社会公益组织、新闻媒体等资源，组建多元化、综合性、专业化团队。

1. 坚持党政主导，提升团队号召力

园区政法委将"法律服务圈"纳入园区社会治理新三年试点法治实事

项目，并在其指导、协调、监督下制订了具体实施方案。2019 年 3 月启动工业园区"法律服务圈 2.0"升级工程，整合了多个职能部门、社会组织、企事业单位、法律志愿者等嵌入"法律服务圈"，推动法官、检察官、警官、律师"三官一律"进"服务圈"，建立健全矛盾纠纷化解组织网络，实现资源信息共享。

2. 整合专业资源，提升团队专业性

针对城市社区多元化解纷需求，逐步整合三类专业力量。一是职能部门，与园区劳动和社会保障局、园区劳动争议仲裁院、园区国土资源局、园区规划局、园区交警大队等建立共建关系，定期开展会商，分析调研园区各领域类案矛盾纠纷态势，商定法律意见和治理方案。二是行业协会，与园区人力资源协会、园区房地产业协会、园区消费者权益保护协会、保险行业协会等签订备忘录，在相应类案纠纷化解方面建立联动机制，起到解决一件带动一片的作用。三是专家陪审员，以人民陪审改革创新为契机，发挥专家型陪审员作为调解引导员、调解联络员、调解协调员的作用，吸纳心理学专家、法学专家、注册造价师、注册会计师等建立"专家调解智库"，目前共有在册专家陪审员 20 名。

3. 发挥媒体优势，提升团队影响力

通过媒体宣传积极引导公众改变"解决纠纷就是到法院打官司"的观念，让人民群众充分了解、自觉认同多元化非诉讼纠纷解决方式。与苏州广播电视总台 104.8 频道联合推出"法律诊所空中电台"，由法官、社工、公益律师轮值电台专栏，解读多元纠纷解决机制的运作方式，宣讲典型案例，提高群众对调解组织的知晓率和认同度，增强非诉讼方式的说服力和影响力。2019 年节目开播以来，已围绕涉房类纠纷、物业纠纷、劳动争议等制作播出节目 19 期，推送家事、物业等纠纷多元化解指导手册 5 期，典型案例 45 个。

（二）以诉外分流为基础，促进源头化治理

在立案环节构建分流枢纽，通过加强诉讼服务、解纷指导、畅通分流渠

道，引导当事人根据不同纠纷类型和自身需求，选择适宜的非诉讼纠纷解决方式，改变凡事必诉、能诉不调造成纠纷过度涌入法院的困境。

1. 强化解纷指导，引入第三方驻点服务

联合工业园区法律援助中心建立法律援助驻站点，联手公证机构建立公证驻站点，联合工业园区志愿者协会组建"法风和暖"诉导团队，引入援助律师 22 名、公证人员 8 名、志愿者 60 名，打造了一支多元主体的解纷指导团队，通过分发宣传手册、解读多元纠纷化解平台、帮助确有困难的当事人申请法律援助等方式，在诉讼指导环节引导当事人理性行使诉讼权利，指导其选择最匹配、最便捷、最低成本的纠纷化解渠道。

2. 畅通分流渠道，强化类案社会化调解

把握现代城市居民最关心的食、住、行和就业问题，主动适应社会矛盾纠纷发展变化的新特点，在消费纠纷、道路交通、劳动争议、物业纠纷等领域与行业性、专业性人民调解组织加强沟通对接，充分发挥人民调解、行业调解对司法调解的补充作用，夯实类案社会化调解分流的基础。

（1）推进物业纠纷社会自治

加强与司法局以及物业管理部门的沟通交流，在园区社会管理服务中心开通了物业纠纷绿色化解通道，设立物业纠纷调解委员会，对物业纠纷进行疏导引流，化解了大量积存的简单物业欠费纠纷。调解成功的案件当事人可申请法院出具人民调解协议司法确认决定书，赋予人民调解协议强制执行的效力。2019 年以来，该中心共调解物业纠纷 725 件。

（2）推进特约调解机制运行

建立劳动争议特约调解机制，特聘园区世界五百强企业的资深人事经理和工会人员分别担任劳动争议案件中资方和劳方的特约调解员，共同化解因企业关停并转而引发的群体性劳资纠纷；联合园区消费者权益保护协会建立移送调解、特约调解机制，成功处置了因商家跑路而引发的大量群体性充值消费纠纷。

（3）推进跨界联合"示范调解"

与消费者权益保护协会、保监会、银监会、市场监督管理局等多个部门建立了跨界联合干预机制，对苗头性的群体性纠纷共同开展调解干预，通过"示范调解"模式，重点针对典型纠纷进行联合调解，通过"调解一个，示范一片"模式，成功处理了酒店式商品房售后"包租"收益纠纷、玲珑街88号企改商清租纠纷等2000余件案件。

（三）以平台建设为体系，打造融合性诉调机制

构建以法院为主导的多元化诉调对接平台，形成"法院内设诉调平台+外设诉调分支+互联网在线平台"的诉调融合平台体系，改变以往诉讼调解与非诉调解割裂的状态，通过内外合力、线上线下融合，努力促进非诉调解对司法救济的补充与完善作用，促进矛盾纠纷的实质性化解。

1. 完善法院内设诉调平台

（1）家和幸福驿站，深化家事纠纷"个性化"调解

针对家事矛盾纠纷主体多元、诉求多元、类型多元的现实特点，携手工业园区妇工委、社会公益组织，设立"家和幸福驿站"，每月派项目督导1人、项目执行人2人进驻法院坐班，开展家事案件诉前调解。创新了"专家督导+志愿者+情感咨询师"三位一体的家庭情感咨询模式，将家事审判司法功能与社会功能有机结合，驿站于2018年7月正式启动，目前已参与调解683件，成功化解家事纠纷449件，调解成功率65.7%。

（2）价格争议调解中心，深化价格纠纷"专业化"诉调

针对涉价格争议案件不断增多，特别是涉及民生类的漏水、火灾、车损等纠纷，鉴定分类繁复、鉴定时间长、鉴定费用高导致调解难度大、审理时间长、矛盾易激化等问题，与苏州市价格认定局联合制定出台了《苏州工业园区价格纠纷诉调对接工作机制实施意见》，并设立全市首个价格争议调解站，在价格鉴定类案件中引入专家调解，发挥鉴定专家的专业优势与法官形成知识互补，提高矛盾纠纷的调处效果。2018年以来，苏州市价格认定局共委派专家参与该院案件调处18次，专家意见均被法官采纳，并成功调解案件7件。2019年，园区价格争议诉调模式引起国家发展改革委重视，

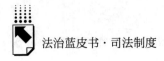

国家发展改革委价格认证中心、最高人民法院司法改革办公室先后两次到院调研。

2. 拓展法院外设诉调分支

（1）建立社区法律"诊所群"，打造最接地气的诉调平台

联合工业园区司法局、湖东社工委、娄葑街道打造"新相邻法律诊所群"，已在方洲邻里中心、景城邻里中心、娄葑街道等设立法律诊所服务点3个；联合湖西社工委打造"邻聚力法治能量站"，日常派遣公益律师、社工为社区居民提供法律咨询、纠纷调解等服务，打造居民区"十分钟法律服务圈"，力争将普通的邻里纠纷化解在萌芽状态。2019年以来，诊所群已累计接待群众法律咨询560余次。

（2）道路交通事故赔偿纠纷8＋x联调中心，打造最高效诉调平台

发挥东沙湖专业性法庭的优势，打造"8＋x"道路交通事故"一体化"处理模式。法庭位于园区交通事故处理综合服务中心内，该中心融合了法院、公安交警、劳动和社会保障局、保险行业、道路救助服务公司等8家机构职能。法庭借助公共服务资源高度集约的优势，与交警部门建立信息共享机制，探索现代社区的新型综合治理模式。同时，与三家保险公司建立道路交通事故赔偿案件诉前调解机制，即每周由保险公司法务人员轮流至法庭坐班，直接参与诉前调解，最快调解30分钟即可化解纠纷。机制运行以来，道路交通事故赔偿纠纷诉前调解成功率达到49.22%。园区交通事故处理综合服务中心"8＋x"项目被评为"苏州市关爱民生法治行优秀项目""苏州工业园区优秀法治实事项目"。

3. 探索互联网在线诉调平台

借助互联网、大数据等信息技术，在道路交通事故纠纷处理方面率先开展网上数据一体化平台探索。2018年以来，该平台已达成调解数2095件，列全省第一。

（1）线上"双平台"互补

园区交通事故处理综合服务中心"8＋x"项目根据园区道路事故情况，开发了"交警E服务"网上平台，该平台与"网上数据一体化处理"平台

的各项功能兼容互通，实现了在线处理事故所需要的法律法规在线查询、事故在线处理、停车信息查询、在线调解、在线摇号鉴定、事故赔偿计算、在线救助基金申请等全方位功能，更加便利于当事人在线处理事故。

（2）线上线下平台密切配合

园区司法局派驻 5 位人民调解员在线下全日制开展调解工作，并专职负责和推动线上平台的数据录入。对线下实体调解的规范和考核建章立制，促使线上线下密切配合，推动"网上数据一体化处理"平台实质化运行。

（四）以机制创新为推手，提供法治化保障

进一步强化法院在多元纠纷化解体系中的引领、推动和保障作用，以信息共享机制为重点，实现规范引领；以调解业务指导为重点，实现自治能力推动；以诉调衔接为重点，实现法律效力保障。

1. 完善信息共享机制，建立诉调统一标准

围绕诉调对接中可能出现的同案不同结果的情况，加强类案调审信息的发布和共享，统一调审标准。一是建立常态化信息对接机制，如与苏州工业园区社保局及园区劳动人事争议仲裁院建立仲裁流程信息对接，在法院案件管理系统中增加了劳动仲裁案件信息模块，当事人的身份信息、仲裁庭审笔录、仲裁裁决书等直接引入法院案管系统，方便法官在审理阶段查明事实。二是实现"裁审调"深度统一，为劳动争议仲裁院新招录仲裁员提供 2 个月随案实训，学员作为特邀调解员，在法官指导下开展案件调解、草拟法律文书等工作，通过"实战"提高仲裁人员的调解技能；法院定期到劳动仲裁部门巡回开庭，并定期进行法律业务培训，统一裁判尺度。三是完善信息发布机制，加强调查研究在类案审理中的指导作用，定期召开新闻发布会，发布年度《交通事故审判白皮书》《劳动人事争议仲裁与审判白皮书》，发布典型案例，公开类案处理的裁判尺度。

2. 加强基层调解指导，提升解纷自治能力

通过多种手段提高非诉调解平台的纠纷化解能力和基层组织自治能力，一是实施基层调解培训计划，以讲座、庭审观摩等形式，定期安排人民调解

员、社区调委会的调解干部进行业务培训,2019 年已对辖区内 50 余名人民调解员进行了培训。二是建立调解实训基地,与司法局、劳动保障局、社区等建立常态化对接机制,重点培养非诉调解人员,到法院进行为期 2~6 个月不等的实训,安排法官导师,通过具体案例剖析、调解技能传授、调解协议书制作、经验交流等方式,培养了一批调解能手,组建了园区调解人才专家库。2019 年以来,已有 4 批次 25 人参加了法院调解实训。

3. 优化诉调衔接机制,提供法律效力保障

先后出台《苏州工业园区诉讼调解与社会纠纷调解衔接工作意见》《苏州工业园区法院关于进一步加强诉讼调解与人民调解衔接工作的意见》等规范性制度,对诉调平台运行、诉讼与非诉平台对接、人员保障等作出规定,确保每个环节有章可循,衔接流畅。进一步加大司法确认程序对非诉纠纷解决渠道的支持力度,对人民调解组织调解成功的物业纠纷、消费纠纷、道路交通事故赔偿纠纷等,及时出具司法确认文书,为社会组织深入参与纠纷解决提供充分有力的司法保障。

三 取得的成效

多元纠纷化解"法律服务圈"有效回应了人民群众日益增长的纠纷解决需求,不仅有利于缓解案多人少矛盾,还促进了基层社会自治能力的提升。

(一)矛盾纠纷分流作用初步显现

通过有效的诉外分流,部分矛盾纠纷快速化解于萌芽状态,从源头上减少诉讼案件数量。尤其在物业、消费等民生纠纷领域,化解效果更加突出。2013 年,工业园区法院受理的物业纠纷高达 1293 件;2014 年,与工业园区社会管理服务中心对接后,物业欠费即呈逐年下降趋势,2017 年新收物业纠纷 488 件,2018 年新收物业纠纷 436 件。在家事纠纷中,家和幸福驿站不仅成功调解了部分简单家庭纠纷,而且对部分因情感问题导致的纠纷进行了有效心理疏导,传播新时代家庭和谐观念,从根源上防止家庭矛盾复发。

（二）社会解纷网络建设维度拓宽

通过"法院内设诉调平台 + 外设诉调分支 + 互联网在线平台"的诉调融合平台，进一步拓宽了法院解纷体系与社会解纷体系在系统化、规范化、实质化方面的对接范围，确保法院有效融入社会解纷网络，发挥实质性作用。一是解纷效率进一步提升。通过调解指导、司法确认等规范性机制对接，诉调机制的解纷效率大幅提升。例如，2019 年以来，家事案件调撤率达到 75%，同比增长 10 个百分点。二是解纷规则得到重塑。司法裁判是"规则之治"的典范，法院主动对接社会解纷机制，协助社会解纷组织制定专业规则，由此促进了社会基层组织进入法治轨道。例如，国家发展改革委价格认证中心高度重视价格纠纷调解站的创新实践，在调研的基础上正在酝酿出台全国性价格纠纷诉调对接工作机制实施意见，使基层诉调对接的实践经验最终上升为社会治理规则。

（三）基层组织解纷能力进一步提升

法院利用解纷的专业和资源优势，采用"点面结合"的方式帮助基层组织提升了解纷能力。一是在"点"上，通过对专职、兼职调解员的培训，通过社工调解实训基地"一带一"式的培训，打造一支专业化、职业化的调解队伍。二是在"面"上，通过"法律服务诊所群""线上 + 线下"模式，采取开设线下法治大讲堂、组织群众观摩庭审直播、开展"无讼邻里"评比活动等，帮助群众熟悉相关法律法规，改变公众一有矛盾纠纷就进法院的观念，培养人民群众纠纷多元化解意识，提升基层整体自治能力。

四 实践中存在的问题

（一）顶层设计仍显不足

虽然在法律层面早已经明确了要建立"大调解"格局的多元纠纷化解体系，

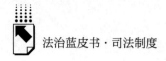

基层法院在解纷机制、解纷模式等方面也有所突破，但仍缺乏操作层面的统筹规划与顶层设计，机制运行的稳定性与长效性还不够，主要体现在以下方面。

1. 统筹协调需要更加有力

目前党委、政法委在多元纠纷化解体系的构建中给予了政策性指导和支持，但是在多元解纷的整体设计和推动方面仍显不足。由法院主导的多元纠纷化解机制单靠法院自身力量引导和协调，实践效果并不理想，特别是在涉及法院、检察院、公安、司法行政部门等众多行政机关和社会组织的协调配合中，顶层设计仍需统筹考量，推动有效的监督、考核和评估机制落地，才能有力推进机制的实体运行。

2. 制度规范需要更加统一

（1）宏观层面上，立法支撑有待加强

纠纷解决机制的规范主要有《民事诉讼法》《劳动争议仲裁调解法》《仲裁法》《关于人民法院民事调解工作若干问题的规定》《关于进一步加强新时期人民调解工作的意见》等。这些规范过于原则，对制度的设置、运用等具体方面缺乏详细规定。另外，由于以上规范效力等级不同，尚未形成统一体系，在顶层设计上还显薄弱。

（2）微观层面上，配套支持有待加强

当前工业园区所构建的多元纠纷化解机制皆由法院内部自行出台文件，这些规范覆盖范围有限，对于法院之外的主体无实质性约束。为使区域内的纠纷解决机制真正制度化、体系化，应以党委或政府的名义出台配套的支持性规范，捋顺各种机制间的关系，打通各个平台，整合各种资源，提升机制运行效率。

3. 解纷主体之间需要更好衔接

目前虽然已建立多种渠道、多种形式的纠纷解决机制和平台，但各机制协同配合还不够，常常处于"各自为战"状态，点状突破较多，网络效应不足。一是群众选择多元解纷渠道的认同度不足。城市社区多元纠纷化解机制作为新生事物，因宣传不足、引导不到位等，人民群众对其优势明显了解不足，难以根据自身纠纷的类型和特点选择适合的途径。二是分流指导环节仍显薄弱。由于大部分解纷平台处于"独立"运行状态，缺失相应的分流衔接指导，即使当事人选择了某非诉解决机制，一旦纠纷未能解决，下一步如何寻找有效救济途径还缺乏平顺、有效的衔接。

（二）现实效果不够

1. 诉讼案件的分流效果不够明显

近年来，随着社会经济的发展，以及立案登记制的实施，诉讼案件数逐年攀升。以工业园区人民法院为例，尽管近年来在多个领域建立了非诉纠纷解决机制对接平台，2019 年 1～9 月新收案件数 20216 件，同比增长 24%，非诉解纷机制的分流作用仍似"杯水车薪"。以目前运行较为成功的家事案件调解中心为例，2019 年以来该中心成功调解案件数 274 件，但 2019 年 1～9 月家事案件收案数为 900 件，同比增加 5%，更多的当事人仍愿意直接选择诉讼途径。

2. 外部策应力仍需强化

从实践效果看，其他职能部门和行政机关在矛盾纠纷化解方面与法院之间相互策应、互补的局面仍未形成，部分职能部门出于自身利益考虑，对其应承担的纠纷化解职能故意弱化，甚至推诿、搁置，化解纠纷的主动性不足，主要表现在人员配备、奖惩制度、与诉讼程序的沟通和衔接等各方面的机制仍缺失或未能发挥实际作用。

3. 社会影响力有待加强

目前，公力救济在矛盾纠纷化解中仍占主导地位，侧重合意、协商和宽容精神的多元解纷机制的社会渗透力和影响力仍显不足。特别是在专业性、行业性较强的领域，如金融、知识产权、建筑、医疗等方面，因缺乏行业性纠纷解决机制，初步的诉调对接平台仅在个案处理上发挥作用，加之调解结果缺乏规范性和终局性，导致当事人的认同度和选择率较低。

（三）实际投入仍显薄弱

1. 物质保障成为瓶颈

纠纷化解工作的物质保障比较有限。以调解员经费保障为例，由于财力投入有限，调解人员的福利待遇难以充分保障，相应岗位也难以吸引具有较高专业水平的人员，相应激励机制也十分有限。此外，仲裁、劳动仲裁等法定非诉解纷机制不仅有固定的机构也有稳定的经费，而自发的共建机制仅具有"临时"性质，其运行经费支出只能依赖相关单位的办公经费予以补缺，经费保障缺乏稳定性。法院限于自身经费，在无专项保障的情况下无力支撑全局性多元纠纷化解体系的构建。

2. 人力资源配备有限

一是人员的专业化水平不够，囿于编制和经费问题，大部分调解员系兼职从事调解工作，其调解水平和调解经验也必然受限，影响了纠纷解决的专业性和权威性；二是调解人员数量配备不足，一些解纷机制虽然在制度设计上能契合社会需求，但因为专职调解人员数量缺口大，运行效率也大打折扣。

3. 工作机制亟待升级

多元纠纷化解体系建设不仅在设备、场地等方面有一定要求，而且随着信息技术的发展，大数据、云计算、人工智能在多元解纷领域的应用仍显落后。目前的多元纠纷化解机制虽创建了部分在线调解平台，但这些平台比较单一，平台间的合作比较零散，数据和信息的壁垒仍较为严重，缺乏与诉讼案件管理系统的对接，无法实现类似三甲医院与社区医院之间的互联互通。此外，这些平台还停留于数据分享的层次，未对大量数据进行深度利用和开发。应努力探索人工智能与调解工作的深度融合，让人工智能成为调解员的专业助手，弥补其在专业技能上的不足。

五　进一步完善的建议

党的十九届四中全会提出，建设中国特色社会主义法治体系，建立共建共治共享的社会治理制度，建设人人有责、人人尽责、人人享有的社会治理共同体。在全面总结多元纠纷化解"法律服务圈"的实践经验基础上，应当进一步强化以下几个方面工作。

（一）加强顶层规划设计，用好政策"指挥棒"

《中共中央关于全面推进依法治国若干重大问题的决定》指出："健全社会矛盾纠纷预防化解机制，完善调解、仲裁、行政裁决、行政复议、诉讼等有机衔接、相互协调的多元化纠纷解决机制。"多元化纠纷解决机制的建设是一个系统工程，涉及党委、综治、政府部门、司法机关、调解组织、仲裁机构、社会团体和民众等诸多主体。因此，多元解纷机制的设计与改革应放在社会整体治理的大体系中谋划，不能局限于法院的自身调整和修补，应通过制度的顶层设计和深度革新，实现多元解纷机制内部资源的共享与互补，并与司法领域、行政领域、经济领域等诸多改革项目进行深度融合。

1. 强化党委政府领导中心

进一步强化以党委政府部门为主导的"一个中心"，确立法院"中坚力量"的角色定位，实现"中心"＋"中坚"的聚合效应。一是党委、政法委在综合治理、平台建设、机制建设等方面发挥领导决策、统筹资源、工作协调等作用；二是其他职能部门和行政机关在各自职能领域承担相应纠纷解决职责；三是人民法院在通过司法审判解决矛盾之外，需为社会组织化解纠纷提供更有力的司法保障及规则指引。

2. 完善相对统一的规范性制度

系统梳理各职能部门在多元纠纷化解机制中已经取得的实践经验和成果，对确实有效的做法进行整合、提炼和升华。党委政府还可在此基础上出台统一的规范和制度，从而减少协调成本，提高运行效率，推广和复制成功经验，提升多元纠纷解决机制的辐射力，增强其权威性。

3. 完善综合考核机制

以工业园区实施中新社会治理合作新三年试点为契机，积极推动党工委、管委会将民事案件万人起诉率、诉调对接覆盖率、纠纷诉讼化解率等指标纳入地方综合考核体系，以科学综合的考评体系提高地方综合考核在多元纠纷化解工作中的激励作用。

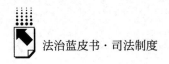

（二）夯实人财物投入基础，建好机制"助推器"

2019年8月，最高人民法院下发《关于建立一站式多元解纷机制、一站式诉讼服务中心的意见》，提出以"一站式"纠纷解决为着力点，推动建立由党委政法委牵头，各方面力量参与的纠纷解决中心，优化整合调解、仲裁、公证、律师、鉴定等各类纠纷解决和法律服务资源，提供综合性、一站式服务，形成协同合作、齐抓共管矛盾纠纷前端化解的合力。工业园区法院在"一站式"诉讼服务方面已具备良好的基础，应进一步强化"一站式"多元解纷+"一站式"诉讼服务的整合，加大物质投入、人员配备和信息化保障，全面设立"诉讼与非诉讼对接中心""非诉讼纠纷解决分中心"，构建多元解纷的实体化运行网络。

1. 完善经费保障体系

积极争取党委政府将多元解纷机制建设的经费保障纳入地方财政预算范畴内，确保资金拨付更加稳定和充足；强化专项经费统一协调，保证资金在各多元解纷主体之间进行合理分配，提高资金利用效率。

2. 强化专业素能提升

着力解决非诉解纷队伍存在调解技巧不足、专业素养不够等问题，建立常态化的调解培训、调裁统一机制。一是由法院提供常态化的调解实训，建立相对稳定的调解人才库，提高一线调解员的调解技巧和实务能力。二是建立调审裁标准统一机制，坚持定期召开联席会议、发布白皮书和典型案例，统一调解、仲裁和审判标准，进一步增强调解的权威性和实用性。

3. 探索信息技术新平台

加强大数据、人工智能技术与多元纠纷化解机制的深度融合与应用，引领传统解纷方式向现代解纷方式"升级换代"。一方面，整合现有各类网络平台，努力探索在线立案、在线诉讼服务、在线调解、在线司法确认、电子送达等平台的融合，实现互联互通，打造一个共建共享、开放包容的在线纠纷解决体系；另一方面，积极探索新技术手段的综合运用，对各类解纷数据进行深度分析和利用，在模块功能上改善用户体验，实现"让数据多跑路，让群众少跑腿"的目标效果。

（三）强化非诉分流功能，创新特色"好品牌"

《最高人民法院关于进一步推进案件繁简分流　优化司法资源配置的若干意见》提出，全面推进"分调裁审"机制改革，实践中应着重强化非诉纠纷机制的分流功能，从提升群众分流意识和探索调解市场化等多个方面入手，推进非诉分流的效能提升。

1. 加强宣传引导

改变将法治与诉讼等同的观念，引导群众全面了解诉讼方式的优势和弊端，改变一有纠纷就要诉讼的惯性思维。加大对非诉解纷机制的宣传，让群众清楚其运行方式和积极作用，通过传统媒介、新媒体多种方式让群众知晓人民调解、行业调解、仲裁裁决等多元解纷方式；通过典型案例宣传，取得当事人对非诉解纷方式的信任，消除误解。

2. 探索调解市场化

多元解纷机制的长效发展需要探索市场化的有偿运作。通过完善调解规范和细则，对解纷队伍的工作内容、纪律责任、收费标准等进行明确，激发各方参与调解的积极性。强化法院与各非诉解纷团队之间的协作，合理分流案件；强化法院与非诉解纷机制之间的交流沟通，及时总结工作经验，分析问题和难点，有针对性地开展培训和指导，打造能力强、素质高的非诉纠纷化解队伍。

B.23
律师参与化解涉法涉诉
信访案件的实践探索

吕海庆*

摘　要： 本文在论述律师参与化解和代理涉法涉诉信访案件工作机制
背景、基本制度设计等基础上，结合基层检察机关的工作实
践，分析了该机制存在法律依据不够明确、制度保障不够有
力、甄别机制不够健全、工作宣传不够普及等问题，据此提
出完善立法规定、健全运行模式、加强组织保障和宣传引导
等意见建议，以期更好发挥律师在多元化纠纷化解中的矛盾
调处作用，维护社会和谐稳定。

关键词： 律师参与　多元纠纷化解　涉法涉诉信访

近年来，随着涉法涉诉信访工作改革，以及三大诉讼法的重大修改，检
察机关依法处理涉法涉诉信访案件的工作任务日益繁重，"信访不信法"问
题仍旧十分突出，息诉息访难度越来越大。如何在"群众"与"法"之间
搭建一个有效的沟通桥梁，促使矛盾纠纷得到妥善解决，是迫切需要解决的
问题。

为有效化解涉法涉诉信访，检察机关在司法实践中积极贯彻落实《中
共中央关于全面推进依法治国若干重大问题的决定》（以下简称《决定》），

---

* 吕海庆，浙江省宁波市江北区人民检察院党组书记、检察长。

建立完善律师参与化解和代理涉法涉诉信访案件制度，取得一定成效。但是，在司法实践中，该制度的实质化运行还存在诸多问题。本文仅以宁波市江北区人民检察院为调研样板，分析律师参与化解涉法涉诉信访案件的情况。

一 律师参与化解涉法涉诉信访案件概述

（一）制度的出台背景

当前，中国改革已进入深水区，经济体制变革、社会结构变动、利益格局调整、思想观念变化带来巨大活力。中国社会主要矛盾也从"人民日益增长的物质文化需要同落后的社会生产之间的矛盾"，调整为"人民日益增长的美好生活需要和不平衡不充分的发展之间的矛盾"。近年来，人民对于民主、法治、公正和安全等的司法需求也逐渐增强，越来越多的矛盾以案件形式进入司法领域。以检察机关为例，信访总量虽有所下降，但弃法转访、闹访缠访、越级访等现象仍不同程度地存在，损害了司法办案应有的权威性，影响了正常的涉法涉诉信访秩序。

党的十八届四中全会作出的《决定》提出："对不服司法机关生效裁判、决定的申诉，逐步实行由律师代理制。对聘不起律师的申诉人，纳入法律援助的范围"，旨在以法治思维和法治方式改革信访工作，通过推行律师代理制把涉法涉诉信访纳入法治轨道处理，结束诉访不分、用行政手段解决司法问题的历史[①]。2015 年，中央政法委印发了《关于建立律师参与化解和代理涉法涉诉信访案件制度的意见（试行）》（以下简称《意见》），对该制度的运行进行了细化指导，为律师参与化解和代理涉法涉诉信访案件工作提供了政策依据和制度保障，指明了方向。此举对于推进信访治理的法治化进

---

① 刘子阳：《充分发挥律师作用　推进涉法涉诉信访走向法治》，《法制日报》2015 年 11 月 12 日，第 1 版。

程，彰显律师社会责任，切实保障当事人合法权益，有效维护社会和谐稳定，具有十分重要的意义。

最高人民检察院也作出专门部署，联合最高人民法院、司法部出台《关于逐步实行律师代理申诉制度的意见》。最高人民检察院控告厅向全国各级检察机关控告（控告申诉）检察处专门发出通知，要求各地高度重视，精心组织实施，加强同司法行政机关、律师协会的沟通联系，积极贯彻实施《意见》。各地检察机关结合实际，相继出台了相关实施办法或暂行办法，深入推进律师参与化解和代理涉法涉诉信访工作，促进形成了良性互动的检律关系，充分发挥了律师在化解涉法涉诉信访矛盾中的积极作用，深入推进涉法涉诉信访改革，有效维护了社会和谐稳定。

（二）基本的制度安排

律师参与化解涉法涉诉信访案件，是指充分发挥律师的身份优势和职能作用，向当事人提供专业的法律服务，通过答疑解惑、释法析理，积极引导当事人依法行使诉讼权利、反映诉求，劝导当事人息访服判，从而最大限度地维护当事人的合法权益，树立以公开促公正、以透明促廉洁的观念，提升检察机关的司法公信力和社会认可度。最终目的是通过引入律师，协助司法机关维护信访人的合法权益，促进涉法涉诉信访问题得到有效解决，维护社会和谐稳定。

律师参与化解涉法涉诉信访案件的具体途径包括两类。一是律师参与化解涉法涉诉纠纷。此类方式主要针对信访案件本身在实体上没有错误，但由于原处理机关工作人员方法简单粗暴，引发当事人不满，或者是由于当事人法律意识不强、心理偏执等原因形成信访的情形。由律师从法律专业角度做好释法说理工作，消除误解。二是律师代理申诉。针对的是原处理机关确实存在错误的案件。律师的职责是引导当事人依法申诉，通过法律途径解决诉求，并为申诉提供包括代理申诉在内的法律帮助。

《意见》明确规定律师参与化解和代理涉法涉诉信访案件应当遵循自愿平等、依法据理、实事求是和公益无偿四个原则。因此，律师参与化解和代理涉法涉诉信访案件工作机制应有如下定位。

1. 多元社会的矛盾调和者

根据有关统计，20 世纪 80 年代调解和诉讼的比例约为 10∶1，至 2001 年已下降到 1∶1①。当前司法政策与社会成员多元化的利益诉求存在一定冲突，很大一部分原因是缺少可以有效沟通和对话的组织。律师的职业身份和更为亲近群众的优势，让其在赢得当事人信任方面具有独特优势，使得司法矛盾纠纷调处增添了润滑剂，便于在群众利益和司法权威中进行调节整合，这也是律师社会责任的使命使然。

当然，因信访可能引起重大矛盾时，律师也肩负着冲突预警员的职责，有义务向司法机关报告相关情况，促使涉法涉诉矛盾纠纷的解决走上更加理性有序的法治化轨道。

2. 提供公益服务的专业法律人

社会服务越完善、越专业，民众的不满情绪就越少，社会就越和谐稳定，社会矛盾冲突出现的可能性也就越少②。律师的职业特点决定了他们在参与化解和代理过程中必须秉持专业精神：以客观、中立、理性、平和的立场，基于专业的法律分析，准确把握和判断涉法涉诉的基本事实、法律关系以及其中存在的法律问题和对该问题法律上的评判和处置，消弭信访人的疑虑和抵触情绪，引导信访人依法理性行使诉讼权利，帮助其早日走出信访的"泥潭"。

3. 公正中立的司法监督者

律师参与还起到监督司法机关依法办案的作用。如发现司法机关确实存在办案瑕疵或错误，律师可以直接向有关机关或办案人员反映。对信访诉求符合法律规定，需要向政法机关提出申诉的，律师也可以从参与化解涉法涉诉的人员变为信访人的代理申诉人。对于本身聘请不起律师，但是符合法律援助条件的，《意见》主动将其纳入法律援助范围，由国家为其聘请律师进行申诉。这些举措都有利于从外部推动司法机关加大纠错力度，提升司法公

---

① 范愉：《纠纷解决的理论与实践》，清华大学出版社，2007，第 301 页。
② 张仲涛、徐韩君：《试论社会中介组织化解社会矛盾的优势与路径》，载《苏州大学学报》（哲学社会科学版）2013 年第 2 期。

信力。

检察机关的信访工作中，以当事人自愿为前提，安排、吸收律师以提供公益法律服务的独特身份，中立地参与检察机关信访咨询、引导、协商、调解、代理等工作，协助检察机关依法、及时、合理、高效地处理信访人的投诉请求，维护信访人的合法权益。

（三）制度设计

《意见》为律师参与化解和代理涉法涉诉信访案件工作提供了制度基础，规定律师参与化解和代理涉法涉诉信访案件的具体内容、具体任务和工作方法，并提出了四种律师参与涉法涉诉信访案件的基本模式：坐班值守型、专案专人服务型、专家评审型、代理型。全国各地相继开展律师参与涉法涉诉信访矛盾化解工作的探索。最高人民检察院控告检察厅联合北京市司法局对协调推进律师参与化解和代理涉法涉诉信访案件工作达成共识，共同审定了 12 家律师事务所作为值班律所，吸纳 12 家律师事务所共 120 名政治坚定、业务过硬、群众工作经验丰富、社会责任感较强的律师参与最高人民检察院化解和代理涉法涉诉信访案件工作。包头市由政法委牵头，根据包头的工作实际，提出在全市通过建立律师工作站，与公安的信访接待、检察院的检务服务大厅、法院的诉讼服务中心进行有效衔接。在检察机关内则采取成立工作室的方式化解矛盾纠纷。威海则由律师到政法机关值班或者安排值班律师事务所接待，有针对性地做相关工作。此外，安徽省健全律师参与化解和代理涉法涉诉信访案件机制，通过接谈信访人、评析信访案件、做好释法劝导工作、提出处理建议、引导信访人依法申诉等方式，推动涉法涉诉信访回归法治轨道。对参与信访值班的律师，在接待信访群众过程当中发现有的案件直接可以代理、通过司法途径解决的，按照法律援助案件进行代理。

二　律师参与化解涉法涉诉信访案件的实际运行状况

按照《决定》要求，宁波市江北区人民检察院立足检察职能，大胆改革，积极创新，在浙江省率先探索实践律师参与化解涉法涉诉信访案件的工作机制。具体内容如下。

（一）先行探索实践，筑牢制度基础

早在 2013 年，宁波市人民检察院就确定江北区人民检察院为先行实践单位，以律师介入涉检信访案件为"探路石"，在不服法院裁判的所有刑事申诉案件中，尝试由律师作为中立第三方而非代理人，参与矛盾化解、帮助释法解疑，着力探究律师代理申诉案件的可行性和必要性。2014 年，在律师之外又探索引入人大代表、政协委员、社区工作者、心理咨询师等社会第三方力量参与涉法涉诉信访案件办理，"对症下药"解决因不信任司法、不知晓政策法规、心理偏执等问题引发的信访，进一步提高案件化解率。同时，借鉴法律援助制度，实现了律师免费介入服务。经过两年的实践探索，涉检信访律师介入制度趋于规范，办理了 3 起律师介入的刑事申诉案件，均取得息访罢诉的效果。例如，董某以"民事赔偿没有到位，法院的判决过轻"为由，到宁波市江北区人民检察院申诉。首次来访时董某就表现得情绪过激，流露出"司法机关包庇被告人"的心理，并曾电话威胁承办该故意伤害案的公诉人。该院在对董某进行答复时告知其如有疑问可申请律师介入。在董某的点名申请下，为其联系了其熟悉的沈律师介入该案。经过沈律师释法说理和对焦点问题的深入解析，董某听后觉得检察机关的答复意见合理，表示接受复查结果。随后，该院还就董某 2 万元赔偿款未到位的情况与沈律师交流，由沈律师代表董某向法院提起强制执行的申请，使其获得赔偿款，还及时启动救助程序，为其申请到 1 万元的刑事被害人救助金，帮助其解决实际困难。事后董某主动息诉。

（二）对接援助制度，理顺工作流程

申诉案件律师代理与法律援助制度有密不可分的关系，聘请律师代理需要支付高额费用，但对经济困难的申诉人可适用援助手段，由律师免费代理，帮助其节省费用。目前，该院通过与宁波市人民检察院控申处合作，确

定刑事、民事、行政申诉以及国家赔偿案件均实行律师代理，几乎涵盖了所有能进入检察环节的申诉案件类型，从源头上扩大了援助制度的适用面。代理时间则从以往审查逮捕、审查起诉等主要诉讼阶段向诉讼前的控告、举报及诉讼后的申诉、信访等延伸；法律援助工作也从以往的审查起诉、审判阶段拓展至案件申诉阶段，确保两项制度在整个诉讼阶段中并列运行。并且规定当事人对法院再审后的裁定仍不服向检察机关申诉的，原则上安排原援助律师继续提供服务，充分保障了当事人的权益，保证工作的延续性。同时，创设"一问二告三帮"三步工作法，实现了业务并轨，将代理与援助纳入同一业务体系，即受理申诉时，先询问申诉人情况，告知如符合援助条件有权申请法律援助，如不符合，再告知可委托律师代理申诉，并根据不同情况发放"申请法律援助告知书"或"委托律师代理告知书"，帮助申诉人至司法局受到相应的接待，快速办理业务。2015～2017 年，全市办理刑事申诉和民事行政申请监督案件 800 余件，实现律师代理的案件量仅 30 件左右，虽比例不高，但申诉效率得以有效提高，节约了大量司法资源。

（三）健全配套机制，顺畅制度运行

在宁波市江北区人民检察院的积极推动下，宁波市检、法、司三部门共同出台《关于建立申诉案件律师代理制度和法律援助工作机制的实施意见》，从全市层面规定了律师、检察院、法院、司法局各自的权利和承担的责任、义务，形成制度化的管理机制。例如：法院、检察院应当为代理律师提供查阅案卷、会见申诉人等方便；司法局应当加强对代理人的监督和管理，对为化解工作有贡献的律师事务所、律师应给予一定奖励；代理律师可通过公开听证等方式参与检察工作的各个环节，援助律师还可免费查阅、摘抄、复制相关案件材料等，为律师代理提供全方位的便利服务。此外，还制定《宁波市律师代理刑事、民事、行政申诉案件名册》，根据三种案件类型，分别遴选经验丰富、沟通能力强的律师，为不同申诉人定向提供优质、可靠的法律指引和服务，并鼓励代理律师提供免费服务。法院、检察院和司法局建立定期联系、风险联合防控、案件委托交接等制度，强化内部联动。

定期或不定期组织、邀请律师参与专题培训、讲座，召开律检座谈，交流工作经验、征求工作意见，共同探析、解决疑难复杂问题，促进形成良性检律关系。邀请律师参与联合接访，参与公开审查的案件中，九成以上实现案结事了，未发生涉检进京赴省非正常信访，也未出现闹访、缠访、越级访等。

三　落实律师参与化解涉法涉诉信访案件工作中存在的问题

作为基层检察机关，宁波市江北区人民检察院案件量少、影响力和号召力都有限，在落实该项工作中仍存在一些问题。

（一）制度缺乏法律支持，运行存盲点

现有法律对律师代理申诉案件的规定不够健全。目前，律师代理申诉还不是一种独立的法律制度，法律的供给和保障不足，是制约律师代理申诉的重要原因[①]。实践中，相关的司法解释、业务规范性文件就律师代理申诉问题进行了规定。关于代理律师会见在押当事人的规定，《刑事诉讼法》第33条仅规定"犯罪嫌疑人在被侦查机关第一次讯问后或者采取强制措施之日起，可以聘请律师为其提供法律咨询、代理申诉、控告"，却没有规定已经生效的司法裁判、决定是否可以委托律师代理，导致实践中也有人认为申诉不具有诉讼的特点，律师的作用仅限于代写诉状，甚至有些地方认为参与化解信访的律师不能代理申诉。国务院制定的《法律援助条例》中也没有将律师代理申诉的案件列入援助范围，以致无偿代理申诉缺乏制度规定。实践中，与援助制度的对接多依靠有关部门之间的协商，也极少有案件对接援助制度。

现有法律对律师参与化解涉检信访案件的权益保护不够全面。对于律师代理申诉是否享有会见权、阅卷权、调查取证权、向嫌疑人核实证据权、表

[①]　王祺国等：《律师代理申诉若干问题的思考》，载《浙江检察》2016 年第 2 期。

达辩护意见权、救济权，三大诉讼法未予明确规定。相关的《律师法》和《律师会见监狱在押罪犯暂行规定》对律师在申诉提起之后会见服刑人员，充分了解案情等方面也均未作出规定，导致律师会见在押当事人的权利在制度运行过程中被模糊化。宁波市出台的《关于建立申诉案件律师代理制度和法律援助工作机制的实施意见》也仅明确法院、检察院需要为律师了解案情、查阅案卷、会见申诉人提供便利，对于会见在押当事人需与监狱、看守所等监管场所协调，不能保证百分百实现。

（二）制度保障力度不够，推进遇阻力

与法律援助拥有相对系统、完备的政策、资金、人员保障不同，律师参与涉检信访工作的推进主要依靠领导协调、部门探索、挤占经费、司法行政部门及部分律师的热情配合。《意见》中提出的保障举措还需要进一步探索完善。

根据中央政法委《关于建立律师参与化解和代理涉法涉诉信访案件制度的意见（试行）》规定，律师参与化解和代理涉法涉诉信访案件，应当遵循无偿公益原则，不以营利为目的，向信访人提供无偿法律服务，并要求各地要切实保障律师参与化解和代理涉法涉诉信访案件的必要经费。但是，实践中鲜有律师愿意无偿进行代理的情况，也尚未出台与保障律师参与化解和代理涉法涉诉信访案件经费有关的配套制度，没有统一的依据、标准和操作指引，以致制度处于无章可循的虚设状态。宁波市江北区人民检察院虽在律师介入涉检信访案件帮助释法说理中提供免费服务，但并未实行免费代理。目前，仅可通过援助制度实现很小一部分案件的免费申诉代理。除此之外，还依据刑事被害人救助制度对符合救助条件的申诉人实行一定救助，但尚未对刑事案件被告人实施救助，也未在民事、行政案件中开展救助。即使在实施意见中也仅建议司法局对律师事务所和律师可以进行奖励。对律师而言，奖励的吸引力并不大，激发不了他们的积极性。经费问题已成为机制推广的主要难题。

（三）缺乏有效的甄别机制，落实打折扣

以宁波市江北区人民检察院的涉检信访为例，有当事人和平来访的，有久访不息、无理缠访闹访的，还有当事人拒绝律师参与的情况。如果所有涉法涉诉案件均需要律师参与，势必浪费宝贵的司法资源，显然不可行。但是，对于哪些情形的涉法涉诉案件需要律师参与，哪些情形的涉法涉诉案件不需要律师参与没有明确规定。实践中，多根据司法机关工作人员的经验判断，在征求当事人意愿的基础上，自行决定是否邀请律师参与，缺乏操作的标准。如果工作人员责任心不强，业务不精，存在"多一事不如少一事"的想法，该项工作的落实会大打折扣。

（四）工作缺乏公开宣传，普及有难度

一方面，由于宣传力度不足，许多申诉人对这项制度不太了解，对律师也缺乏信任。即使同意律师介入，当律师意见与司法机关意见不一致时，申诉人就会怀疑律师被收买，或者认为律师出于公检法的压力无法公正办理案件，从而产生排斥心理，以致程序难以启动，律师的作用难以真正发挥。另一方面，检察机关自身公开力度不够，因制度尚在运行初期，公开审查、公开答复、公开听证等透明举措也是选择性地进行，尚未全面推开。特别是对于缠访闹访的老上访户存在一定顾忌，不敢推行。再者，律师对参与化解和代理涉法涉诉的积极性不高，律师事务所也存在应付心理，以致制度普及率不高。

四　完善律师参与化解涉法涉诉信访制度的建议

（一）完善立法规定

建议结合十八届四中全会关于申诉案件律师代理制度的有关规定，逐步修改完善《刑事诉讼法》《律师法》等有关法律法规中关于申诉案件律师代理的条文，为律师代理申诉案件提供明确的上位法依据，对其中的律师会见

在押当事人、享有阅卷权等权利予以明确，为制度的应用提供更加清晰的指导。建议在《律师法》第28条中加入"接受委托，代理各类诉讼案件的申诉"作为第四项规定，从律师业务范围的角度明确律师代理申诉的权利①。

在《法律援助条例》中将律师代理申诉案件列入援助范围，对于确因经济困难聘不起律师的申诉人应当由司法机关为其申请法律援助，以此明确代理申诉是全体律师应当承担的社会责任和法定义务。

（二）健全运行模式

《意见》列出了律师参与化解和代理涉法涉诉信访案件的四种模式。这些模式各有特点，但并不都适用于基层。例如，宁波市江北区人民检察院的年信访量在100件左右，其中能列入涉法涉诉信访案件的仅十余件。如果安排律师坐班值守，司法成本太高。因此，建议基层采取以下三种模式：①专案专人服务型。如果当事人同意律师介入涉法涉诉信访案件的处理，那么选定的律师将作为专人和司法机关协同做好当事人的释法说理工作。②专家评审型。对于涉及专业领域的案件，特别重大、疑难、复杂案件，有较大社会影响，或者可能引发舆情等案件，司法机关可主动邀请相关领域的专家参与案件评查。③代理型。属于申诉范畴的，则推行代理型，告知当事人可委托诉讼代理人，并对经济条件困难、聘不起律师的信访人，适用法律援助条件的规定，由法律援助律师无偿代理申诉。

在保障信访人自主选择的基础上，设置律师参与化解和代理涉检信访案件的甄别程序和有关限制，让律师参与真正需要其发挥专业才能的案件。建议根据涉检信访案件的内容划分为三类。①必须有律师参与的案件，如新闻媒体广泛报道、社会各界高度关注，以及涉及人员众多的群体性信访案件。参与方式可以多样，根据不同案件的实际情况予以确定。②律师可以参与的案件，如当事人久访不息、无理缠访闹访，信访人与司法机关在事实认定及法律适用方面存在较大分歧的，在当事人同意的基础上可以参与。③不适宜

---

① 王祺国等：《律师代理申诉若干问题的思考》，载《浙江检察》2016年第2期。

律师参与的案件，如信访人本身不同意的案件，最高人民检察院已作出终结或视为终结的信访案件①。

同时，应当明确律师参与化解涉检信访案件的工作职责，如规定律师应当以依法为前提，恪守职业道德和执业纪律，涉及国家秘密、当事人隐私等案件信息以及依法不能公开的信息，不得借此炒作敏感、复杂的信访案件，更不得支持、组织信访人越级上访、集体上访、缠访闹访和支持、参与信访人进行妨碍社会秩序、机关工作秩序的各项活动。基于律师的社会责任，对于因信访可能引发的重大群体性事件、冲突事件，或者舆论事件，律师掌握情况后必须及时告知司法机关，协助共同做好舆情应对工作。

（三）加强组织保障

建议在经费、工作支持、权益保护等方面加强组织保障。

1. 加强经费保障

建议争取地方财政部门的支持，将律师参与化解涉法涉诉信访案件的全部费用纳入年度财政预算，建立专项资金或者以政府购买服务的形式，解决律师参与涉检信访工作经费不足的难题。也可与律师库中的律师或相关律师事务所进行集体协商，鼓励律师降低代理费用，为申诉人争取最优惠的代理价格，逐步构建便民利民的申诉律师代理制度。

2. 争取支持配合

建议可参照法律援助工作模式，将辖区内所有执业律师纳入参与化解和代理涉检信访案件的人员范围，与法律援助实现并轨，具体可先由律师协会在征求律师事务所、执业律师个人意见的基础上，再向司法机关提供适宜参与的律师人员名单，并积极鼓励律师参与涉法涉诉信访案件的化解和代理工作。

3. 加强权益保护

申诉作为司法救济程序，属于诉讼程序的重要组成部分，律师在参与过

---

① 王念峰：《律师参与涉检信访工作的功能定位与机制完善》，载《中国检察官》2016年第5期。

程中应当有相应的诉讼权利保护方式①。建议依托案件管理中心的"一站式"检察服务大厅，建立律师接待快速服务通道，设置权利救济途径，为其查阅案卷、会见申诉人、与案件承办人联系沟通、建议补充证据等提供便利。对于律师反馈、提出的法律意见书，均予以答复，附入案卷。规定律师可通过参与联合接访、联席会议、公开审查、公开答复、重大疑难涉法涉诉信访协调处理等多种方式和渠道参与检察工作的各个环节，全方位了解案件情况。特别是在应对舆论发酵案件中，邀请律师参与公开宣告、公开答复说理的全过程，对促使来访人员息诉息访十分重要。明确由律师协会和司法局对律师履职情况进行监督考核，司法局负责对参与化解和代理涉法涉诉信访案件的律师、律师事务所、涉法涉诉法律服务机构等给予适当补助，对有贡献的律师事务所、律师进行奖励、宣传。

（四）加强宣传引导

依托纸质、网络媒体，加强制度宣传，使公众明晰律师参与化解和代理涉法涉诉案件的重要性和可行性，逐步赢得信任。同时，也要加强对司法机关的引导，增强其历史使命感和责任感，在机制推广上加大对外公开力度，全面深入推进和完善相关制度。

---

① 参见宫鸣等《申诉案件律师代理制度探索》，载《人民检察》2016 年第 12~13 期。

B.24
中国 ODR 平台评估指标体系的构建

中国 ODR 运行机制研究课题组*

摘　要：　中国 ODR 平台在迅速发展并取得显著成效的同时，也面临数据保护与分享冲突、制度创设滞后、智能调解水平不高、调解领域的市场收费机制有待完善等问题。为全面客观反映中国 ODR 平台建设运行情况，充分发挥评估指标的激励作用，推动它朝着更好的方向发展，为中国社会治理现代化提供有力支撑，为国家善治的实现贡献力量，我们秉承依法设定、客观中立、科学严谨、突出重点四项原则，从平台建设、平台运行、平台保障、平台数据等四个维度出发构建了中国 ODR 平台的评估指标体系。该评估指标体系共有 4 个一级指标、16 个二级指标、56 个三级指标。

关键词：　ODR　评估指标　体系　数据

在多元化纠纷解决机制框架下，ODR（Online Dispute Resolution）平台建设已成为国际社会共识，不论是发达国家还是发展中国家，乃至国际组织，都逐步将其作为纠纷解决的重要选择，ODR 平台建设运行状况是检验多元化纠纷解决机制发展状况的试金石。积极保障 ODR 平台的健康发展，不仅仅是出于解决既有纠纷的考虑，同时也是为了利用大数据等信息技术对

---

* 课题组成员：郭文利，北明软件有限公司助理总裁、法学博士；王丽慧、王霭雯、裴滢珠，北明软件有限公司 ODR 资深业务顾问。

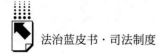

未来社会矛盾纠纷进行精准预测和有效预防，为国家决策及社会治理提供有力支撑。

一　ODR平台建设运行现状

（一）ODR平台建设运行取得的成果

ODR平台在全国范围内迅猛发展。自2017年以来，全国各地或以全省覆盖的方式，或以地市先行试点的方式，纷纷建设并上线了具有地方特色的ODR平台。同时，一些企业和独立第三方也建设和运营了ODR平台，旨在为其业务运营过程中客户产生的交易纠纷提供法律咨询和非诉纠纷解决方案。此外，经济全球化及互联网的发展催生了越来越多的跨境纠纷，为最大程度保障当事人的权益，中国加快了跨境ODR平台建设的步伐，积极筹划搭建涉外商事纠纷解决的ODR平台。

目前，ODR平台出现了融合发展的趋势。一方面实现了与法院的对接及各ODR平台间的互联互通，建立了数据信息交互共享、疑难案件协作配合等对接机制。另一方面针对不同类型纠纷搭建的ODR平台数量正快速增长，且涉足领域不断扩张，从最初的电商纠纷逐步扩展到传统民事纠纷、金融纠纷、破产纠纷、物业纠纷、医疗纠纷等纠纷类型。针对不同类型纠纷的特点，通过专门ODR平台引入专业资源，实现了类案的争议焦点、案件事实与证据的快速梳理，实现类型化纠纷的集中解决，极大提升纠纷解决的效率。

ODR平台的功能日益丰富。目前，ODR平台的功能建设不再局限于传统的在线调解，而是根据实际需求，为用户提供在线咨询、在线评估、在线仲裁、在线磋商、在线司法确认等多种解纷服务。部分平台还根据平台特色增加如异步调解、在线和解、心理咨询、伤情鉴定等专项服务功能。与传统纠纷解决机制相比，ODR平台具备简单、快速、低成本的优势和特点，平台各项功能的开发与探索，旨在为用户提供更加便捷的服务，以更好地发挥ODR的优势。

ODR 平台多元解纷资源集聚。在线纠纷解决机制的最大特点就是共享化、社会化。目前，ODR 平台已实现法律资源与非法律资源、官方资源与民间资源、国内资源与国际资源的合理配置和资源共享①。各个组织、企业等社会力量和司法力量的参与，为当事人提供了更多可供选择的纠纷解决渠道，实现了解纷资源的共享、跨界交融，确保利益的最大化。

ODR 平台创新智能技术实现科技赋能。信息革命、全球化、互联网改变了原有的社会结构与经济结构，ODR 平台作为"互联网 + 解纷机制"的产物，不断创新和应用多样化的人工智能技术，包括实名认证 + 活体检测验证技术、知识图谱、IVR 与 OCR 技术、区块链存证技术等，以迎合不断变化的社会需求，为用户提供全方位、立体化、智能化、安全可靠、高效低廉的解纷服务，引领纠纷解决方式的更迭换代。

（二）ODR 平台建设运行存在的问题

在互联网时代，随着互联网科技的发展以及解纷需求的日益增多，ODR 获得了长足发展，取得的进展与成效有目共睹。然而 ODR 在发展过程中仍然面临一些问题，需要予以关注并解决。

首先，隐私保护与平台数据分享之间的冲突问题亟待解决。随着大数据时代的到来，信息的传播模式发生了质的改变，个人信息的规模、利用观念和方式也都发生了巨大变化。对数据的采集分析和共享虽然有利于 ODR 解纷价值的发挥，但是在一定程度上也可能会侵犯个人隐私权。目前，国家对个人隐私保护日益重视，相关政策和法律逐步出台，对数据安全与数据分享提出了更高的要求。作为用户个人，也越来越注重个人信息和隐私的保护。个人隐私保护与数据分享之间的矛盾，对平台的技术安全性提出了更高要求，ODR 平台发展受制于现有技术。因此，如何在实现数据资源共享的同时为用户的个人隐私提供安全保障，是 ODR 平台建设与发展过程中亟须解决的问题。

---

① 参见龙飞《"互联网 + 解纷机制"的六大发展趋势》，《人民法院报》2015 年 12 月 18 日。

其次，ODR 相关制度建立相对滞后。法律的制定过程决定了其存在滞后性的特点，而 ODR 平台是利用互联网技术搭建的法律与科技的创新结合，是一种创新性的线上解纷平台，目前还缺乏系统性、综合性的配套法律法规及其他相关制度。制度的缺失，加之网络世界的特殊性，导致人们对 ODR 机制还存在不信任感，平台发展速度缓慢，普及率不高，使用人群不广。因此，充分考虑互联网技术可能带来的安全、伦理、隐私问题，同步完善相应的标准、法律、政策，是 ODR 平台得以规范运行发展的重要举措之一。

再次，ODR 平台智能调解水平有待提高。目前人工智能技术的应用主要是为了减少解纷过程中的事务性工作，更多的是辅助解纷人员和当事人，使纠纷解决流程更加顺利地进行。但随着互联网科技与全球化的发展，纠纷数量剧增，一些类型化纠纷不断涌现，而调解员、专家等调解资源配置有限，已无法满足社会日益增长的解纷需求。因此，在追求效率的时代背景下，智能调解有待进一步开发和运用，以替代人工解决纠纷，提升解纷效率，降低解纷成本。

二　中国 ODR 平台概述

（一）评估意义

ODR 作为一个互联网时代的新兴产物，在目前没有系统的评估标准情况下，各个 ODR 平台的发展参差不齐，社会对平台的认可度和信任度也存在较大差异。构建系统完备、科学规范、运行有效的 ODR 评估指标体系，能够为 ODR 平台的搭建和运行提供指引，为平台用户提供保障，为行业规范发展奠定基础。

1. 科学衡量 ODR 平台的运行状况

ODR 的发展起源于一些欧美发达国家，因此，衡量平台的价值和效果主要依赖对比国外成熟 ODR 平台的发展状况。但由于参照标准不统一且易受不同评价主体的主观偏好影响，无法得到关于 ODR 运行状况科学的评估结果。构建系统、全面的 ODR 平台评估指标体系，从平台的搭建、运行到对未来发展方向进行宏观评价，同时，从平台的解纷工具、解纷效果到制度保障等方面设置具体指标，对平台进行横向、纵向全方位的评估。此外，将各项指标量化，通过数据形成可视化的评估报告，有助于科学、全面地呈现平台运行状况。

2. 正确引导 ODR 行业的创新发展

客观、中立、科学、严谨的评估指标体系为 ODR 行业确立了规范标准，为行业的创新发展指明了方向。由于标准的缺失，ODR 行业仍然存在"盲目建设和运行"的现象，导致社会公众对 ODR 行业的认可度和信任度不高，没有最大程度发挥 ODR 行业在争议解决领域的作用和价值。创新是引领发展的第一动力，评估体系的构建为 ODR 平台树立了正确目标，能够激活平台运营者的内生动力，使其在评估过程中及时发现问题，总结经验，不断进行模式改革和技术创新。因此，ODR 评估指标体系的构建能够优化升级行业发展环境，加快新旧技术更替，驱动行业的创新发展。

3. 有力推动 ODR 体系的系统建设

ODR 平台是基于互联网技术搭建的法律与科技的创新结合，但目前 ODR 体系缺乏系统性、综合性的制度保障。评估指标体系的构建将有力推动 ODR 体系的系统建设。一方面，评估指标体系采用科学的评估方法，从便捷度、专业度等具体指标出发，能够对相关 ODR 制度的必要性、可行性和实施效果作出综合判断，有助于适时调整与改进相关政策和制度的实施，降低决策和平台运行风险。另一方面，评估指标体系从宏观与微观上全面呈现 ODR 平台建设的现状，能够及时反映其发展过程中的问题以及相关的制度需求，为 ODR 制度建设提供科学的参考和事实依据，从而完善 ODR 体系的系统建设。

（二）设立宗旨

中国 ODR 平台客观评估体系的设立宗旨在于全面客观地反映 ODR 平台

建设运行的现实状况，借助评估体系的激励作用，进一步促进 ODR 平台的健康运行与发展，从而提高社会治理体系和治理能力现代化水平。客观评估体系的建设一方面可以向社会展示中国 ODR 平台建设运行取得的成果及新时代矛盾纠纷多元化解机制的发展；另一方面可以通过客观的数据深入发掘剖析中国 ODR 平台建设和发展中出现的问题，并针对问题提出对策和解决方案，为国家的社会治理与纠纷化解工作探索正确的方向和可能的促进发展措施。评估体系的发布和评估工作最终希望达到的社会效果是：进一步提高全社会对 ODR 平台的信任度和接受度，为有关部门及时掌握 ODR 平台的发展动态及实施效果提供帮助，并为其调整法律和政策或制定新的法律和政策提供依据和建议，从而推动 ODR 机制朝着专业化、智能化、规范化的方向发展。

（三）设立原则

中国 ODR 平台评估体系的设计应秉承依法设定、客观中立、科学严谨、突出重点四项原则。

1. 依法设定

客观评估体系的设计秉承依法设定原则，强调指标的合法性，严格依据法律、法规、司法解释以及相关文件进行设定，包括《民事诉讼法》《人民调解法》《关于完善矛盾纠纷多元化解机制的意见》《最高人民法院关于人民法院进一步深化多元化纠纷解决机制改革的意见》等规范性文件。

2. 客观中立

作为第三方评估系统，评估体系的设计秉承客观中立的原则，既不能简单根据社会公众主观满意度或舆论导向来判断平台运行情况，也不能一味迁就迎合平台建设方的理念和感受。中国 ODR 平台客观评估体系在设计时，将主观性的判断标准转化为客观可量化的评估指标，最大限度保障评估结果的客观性、真实性、有效性。

3. 科学严谨

体系的科学性是确保评估结果准确合理的基础，一项评估活动是否科学很大程度上依赖其指标、标准、程序的设置是否科学。首先，评估体系应当能准确地反映 ODR 平台建设、运行的特征。其次，确保各个指标的准确一致性，评估体系内部各指标之间应当协调统一，层次和结构的设置应合理。最后，保证评估体系指标设置的完备性，综合各项指标的评估结果，应当能够足以全面反映测评对象的状况，不能有所遗漏和偏颇。

4. 突出重点

突出重点原则是指在 ODR 平台评估指标体系的构建过程中，评估指标不可能完全覆盖 ODR 平台，抽取平台建设、平台运行、平台保障和平台数据四项重点指标作为评估对象，实现对 ODR 平台建设运行状况的宏观描述以及通过指标数据分析，形成对未来社会矛盾发展态势的预测。

三　中国 ODR 平台评估指标体系

ODR 平台评估指标体系共分为平台建设、平台运行、平台保障、平台数据四个一级指标，其下设多个二级、三级指标，全方位、多层次考察中国 ODR 平台建设运行状况。

1. 平台建设

平台建设是 ODR 平台持续健康发展的基础，是提高纠纷化解能力的必要前提。该指标通过下设平台资源、平台功能、平台规则和平台覆盖度 4 个二级指标对平台建设状况进行综合评定。

（1）平台资源

平台资源是指平台上聚集的各类解纷资源。平台资源是 ODR 平台建设的重要一环，线上线下资源的对接与整合，对平台后续的推广和运行至关重要。事实上由于不同 ODR 平台存在功能定位和资源整合能力差别，其解纷资源存在较大差异。部分 ODR 平台聚集多元解纷资源，包括咨询、调解、仲裁、鉴定、评估等资源。也不乏一些 ODR 平台由于资源不足导致平台服务单一、运行效率不高、发展停滞不前。一方面，平台资源整合的能力反映了平台的建设基础与规模，以及社会对平台的认知、认可及信任度；另一方面，平台资源是否丰富决定了平台可提供业务范围的广度，能否处理大批量案件、为更多用户提供服务。因此，可以通过可量化的指标，包括平台机构数量及类型、平台人员数量及类型、数据库建设等指标综合考察平台资源状况。

（2）平台功能

平台功能是指为满足用户解纷需求而设计并提供的各项服务，包括纠纷解决和流程辅助的各项人工或智能服务。现阶段 ODR 平台的建设数量越来越多，但平台功能设置存在较大差异。部分平台只是实现将线下的调解流程架构在网络空间，导致后期平台仅有在线调解功能，而忽略其他解纷方式，用户需要在多个平台间来回切换，降低解纷效果，没有真正满足用户的解纷需求，这在一定程度上会阻碍 ODR 平台的发展。因此，有必要建立"一站式"解纷平台，实现功能建设的多样性，有助于发挥平台效能，激发平台活力。平台功能指标分别从功能类型和功能数量等方面进行综合评估，帮助平台完善功能设置，打造"一站式"解纷模式。

（3）平台规则

平台规则是 ODR 平台建设运行时应当遵循的标准，是平台建设运行规范化的重要保障。ODR 平台发展还处于不完全成熟的阶段，不仅要接受政府外部监管，确保平台合规性运行，而且要面对来自行业内部变化和处理平台用户的特殊需求。部分 ODR 平台从平台搭建时期到投入运行阶段仍然欠缺各类规则，导致平台在面对用户需求、市场监管时容易出现混乱的状况，影响平台的正常经营，降低平台的"安全感"。因此，基于 ODR 平台的特殊性，制定符合 ODR 平台发展需要的规则极其重要，包括针对用户注册行为，制定在线注册服务协议，根据操作主体、操作内容等制定平台解纷规范、程序规则，以及人员管理办法等。平台通过先行梳理在业务运营和发展过程中可能面临的各种状况，用系统的规定和运行准则给平台提供指引，提高平台运行效率。平台规则指标分别从规则类型及规则数量等方面进行评估。

（4）平台覆盖度

平台覆盖度综合考察平台的服务范围，包括地域范围及案件类型等。现阶段，ODR 平台发展迅猛，但是各平台的运行范围不一，有的在全省范围内运行，有的仅在市、区或县级范围内建设运行，加之受经济、文化和各地相关部门重视程度等影响，存在发展不均衡现象。同时，平台覆盖的纠纷类型也存在较大差异，部分平台仅受理单一类型纠纷，如电商交易纠纷或家事纠纷，部分平台案件范围几乎囊括所有民商事纠纷，甚至有些平台能够受理国际纠纷。平台覆盖度指标分别从平台服务区域和平台受理纠纷类型等维度进行评估。

2. 平台运行

平台运行关乎平台价值的实现，是体现纠纷化解成效的关键。平台运行指标下设平台便捷度、平台专业度、平台运行效果、司法联动和平台影响力5 个二级指标，以综合考察 ODR 平台运行状况。

（1）平台便捷度

平台便捷度是 ODR 平台运行的重点，是指用户使用平台操作的方便快捷程度。过去人们习惯于传统线下解纷方式，但难免遇到解纷资源欠缺、渠道不通畅、程序复杂、时间冗长等问题。ODR 平台将解纷流程架构在网络空间，能够有效避免传统解纷模式存在的问题。然而 ODR 平台毕竟是新兴事物，社会熟识度不高，若要彻底转变社会解纷理念，使其成为解决纠纷的首要选择，平台的便捷性便是基本要求和根本保障。便捷的 ODR 平台有助于提升用户的体验和满意度，对于平台的普及使用具有重要意义。平台便捷度指标分别从端口接入数量、平台易操作性、功能可选择性、信息同步等方面进行综合评估。

（2）平台专业度

平台专业度是平台运行的重中之重，它为 ODR 平台的高质量发展奠定了基础，是实现 ODR 平台各项功能的基础和前提，是评估 ODR 平台能否实现多元解纷价值的主要维度之一，也是 ODR 机制推广和发展过程中的工作重点。目前，仍有部分平台存在功能单一、响应时间过长、迭代速度慢、维护机制不健全、缺乏有效的应急处置措施等问题。ODR 平台的管理水平和业务处理能力最能体现平台的专业度。因此，该指标下设 6 个三级指标进行综合评估，从响应时长、解纷程序规范性、智能化程度、更新频率、系统稳定性及突发事件应对机制角度进行全面评估。

（3）平台运行效果

平台运行效果指标综合考察 ODR 平台在纠纷解决过程中取得的实际效果，包括纠纷解决的数量、效率以及用户的体验感。由于实际运行过程中或多或少受到制度障碍、技术问题及传统解纷观念等因素的制约，部分 ODR 平台并未充分起到矛盾纠纷"调节器"的作用，存在解纷成效低、效果不明显、用户认可度低的情况。平台运行效果指标能够反映 ODR 平台运行成效的真实状况，暴露平台存在的问题，有利于平台运营商及时调整运营策略，实现平台的更新换代，提升解纷质效，充分发挥 ODR 的价值。该指标分别从解纷数量、解纷时长、当事人申请率、解纷成功率、投诉率及满意度方面进行综合评估和考量。

（4）司法联动

司法联动指标主要是评估 ODR 平台是否完成与法院的对接，实现司法确认功能的双向连通以及在线立案。在具体实践中，仍有 ODR 平台尚未实现与法院的对接，甚至部分与法院完成对接的 ODR 平台也存在司法确认成功率低的问题。因此，在评估体系中建立司法联动指标尤为必要。该指标能够有效推动法院等司法机构更好地履行社会治理职能，亦能够为 ODR 平台的多元纠纷化解机制提供司法保障、便捷的立案通道，确保当事人之间自行达成的协议能够得到有效执行，能够及时立案。评估指标的建立有助于推动平台运营者在建设 ODR 平台过程中寻求与司法机构的对接与合作，为在线多元化纠纷解决机制提供权威、公正的司法保障，充分体现 ODR 制度的效用。该指标主要涵盖平台对接的法院数量、当事人申请司法确认的案件数量及司法确认成功率等维度。

（5）平台影响力

ODR平台影响力主要表现为社会公众和行业领域对平台的认可程度。在实际运行中，部分平台存在访问量少、用户注册量少、功能单一、知名度低、不符合用户使用习惯、行业认可度不高等问题。通过设置访问量、下载量、注册量、奖项数量等可量化的客观数据指标，能更加直观地反映平台的知名度及其在行业内的影响力。评估指标可以帮助ODR平台运营者随时掌握平台的运行动态，及时评估平台运行规则和决策的正确性和有效性，进而有针对性地加以改进和调整。平台影响力指标下设PC端访问量、App端访问量、小程序访问量、App下载量、用户注册量、平台获国家级/省级奖项次数6个三级指标进行综合评估。

3. 平台保障

平台保障是指平台在建设运行过程中构建配套保障体系，为平台的正常运行和数据安全提供有力支撑。保障体系是否完备在一定程度上影响平台服务质量的高低。平台保障指标通过制度保障、技术保障和人才保障3个二级指标综合考察ODR平台的保障建设情况。

（1）制度保障

平台制度保障体系能够反映ODR平台的合法规范程度及处理能力。由于ODR平台是创新性的在线解纷平台，目前缺乏系统性的法律及政策规定，部分平台内部也还未建立完善的制度体系，在一定程度上降低了平台运行效果。完备合理的平台制度体系能够有效规范平台活动，甚至能对违规行为进行处罚，及时止损，为ODR平台提供制度支持，极大提升ODR平台运行质效。一方面，通过规范平台流程和模式提升平台运行的专业性和合法性；另一方面，以制度为保障和支撑，用户对在线解纷模式的信任感将大大提高，直接影响平台的普及使用率。制度保障指标分别从制度合法性、制度合理性与制度实效性等维度进行综合评估。

（2）技术保障

技术保障是指通过信息技术为平台的日常运行和建设提供支撑，它在平台的构建及运行中均发挥不可替代的重要作用，是实现平台建设和平稳运行的重要手段。目前各 ODR 平台对新兴技术的重视程度不一，且技术保障能力参差不齐。互联网时代最大的挑战是不确定性，作为新产物的 ODR 平台，必须满足快速迭代、适应变化的时代要求，传统低效的速度根本无法满足纠纷化解的迫切需求，因此，ODR 平台的技术保障能力显得尤为重要，以确保 ODR 平台安全、稳定、高效运行。技术保障指标主要从基础设施建设、资质储备、技术人员数量方面进行综合评估和考量。

（3）人才保障

人才保障是指在 ODR 平台建设运行过程中重视人才培养，汇聚各类型专业人才资源，为 ODR 平台提供专业的服务和技术支持。与线下解纷机制一样，ODR 平台对专业人才资源的依赖程度较高。而且在线解纷模式和纠纷类型多样化对解纷人员的工作能力提出了更高要求。部分平台运行中依旧存在人才资源储备不足、解纷水平参差不齐的现象。因此，亟须建立人才引进、培养和考核的标准机制，形成专业人才队伍，做好人才分类定向培养，针对不同人才进行差别化培养。人才保障指标分别从专业人员占比、专业人员业务水平、培训机制、考核机制等维度进行综合评估。

4. 平台数据

平台数据不仅关系到平台相关业务功能的实现及平台的持续发展，还涉及数据主体的数据安全与隐私保护，直接影响社会公众对平台的信任度。平台数据指标下设数据采集、数据共享、数据应用和数据保护 4 个二级指标，以综合考察 ODR 平台数据状况。

（1）数据采集

数据采集是 ODR 平台利用信息技术实现有针对性、精准性、全面性的数据抓取，并按平台系统既定规则和标准进行归类，形成平台独有的数据库的过程。当前一些网络平台存在数据过度采集、非法采集的问题，这也暴露了行业内数据采集过程尚处于无序与失范状态。此外，用户的数据自我保护意识相对薄弱，一定程度上也为数据的无序采集提供了便利。对 ODR 平台而言，数据采集活动应当秉持合法采集、授权采集等原则，明确数据采集范围，并对数据采集活动作一定限制，保障 ODR 平台的数据采集行为规范以及数据主体的隐私信息安全。数据采集指标主要针对 ODR 平台采集用户数据活动的规范性，分别从数据采集范围、采集限制维度进行综合评估。

（2）数据共享

数据共享是不同平台能够读取彼此数据库中的数据并进行相关操作、运算和分析活动。数据共享是能够最大化实现数据价值的途径之一，分散的数据无法挖掘出大数据的巨大价值，数据共享可以集中各平台零散的数据，并通过交互分享，减少数据重复采集，推动已采集数据的有效利用，避免数据浪费，有效提高数据的使用效率。目前中国关于数据共享的法律制度并不完善，关于共享范围、共享对象规定亦不明确，涉及数据共享的操作规范和具体标准也相对较少。因此，ODR 平台先行制定数据共享的规范标引，实现高效共享显得尤为必要。数据共享指标分别从共享范围、共享对象和共享限制方面，对 ODR 平台的数据共享状况进行综合评估。

（3）数据应用

数据应用是将所采集的各种数据进行分类汇总，并通过 ODR 平台分析后对数据信息加以利用，发挥数据价值的一系列活动，主要反映 ODR 平台的数据使用率和使用效果。数据应用是发挥数据核心价值的重要举措，然而部分平台在数据应用环节仍然存在应用范围模糊、应用方式单一、应用途径有限等问题，一定程度上阻滞数据价值的实现。从 ODR 平台来看，充分应用平台现有数据，深入分析并总结纠纷发展规律，有效预测未来社会矛盾发展态势，有助于优化平台的业务流程，根据用户需求提供个性化或定制化的解纷服务。同时，在数据应用过程中也不应忽视数据权属、应用范围限制等问题。因此，数据应用指标分别从应用范围、应用限制、数据处理可追溯性等维度综合考量。

（4）数据保护

数据保护是对 ODR 平台的各种数据信息，实施不同安全等级的控制，从而有效避免用户个人隐私和数据的非法泄露和窃取。数据安全，是发展

ODR 机制的前提，必须将其摆在首要位置，而数据保护是实现数据安全的有效方式之一。目前，部分平台缺乏数据安全意识，未能制定或执行有效的数据安全保护标准，数据安全保护能力建设也相对滞后，平台预警告知、处置补救等功能薄弱。ODR 平台应当制定并执行严格的数据安全保护标准，建立"事前预防—事中保护—事后追溯"的全生命周期数据安全保护制度。事前从用户、平台、系统等层面建立完善的防范制度，事中根据相关制度和预案对已经发生的数据威胁等事件进行妥善处置，事后对相关事件和情况进行追溯。数据保护指标分别从数据保护标准、数据保护能力等方面进行综合评估。

附表　中国 ODR 平台评估指标体系

一级指标	二级指标	三级指标
平台建设	平台资源	平台机构数量
		平台机构类型
		平台人员数量
		平台人员类型
		数据库建设
	平台功能	功能类型
		功能数量
	平台规则	规则类型
		规则数量
	平台覆盖度	平台服务区域
		平台受理纠纷类型
平台运行	平台便捷度	端口接入数量
		平台易操作性
		功能可选择性
		信息同步
	平台专业度	响应时长
		解纷程序规范性
		智能化程度
		更新频率
		系统稳定性
		突发事件应对机制

续表

一级指标	二级指标	三级指标
平台运行	平台运行效果	解纷数量
		解纷时长
		当事人申请率
		解纷成功率
	司法联动	投诉率
		满意度
		对接法院数量
	平台影响力	司法确认数量
		司法确认成功率
		PC 端访问量
		App 端访问量
		小程序端访问量
		App 下载量
		用户注册量
		平台获国家级/省级奖项次数
平台保障	制度保障	制度合法性
		制度合理性
		制度实效性
	技术保障	基础设施建设
		资质储备
		技术人员数量
	人才保障	专业人员占比
		专业人员业务水平
		培训机制
		考核机制
平台数据	数据采集	采集范围
		采集限制
	数据共享	共享范围
		共享对象
		共享限制
	数据应用	应用范围
		应用限制
		数据处理可追溯性
	数据保护	数据保护标准
		数据保护能力

Contents

I General Report

B. 1 Judicial Developments in China: Status quo, Achievements

and Prospects (2019)

Law Index Innovation Project Group, Institute of Law,

Chinese Academy of Social Sciences / 001

1. Improve Top – Level Design   / 002

2. Improve Institutional Setup   / 005

3. Deepening the Reform of Judicial Responsibility System   / 009

4. Strengthen Inspection and Supervision Functions   / 010

5. Strengthening Judicial Democracy and Supervision   / 012

6. Improve the Protection of Human Rights   / 014

7. Expand Judicial Openness   / 018

8. Release the Effectiveness of Multiple Dispute Resolution   / 021

9. Resolvingthe Stubborn Problem of "Difficulties in Enforcement"   / 024

10. Enhance Information and Intelligence   / 026

11. Prospects for the Development Of China's Judicial System   / 027

Abstract: Since the 19th NCCPC, the Central Committee of the Party with Comrade Xi Jinping at the core has made a series of major arrangements in promoting comprehensive law-based governance and deepening the reform of

390

judicial system. Judicial authorities in China have fully implemented these tasks, made remarkable progress in various aspects and entered a brand-new stage of development. As for legislative design, with the Law of the People's Republic of China on People's Assessors, the Organic Law of the People's Courts of the People's Republic of China, the Organic Law of the People's Procuratorates of the People's Republic of China, the Judges Law of the People's Republic of China and the Public Procurators Law of the People's Republic of China being legislated and revised, a complete set of laws and regulations with Chinese Characteristics has been established. As for institutional reform, with the restructuring of judicial administrative departments, the addition of specialized judicial authorities as well as specialized functional departments in procuratorial organs, and the orderly advancement of the reform of other internal institutional in the judicial system, organization of judicial system became more scientific and sounder. As for mechanism reform, judicial authorities have been deepening the reform of power operation system and strengthening the supervision and restriction of power as well as the service availability for its counterpart. Standing at the new historical starting point, judicial authorities in China will work towards a fairer, more transparent, more efficient and more intelligent judiciary system and play a greater role in protecting human rights according to law and safeguarding sustained and healthy economic and social developments.

Keywords: Comprehensive Law-Based Governance; Reform of the Judicial System; Judiciary

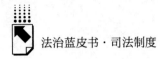
II Reform of Judicial System

B. 2 Investigation on the Supervision Function of the Presiding

Judge under the Background of Judicial Accountability

System Reform

Research Group of Suzhou Intermediate People's Court / 033

Abstract: The problem of "surplus decentralization and insufficient control" in the process of reforming the judicial accountability system makes presiding judges' supervision of specific cases especially important. However, at present, there are still some problems in the practice of trial supervision and management, such as inconsistent understanding, imperfect system and inadequate support. Therefore, it is necessary to refine types of specific cases on the basis of the relevant guidance of the Supreme Court, and to improve the corresponding supervision mechanism from the aspects of procedure initiation, identification of subjects and implementation of responsibilities.

Keywords: Judicial Accountability System; Trial Management; "Four Types of Cases"; Responsibilities of the Presiding Judges

B. 3 Improvement of Trial Efficiency: Exploration and

Practice of Reform of Assistance Services

—*Taking Qiannan Court as a Sample*

Tian Jun, Song Bangyong and Meng Lihua / 049

Abstract: Under the reform of the quota system for judges, there arises some problems in the reform of the assistance affairs for trials, such as unstable teams, unclear affairs and ineffective management and supervision. Through combing and expounding the status quo and exploring the reform practice of trial assistance affairs in Qiannan court, this paper proposes to subdivide the trial assistance personnel and affairs, to purchase social services with regard to people and affairs that can be separated out, to strengthen the management and supervision of outsourcing trial assistance affairs, to raise the trial efficiency to the maximum extent, and to improve the quality and efficiency of the trial.

Keywords: Trial Assistance Services; Purchase Social Services; Trial Efficiency

B. 4　Construction and Configuration of Judge-Centered Trial Team
—*From the Perspective of Intermediate Court*

Li Fengbo, Liu Shenglin / 062

Abstract: The trial team is a new thing. How to construct a trial team scientifically is a practical test directly related to whether the judicial system reform can take root. This paper analyzes the current situation of the construction of new trial teams, summarizes various ways of exploring trial teams in the practice of intermediate courts, and puts forward suggestions on how to scientifically establish trial teams in intermediate courts referring to the relevant systems of foreign legislation. First, to legislate and standardize the "Judge + Judge Assistants + Clerks" model; Second, to clarify the responsibilities and allocation ratios of different members of the trial team; Third, to establish a mechanism for estimating the workload of members and scientific assessment; Fourth, to establish a trial team operation mechanism with judges as the core; Fifth, to establish a mechanism for the promotion and training of its members.

Keywords: Trail Team; Judicial Accountability System; Quota System

B. 5 Report on Human Resources Allocation among Courts in Xi'an

Research Group of Xi'an Intermediate People's Court in Shaanxi Province / 076

Abstract: This report is about the problems of human resources allocation in courts and the realization of judicial justice. It combines empirical research with comparative research. Through the analysis and research of labor cost input and resource allocation methods in courts that affect the realization of judicial justice, it proposes methods to optimize the allocation of human resources in courts in the western region and solve the conflicts between human resources and judicial needs, i. e. establishing human resources allocation system that conforms to the urban-rural dual structure with designated jurisdictions; solving the problems judges face by means of cooperation between courts and colleges; establishing a system of efficiency in the allocation of human resources in courts with the focus on institutional management; reconstructing the internal organs of the court, setting up the grand judicial Committee, the court administrative authority, the judicial affairs authority and assistant president's office; separating of judicial affairs and judicial administrative affairs and of judges and judicial administrative personnel; classifying the duties of various personnel, implementing the classified management of court personnel; and appropriately extending retirement age of judges to make more effective use of senior judges' expertise.

Keywords: Judiciary Reform; Courts in the Western Region; Human Resources Allocation in Courts

B. 6 Exploration on the Mode of Handling Administrative Prosecution Cases in Grassroots Procuratorates

Wu Ke, Mao Shourui and Li Zhangming / 093

Abstract: Since the implementation of the relatively centralized jurisdiction over administrative cases among courts in Guizhou, non-centralized courts do no need to hear ordinary administrative cases of first instance, thus their corresponding procuratorates do not need to supervise ordinary administrative cases of first instance. In the long run, the administrative procuratorial functions of their corresponding procuratorates will be inevitably weakened, and they will suffer from problems like personnel drain. By strengthening the integration of work planning, clue management, case handling, staffing, business training, performance appraisal, breakthrough in the development of grassroots administrative inspection could be promoted.

Keywords: Centralized Jurisdiction; Mode of Case Handling; Administrative and Procuratorial Integration

B. 7   An Analysis of the Reform in Ways to Handle the Problem of

"Too Many Cases While Too Little Staff" in Grassroots Courts

—*From the Perspective of Sorting between Complex and*

Simple Legal Cases

Research Group of Hualong District People's Court, Puyang City / 112

Abstract: With the rapid development of China's economy and the continuous transformation and upgrading of its social structure, courts have to handle a pool of litigation cases reflecting complicated social contradictions. The filing and registration system has greatly increased the number of litigation cases, while the quota system for judges has sharply reduced the number of judges who have the qualification for trial. Therefore, during the process of reform, courts are forced to face increasing pressures. As it is impossible to increase the number of judges or to reduce the number of cases by raising the litigation threshold, the reform of sorting between complex and simple legal cases is an important means to effectively relieve this pressure. This paper sorts out the measures taken by Hualong District people's Court, Puyang City, Henan Province, compares trial quality and efficiency before and after the reform, and explores the problems existing in the

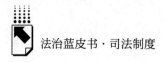

work, in order to further explore better measures.

Keywords: Judicial Reform; Sorting between Complex and Simple Legal Cases; Resource Allocation; Judicial Quality and Efficiency

B. 8   Practice and System Improvement of Judicial Publicity in China

Li Zhongyi, Wang Shuyuan / 131

Abstract: Since the 18th NCCPC, as an important part in the process of comprehensively deepening the judicial reform, the people's courts have steadily promoted judicial publicy. Both theoretical exploration and practice have made some gratifying achievements, but bottlenecks such as imperfect mechanism, imperfect platform and incomplete pattern have also been exposed. Therefore, based on the practices of the court, this article analyzes the problems and shortcomings of judicial publicity at this stage on the basis of the law of its development. It also takes this as the starting point to perfect the system of judicial publicity, establish the internal and external service system, improve the systematization of judicial publicity, build a new pattern, and promote the smooth progress of it from rapid growth to high quality development.

Keywords: Judicial Publicity System; Practice of Judicial Publicity; New Pattern of Judicial Publicity

B. 9   Investigation Report on Judicial Publicity among Courts in
Guangzhou

Research Group on Judicial Publicity of Guangzhou Intermediate People's Court / 147

Abstract: Judicial publicity is a basic principle established by the Constitution and laws. It is also an important means for people to participate in and supervise the administration of justice. Courts in Guangzhou adhere to the principle of publicity with non-publicity as rare cases and strengthen the construction of the working mechanism of judicial publicity. With http: //www. gzcourt. gov. cn and "Guangzhou Micro Court" as the main carriers, courts in Guangzhou have comprehensively promoted the publicity of trial affairs, trials, enforcements, reform and administration of justice. An open, dynamic, transparent and convenient judicial mechanism has been established, effectively protecting people's right to know, participate, express and supervise. There are some problems and deficiencies in their publicity work, such as lack of open directory guidance, platform friendliness, convenience, and innovation in terms of content and form, etc. This paper puts forward measures to promote judicial publicity to a higher level by deepening the concept of publicity, promoting standardization of judicial publicity, strengthening information construction, and creating more highlights of judicial publicity.

Keywords: Judicial Publicity; Working Mechanism; Trail Publicity; Enforcement Publicity

B. 10   Deepening the Research on Prison System Reform with the

New Pattern of "Five Major Reforms"

Research Group of Sichuan Provincial Department of Justice / 160

Abstract: The five new reform patterns proposed by the Ministry of Justice at the National Prison Work Conference are both concrete actions taken by prison authorities to study and implement *The Thought on Socialism with Chinese Characteristics for a New Era* and the spirits of the 19th NCCPC and important guidelines for prison work in the new era. Under the background of the five major reforms, there are problems to be solved urgently such as insufficient regulation of the prison management system, insufficient smooth operation mechanism of prison enterprises, lack of financial guarantee mechanism, insufficient comprehensive incentive mechanism for the police, and inadequate evaluation mechanism.

Centering on the key issue of system reform, this paper makes an in-depth discussion on large-scale system, large-scale law enforcement, large-scale assessment, large-scale governance and large-scale operation from the perspectives of renewal, system reconstruction and value deepening, with a view to contributing to the reform and innovation of prison work in the new era.

Keywords: Five Major Reforms; Reform of the Prison System; The Management System of Prison Authorities; Standardized Operation Mechanism of Prisons

Ⅲ   Overcoming the Difficulties Encountered in Enforcement Basically

B. 11   China's Experience in Resolving Difficulties in Enforcement
—*Taking Basically Resolve Difficulties in Enforcement within Two to Three Years as An Example*
Experience Research Group of Solving Difficulties in Enforcement / 177

Abstract: Since the implementation of "basically solving the difficulties in enforcement" within two to three years, courts in China have achieved remarkable results, taken a solid step towards the goal of effectively solving the difficulties in enforcement, and accumulated experience in solving these difficulties in line with China's national conditions. In this context, this paper starts from the effect of basically solving the difficulty in enforcement, summarizes six major experiences with Chinese characteristics from the perspectives of fundamental guarantee, fundamental motivation, basic path, China's "advantages", long-term mechanism and organizational guarantee, with a view to helping to optimize and perfect the long-term mechanism, and to form correct conclusions on some basic propositions such as the basic framework of enforcement law and the attributes of enforcement rights, etc.

Keywords: Solving Difficulties in Enforcement. China's Experience; Party's Leadership; Implementation of Informatization

B. 12　Exploration of "Three Unifications" Management Mechanism
for Enforcement

—*Taking Jiangxi Province as an Example*

Research Group of Executive Council of Jiangxi Higher People's Court / 198

Abstract：In the process of "basically solving the difficulties in enforcement
within two to three years", Jiangxi Provincial High Court has made a
comprehensive and objective analysis of the actual situation faced by the province's
enforcement, giving full play to the advantages of information management, taking
strengthening the management of implementation as the starting point, using
systems to manage cases, using standards and systems to manage people,
continuously strengthening the centralized command, management and
coordination of the enforcement in the jurisdiction, establishing and perfecting a
management system mode that is in line with the actual situation of the province
and combines the management of case, matter and personnel, initially forming a
new pattern of implementation management with scientific configuration, strict
management and strong supervision, effectively strengthening the comprehensive,
standardized and informational management of the enforcement in the jurisdiction
area, effectively promoting the healthy and rapid development of the enforcement
in the province. The provincial courts have achieved the objectives and tasks of
"basically solving the difficulties in enforcement" as scheduled.

Keywords：Management Mode；Using Systems to Manage Cases；Using
Standards to Manage Affairs；Using Systems to Manage People

Ⅳ　Judicial Participation in Social Governance

B. 13　Investigation on Public Interest Litigation in Zhejiang Province

Research Group of Zhejiang Provincial People's Procuratorate / 215

Abstract：Since July 1, 2017, the procuratorial public interest litigation system has been officially implemented. The procuratorial organs of Zhejiang Province have actively and steadily promoted the work of public interest litigation and achieved remarkable results. The implementation of the system by the procuratorial organs has been evaluated as "Demonstration Project of People's Livelihood Acquisition in Zhejiang Province". On the basis of sorting out the work of procuratorial public interest litigation in the province in the past year, this paper summarizes the practical experience of procuratorial public interest litigation, analyzes the existing problems such as insufficient supply of legal system, insufficient handling of guarantee measures, and limited scope of legal supervision, and puts forward some countermeasures and suggestions such as promoting the improvement of legislation, strengthening the construction of coordination system, construction of scientific and technological equipment, financial support, and broadening the scope of supervision, in order to promote a better development of procuratorial public interest litigation system.

Keywords: Public Prosecution Litigation; Five Major Areas; People-Centered; New Expectations

B. 14　Reflections on the Practice of Popularizing Legal Knowledge
　　　　and Discourse Transformation in China　　*Huang Liyun* / 232

Abstract: The discourse of popularizing legal knowledge is embodied in the legal practice of legislation, law enforcement, judicature, law-abiding, etc. It has an organic connection and a high degree of integration with the overall rule of law, which is interdependent, transformable and compound. Based on the general characteristics of China's legal popularization practice and focusing on the actual effect of it, this paper tries to solve the problems relevant to discourse system in legal popularization practice. It analyzes the operation mechanism and value of the "people first" concept, the unique discourse system of "trinity", and the "law enforcement and law popularization" responsibility system in China. It is proposed that China should always adhere to people-centered development in popularizing legal knowledge and implement the legal responsibility system to realize the legal transformation of legal knowledge, so as to effectively enhance the effectiveness of legal knowledge popularization.

Keywords: Legal Popularization Practice; Discourse Transformation; Effectiveness of Legal Popularization

B. 15　Investigation Report on Administrative Litigation Cases

　　　　Defended by Grassroots Governments　　　　*Yin Tingting* / 244

Abstract: The construction of a government ruled by law cannot be separated from the construction of a grassroots government ruled by law. The construction of such a government is reflected through administrative litigation cases in which the grassroots government is the defendant. Based on the analysis of the first-instance administrative litigation cases heard by Ningbo's courts on two levels from 2013 to 2018 with the grassroots government as the defendant, the basic characteristics of the cases in the township government management field are obtained, and the reasons why the grassroots government lost the case are analyzed in depth. It is concluded that there are some problems in the construction of grassroots government's rule of law, such as prominent ultra vires phenomenon, vague power boundaries with grassroots organizations, and irregular law enforcement procedures. It is also suggested that the grassroots government further strengthen its awareness of the rule of law, establish the thinking of the rule of law, integrate grassroots autonomy and the rule of law, strictly regulate law enforcement behavior, strengthen team construction, improve the working mechanism, and promote the grassroots work to run.

Keywords: Grass-Roots Government; Legal Government; Administrative Litigation

B. 16　Investigation Report on Grassroots Courts' Participating in

Grassroots Social Governance

—*Taking the Administrative Trial Practice of Beijing Mentougou*

District Court from 2016 to 2018 as a Sample

Yan Hongsheng , Wang Jing / 261

Abstract: The grassroots people's courts shoulder an important mission in grassroots social governance. While giving full play to its administrative trial function, the people's court of Mentougou District in Beijing has focused and targeted its investigations and studies on the characteristics of cases such as expropriation and demolition, demolition of illegal construction, and industrial and commercial registration in its jurisdiction. It has put forward the "three-dimensional integration" working mechanism, the "inviting and letting go" working guidelines and innovative ways to substantially resolve disputes, highlighting the important role of grassroots courts in social governance.

Keywords: Administrative Litigation; Grassroots Court; Grassroots Social Governance

B. 17　Investigation Report on Court Attached and close-knit

Mechanism of Litigation and Mediation

Research Group of Beijing Higher People's Court / 274

Abstract: The problem of "Too Many Cases While Too Little Staff" among courts in large and medium-sized cities is outstanding and needs to be solved urgently. Courts in Beijing have set up a "multi-channeled mediation + quick adjudication" —— court-attached, close-knit litigation and mediation docking mechanism. Mediators resident in the courts have been included in the trial team to explore an organic link between the first mediation and the trial process. While providing parties with a variety of dispute resolution channels, the court's trial pressure has been relieved, and a new pattern of trial work has been formed, with fast speed adjustment trial at the front end and fine trial and fine judgment at the back end. The practical enlightenment of the court-attached and close-knit litigation and mediation docking mechanism is to push forward the legislation of mediation pre-procedure through the way that the National People's Congress authorizes Beijing, Shanghai and other large and medium-sized cities to pilot, to solve the problem of job security for mediators and establish a refined management system, to perfect the system of legal fees and charges, and to give full play to the leverage of legal fees through legal fees relief and disciplinary system. We will strengthen the allocation of trial assistance personnel, promote the informatization, intensification and socialization of procedural affairs, and realize fast speed-regulating trials.

Keywords: the Court Attached Close-Knit Litigation and Mediation Docking Mechanism; Multi-channeled Mediation; Quick Arbitration

B. 18 Shenzhen Experience in Multi-channeled Dispute Solutions

Hu Zhiguang, Tang Guolin / 286

Abstract: Shenzhen courts have deepened the reform of multi-channeled dispute resolution mechanisms, promoted extensive outreach in many industries, and realized all-round litigation and mediation. Shenzhen's experience of "diversification + specialization + informatization + gridding + intensification + marketization" has been widely recognized by the society. Shenzhen's courts in the diversified reform era are characterized by its extensive use of information technology, forming a real ODR mechanism, focusing on improving the business environment, promoting the integration of the rule of law in Guangdong-Hong Kong-Macao Greater Bay Area and implementing some practices of referential significance.

Keywords: Multi-channeled Dispute Resolution Mechanism; Shenzhen Experience; ODR; Mediation Marketization Fees

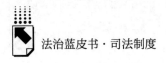

法治蓝皮书·司法制度

B. 19　Innovation and Development of "Fengqiao Experience" in Zhejiang Maritime Trial

Research Group of Ningbo Maritime Court / 302

Abstract: Ningbo Maritime Court innovates and develops "Fengqiao Experience". Combining with the characteristics of maritime trial, it carries out top-level design to create the connectiing mechanism of fishing area version, industry version and "the belt and road initiative" version. Through setting up mediation center, specialized mediation studio and mediation judges, it strengthens the resolution of conflicts and disputes. However, there are still problems such as inadequate overall coordination, unbalanced work and lack of incentive mechanism. In order to let the "Fengqiao experience" permeate every link of Zhejiang maritime trial and justice, it is necessary to strengthen overall planning and coordination, mobilize the social resources of all sea-related units, port and shipping enterprises and grass-roots communities to participate together, implement funds guarantee, adjust assessment methods and ensure publicity in place, so as to provide effective intellectual support for creating a new situation of diversified settlement of maritime disputes.

Keywords: Fengqiao Experience; Maritime Disputes; Multi-channeled Dispute Resolution; Connection between Prosecution and Mediation

B. 20　The Continuation of "Fengqiao Experience" in the Construction of Multi-channeled Dispute Resolution Mechanism in Huzhou　　　　　　　　*Li Zhangjun, Xu Jing / 315*

Abstract: The theory of "Fengqiao Experience" has passed the test of time and possess its unique spiritual core to guide practice. The theory and multi-channeled dispute resolution mechanism share something in common, which is reflected in the diversity of subjects, the effectiveness of dispute resolution and the synergy of dispute resolution mechanisms. Huzhou, Zhejiang Province, has accumulated a lot of practical experience in adhering to and developing the theory in the operation of the multi-channeled dispute resolution mechanism, which also reflects the problems of imperfect dispute resolution system and poor cohesion. Based on the essence of the "Fengqiao Experience" theory, this paper puts forward countermeasures and suggestions to further improve the diversified multi-channeled dispute resolution. As for the concept of dispute resolution, the transformation from "litigation priority" to "litigation termination" is realized. In terms of system construction, the transformation from "poor connection" to "cooperative governance" is realized, and a "progressive" layered dispute filtering mechanism is established. On the legislative level, the transformation from "monism" to "dualism" is realized.

Keywords: Fengqiao Experience; Multi-channeled Dispute Resolution Mechanism; "Progressive" Hierarchical Dispute Filtering System

B. 21 People's Mediation System and China's Discourse of Ruling by Law *Shen Dong, Ye Chen* / 333

Abstract: This paper starts with the development of the "Oriental Experience" of people's mediation system and expounds the significance of people's mediation for China's legal practice and national governance. With the reform in China went deeper and its society entering the transition period, various contradictions are highlighted and superimposed. Under this background, taking innovative cases of the theory and practice development of people's mediation in recent years as examples, the author chooses Pudong New Area in Shanghai as the case to discuss how the people's mediation system in the new era can better enrich the discourse system of China ruled by law and enhance the discourse power of China ruled by law in the international ADR development tide.

Keywords: People's Mediation; Practice of Rule by Law; Chinese Discourse

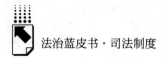
B. 22　Investigation on Multi-channeled Dispute Resolution Mechanism of Urban Community

Research Group on Multi-channeled Dispute
Resolution of Suzhou Industrial Park People's Court / 345

Abstract: In recent years, the Suzhou Industrial Park Court has responded positively to the new demand for the settlement of diversified disputes in the process of urbanization in its jurisdiction. It has learned from the social governance experience of the Community Center in Singapore, inherited and developed the "Fengqiao Experience" and highlighted the role of grassroots courts in standardizing and guiding, promoting mechanisms and ensuring effectiveness in the construction of a multi-channeled dispute resolution mechanism. Through the three-dimensional reform and innovation of "resource integration + dispute diversion + platform construction + mechanism innovation", a multi-channeled dispute resolution system featuring multi-subjects, multi-channels, multi-platforms and interdependence, mutual connection and mutual coordination has been formed. A "legal service circle" with the characteristics of the park has been created, and a park scheme with multi-channeled dispute resolution mechanisms has been formed. Based on the analysis of the problems existing in the practice of carrying out multi-channeled dispute resolution system in the industrial park courts, this paper puts forward opinions and suggestions for the construction of a systematic, normalized, standardized and substantial multi-channeled dispute resolution system from three aspects: strengthening the systematic construction of the mechanism, increasing investment in the mechanism, and deepening the diversion effect of the mechanism on litigation cases.

Keywords: Urban Community; Multi-channeled; Dispute Resolution

406

B. 23 Exploration of Lawyers' Participation in Handling Law and

Litigation Related Petition Cases   *Lv Haiqing* / 362

Abstract: This paper discusses the working mechanism and the design of basic norms involved in lawyers' participation in handling law and litigation related petition cases; analyzes the existing problems existing in this mechanism, such as unclear legal basis, weak system guarantee, imperfect screening mechanism, and insufficient popularization of work publicity, etc. Based on this, it puts forward suggestions such as perfecting legislative regulations, improving operation mode, strengthening organizational guarantee and publicity guidance, etc. , so as to better play lawyers' role in resolving heavy contradictions in diversified disputes and maintain social harmony and stability.

Keywords: Lawyers; Multi-channeled Dispute Resolution; Law and Litigation Related Petition

B. 24 Construction of An Evaluation Index System for ODR Platforms

in China

The Research Group of ODR Operation Mechanism in China / 375

Abstract: Despite its rapid development and remarkable results, ODR platforms in China still faces some problems, such as the conflict between data protection and sharing, lack of relevant systems, poor intelligent mediation and incomplete charging mechanism in the field of mediation. In order to reflect both the construction and the operation of the ODR platforms in China comprehensively and objectively, to give full play to the driving effect of evaluation indexes, to promote its development, to provide strong supports for the modernization of social governance, and to contribute to the realization of good governance, we have constructed an evaluation index system for the ODR platforms in China from the four dimensions of platform construction, operation,

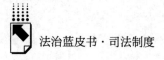

ensurance and data in accordance with the four principles of in pursuance of the law, being objective and neutral, being scientific and rigorous, and being focused. The system consists of 4 primary indexes, 16 secondary indexes and 56 tertiary indexes.

Keywords: ODR; Evaluation Index; System; Data

社会科学文献出版社 **皮书系列**

❖ 皮书起源 ❖

"皮书"起源于十七、十八世纪的英国，主要指官方或社会组织正式发表的重要文件或报告，多以"白皮书"命名。在中国，"皮书"这一概念被社会广泛接受，并被成功运作、发展成为一种全新的出版形态，则源于中国社会科学院社会科学文献出版社。

❖ 皮书定义 ❖

皮书是对中国与世界发展状况和热点问题进行年度监测，以专业的角度、专家的视野和实证研究方法，针对某一领域或区域现状与发展态势展开分析和预测，具备原创性、实证性、专业性、连续性、前沿性、时效性等特点的公开出版物，由一系列权威研究报告组成。

❖ 皮书作者 ❖

皮书系列的作者以中国社会科学院、著名高校、地方社会科学院的研究人员为主，多为国内一流研究机构的权威专家学者，他们的看法和观点代表了学界对中国与世界的现实和未来最高水平的解读与分析。

❖ 皮书荣誉 ❖

皮书系列已成为社会科学文献出版社的著名图书品牌和中国社会科学院的知名学术品牌。2016年，皮书系列正式列入"十三五"国家重点出版规划项目；2013~2019年，重点皮书列入中国社会科学院承担的国家哲学社会科学创新工程项目；2019年，64种院外皮书使用"中国社会科学院创新工程学术出版项目"标识。

权威报告・一手数据・特色资源

皮书数据库
ANNUAL REPORT(YEARBOOK) DATABASE

当代中国经济与社会发展高端智库平台

所获荣誉

● 2016年，入选"'十三五'国家重点电子出版物出版规划骨干工程"

● 2015年，荣获"搜索中国正能量 点赞2015""创新中国科技创新奖"

● 2013年，荣获"中国出版政府奖・网络出版物奖"提名奖

● 连续多年荣获中国数字出版博览会"数字出版・优秀品牌"奖

成为会员

通过网址www.pishu.com.cn访问皮书数据库网站或下载皮书数据库APP，进行手机号码验证或邮箱验证即可成为皮书数据库会员。

会员福利

● 已注册用户购书后可免费获赠100元皮书数据库充值卡。刮开充值卡涂层获取充值密码，登录并进入"会员中心"—"在线充值"—"充值卡充值"，充值成功即可购买和查看数据库内容。

● 会员福利最终解释权归社会科学文献出版社所有。

社会科学文献出版社　皮书系列
SOCIAL SCIENCES ACADEMIC PRESS (CHINA)

卡号：293312899971

密码：

数据库服务热线：400-008-6695
数据库服务QQ：2475522410
数据库服务邮箱：database@ssap.cn
图书销售热线：010-59367070/7028
图书服务QQ：1265056568
图书服务邮箱：duzhe@ssap.cn

基本子库
SUB DATABASE

中国社会发展数据库（下设 12 个子库）

全面整合国内外中国社会发展研究成果，汇聚独家统计数据、深度分析报告，涉及社会、人口、政治、教育、法律等 12 个领域，为了解中国社会发展动态、跟踪社会核心热点、分析社会发展趋势提供一站式资源搜索和数据分析与挖掘服务。

中国经济发展数据库（下设 12 个子库）

基于"皮书系列"中涉及中国经济发展的研究资料构建，内容涵盖宏观经济、农业经济、工业经济、产业经济等 12 个重点经济领域，为实时掌控经济运行态势、把握经济发展规律、洞察经济形势、进行经济决策提供参考和依据。

中国行业发展数据库（下设 17 个子库）

以中国国民经济行业分类为依据，覆盖金融业、旅游、医疗卫生、交通运输、能源矿产等 100 多个行业，跟踪分析国民经济相关行业市场运行状况和政策导向，汇集行业发展前沿资讯，为投资、从业及各种经济决策提供理论基础和实践指导。

中国区域发展数据库（下设 6 个子库）

对中国特定区域内的经济、社会、文化等领域现状与发展情况进行深度分析和预测，研究层级至县及县以下行政区，涉及地区、区域经济体、城市、农村等不同维度。为地方经济社会宏观态势研究、发展经验研究、案例分析提供数据服务。

中国文化传媒数据库（下设 18 个子库）

汇聚文化传媒领域专家观点、热点资讯，梳理国内外中国文化发展相关学术研究成果、一手统计数据，涵盖文化产业、新闻传播、电影娱乐、文学艺术、群众文化等 18 个重点研究领域。为文化传媒研究提供相关数据、研究报告和综合分析服务。

世界经济与国际关系数据库（下设 6 个子库）

立足"皮书系列"世界经济、国际关系相关学术资源，整合世界经济、国际政治、世界文化与科技、全球性问题、国际组织与国际法、区域研究 6 大领域研究成果，为世界经济与国际关系研究提供全方位数据分析，为决策和形势研判提供参考。

法律声明